下篇●长路漫漫上下求索

口述大寨史

150位大寨人说大寨

孙丽萍◎主编　刘晓丽◎副主编　山西省社会科学院历史研究所课题组◎编著

南方日报出版社
NANFANG DAILY PRESS
中国·广州

图书在版编目（CIP）数据

口述大寨史：150位大寨人说大寨（下）/ 孙丽萍主编. —广州：南方日报出版社，2008.4
ISBN 978-7-80652-727-6

Ⅰ.口… Ⅱ.孙… Ⅲ.村史—史料—昔阳县 Ⅳ.K292.55

中国版本图书馆 CIP 数据核字（2008）第 022408 号

口述大寨史——150位大寨人说大寨（下）

主　　编：孙丽萍
出版发行：南方日报出版社
地　　址：广州市广州大道中 289 号
电　　话：（020）87373998-8502
经　　销：全国新华书店
印　　刷：广东信源彩色印务有限公司
开　　本：787mm×1092mm　1/16
印　　张：20.5
字　　数：530 千字
版　　次：2008 年 4 月第 1 版
印　　次：2008 年 4 月第 1 次印刷
定　　价：80.00 元(上、下册)

投稿热线：（020）87373998-8503　读者热线：（020）87373998-8502

网址：http://www.nanfangdaily.com.cn/press　http://www.southcn.com/ebook

目　录

下篇

长路漫漫上下求索

六、六十年大寨村的变迁

- □ 村容村貌
- □ 乡风民俗
- □ 衣食住行
- □ 婚丧嫁娶
- □ 大寨女性

大寨的乡风民俗和大寨的自然地理条件是分不开的。20世纪前半期，大寨的自然条件恶劣，土地贫瘠，人口不多，只是一个小山村。在这种生存状态下，大寨人形成了淳朴、吃苦、坚韧、倔强的性格特征，他们生活简单，风俗淳朴，吃苦耐劳，讲究卫生。通过村民们一段段的回忆讲述，可以看到60年来大寨村民生活中和观念上发生的许多变化，包括从形式到内容、从思想到行为、从男人到女人、从老人到孩子诸多方面的变化。

大寨村的整体面貌在20世纪60年代基本奠定。1963年8月那场百年不遇的特大洪灾中，大寨老村被洪水冲过，荡然无存。洪灾之后，村党支部一班人带领大寨人先治窝，后治坡，早出晚归，人人上阵，白天整修梯田，晚上挑灯筑窑，男女老幼，路不空行，艰苦奋斗，重建家园。大寨村民大灾之年夺丰产、从头建设新家园的事迹通过媒体传遍了全国。经历过那个年代的人们，对大寨村里一排排的石窑洞或许都不陌生，那是大寨人当年与天斗、与地斗、与人斗的重要标志。

如今的大寨村，既保留了传统的石窑，也开辟了崭新的大寨新居。新居最早建于1999年，首批入住26户，2005年第二批入住28户。新居设计理念上更新颖一些，费用也相对提高了一些。大寨的年轻人喜欢这种现代化的、与城市接轨的住房模式，而不少老年人宁肯住在冬暖夏凉的石窑里，也不愿搬进漂亮的新居中。他们除了对居住环境的熟悉和适应外，还有对那一段火红岁月的深深留恋之情。大寨人的衣食住行，打上了几十年来时代发展变迁的深深烙印。

大寨人的婚丧嫁娶礼仪，表现民俗方面的风气更浓厚一些，它们既有山西中部地域民俗的普遍性，也有小山村非常独特的地方。比如，年轻人结婚前一般都要经过看家、定亲、迎亲几个步骤，学大寨运动时相对简略了一些。到了20世纪80年代，市场经济色彩增多，村民们的婚礼中结婚一般花费为两三千元，男方要置办大衣柜、茶几、缝纫机、手表等几大件物品；90年代，村民的婚礼花费超过了1万元，新人都置办彩色电视机、冰箱和组合家具；进入21世纪以后，随着大寨村办企业和旅游业的发展，大寨人的生活水平明显提高，年轻人结婚花费一般在3万元左右，结婚程序更趋烦琐，婚礼上小轿车和轿子的档次也在提高。特别值得一书的是，女方陪嫁物品由学大寨时的一把镢头、一根扁担、一本语录等等时代红色礼物，发展到如今动辄花费上万元钱的讲排场、讲阔气的场面，人们的随礼物品也由当年的《毛选》、箩筐、扁担、镢头、锄头、镰刀、垫肩等等，演变到今天的几十元数百元不等的现金。

如今大寨村里有村长挂帅的红白理事会，村民们的红白喜事都由这个理事会负责操办，桌子、凳子以及酒席上使用的锅碗瓢盆盘子水杯等等器具均由村里免费提供，妇女主任还要组织小型秧歌队表演，增添气氛。而大寨村两位长年累月挣工资打扫公共服务区的劳动者，也为大寨村容村貌的整洁提供了必要的条件。

现在，多数大寨年轻人放弃了生育第二个孩子的机会，与国家计划生育的大政方针保持了一致步调。按照政策，农村第一胎生了女孩可以享受生育二胎的政策，而大部分的大寨年轻人说，不论男孩女孩，不仅要培养成人，更要培养成才。大寨近年来还实行了比较好的养老福利办法，老年人不必在经济上依赖儿女，年轻人的发展空间更大，目标更远，家庭关系、婆媳关系、邻里关系、亲族关系随之也得到了一系列改善。大寨村在营造和谐的人际关系和环境上已经走在了前边。

大寨女性曾经是全国最有影响的一个妇女群体，她们创造出不平凡的劳动业绩，同时又有作为女性非常平实和朴素的一面。大寨妇女同全中国的广大农村妇女一样，一条线路贯穿始终，她们既能把大寨村这个"大家"当作自己的家，也时刻惦记着各自的小家。她们深深热爱着"大家"和"小家"。解放以后，妇女的生活从炕台、锅台、碾台走向村政管理的大舞台，女性的眼界开阔了，生活丰富了，独立意识增强了。自信、能干、聪慧甚至漂亮，是我们对大寨女性的整体印象。不论是大寨的开拓者，还是新大寨的建设者，她们的女性风采在透过岁月的沧桑之后，依然顽强地展露出来。陈永贵说过：大寨是靠妇女起家的。大寨当年有妇女主任宋立英、妇女队长贾存眼、"铁姑娘队"队长郭凤莲和团支部书记贾存锁等劳动妇女的楷模，她们白天参加农田水利基本建设，晚上开会学习，成家的妇女还要抽空准备全家的衣裤鞋帽，晚上开会时就着炉火的微光给全家纳鞋底、缝补衣裤，妇女生育后四五十天，就要将孩子送到村里的托儿所，自己下地劳动。大寨妇女的勤劳精神和劳动干劲曾经深深地影响了全国各条战线的女性。今天的大寨村，依然保留了妇女不甘落后的传统，大寨村里女书记、女经理、女导游、女会计、女医护、女教师，真正撑起了大寨村建设和发展的半边天。

● 大寨村委会办公楼。

村容村貌

采访对象　赵保卫（男，1969 年生于大寨村，大学文化，大寨中学教师）
采访时间与地点　2006 年 6 月 3 日，大寨中学
采访及录音整理　王勇红

王：您给说说您小时候大寨是什么面貌，后来怎么变化的。

赵保卫：大寨的排窑、排房都是原来的，91 年郭凤莲回来后，第一层的前面是大寨给盖下的，卖饭啦，商店，那大寨村的受益不小。

王：那这样，有一部分人会不会不满意？

赵保卫：那肯定，像二道街，二道街的（人）心理就不平衡，意见大了。（一道街的）你不出钱，给你盖下了，还是你的，你不做买卖，可以租出去，像那两间房一年的租金是 5000（块），村上边二道街、三道街，郭凤莲说过了年也给改造，已经作出规划。

王：那怎么改造？

赵保卫：把你那旧房拆了，重给你盖，然后盖起以后，把院里给硬底化了。

采访对象　王培彦（女，1966 年生于昔阳县城关镇下思乐村，初中文化，现居大寨村）
采访时间及地点　2006 年 7 月 26 日，大寨旅行社本人商店内
采访及录音整理　冯素梅

王培彦：我嫁到大寨 10 多年了，我刚来大寨的时候，大寨也不是这样。刚来那会儿，大寨还甚也不是甚了，还不好了，还不像俺下思乐村，

● 统一规划后的大寨街道。

都是土路，走也不好走，坑坑洼洼的，上虎头山全部是窄路、土路，还没有弄旅游这些了，路也没有铺上柏油，后来才铺上柏油，发展这旅游业，大寨才好了。

采访对象　李建红（男，1966年生于大寨村，高中文化，中共党员）

采访时间及地点　2006年7月24日，大寨村家中本人老家

采访及录音整理　冯素梅

冯：你经常在外边，回来以后感觉咱们大寨的村容村貌变化得多吗？

李建红：变化不小，特别是92年郭书记回来以后，那变化太大了，92年以前基本上没什么变化。

冯：咱们下边的广场那变化大吧？

李建红：那变化更大，基本上不是原来的村貌了。还有健身器材广场，在小学对面，那原来是我们大队的一个场，秋收回来的东西放在那里，现在那里有健身器材。

采访对象　姜素棠（女，1964年2月生于昔阳县静阳村，大寨森林公园员工，高中文化）

采访时间与地点　2006年6月7日，大寨展览馆

采访及录音整理　赵俊明

赵：我觉得咱们这里都挺讲究卫生的？

姜素棠：挺讲究的，咱们这里它也是一种习惯。卫生差的有没有？肯定也有。你没有到那里看过？（但）大部分是好的。比如我们哪一条街，都是干干净净，不是就住你一家，到了哪一家都干干净净，反过来到了你家（脏兮兮

● 村里的健身娱乐设施。

的)，你说咱是懒还是怎么？人家左右邻居你看看还不行，它都是一种习惯。清洗家具那是一种享受，不是说给人家看的。我觉得只要自己回去看着舒服就行，没必要追求那些太华丽的。也不是说我比不上人家就这么说，我不是那个意思，我要住楼房也能住得起，可是我不干。

采访对象　贾志华（男，1974 年生于大寨村，李夫峪煤业有限公司职工）
采访时间与地点　2006 年 5 月 26 日，大寨村家中
采访及录音整理　董永刚（整理者）　王勇红

董：听你母亲介绍说，你是在外头工作的，讲一下你对大寨的认识吧！

贾志华：我是在县里的一个国有煤矿上工作的，这个煤矿叫李夫峪煤业有限公司。我是在榆次读书后上的中专，是个煤校。我是 97 年上的学，从 97 年到现在，我觉得主要就是这几年中间变化比较大。

我上幼儿园的时候，村里的条件就已经不错了。以前村里也就那些窑洞，没有像现在看到的这些楼房什么（的），但当时的生活条件还是要比周边几个村要好一些。自己作为一个大寨人还是觉得挺优越的。上小学的时候，学校就两排房，这楼是后来修盖的。这几年在外头上班，觉得外边的变化也很大。和我同龄的人，这个村子出去的很少，即使回来交流得也不多，总觉得没有什么可说的。再一个是时间上也不允许。

村里这几年环境、百姓福利变化很大，各方面的条件也改善了许多，这和以前完全是两个样儿。以前这村就一个煤矿，很多企业都是郭书记回来以后弄起来的，因此说现在村里的人就业机会还可以，起码来说，没有人闲得没事干。村里（人去）外头打工的没有，出去的大多是读书出去的。很多人不想出去，觉得这村里本身就能满足他们的需求，有的即使出去了（也）觉得不适应，最后又回来了。但我觉得这种状态不好，太封闭了，视野不够开阔，这就不利于大寨的发展。

● 20 世纪 60 年代的大寨窑洞。

从我现在看，我希望大寨能有一个很好的发展，现在有优越感，但同时还要有这种担忧，以后怎么发展这都是问题。（再）过几年，郭书记退下来不干了，外头的人对大寨的看法和关注也就不一样了，这是个很现实的问题。怎么办？那也就只能靠自己干，不能总希望别人来帮助你。

从现在看，大寨这几年虽然说有了很大进步，但所有的这些企业还不怎么样，管理、市场同现代的都还接不上头，人才缺乏，但受条件限制又雇不起人，当然，很多问题也与领导的认识有一定的关系，这需要一个慢慢认识的过程。像投资方向、投资内容都要跟得上社会的发展主流，紧跟市场。我们村贾姓是大姓，其次就是姓李的最多，贾姓也分得几支。这个村里外出读书的前几年并不多，这几年慢慢多了。从我个人来看，我觉得大寨发展得应该比现在要好，但这里一方面受本身条件的限制，再一个就是大寨本身是靠走集体化的路发展起来的，不想出去单干。况且这村里的人读书不多，出去了又能干啥？但这反过来却又影响了大寨的发展！

乡风民俗

采访对象　赵华晓（男，1959 年 9 月生于大寨村，村办企业职工，大寨第一个个体经营者）

采访时间及地点　2006 年 7 月 27 日，大寨村家中

采访及录音整理　刘晓丽（整理者）　冯素梅

赵华晓：我们是五世同堂，五世同堂就是五辈人住在一起。我叔叔，我妈，这是一辈，下来就是我们这一辈。我们这五世同堂主要指我们这个家族，不是单指一个家庭。我爸爸有弟兄八个，他那一辈的老二、老三孩子就生得早

么。那么他们的孩子再生孩子也早么，我的二大爷的孩子，他的孩子喊我叔叔，他的孙子也是喊我爷爷哩，重孙子就喊我太爷爷。这也是那个特殊历史时期造成的，现在的社会，就没有这么多，现在晚婚晚育，又是独生子女，它就没有。

刘：你妈妈现在是82岁，你叔叔呢？

赵华晓：我叔叔南下老干部，在重庆哩，92岁。

刘：你父亲原来做什么的？

赵华晓：我父亲原来做木工的。他就是咱们大寨的老一辈。

刘：如果健在的话，今年应该是多大了？

赵华晓：他95年是83（岁）了。他是老五么，他比我叔叔大两岁，他们这弟兄几个都是差两岁。

刘：你父母这一代也是这么多人？

赵华晓：对。到了我们这一辈，连我叔叔的孩子，我大爷的孩子，我们是弟兄四个。重庆一个，在大寨的是三个。

刘：如果把女孩算上，你们这一辈的孩子一共有多少？

赵华晓：哎呀，那就多了。光我就四个姐姐，我大爷还有两个闺女，我二大爷还有个闺女。

刘：你算算咱们五世同堂一共是多少人？

赵华晓：一般按我们农村当地的习惯，出嫁的闺女就不算，就是光算家里边的闺女，我给你总结一下。你拿个笔记一下，我给你说你写就行了，四口、三口，又是三口，三口……对了，再加上我重庆叔叔那一家，我们这个家族就36口人了。每年春节，大家要聚在一块，轮流的。原来是每年每家都轮一次，后来我就给它改了，说这个太烦琐，一年两家就行了。总结总结拉拉家常呀，谁家有什么发展呀，有什么困难呀，有什么进步了。

刘：春节的时候，也给孩子们压岁钱吧？给多少？

赵华晓：农村一般都是给十块二十块。孩子小点给，大点就不给了。

80年代初，计划生育成为基本国策后，人口生育步入有计划轨道，提倡一对夫妇只生一个孩子，最多不超过两个，家庭人口开始减少，加之村民收入提高，经济相对独立，儿女成婚后多与父母分家另过，大家庭逐渐被三口之家取代。到1998年，全村户均2.8人，三口之家占到总户数的92%以上。

（《大寨村志》，山西人民出版社2003年1月版，第28页）

采访对象　张风华（女，1966年9月生于昔阳县先掌村，现居大寨村）

采访时间与地点　2006年6月3日，大寨中学

采访及录音整理　董永刚

董：你给说说刚嫁到大寨时的情况吧！

张风华：我是调到这大寨工作以后才结的婚。刚来的那会儿，就觉得大寨真是不错，当时也就有了以后嫁到大寨的这种想法。后来是通过别人介绍认识了我爱人的。我爱人家里的条件不错，他父亲改革开放一开始，就贷款给他儿子买了辆汽车，开始养车。我那个时候就觉得，他这么年轻就能自己干，还算是挺优秀的。他母亲，也就是我那婆婆，是一个很勤劳的女人，这样下来，觉得这条件还是挺满意的。可能或多或少有些对他家家庭环境的羡慕吧！

结婚以后，我和我爱人之间刚开始总是有些隔阂，但慢慢随着年龄的增长，他也在不断地改变自己，有了孩子后，我们这目标又都集中到了孩子身上。

董：从你个人的角度出发，咱们谈一下你的家庭和你对大寨的看法，好吗？

张风华：我是一个地地道道的家庭妇女，大专毕业的。我是李家庄乡先掌人。我毕业后的第二年来的大寨中学。当时我也是来到大寨后，看到那大寨村挺好的，目光也很短浅哇，这样就嫁了个当地的村民。嫁了以后，尤其后来，觉得现在的生活和这城里也没有什么差别。生活上主要是我和我爱人之间对事物的认识上有时候有些不同，但这夫妻之间是需要长期磨合的嘛！生活哇，本来就是这个样子。

我高中毕业以后到教育学院进修。当时昔阳县招了一批英语老师，我参加考试考上后就去教育学院进修了。进修了两年，现在觉得那两年也没有真正学到多少东西，还是高中时候的那个底子。以前的高中生还是比较扎实的。教育学院毕业后，我在大寨乡后庄中学干了一年，后来就调到了这里。我来这里一直教的是外语，其他的课都是兼的。我一直带的是初三毕业班。1985 年我到了这个学校［大寨中学］，当时也就 20 来岁。

我家姐妹六个，我是老大，当时我的家庭是比较穷，但那样的家庭对我以后的成长确实是起了举足轻重的作用。像我父母吧，虽然没有能够给我很多的物质财富，但从他们的身上得到的精神财富很多。所以后来我的兄弟姐妹都很自立，都比较成功，这与我父母的教育就很有关系。我母亲是个农民，父亲是个工人，后来一直养病在家，就和这村里的农民也没什么两样。我从小家庭苦，所以就得学会自立、自强，任劳任怨，从小到大一直是这个样。

采访对象　李彦红（男，1966 年生于大寨村，中学教师）
采访时间与地点　2006 年 6 月 2 日，大寨村家中
采访及录音整理　董永刚

董：你是大寨村人，你怎么看待大寨，怎么看你的生活？

李彦红：我是个大寨人，但我对大寨的了解并不多。我是 60 年生的，80

年参加的工作。当时我是考上中师走的。那个时候的人吧，觉得能上个中专就很不容易了，就没有这上高中考大学的想法。上高中的人很少，不能说没有。这主要反映的还是当时这社会还不太进步，人和人之间的竞争还不像现在这样激烈。

我上学那个时候，家庭条件并不是很好。我在全家排行老三。我们一家现在就有两三个教师。在这个村里，像我家一样，一个家庭能考出去两三个的不多。我父亲比较开明，也可以说当年是个致富能手。他从小生活在农村，不想再让孩子们从事这农活儿。他从小就鼓励孩子们要好好读书。在当时，我姐第一个考出去的时候，村里这邻居的人确实是很羡慕嘞！现在可就不行了！

刚改革开放的时候，我父亲就首先养起了梅花鹿。当时养鹿很不错，我记得我父亲是贷款买下的鹿。可惜后来没有很好地繁殖起来。他敢干，也肯干，眼光可以说是比较超前一些。

董：你是老师，你是教什么的？现在家里怎么样？

李彦红：我是教数学的，是个数学老师。我教的是中学数学。我在的那个中学是个乡办中学，学生也不多。现在我家里就一个女孩儿。我爱人也是个教师，她也是中师毕业。她在三都教学，孩子跟的她念书，一周能回来一次。现在家里一月有2000来块钱收入，在农村来说，也算可以了。

采访对象　贾秀丽（女，1978年生于大寨村，大寨文化展示馆讲解员，中共党员）

采访时间与地点　2006年6月1日，大寨森林公园大寨文化展示馆

采访及录音整理　刘晓丽（整理者）　冯素梅

刘：我看那个满月小孩的老虎挺漂亮的？

贾秀丽：满月就是送老虎，舅舅家送老虎。其实是老娘家送，然后那个老虎必须要由舅舅抱着，尾朝里，头朝外，这个老虎头是绝对不能向着婴儿的，这是有讲究的，为了避免虎口伤人。其实这个送老虎也是根据一个传说而来的，就是宋朝年间，包拯出生的时候奇黑无比，于是家人就把他丢在野外嘛，当时他的嫂嫂不忍心，想把他抱回来的时候，就发现有个老虎在那守着。后来他成了一代名相，人们都希望孩子成才，所以就送老虎。

刘：原来是这个原因？

贾秀丽：对。再一个嘛，老虎是百兽之王，辟邪的。咱们这里还讲究，就是不满6岁的小孩，三月戴鸡，四月戴狗，五月戴老虎，也是讲究辟邪的。这是说，三月初一庙门开，神神鬼鬼都进来，因为是清明节么，所以就比较讲究戴这些。

刘：每年都戴？

贾秀丽：一周岁之前的孩子不戴。然后就是不满6岁的孩子每年都戴。

刘：抓周［大寨旧俗，婴儿周岁时，父母摆上各种物品任其抓取，用来试探婴儿将来的志向、爱好等］那个风俗还有吗？

贾秀丽：那个现在比较少了。

采访对象　贾会胜（男，1941年生于大寨村，大寨煤矿职工，小学文化）
采访时间与地点　2006年7月25日，大寨村家中
采访及录音整理　赵俊明

赵：村里给你们这六十几岁的人多少钱？

贾会胜：（每月）给100（元），70（岁）往上是150（元），还有当过干部的是100多，一百四五。

赵：你当过干部没有？

贾会胜：我没有当过，老百姓。

赵：自己挣下的钱够不够自己花？

贾会胜：也能花了，不过是东西贵些么。

赵：干什么花呢？

贾会胜：抽点儿烟，喝点儿酒，我喜欢喝酒，喝也喝不多，有时少喝点儿，不能多喝，有时也不喝。

赵：抽烟一天抽一包？

贾会胜：我这一天一包还不大够，一包块半钱。

赵：还有些什么消费？

贾会胜：其余就是家里的开销。

赵：抽烟一个月50块钱够不够？

贾会胜：50块钱不够，你就一天一包还得45（块）呢，你不用说再多点儿了，得六七十（块），没事干越抽得多，你动弹就抽得少些。

赵：还有什么爱好？打不打麻将？

贾会胜：就是个这，没有什么了。不打麻将，不会。

赵：闲下来干啥呀？

贾会胜：看看电视，找人叨瞎叨瞎，也没有个干的。

赵：咱们村像你们这个年龄的人是不是还都在干活？

贾会胜：大部分都还干活，他还要生活，不干活能行？

赵：村里发的生活费不够用？

贾会胜：不够，除了吃喝，你还有人情来往，上礼什么的。

赵：上礼这些一年得花多少钱？

贾会胜：得几百块钱。

赵：村里一般有人家办事上多少钱？

贾会胜：你是看交往，有多有少，一般都得上二三十块钱。

采访对象　赵米文（女，1962年生于大寨村，高中毕业）

采访时间及地点　2006年7月26日，大寨村家中

采访及录音整理　刘晓丽

刘：你有几个孩子？

赵米文：我有两个孩子。大的那个23（岁）了，在外面打工呢。开始在外面念书来，在榆次读了4年，毕业以后就在外面了。

刘：他在外面干什么？

赵米文：他以前在那个酒店当侍应生，后来转行了，我也不太清楚。

刘：男孩子放心点。一年回来多长时间？

赵米文：一年平时也不回来，一般就是春节过年的时候才回来呢。

刘：也还没有成家吧？

赵米文：他也没有成家。

刘：那你负担重吧？

赵米文：两个儿子呢，负担重呢。二儿子去年也在外面打工，也在榆次，今年没有出去。

刘：那你家就是有婆婆，两个儿子。还有你们俩？

赵米文：对。我家老人有10个孩子，我丈夫是她最小的儿子。婆婆今年86（岁）了，就是眼有点看不见。她出来很少了，她那个眼又看不到，她那个脚又不好走，脚是小脚。

刘：儿子没结婚，现在是三代同堂？

赵米文：三代同堂。

刘：除了开饭店这个收入，你们还有什么收入？

赵米文：没有了。

刘：地里还有收入？

赵米文：地也养种不多，不过我们的地现在也是别人养种呢。他只是代种，他种他收。我什么时候要就可以要回来。不多，就小两亩地吧。

刘：你们一家？

赵米文：就我们一家。这两年地就不多了，都分了树什么的了。

刘：我是为你想，大儿子可能不一定回来结婚，所以你不一定弄房子。

赵米文：他如果不回来，就可以不要了。不过人家要在外面闹房子。有两个儿子的负担就是比人家大，一个儿子一个闺女就好了。

刘：两个儿子一起办了就好了，省点事。

赵米文：就是。其实大儿子也不好说，他在外面那点钱不行。

刘：前面这排房子是村里统一盖的？

赵米文：这是去年村里统一规划盖的，小商店，后面是原来自己的房子。

前面这个门面房是大队统一的。

刘：你婆婆也有养老金吧？

赵米文：有，一个月150（元）。现在也是大家轮着给她做饭呢。

刘：你婆婆这10个孩子现在都在哪呢？

赵米文：5个儿子都在村里边呢，2个闺女也在村里呢，下来的3个闺女在外面呢。

刘：老人想去谁家住就去谁家住？

赵米文：想去谁家就去谁家住。她走了将近半年了，就是在她那个女儿家住。

刘：那你爱人的兄弟姐妹这么多，你儿子娶媳妇的时候，他们是不是可以帮衬着点？

赵米文：也可以。

采访对象　贾秀丽（女，1978年生于大寨村，大寨文化展示馆讲解员，中共党员）

采访时间与地点　2006年6月1日，大寨森林公园大寨文化展示馆

采访及录音整理　刘晓丽（整理者）　冯素梅

贾秀丽［在大寨展览馆的解说］：这个展厅，（展出的）是咱们大寨的民俗。

咱们先看人生的一个最重要的礼仪，就是婚礼的情景。咱们昔阳大寨这一边呢，在新婚这一天呢，有一个非常特别的习俗，就是新婚这一天呢，新婚的儿媳妇，要由老公公把她背回家去。原来新娘是坐车来的，快到村口的时候改成轿子，轿子快到家的时候，要由老公公把她背回家里。咱们这边讲究呢，就是新婚三天无大小，在新婚这一天呢，所有的人都可以去闹新房。老公家里的人都要化上装，化上彩，在锣鼓声中都要跳起舞来。

（照片上）这个就是（老）公公，公公呢要爬上火竿，就是一条竹竿，边爬边甩鞭炮，这个媳妇到的时候，要把鞭炮拣起来，"劈劈啪啪"的，就是日子越过越响亮的意思。这个婆婆要摇着大扇，在锣鼓声中翩翩起舞，这个坐着轿子的就是新娘。

这边是人生最后一个礼仪——丧葬礼仪的情景，咱们这边呢依然是土葬，这边是披麻戴孝（的），非常隆重，这是人们做的供品。

这是春播图，木雕的，70年代农民播种时的情景。这边是夏季田间管理图，在夏季农民（进行）田间管理最重要的就是除草，而且除草效果最好的时候就是中午有太阳的时候，所以你看人们在中午的时候就在地里干活。所以诗人才有"锄禾日当午，汗滴禾下土"的感慨么！

这边是个农家小屋，它反映的是70年代农民的生活环境，在70年代以前

呢，农民的厨房、卧室和储存室是不分的，都在这一个屋子里边，公公在扶扫帚，婆婆在纳鞋底，媳妇在摊煎饼，一家三口呢，边干活边聊天。这边是过节时候组织的一些群众文艺活动，这个是八音会，太平鼓，这个是霸王鞭。

这边这个农家小院反映的也是农民生活环境。像咱们太行山区这边呢，农民的居住环境基本上都是这样的窑洞、门楼、影壁，因为咱们太行山的风比较大，它主要是为了避风设计的。这是井、磨。这是秋收图，打场时的景象，比较原始的那种。这是冬藏图，咱们农民的储藏方式有窖藏、洞藏。那边是喜交爱国粮的情景。

刘：这些作品都是什么人创作的？是咱们农民自己吗？

贾秀丽：是昔阳的农民自己做的。

这是孩子们的一些礼仪，这个布老虎呢，它不仅是虎头山的吉祥物，而且它是婴儿做满月的时候，婴儿的舅舅必须要送的。婴儿出生后，婴儿所在的房间门前要挂一块红布，意思就是人家生了孩子了，你就不能进去了。

这边是咱们这里的时令节日，这是泥塑的传统出工（场景），到二月二呢，农民都要出去劳动了，县官就在前面领着，后面跟着各行各业（的百姓），到县城里面去绕一圈。

采访对象　李根怀（男，1963 年 6 月生于大寨村，中共党员）

采访时间与地点　2006 年 6 月 6 日，大寨电管站

采访及录音整理　董永刚

董：你是个土生土长的大寨人，谈一下你的家庭情况吧！

李根怀：我有两个孩子，小的 13（岁）了，大的今年都 20 岁了。都是女孩儿。可我这人就和别人的想法不一样，为甚非得要个男孩儿呢？两个女孩儿也挺好的。当初就是罚点儿钱也是可以生一个男孩儿的，可是咱不能给典型模范村丢脸，给那领导出难题，大会小会地让人家批评。我和我爱人就觉得这无所谓，作为我的父母，当初是不理解我们的想法，但后来孩子都大了，慢慢做思想工作，也就都理解了。现在关键的问题就是怎样挣钱来培养好两个孩子，这就够了！

我的工资也很低。现在家里负担两个孩子念书，就觉得很吃力。但再苦也不能苦了孩子。孩子不读书不行，不读书就没有出路。不能说现在就业难就干脆不读书，就是回家种地也得识几个字啊！现在没文化根本不行，这人往往是等到用的时候，才觉得当初可该念点儿书来。现在我自己就觉得工作很吃力，有时候来新电器设备，咱看起来就很吃力，有的东西自己看不懂，还得到其他地方去问别人，很难！

采访对象　李来娥（女，1953年农历五月生于昔阳县落雁头村，小学文化，现居大寨村）

采访时间与地点　2006年7月25日，大寨村家中

采访及录音整理　赵俊明

赵：你家这孩子们之间隔多大？

李来娥：大姑娘和二姑娘之间隔一岁，一个28（岁），一个27（岁）。儿子差的10岁呢。

赵：生儿子那会儿是不是已经开始计划生育了？

李来娥：计划生育了，罚款，罚了3000来块钱，那会儿还不多呢，后来人家三胎就罚18000（块）呢。

赵：你们这个年龄的一般有几个孩子？

李来娥：两个的多，3个的少，像我这么大的年龄，也有3个的。

赵：农村是不是还是都想有个儿子？

李来娥：哎，对。农村人也心重，你总是得有个儿子，没有儿子，地里活、家务活什么也得干，女儿总是要嫁出去。

赵：现在村里的姑娘一般往哪里嫁？

李来娥：嫁出去的多，大部分都要嫁出去，嫁到村里的少。

赵：现在一年村里也生不下几个小孩？

李来娥：没有几个，现在计划生育，就是不计划生育来，年轻人也不想多要，有一个就行。现在可不像以前，以前的人有一个儿子，都要再生一个，现在人家大部分就不要了。生下女儿的，有的生第二个，也有不要的。

赵：现在这小孩多了负担也重？

李来娥：咱这个小外甥上幼儿园，你半年就得交400块钱。

赵：平时你这在家里也没有什么干的吧？

李来娥：没什么干，也没什么营生。现在衣服什么也是买，不做了，10多年不做了。这几年就是看小孩，上了幼儿园就不用咱看了。大女儿是在代办站上班儿，离这里近，不是就带过来了，我给人家看。

采访对象　贾秀棠（男，1966年4月生于大寨村）

采访时间与地点　2006年6月1日，大寨陈列室

采访及录音整理　董永刚

董：你家里就一个孩子？

贾秀棠：是，我就一个女孩儿。要说孩子吧，当时也不说是不允许生，就是现在还能生，主要是养活就是个问题。多生一个，多一份负担，生活质量肯定就上不去。孩子马上就要上高中了，面临的就是花大钱的问题。现在村里的

人还是大都认为家里没有个男孩儿不行，一般都还是要两个，一男一女的最好。这思想上还是转不过弯儿来。以前就有人采访我，问我以后老了怎么办。我说："能怎么办？多挣点儿钱就可以了，不行就上敬老院！"现在村里像我这么大的，家里就一个姑娘的就我一家。

采访对象　姜素棠（女，1964年2月生于昔阳县静阳村，大寨森林公园员工，高中文化）

采访时间与地点　2006年6月7日，大寨展览馆

采访及录音整理　赵俊明

赵：你家里几个孩子？

姜素棠：我两个儿子。大儿子是20岁，在那个太原大学上大专，去年考上的。小儿子今年上五年级。他们也说你两个儿子两个负担，我说我不觉得，这是我的财富。车到山前必有路，你说你每天想那些事干啥，没到那个时候呢，咱们也不是过不下去。

赵：当时你要第二个孩子的时候是怎么想的？

姜素棠：作为我们，只要你有一个人是农村户口，他就可以让你生第二胎，不用罚款的，必须是你那个大孩子要满了7周岁才能生。我就是冒着那个罚款，我再生一个，因为我没事么，我是农村的。那个时候差不多都是要两个就行了，再多也不要了。

赵：第二个是不是想要一个姑娘？

姜素棠：想要一个姑娘的，不过无所谓了，儿子姑娘都喜欢，第一个是儿子了，从观念上来说他就不说什么了。说实在的，其实我就想要一个儿子，因为我那个爸妈没有小子，我姐妹三个，当时好像是想要一个男的，不过生男生女，生下来，好像不是姑娘也就不觉得着急呀什么的。

赵：村里普通人家是不是两个孩子的多？

姜素棠：两个孩子的多，差不多都是，特别是第一个是姑娘的。还有几户是一个孩子的，像带你们上来那个，她就是一个孩子。

赵：存在不存在两个孩子负担不了的情况？

姜素棠：没有，这个不存在，在咱们村里不存在。

赵：像你家有两个孩子觉得负担大不大？

姜素棠：他这个上学，从小学到初中不是太花钱，你花钱就是上大学。

赵：高中也得花钱吧？

姜素棠：高中不花钱，像我那个大儿子，高中就是跟的他爸，老师的孩子学费是免的，吃也是自己吃，他爸跟他一日三餐自己做饭吃。

赵：就是上大学花钱多？

姜素棠：上大学花钱，像去年就花了一万多，他的住宿还不是太高等，一

年下来就是600块钱，宿舍条件不是太好，他们一个宿舍8个人，还有十几个人的。

采访对象　贾旭姝（女，1988年5月生于大寨村，大寨文化展示馆讲解员，初中文化，共青团员）

采访对象　王　莉（女，1989年2月生于昔阳县王家山村，大寨文化展示馆讲解员，初中文化）

采访时间与地点　2006年6月8日，大寨文化展示馆

采访及录音整理　李卫民

李：昨天听说你们村里的人家，都是只有三四口人。这是真的么？

贾旭姝：对。我们村（大寨）就只有520多口人。我家就只有4口人，我爸、我妈还有我哥。奶奶是自己住，平时就是自己做饭，节假日到子女家。我爷爷去世了。

王莉：我是在大寨村住，我不是大寨人。我家现在有5口人，两个女儿，一个弟弟。我们村的人家，一般是四五口人，比大寨多一点。可能是大寨的计划生育抓得紧一些吧。

贾旭姝：我们这儿就是很严。第一胎是男孩儿，就不让生第二胎。

李：那你不是有个哥哥么？

贾旭姝：那是罚了款了。

王莉：我们那儿管得不严。人们也特别重男轻女。

贾旭姝：我们这儿的人的思想观念比较开放。有一家人，头胎就是女儿，人家也不要二胎指标。我们这儿对独生子女户，也给不少福利。

李：我觉得大寨人长得都比较时尚，和城里人差不多。

贾旭姝：可能是见的外面的人比较多吧。我们村里的老年人都有穿花衣服的，这（种现象）在邻村根本不可能有，穿了，还怕别人笑话他。

采访对象　耿银柱（男，1955年7月生于王寨乡南泉村，高中文化，大寨酒业公司职工，现居大寨村）

采访时间及地点　2006年7月24日，大寨村家中

采访及录音整理　冯素梅

冯：儿子毕业以后，你们是让他在外面还是回来？

耿银柱：现在还说不来，不知道回来有没有合适的地方，看哪儿有合适的在哪儿，不能说是愿意在外边了还是回来呢。他愿意在哪儿就在哪儿，不是非要把他叫回来，无所谓的。这有合适的了，回来近近的也挺好。究竟什么是合

适呢，有工资高的当然好，没有高的低的也得干呢。

冯：现在你们的想法里面，儿子离得远近都无所谓，只要他过得好就行。

耿银柱：无所谓。

冯：你们现在有没有上了年纪以后跟谁过的想法？

耿银柱：没有那个想法。现在你有事了，你可以叫别人干，他就是在家，他上班忙，有些事情他也不能给你干。

冯：像你这个想法在咱们村里普遍吗？

耿银柱：普遍，不考虑孩子们跟着过不跟着过。

冯：咱们大寨村的思想观念还是先进。

耿银柱：大寨的思想观念，我们这个年龄上下，有的比我大，有的比我小，生两个女儿也好，有没有儿子无所谓，不是说非要个儿子。

冯：还是素质不一样，虽说是一个村，毕竟是全国知名的。

耿银柱：它经济基础比较好，跟经济基础有关系，你经济基础不行了，没有钱了，你不寻儿子寻谁？你不能干了不让儿子干谁干？

冯：现在养老是个普遍性的问题，其他村子的观念跟大寨比不行吧？

耿银柱：计划生育大寨比其他地方好搞，为什么？生男生女都不多生，像本县一些穷的地方，计划生育根本没法搞，他不要说生 3 个女儿，生 5 个女儿还要再生。还有的现在 30 多岁的，生一个孩子，让他再生他也没有再生，其实现在富裕，人们生活好，其中一个原因就是孩子生得少。

衣食住行

采访对象　贺　勇（男，1972 年 3 月 18 日生于大寨村，中专文化）
采访对象　梁永平（女，1973 年 12 月生，初中文化，贺勇妻子）
采访时间与地点　2006 年 7 月 26 日，大寨村家中
采访及录音整理　李卫民

李：你到大寨也 10 年了，你觉得大寨村的村民生活状况，和你们那里有什么不一样？

梁永平：我们那儿离这里也不远，差不多。这两年，大寨发展旅游，好一些了。大寨能给 60 岁以上的老人发养老金，我们那里没有。我们村主要就是煤矿，其他就是务农，大部分种的是玉米。

李：你比你爱人小一岁，你们村里和你同岁的，有几个考上大学？

梁永平：好像是考上两个。

李：97 年嫁过来的时候，你也没出去工作？

梁永平：没有，就在家。女的原来都在羊毛衫厂，那厂子不行了，就都回

来了。（其他的）厂矿适合女同志干的活不多。

李：家里女同志在家，只靠男同志在外干活挣钱，经济压力大不大？

梁永平：怎么不大？各方面的钱都很紧。

贺勇：这几年物价涨了么。相对来说，种玉茭价钱就跟不上么。爹妈都是农民，70多（岁）了，村里也给养老金，这（让）我们的经济压力小了一些。04年，家里有两份工资了，情况好一些了。

梁永平：底子太差了。

李：可是你俩现在都回来了。下一步的工作，找好了么？

贺勇：没有。说不上来。

李：大寨村里商机多呀。

贺勇：村里头的人，脑子活。他们摆摊儿，办饭店，挣的比（在工厂里的）工人多。

李：你们想去村里摆摊，能申请下执照么？

贺勇：不容易，没地方了。

梁永平：找不下啥好地方了。

李：你不是说，你有一个同学现在开车，他一个月能挣多少钱？

贺勇：他这也是一趟一趟地算了。干一趟，就有一趟的钱。一个月能挣1000多（元）。

李：那个煤矿的能挣多少钱？

贺勇：七八百块钱吧。他不下井。

李：水泥厂最高工资能到多少？

贺勇：工人能达到800（元）。

李：你们那在森林公园的同学，能挣多少？

贺勇：他是年底算（钱）了。

李：在大寨，两口子一个月挣多少钱，就能过得不错？

贺勇：家里一个月得花四五百（元）。孩子还小［七岁］，花钱不多。

截至1998年底，全村人均收入达3000元，是1978年的16倍，是1958年的44倍，是1949年的150倍，与昔阳县人均收入1696元相比，超出1304元，为全县人均收入的1.77倍。

（《大寨村志》，山西人民出版社2003年1月版，第24～25页）

采访对象　樊六小（男，1947年5月生于大寨镇蒙山村，后迁居大寨村）

采访时间与地点　2006年5月29日，大寨村家中

采访及录音整理　董永刚　李卫民

董：听村里人介绍说，你爱人是当年的铁姑娘，你也是那个时候来的大

寨，那你的感受一定很深了，咱们就来说一说你的当年吧！

樊六小：是的，我原先家不是大寨的，我是后来才来了大寨。我家原先是蒙山的，很苦，这个村也属于大寨乡。我兄弟姐妹四个，我是老大。

一开始的时候我是在公社的合作社的。咱那会儿也很年轻，也就是个十八九岁，从来就不知道累。那会儿成立公社以后，我就被抽到公社给人家帮灶。原先在公社挑水的那个人，因为身体不行，后来就不干了，这样，我才到这里接替了他。

那个时候，公社每天吃饭的就一二百号人。刚开始的时候，我每天就是挑水。那会儿的公社就在现在旅行社的下边点。后来我除了挑水，还给人家帮灶、管事务、分粮食这些。这也是我后来干的时间长了才干了这些。

那个时候一晚上也就不睡个觉，精神劲很大！我开始和大寨接触也就是大寨63年遭了灾以后。那个时候我就开车了，还是在公社帮灶的时候慢慢学的。当时公社一共有3辆解放牌汽车，可那个时候咱年轻，也可喜好这个东西嘞！我那会儿每天早上就给人家加水。那个时候的汽车不像现在有防冻液这些，冬天一到晚上回来以后，就得把这水箱的水全放掉，怕晚上给冻坏嘞！等到第二天早上用车的时候再加上。当时我每天早上早早起来就给烧上一大锅开水，把汽车的水箱给加满了。这样天天和司机们接触得多了，慢慢开始就帮人家把着摇车。再到后来对这东西越来越熟了，司机们有些时候就让我给发动车。就这样干了几年。后来，随着年龄一天天地大了，当时的公社书记就说让我慢慢地学开车哇！从这个时候开始，我也就正儿八经地跟着师傅学开车了。当时司机都是外地的。这里的人不会开。当时考驾驶证是很严格的，当地不能考，要考还得到地区去。我就是这样学会的开车。

我和大寨正经来往开还是大寨有了汽车的时候。记得那会儿，这上头奖给大寨一辆汽车，可就是没人会开这个东西。这个时候陈永贵就找到我了。记得有一晚上，那公社秘书告我说，大寨老陈找我了，说是有事儿。我听说后就去了陈永贵家里。见了陈永贵后，我说："老陈，听公社秘书说你找我了，有什么事?"陈永贵就说："六小啊，咱这村里刚刚弄回辆汽车来，没人开，你来给开哇！怎么样?"我说："行吧，可我有个条件，我开上几年就走!"那个时候在村里干，转正的机会就很少，也可以说就没有。可那个时候咱还是想要找个机会转正嘞！陈永贵当时听了我的话后说："这个可以，但是也有个条件，那就是你走以前，必须在这村里给带出两个徒弟来!"我也就答应了。就这样，后来我就被抽派回大寨开车了。

在这个村里，我带的第一个徒弟就是现在村长［贾春生］他哥，他那会儿年龄也不小了。后来带的还有一个是从部队转业回来的。那个时候出车，一天还给补贴6毛钱，就那也是很不少了。因为那个时候，工人的工资比乡里的干部还要高，领的粮食也比干部多，说起来也还是很可以的。那会儿的出车从来是不走空，白天往阳泉送矾石、煤，回来的时候还要捎上砖石瓦块儿碹窑洞。

● 20 世纪 60 年代大寨人的家居陈设。

那个时候交通、商业都不像现在这么便利，修车的时候，买个小的汽车配件都要到阳泉去买。如果阳泉修不了，还得运到北京才行。那会儿的修车从来都不带现金，就是大队给开上个条儿，修完车以后，村里财务上直接就给对方把款打过去，根本就不存在捣鬼这回事儿。要说哇，那会儿的人都很老实，况且那个年代也都不敢。这人都从来不计较个人得失，白天黑夜地干，可都是一样的工钱。

那会儿的人私心少。说起这私心来了，我当时在公社管事务的时候，干部下乡都要到我那里领粮票。要是平时不下乡，干部是一天一斤九两粮，下乡的时候多半斤，也就是二斤四两。可是你要是中间回来吃上一顿，这半斤粮票可就没有了。当时无论书记还是其他人都很自觉，都是一个样儿！要不说，我们这一代人对当时那集体经营、集体管理的那个年代还是很怀念的！

我和我爱人认识也就是我刚开车的时候。那个时候她们那些人不断要出去，出去的时候就经常搭车，这样一来二往地就认识了。刚认识她的时候，我并不知道她也是大寨"铁姑娘队"的。我们两个是 71 年结的婚。结婚以后，还是当时那老陈帮的把我这户口从蒙山迁移到大寨。我来这里的时候，大寨给了我一眼窑洞和两间房。我在大寨干了四五年以后就又出去了。

采访对象　李绿英（女，1952 年生于大寨镇金石坡村，现居大寨村）
采访时间与地点　2006 年 6 月 5 日，大寨村家中
采访及录音整理　董永刚

董：咱们随便聊一聊，说一下你的家庭情况都可以！

李绿英：我是 19 岁的时候，经过别人介绍嫁到大寨村的。当时我男人家的条件也不好，从小跟的别人在外头放羊。当时都是给这集体放羊的。我们刚成家的时候，他也是 19 岁，虚岁 20（岁）了。那会儿结婚，10 块钱就能做好几件衣裳嘞！三五毛钱一尺布，扯上几尺就能做一件。我们成家以后，就分开

● 大寨坚持全面发展畜牧业，到 1976 年，大寨达到户均两口猪、一头大牲畜。

各过各的了。

那个时候我们和陈永贵在一个院儿里住的。我们当时就住的一孔窑洞，这窑洞那个时候是集体给分下的。这房钱赶到年底的时候就给扣了。老陈当时住的是西窑。他是个勤快人，早晨起来就扫院，讲卫生。人家那个时候每天早早儿就起来了。我们那会儿和老陈在一起住了有个四五年。

那个时候，干活黑洞洞就起来了，赶紧收拾一下，把小孩儿送到托儿所后就得赶紧往地里走。当时一天能挣个七分儿。我在地里干，我那男人在村里给集体放羊、放马。那会儿在这西寨住的，走在离这里还很远的山里，到半年才回来一趟。那会儿也都年轻，不知道个愁！再一个是当时也没有甚的负担，一天到晚忙忙活活，还觉得挺好的。那个时候的人条件都不行。

我家的现在还在村里给人家栽树，干点杂活儿，一天村里给的 20 块钱。还可以！他原先不干这个，前几年自己买了十几二十来只羊，每年卖几只。后来这几年山上不让放了，不好干，怕破坏树林嘞，没办法，去年的 7 月就全部给卖了。羊卖了以后，就一直跟的村里干，起码有个收入哇！

采访对象　李　鑫（男，1981 年生于大寨村，本科毕业）
采访时间与地点　2006 年 7 月 26 日，大寨村家中
采访及录音整理　李卫民

李：回忆一下，你小时候吃什么？

李鑫：小时候吃的就是面，玉米面。白面不多。小米和玉米面做的饭，我们经常吃。肉、蛋、菜，平时吃得不多，过年的时候吃。

李：你感觉啥时候就能吃到白面了？

李鑫：初中的时候吧，94 年。我们这里吃面多，隔一段时间才吃肉。

李：你小时候穿什么衣服？

李鑫：小时候，上衣穿中山装比较多。当时的衣服料子，是的确良什么

● 20世纪70年代大寨人的家居陈设。

的。鞋，就是塑料凉鞋、胶鞋什么的，后来才穿上皮鞋。

李：我们再说说住的情况。

李鑫：以前我们住窑洞。我们家4口人，我还有一个弟弟。两眼窑洞，还有两间平房。

大寨人自古以小米、玉米面为主食，兼食杂粮。早饭吃玉米面糊糊，俗称“撒”，佐菜有土豆丝、萝卜丝、咸黑豆、咸菜等。午饭多吃“假豆腐”，也叫“石条”[玉米面和黄豆面掺和做成的一种面食]，晚饭吃酸菜饭［小米与酸菜做成的一种汤饭]，配以窝头、糊饼等干粮。80年代后，大寨人的一日三餐改为：早上吃稠撒面糊或喝汤面，中午吃精细面食、大米，另炒菜，晚上喝米汤或菜汤加馒头。细粮增多，粗粮细做，饭菜品种增多，主要有拉面、削面、揪片、猫耳朵、抿蝌蚪、烙饼、煎饼、河捞、饺子、包子、油条、枣糕、油糕、火锅等。

（《大寨村志》，山西人民出版社2003年1月版，第220～221页）

采访对象　张玉凤（女，1963年生于昔阳县南峪村，初中文化，现居大寨村）
采访时间与地点　2006年5月30日，大寨村宏发纪念品商店
采访及录音整理　王勇红

王：你是哪年嫁到大寨村的？

张玉凤：85年。

王：你娘家是哪个村的？

张玉凤：洪水乡。85年我到大寨时，已经包产到户了，农村把地都下放给个人了。85年时到大寨参观的人还少。86年陈永贵去世，我们很遗憾没见过陈永贵。那时候，我爱人也在村里林业队，管理果树，打药浇树，成熟时收果，冬天剪树。他从1979年就到村办公室当出纳，在办公室干了几年，又调

到车队管车，回来又到办公室当会计，从 1997 年开始干的。对于现在的生活我感到很幸福，因为我娘家那边的生活环境那时候都没有大寨好。现在，我们不论娘家也好，大寨这边也好，生活都好了。每天都是白面大米，也不吃玉米面，不过玉米面现在又喜欢吃，觉得玉米面搅点白面好吃，光吃白面反而不好吃。

王：64 年修这些窑洞是自己修的？

张玉凤：不是，集体修的。我们大寨的窑洞，他们叫火车皮，是大寨特色的建筑。为什么我们大寨把过去的窑洞和排房保留不动，只是把下面的路拓宽改造了一下，就是要把过去的面貌留下来。我们没有住在下面的群众也不错，我们买新房，大队还补贴了两万块钱，我们现在住的是楼房。

采访对象　贾竹青（男，1976 年生于大寨村，大寨二中教师，大专文化）
采访时间与地点　2006 年 7 月 24 日，大寨村家中
采访及录音整理　赵俊明（整理者）冯素梅

赵：你们家的暖气是自己烧吗？

贾竹青：自己烧。

赵：煤呢？村里给分吗？

贾竹青：有，一口人是一吨炭一吨煤，两口人是两吨炭一吨煤，三口人是两吨炭两吨煤。

赵：村里分下的煤够不够烧？

贾竹青：不够，我们这户口不在村里，就没有，就是我爸我妈有。

赵：不够烧就是买人家的？

贾竹青：嗯，不够烧就是买。

赵：一冬天需要烧多少呢？

贾竹青：烧 4 吨炭。

采访对象　贾旭姝（女，1988 年 5 月生于大寨村，大寨文化展示馆讲解员，初中文化，共青团员）
采访时间与地点　2006 年 6 月 8 日，大寨文化展示馆
采访及录音整理　李卫民

李：你家搬进新楼了吗？

贾旭姝：没有。搬进去的，可能都是原来家里住得比较紧吧。我家还不至于。我哥哥在外面读大学，也不一定回来了，不用再（为他）准备房子了。

李：现在大寨村里，搬进新楼房的，大概有多少？

● 20世纪80年代大寨人的家居陈设。

贾旭姝：54户。最早是99年盖的，当时是26户，后来又盖了一批。新盖的，设计比原来要好一些，交的钱也多一些。

李：有煤气么？

贾旭姝：没有。我们都用蜂窝煤。现在，村里好像有计划上沼气。

李：你觉得住楼房好还是住窑洞好？

贾旭姝：窑洞楼房，各有各的好处。

李：平时有个头疼脑热，你们去哪里看？

贾旭姝：村子里有（卫生所）。我们一般也不去昔阳医院。

李：你是多会儿来到这儿工作？

贾旭姝：去年初中毕业以后就来了。

李：你的同学里，有几个考上昔阳中学？

贾旭姝：我们村这一届的，有十二三个，有一个考上了（昔阳中学），其他的，有的去了别的中学了，我没升上高中。

大寨传统民居主要有窑洞、平房、青砖瓦房三种。窑洞分土穴、青石碹窑两种。土窑洞依地形往里挖掘成洞，洞口再装门窗即成，无钱的贫苦人家多以此为家。青石窑由青石碹砌而成，中等人家多住青石窑和平房，少数富裕户住砖瓦房四合大院。1963年遭灾之后，大寨盖起一排排宽敞明亮的新窑洞、钢瓦房及平房，1992年，大寨将集体建造的住房卖给实际居住的村民，成为个人资产。1998年，大寨建成6幢二层小楼，每户使用面积为160平方米，楼内客厅、卧室、厨房、卫生间、储藏室一应俱全。近年，大寨又新建几幢二层小楼，室内设计更加合理，村民尤其是年轻的大寨人喜欢这种具有现代气息的住房。

（《大寨村志》，山西人民出版社2003年1月版，第125～126页）

采访对象　贾存兰（女，1950年2月生于大寨村，初中文化，中共党员，原“铁姑娘队”成员、村妇女主任）

采访时间及地点　2006年5月30日，大寨村家中
采访及录音整理　冯素梅

冯：你家里的房子是什么时候盖的？

贾存兰：这房子是老房，是解放前盖的，这是解放前大寨有钱人家的房子。一共三串院，是那会儿的中农的，60年人民公社就在这个院。我刚开始买的北房和西房，其他房间供销社的人还住着，93年才全部买了。

冯：买这个院以前，你们原来在哪儿住？

贾存兰：西边的排窑里边，那边也是集体分下的，一个窑洞一个房，住不开了。

冯：那时候也是按人口分房吧？

贾存兰：是，一口人按0.8（间分），我家里五口人，分下的房住不开了，把那房子退给大队，顶是买了财政［公家］的房。

冯：当时买这个房子贵吗？

贾存兰：不贵。总共买了这个院子是11000块钱，自己维修了一下。

采访对象　贾满栋（女，1954年生于大寨村，高中文化）
采访时间及地点　2006年5月31日，大寨村家中
采访及录音整理　冯素梅

冯：新楼里有没有暖气？

贾满栋：有，自己烧，院里边有个小锅炉，烧的是炭，一口人给一吨炭，户口不在这儿的就不给你。一吨炭你就是给出30块钱，出得不多。

冯：家里做饭也是用煤？

贾满栋：有的人用煤，有的人用液化气。大队［村里］一家一年还给一吨煤面面，自己做蜂窝煤，煤矿上就把煤给送到家里边了。不够自己再花钱买，再买就不便宜了，那就是外边卖多少钱，你就多少钱买。煤面面也花钱，一吨20块。

冯：冬天给煤每家都一样吗？那边住窑洞的给不给？

贾满栋：给，每家都一样。以前没有煤矿的时候不行，不给，就得自己买。大寨不是早就有煤矿了，有了煤矿就一直给着。

冯：煤面面也是每家给？

贾满栋：嗯，它都给调配着呢，好比一家是3吨，就给两吨炭一吨煤面面，4吨就是给3吨炭一吨煤面面，都调着给。

冯：过年过节村里边发东西吗？

贾满栋：发呢，白面、大米、油，都发。

采访对象　李喜凤（男，1932年生于大寨村，小学毕业）
采访时间与地点　2006年7月26日，大寨村村委会
采访及录音整理　冯素梅

冯：大爷你在哪儿住呢？

李喜凤：我在修好的新楼底下那片儿住呢，住了7个窑洞，5间房。

冯：自己后来买别人的？

李喜凤：我原来分下的家不够住，大队留下两个窑洞喂牲口来，我那大儿子买下了，这会儿我那大儿子住的新楼，就是我住的7个窑洞，拐过去就是他那楼。不是我给他买的，他自己买的。他原来在大队干来，在大队当会计当了十几年，后来去的酒厂，他今年52岁了。

冯：新楼好吧？

李喜凤：好，今年他们又装潢了。

冯：你没有跟他们住到新楼里去？

李喜凤：我就愿意住在窑洞里，咱窑洞里夏天睡觉还要盖上棉被，不盖棉被还凉呢，夏天不热，冬天不冷，窑洞里头冬天生炉子。

采访对象　贾翠花（女，1948年农历十月初七生于大寨村，小学文化）
采访时间与地点　2006年6日，大寨村家中
采访及录音整理　赵俊明

贾翠花：63年，就是淹得严重，那会儿大部分窑都塌了，地塄都冲坏了，地都冲没了。完了那就是白天修地，夜里回来修窑，村里的窑大部分是那会儿修的。

赵：你现在住的这窑是不是那会儿修的？

贾翠花：也是那会儿修的，村里修好了分给个人的。

赵：你一直就在这儿住吗？

贾翠花：不是，换的地方多了。后来我才住上这个房子，后来掏钱买了。它就是比方说先修下，先住上，刚开始不是不够那么多，修点儿分点儿，谁家最困难先分给谁，先让你住上，修一些分一些，刚开始比较挤，一家分一两间。每家都是先住上，完了修好的再给你分，原来的搬出去。

赵：刚开始你家那么多人能分几间？

贾翠花：我们那个房子那时候没有塌，刚解放了分的旧房子，一直住的那里。后来村里修下了，给分了房子，把旧房子就拆了。分家（房子）的那会儿，分窑洞那会儿，我哥哥他们都成家了，他们各人分各人的，一成家村里就给分房子。我们那时候住的一个房子，一个窑洞。后来他们都成了家了，也修下这新农村了，一个一个的就搬走了，就好点儿了。

赵：你是哪一年结的婚？

贾翠花：我20岁结的婚［1967年］。

赵：你结婚的时候村里给分了多少房子？

贾翠花：分了一眼窑洞，没有房子，就一眼窑洞，还有老汉，男人他爸爸，那会儿他在昔阳县城里来，回来了也在一起。

赵：是不是后来住房就好点儿了？

贾翠花：后来就越来越好了，逐渐修。每年修，地里的活不忙了，闲下来的时候就修。

赵：你家是什么时候搬到这里的？

贾翠花：这就到了以后了，这块儿以前是公社的房子。下放了土地以后，八几年，我过来二十一二年了，分了土地时间不长，买的时候4眼窑洞，两间房子，那会儿5000来块钱。

赵：那会儿家里有那么多钱？

贾翠花：没有，借的。那边儿住不开，（原来住的）那边是两眼窑洞，一间房子，还有个小厨房，还有小孩他爷爷，他住一眼窑洞，我住一眼，6口人，就住不开。

赵：后来又盖了点儿？

贾翠花：又盖了南边的几间房子。

赵：再后来就一直没有动过？

贾翠花：也是想买楼房来，儿子把钱都花了，儿子也想住人家那楼房。

赵：你家有没有想到他（老公）那里去买房子安家？

贾翠花：他们单位在县城里边盖的楼房，咱没有买，咱在大寨，咱就不愿意到那边，咱离城也近，也方便。

采访对象　贾明锁（男，1957年8月生于大寨村，高中文化，中共党员）
采访时间与地点　2006年6月6日，大寨村家中
采访及录音整理　赵俊明

赵：你家住的房子还是以前的房子？

贾明锁：哎，对对对。

赵：有多大呢？

贾明锁：两眼窑洞，两间房子。

赵：父母留下的还是自己的？

贾明锁：91年那个时候郭凤莲回来不是分房子？那个就是按当时那个情况给我分的。

赵：91年你不是还在县城么？

贾明锁：城里的，但是咱们祖籍是这里的，村里也得给分，因为咱们的老房子大队修新房子都拆了。

赵：等于说是村里补偿的？

贾明锁：补偿也是按那个价位给大队出的钱。

赵：那会儿买多少钱？

贾明锁：那时候窑洞不是太贵，南窑是400（元）一眼窑洞，东窑是550（元）还是600（元），西窑是650（元）还是700（元），我就是这样买的。

赵：现在一直还是住的那？

贾明锁：一直就住在那里，你看里边那么多人住的新房子，咱也想住，咱没有钱。

赵：像你有钱的话能不能买？

贾明锁：倒是我在这里，跟人家讲一下，我估计也能买。

赵：我觉得那里也不好住？

贾明锁：哎呀，那你怎么说，你像就买160来平（方）米那么大的房子，在县城里得十五六万，还得装修，连装修下来的20万，在这里你就不管怎么样，自己交6万（块钱），大队补贴两万，下来自己装修，咱们没有那个条件，没办法。

赵：村里是不是不让自己盖房子？

贾明锁：嗯，也不是不让，就是关键你自己盖也没有地方，它是这样。

赵：我觉得有的个人盖的那个房子也挺不错的？

贾明锁：个人盖的窑洞，也挺好的。你自己盖就更谈不上了，你就住老人给留下的房子，现在维持生活都挺紧张，你还能盖起房子？不可能盖房子。

赵：我觉得房子能住开就行了？

贾明锁：按理来说是那样。

采访对象　姜素棠（女，1964年2月生于昔阳县静阳村，大寨森林公园员工，高中文化）

采访时间与地点　2006年6月7日，大寨展览馆

采访及录音整理　赵俊明

赵：你家现在住的房子有多大？

姜素棠：就在大寨中学下边，两孔窑洞，5间平房。现在这个住房，只要有房子住，你住得开，我觉得好一点赖一点，只要你里面是卫生的，有一种好的氛围，感觉舒适就行了。对我来说，我觉得是不要那些太华丽太复杂的那些房子，你没时间去打扫它，你找保姆划不来，更不现实。你说你每天收拾一上午，完了一下午，晚上就要睡觉了，谁每天去看你的房子呀，你搞得那么复杂。你不擦不弄吧，你说是楼房，这里一层土，那里乱七八糟的，感觉还不舒适。还不如住一孔窑洞，每天捎带着就收拾了。我觉得住房，它没什么，只要你住得开，只要有房子住，不需要跟上人家瞎胡闹，我是那个想法。你越住得

华丽，你的这个收入必须跟得上来，你的消费跟不上，紧紧巴巴，很不协调，我觉得不协调。必须你这个房子，人气精精神神的，你生活水平跟上，才能配套，什么东西也得配上套。

采访对象　张海云（女，1954 年生于大寨镇阎庄窝村，初中文化，中共党员）
采访时间与地点　2006 年 6 月 5 日，大寨村家中
采访及录音整理　赵俊明

赵：咱们这边家里吃的菜自己种还是买？

张海云：夏天自己种一些，像西红柿、白菜、土豆，冬天存一些自己种下的白菜、土豆，来了人，过时过节买点儿，一年四季每天都有卖菜的。平时就吃点儿自己种的。也有没地方种的，没有了你就是买。以前村里有种菜的，现在没有了。

赵：自己种点儿谷子吃小米饭吗？

张海云：这种地也不沾，浇不上。以前那会儿有喷灌，这会儿都坏了，都是靠天下雨。这会儿山上的水主要是吃水，浇地都不沾。

赵：这几年生活方面感觉变化大不大？

张海云：现在每天都是吃白面，吃玉茭面都少，年轻人可不愿意吃那。其实吃点儿玉茭面对身体好，像我老点儿的还想吃点儿玉茭面，在白面里搅点儿好吃，像吃河捞、抿咯斗什么的。

赵：你家这路是自己修的还是村里修的？

张海云：我这是沾了大队的光了，村里修的，我这地方不好［住的 5 眼窑洞，在一个山坡上，路还是土路，红土，下雨天挺滑的］。

赵：你觉得咱们村最近十来年的变化是不是挺大的？

张海云：反正这会儿好，以前就不行，以前也主要是种地，没有什么企业。以前的庄稼好，这会儿人们不在土地上下工夫，这会儿就不靠那，卖粮食最多卖千数块钱，五六百块钱。

采访对象　赵保卫（男，1969 年生于大寨村，大学文化，大寨中学教师）
采访时间与地点　2006 年 6 月 3 日，大寨中学
采访及录音整理　王勇红

王：村里边买蔬菜呀水果也方便？

赵保卫：都有，现在也就是买新鲜蔬菜吃。小时候不行，看到有点油就可香了，人们说一家人一年有两三斤油就够了，现在 1 月得吃 10 斤油。

王：现在村里去县城方便吗？

赵保卫：有公交车。

王：公交车是什么时候有的？

赵保卫：有三四年了。

王：以前是骑自行车？

赵保卫：骑自行车，或者有顺路的搭上。

80年代以来，经济收入的提高促进了村民饮食结构的改善，饭食由以前的“一多两少”（粗粮多，蔬菜、副食少）变成“四多一少”（细粮多、蔬菜多、食油多、副食多，粗粮吃得少）。

（《大寨村志》，山西人民出版社2003年1月版，第26页）

采访对象　贾秀丽（女，1978年生于大寨村，大寨文化展示馆讲解员，中共党员）

采访时间与地点　2006年6月1日，大寨森林公园大寨文化展示馆

采访及录音整理　刘晓丽（整理者）　冯素梅

刘：像你们家庭消费主要有几方面呢？

贾秀丽：消费呀，大的开销主要就是生活，还有随礼的比较多，这也是一个大的开销。还有手机费呀、车费呀，像我吧上班骑摩托车。

刘：房子你父母已经给准备了，不用再弄新房了？

贾秀丽：对。那个也是我们结婚之后才弄的。以前我们住的是窑洞，3眼窑洞。但是我们就比较喜欢那个客厅卧室呀都连在一起的，窑洞就不行。

刘：那你住在大寨新居的时候，那边就没有窑洞了？

贾秀丽：有呀，80年代的时候已经卖给个人了。

刘：就是说，集资建新房以后，窑洞还放在那？谁家都是那样？

贾秀丽：都是那样。现在小村子里面的小学都拆了，小学特别少，这些窑洞就可以租出去（给那些来大寨上学的孩子），孩子们到这来读书的话，他肯定要租房子。

刘：咱们家里的电器都有什么？

贾秀丽：就是电视呀，洗衣机、冰箱，主要就是这些，没有微波炉。

刘：家里边还是用煤吧？

贾秀丽：对。我们这边有煤矿嘛，它就可以供应。像用煤还是省一些。

进入90年代，村民生活方式趋向高收入、高消费，吃饭讲究营养成分，穿衣追求档次、质地、款式，冰箱、彩电、洗衣机等电器成为普通家庭用品。

（《大寨村志》，山西人民出版社2003年1月版，第26页）

采访对象　樊六小（男，1947年5月生于大寨镇蒙山村，后迁居大寨村）
采访时间与地点　2006年5月29日，大寨村家中
采访及录音整理　董永刚　李卫民

李：70年代，你主要干什么工作？

樊六小：从二十六七岁，就一直开车，开了十几年解放。80年代，开了几年北京吉普。

李：现在咱们大寨有车的人多么？

樊六小：算上运输车，村里有10来户有车。不是很多。小轿车几乎没有，最好的有个面包车。几乎家家都有摩托车，这里路不好走。80年代，就有人开始买解放车。

李：现在大寨村里搞运输的人多不多？

樊六小：有五六辆车。都是大吨位车，主要靠运煤。大寨的煤矿产量不高，他们都到外头运煤。运煤也能挣不少（钱），现在主要是收费太高。从太原运上煤，交警、运管罚款，一路下来，也挣不了多少钱。不正规的收费多得不行。你在煤窑拉上煤，半路上"煤检"来检查，一下就要罚40元。像我们以前3个证通行全国，驾驶证、养路费证、行车证，那会儿交警也不罚款，交警罚了你款，影响了"抓革命、促生产"，要犯错误。

李：现在您的单位能给您发工资么？

樊六小：不行，停发工资10年了。

李：那您老伴是干什么的？

樊六小：她就在家。

李：你们现在主要是靠什么生活？

樊六小：就靠那地，这几年（在村口）开了个店。这店现在也不行了，去年搞红色旅游的时候，还可以，今年不行了。

李：您看您的儿子儿媳穿得跟城里人差不多，可您的衣裳还打着补丁，您也可以穿得好一点么。

樊六小：哎，我还要下地呢，我还有个菜园，还得干活呢。我的这中山装穿了七八年了，我没有穿过西服。

人民公社初期，社员口粮逐渐增加，但粮食品种和饭菜花样单调，粮食以玉米加谷糠为主，豆类等小杂粮极少，副食更少，只有逢年过节才能偶尔调剂一下；穿衣为土布、棉布，虽不算好，但"冬有棉，夏有单，春秋有上里衣服穿"，而且开始住上新窑洞、新瓦房，生活基本保持温饱水平，人均年消费在80元左右，除购买生活必需品外，保持简朴生活略有节余。

（《大寨村志》，山西人民出版社2003年1月版，第25页）

● 当年修建窑洞的场景。

采访对象　贾秀盛（男，1938 年 7 月生于大寨村）

采访时间与地点　2006 年 6 月 8 日，大寨村家中

采访及录音整理　董永刚

董：你是地地道道的大寨人，讲一下你的生活经历。

贾秀盛：我小时候 3 岁就没妈了，我就跟的我那娘舅在金石坡长大的。12 岁的时候，我就又回到了大寨。当时大寨就比金石坡强。回到大寨以后我跟的我婶婶宋立英，她当时给我做饭了。她后来在村里也是个干部。那个时候，就两间这小房房，里头炕上有个这柜柜。

土改以前，我父亲弟兄 3 个都是给地主扛长工的，我婶婶宋立英是个童养媳，是一石小米换的。白天我叔叔去给人家干活儿，她就在家里做饭。

第一次土改后，我父亲弟兄仨分了几亩地，还分了一头牛、一个驴。从这以后，家里就开始自己耕种了。家里有了地以后，我们这孩们就开始跟的大人下地里干了。我就在大寨村读了点儿书，以后就一直在村里动弹。当时那地也都不好，玉茭都长得不高高！

这个村里的女的很少往外嫁，男的更是很少出去，像我当兵回来后就一直待在村里。老陈当时就不让出去，咱这村里当时缺人手，正是因为这，村里才有力量修下这么多好地。

董：63 年遭灾后，咱们这里重新修建窑洞，当时是个什么情况？

贾秀盛：63 年的时候，这里下了七天七夜的大雨，这地都给下浓［因下雨而使土变得又软又稠］了。村里的土窑洞当时大都塌了。这些窑洞都是打的，没有碹，所以就经不住雨。当时很多老百姓没办法，就都到了村里集体盖的那大房子里了，做饭、睡觉都在那里头。窑洞塌的时候老陈不在，他后来回来后，一看没有死人，就说人没有伤亡就好，（房子塌了）咱再修。

当初修新农村的时候，想把这村子整个挪到山上头的，修到一个比较阔亮的地方。后来开会的时候，村里的很多老人就不愿意，都不愿意离开这老地方。这个想法也就没弄成，就在原先这地方开始修了。

当时碹这窑洞的时候，是先把土堆起来，然后用石头砌、碹，慢慢一孔一孔弄起来，再把里头的土掏出来。当时粮食少，可是大寨还有点儿。碹窑洞的匠人一天管三顿饭，一天还给一块六毛钱。那会儿的钱可是顶事儿了，一天挣那块数来钱就要顾的一家人生活，现在这100块钱还不顶个钱花呢！

当时碹窑洞打石头都是在小寨打的，我当时也是拉石头的。当时拉石头，村里就三挂车，就是我、赵小和和贾占元。

老陈那人的记性很好，讲话讲得也好，可是个利索人。这村里的窑洞都是在人家手上起来的。一年起一排。他讲的话，在他手上都实现了。

采访对象　贾承荣（男，1938年生于大寨村，小学文化，群众）

采访时间与地点　2006年5月27日，大寨村家中

采访及录音整理　王勇红

王：63年大寨遭灾，您家的房子也塌了么？

贾承荣：都塌了。我家这个房子也是65年大队盖下的。大寨现在这个新农村是从63年到78年，（用了）15年时间修的。64年大寨才300多人口，劳动力才100多人。白天干活，晚上修家，用外边的人，给人家工资，管人家吃饭，人家给碹窑，咱们给备料，石头、砖瓦都是咱们的。

王：那时碹一眼（窑）得多少钱？

贾承荣：当时碹窑也得四五百块钱，工钱也得200多（块），木料也得买，石头是自己打的，石灰是自己烧的，现在得七八千块钱。过去的为什么塌了？因为它是土窑洞，63年雨相当大，土吃不住水，所以大寨的窑洞差不多都塌了。只有上边有三四户没有全塌了。

王：塌了以后，村民住在哪？

贾承荣：那时候大队里有一个大房子，搞发电的，全村人基本上都在那里睡觉，搭个棚做饭。

王：大寨还搞过发电？用什么发电？

贾承荣：用锅炉蒸汽发电。村里用，老百姓照明。59年大寨开始搞发电，用了一两年就不行了，大寨是64年有了电，从太原把电线架到昔阳县。

采访对象　李元眼（女，1949年农历九月生于大寨村，原大寨“铁姑娘队”队员）

采访时间及地点　2006年5月27日，大寨村家中

采访及录音整理　刘晓丽

刘：说一下当时修窑洞的情况。

李元眼：那会白天修土地，黑夜修窑洞，修这个楼，弄那个砖，那会不是雇的那个匠人？那个匠人一天才一块钱，可便宜哩。

刘：黑夜咱们给他挑了砖，然后白天去干活，匠人就在家里修窑洞？

李元眼：就是。

刘：没有用咱们山上的石头盖房子？

李元眼：那个石头只是起（地基）哩，还得用那个砖。这个土窑洞冬暖夏凉。

刘：你这个窑洞是什么时候修的？

李元眼：是63年以后修的，那时候都让水冲了。

刘：让人维修过吗？

李元眼：没有大维修过，只是里头黑了刷一刷，重泥［用白石灰抹］过一回。以前那个窗户都是纸弄的，后来改成玻璃了。以前条件就是这样。（窗户纸）每年换一次，到过年的时候，天气暖和的时候换。

刘：我见过宋立英，她说她们的窑洞也是63年以后修的。

李元眼：都是那时候修的。原先都是土窑。

刘：这个窑洞是什么时候卖给个人的？

李元眼：卖给个人？哎呀，有10来年了。

刘：郭凤莲回来以后闹的吧？

李元眼：是，是哩。按人口分下的。

刘：刚才说的新房子，是自己想盖就盖？

李元眼：对，人家有条件了自己再盖。集体负担一部分，个人再负担一部分，头年也有个人比如在这块地方盖房子，不多，后来就是集体盖了。

刘：个人盖的房子要多少钱？

李元眼：要几千块钱。

1987年，大寨按7月15日户籍人口制定了出售公房方案，但没有推开。1992年对分配方案修改后予以执行，以两间房折一眼窑洞计算，按1987年7月15日在册人口为基数平均，采取四舍五入的办法，以200～500元的标准价，总计比原造价低20万元，将“农业学大寨”时期集体建造的房屋卖给实际居住的村民，成为个人资产。

（《大寨村志》，山西人民出版社2003年1月版，第126页）

采访对象　高便林（女，1945年生于大寨村）

采访时间及地点　2006年6月2日，大寨村家中

采访及录音整理　刘晓丽

刘：你这个房子是自己的吧？

高便林：当时买的时候是两间房子顶一个窑洞，这是又多买了人家一间房子。一般一个人都是0.8［计算单位］，窑洞算是一个［计算单位］，两间房顶一个窑洞。

刘：那就是窑洞大房子小？

高便林：对。再有就是一口人吧，也不能给他一间，也得给他两间，他那个房吧，就顶是买高价，比方这房是200（元），你就得出400（元），两间就得800（元）。

刘：你买高价房了没有？

高便林：我买了一间。4口人就是两个窑，他也不能死板（教条）。

采访对象　贾守富（男，1942年生于大寨村，高小毕业）

采访对象　任翠文（女，1942年生于大寨镇井沟村）

采访时间及地点　2006年5月30日，大寨村家中

采访及录音整理　冯素梅（整理者）　刘晓丽

冯：村里分房的时候你家分了几间？

任翠文：那时候就是3眼窑，两个房。当时是以8口人分的，按每人0.8分的，后来又说我们家口业大，不够住，以后又在上边给补了两个窑洞两个房。

冯：当时分房子是抓阄还是什么？

任翠文：不管在哪，都是按0.8分，给你分够就算了，分下来一家的可能不挨着。大队尽量按各家的条件分，有不同意的，尽量调整。

贾守富：那时候可负责了，调整这家，几番几次审查，有愿意的有不愿意的，有的要跟老人在一块的，有的是不跟老人在一块的，可复杂了。

采访对象　贾会胜（男，1941年生于大寨村，大寨煤矿职工，小学文化）

采访时间与地点　2006年7月25日，大寨村家中

采访及录音整理　赵俊明

赵：63年遭灾前你家有几间房子？

贾会胜：有两三间，也是瓦房，那会儿房子少，我们是3口人，我两口子，还有一个刚生下的孩子。

赵：那是你家的老房子吧？

贾会胜：对。

赵：遭了灾没有被冲毁？

贾会胜：那个房子没有冲坏，它比较高点儿，在山顶上，也比较好点儿。

赵：后来你家的旧房子呢？

贾会胜：村里成立食堂，我们就搬进新修的窑洞了，旧房子归了公家，（公家）给了钱了。

赵：刚开始分了几眼窑洞？

贾会胜：刚开始分了一眼，不大。后来逐渐发展，两眼、三眼。最后有四眼，又买了一眼，总共有五眼窑洞。那会儿人口多，按人口分，5口人，没有房子，都是窑洞。

赵：买一眼窑洞花了多少钱？

贾会胜：我记得可能是700块钱。

赵：你家的窑洞现在还在吗？

贾会胜：我搬到这里就卖了，卖给别人了。

赵：卖了多少钱？

贾会胜：两三千块钱。

1963年遭灾之后，大寨盖起一排排宽敞明亮的新窑洞、钢瓦房及平房，村民居住条件明显改善。据1977年上半年统计，全村共建成青砖钢瓦房630多间，青石窑洞260多孔，户均10间（孔），人均两间（孔）还多。

（《大寨村志》，山西人民出版社2003年1月版，第126页）

婚丧嫁娶

采访对象　宋立英（女，1930年生于大寨村，中共党员，大寨第一位女共产党员，全国劳动模范。曾担任过大寨村妇女主任、村党支部副书记、昔阳县妇联副主任、山西省妇联副主任、第四届全国妇联执委会委员、第五届全国政协委员）

采访时间与地点　2006年5月27日，大寨村家中

采访及录音整理　刘晓丽（整理者）　冯素梅　王勇红

刘：说说您老伴的事吧？

宋立英：这老头子呀，也是旧社会3岁就没有母亲了，他的爹是放羊哩，放羊哩不是没有人看得起他？他有一个远房亲戚，叫人家三奶奶，人家就收留了他，他放羊每天挣人家一顿米，挣下米了给人家这老人。后来到了9岁10岁时，他爹还给人家看庄稼、看院，后来就把一只手给残疾了，残疾了这不是挣不下了，他小小的就给人家拾粪、送粪，他那时候个头小，13岁就给人家犁地哩，后头就给人家当了长工。

我是怎么和他认得的？他给人家当长工，他当长工这家也是远房吧，人家也是好心，把我来买上，给他做了老婆。

刘：噢，是这家把你买上，这家和他有亲戚关系？

宋立英：是一家人。他给人家当长工，我给人家当使唤（丫头），这就给他做了老婆。你看那会我是13（岁）么，他都33（岁）了。当时是42年，我就到了人家这家了，人家还有一个大桌案，还有一个老做饭。

刘：这么多？

宋立英：嗯。那会人家还是娶来么，买卖婚姻，是一石玉茭？一石玉茭是10斗，那时候是小斗，一斗15斤，150斤玉茭，买了我的。

刘：大斗是多少斤？

宋立英：大斗就是二三十斤。当时人家这长工多，结了婚不是（还）没有家？那些长工回家，给他腾下那家，在这长工房。结了婚这不是到了3天上，我妈又叫回去了，叫回去又住了两天，回来就给人家做饭。那时候小哩，人家33（岁）了，我才13（岁），黑夜不敢睡，老在屋里坐。

刘：结婚后他肯定对你可好了？

宋立英：噢，那会了他就那样。我给人家做饭，他给人家当长工。人家也是挑哩，说这不干净那不干净的，给人家扫院，够不着，踩上板凳做饭，把肚上这个兜兜磨破了，你寻人家一块补丁吧，人家还不给哩。

刘：那你13岁，穿衣服这些事谁给你弄？

宋立英：就是我妈，我妈给弄。

采访对象　张风华（女，1966年9月生于昔阳县先掌村，现居大寨村）
采访时间与地点　2006年6月3日，大寨中学
采访及录音整理　董永刚

董：你结婚的时候，这里的风俗习惯有什么特点？

张风华：我们结婚的那个时候，首先要有个介绍人。两个人愿意后，女的由中间人带上到男方家相家。女方相家的时候，男方还要给这相家钱。我那个时候给的还是衣服，买了一身衣服。那个时候，有的也已经给钱了。看完家以后就算是基本上定了，如果再反悔，别人就会说闲话。

相家完了以后，紧接着就是定亲。定亲的时候，男方由介绍人带上去女方家。定亲的时候要给定亲钱，那个时候规定的好像是400块钱。

这以后就是准备迎亲了。迎亲不像现在有那么多的车，一般就是两辆车。这里女方的陪嫁、女方家当天的开销也大都是由男方家来管。接亲的时候，新郎不去女方家里，一般是由新郎的姐姐、姐夫去接。来了以后，新娘由公公或大伯背回家，好像是玩儿公公、大伯嘞。去女方家接亲的当天，男方要带上葱、豆芽、馒头，可能是取生根发芽的意思吧！到了女方家后，小孩儿就把女

方家准备好的花儿摘回来，意思就是说把他家的“花儿”给摘回来了。接亲的时候，女方家有跟箱的，就是送亲的，像姑姑、舅舅这些。女方带的箱子有压箱钱，如果女方当时里头放的是100（元），那么过来以后，这男方就要给200（元），翻番。这些钱送亲的人走的时候男方就给带上了。

结婚的当天晚上还闹洞房，现在比这以前可是文明多了，也很简单。结婚后第三天，新人要回娘家。女儿回娘家的时候，女方家的人来叫，走的时候，来叫的人还要问好婆婆什么时候送回来，婆婆给定的日子。日子到了，再由女方打发人送回来。这以后也就没有什么太大的讲究了，就开始正常的生活了。结婚的风俗，这几年没有什么大的变化。

要说变化，这几年这里的丧事是复杂了，像年龄大了的老人，去世以后还要唱戏，比活人还花钱，做的都是面子上的事。谁家老人去世了，当天就要找风水先生给看个日子，说第二天埋好，那第二天就得埋。要是近日没有合适的日子，那就得等上好几天。这丧事要比婚事复杂得多。这风气是不太好。死人打发了以后，3天、7天上都要烧纸。之后还要谢人祖。就是说，无论死的是男是女，就都要去这女方娘家。去的时候穿白，回来的时候就换成蓝的了。等到七七四十九天满了以后，就可以穿素色的衣服，一年后就什么都能穿了。

解放前，大寨人婚嫁要经过提亲、换帖、纳吉、下彩、请期、迎亲几个步骤。“农业学大寨”期间，提倡婚事新办，勤俭节约，女方不要彩礼，不陪嫁妆，男方不请客，不摆宴席，有的第一天结婚，第二天就参加劳动，有的甚至在劳动工地举行婚礼。80年代后，大寨人结婚要经过恋爱、看家、定亲、登记、完婚几个阶段。

（《大寨村志》，山西人民出版社2003年1月版，第214～215页）

采访对象　樊六小（男，1947年5月生于大寨镇蒙山村，后迁居大寨村）
采访时间与地点　2006年5月29日，大寨村家中
采访及录音整理　董永刚　李卫民

李：您介绍介绍大寨的风俗，特别是关于婚丧嫁娶方面的。

樊六小：死了人，都是入土，没有火化。出丧，也要热闹热闹，吹打。现在，这一套又厉害了。（毛）主席在的那时候，死了人，装进棺材，埋了，就算了。这结婚、死人，都花钱多。我们当时结婚，到一块儿就算了，亲戚吃点儿饭。那时候也不收礼，收的都是主席像、《毛选》。

大寨嫁姑娘，也没什么讲究。陈永贵那时候比较保守，大寨的姑娘一般都不让出去，在村里找。现在都没人管了。开放了，谁还管了？

采访对象　刘旭芳（女，1978年生于昔阳县庞家峪村，初中文化，现居大寨村）

采访时间与地点　2006年6月3日，大寨村家中

采访及录音整理　王勇红

王：讲讲你结婚时的情况吧。

刘旭芳：我们那会儿也没什么彩礼。

王：买些什么东西？

刘旭芳：就是家里的床啦，柜子啦。

王：那会儿结婚得花多少钱？

刘旭芳：有两万块钱就差不多了，买个电视、摩托车。

王：你们刚结婚的时候和父母在一起？

刘旭芳：跟母亲在一块。

王：家里边的收入主要有哪些？

刘旭芳：收入主要是靠他在外面干活，有个拖拉机，拉东西，挣运费。

采访对象　贾存兰（女，1950年2月生于大寨村，初中文化，中共党员，原“铁姑娘队”成员、村妇女主任）

采访时间及地点　2006年5月30日，大寨村家中

采访及录音整理　冯素梅

冯：你们那时候13岁开始劳动，到20来岁该出嫁的时候，大寨的条件是不是周围村里面最好的？

贾存兰：就是。老陈的想法就是我们从十三四岁开始在村里边受苦，到后来大寨的条件也好了，吃的、住的也好了，出去生活条件总不像大寨好，就不让出去，可是大寨没有那么多小伙子，只好出去。再说爱情，有同意的，不同意的，就不能强往一块凑。

冯：像你们留在村里的铁姑娘，那时候找对象村里面管不管？

贾存兰：劳动的时候男青年和女青年一天都在一起，有的是自由恋爱，有的是通过老辈介绍的。

冯：那会儿铁姑娘里面自由恋爱的多，还是老辈介绍的多？

贾存兰：老一辈介绍的多。那时候我们明天结婚，今天还在地里劳动，上午结了婚，下午就去地里参加劳动。结婚也特别简单，像我和我爱人结婚的时候，就是家里边蒸了一块糕，家里人吃了吃，就算礼成了。我妈那边陪嫁就是一条扁担，没有其他的陪嫁，村里边大队和其他人送你的就是《毛主席语录》合订本，就是那些。

冯：你是哪年结的婚？

贾存兰：67 年，我 18 虚岁。我母亲死得早，跟上哥嫂总是不方便，结婚就早。

冯：你在铁姑娘里边是结婚早的？

贾存兰：是结婚最早的。

冯：别人是多大结婚？

贾存兰：像贾美荣二十六七（岁）才结的婚，她也是不愿意走，可是村里面没有合适的，她只好等待，所以婚结得特别晚，她是嫁到外边了。

冯：你们那时候“铁姑娘队”的有人结婚的话，你们有没有什么特殊的礼物送给她？

贾存兰：姑娘队结婚的那时候都是送《毛主席语录》，箢篓、扁担、镢头、锄头，都是这些，还有垫肩。

冯：垫肩是拿什么做的？

贾存兰：布，自已拿布做的。

冯：你那会儿结婚的时候，她们送你什么？

贾存兰：她们送我《毛主席语录》。

采访对象　贾田环（女，1935 年生于大寨村）

采访时间及地点　2006 年 5 月 31 日，大寨村贾满栋家中

采访及录音整理　冯素梅

冯：你哪年结的婚？

贾田环：54 年。

冯：你那会儿结婚的时候是怎么办的？有什么风俗习惯？

贾田环：那会儿可简单呢。那会儿已经兴上了自由恋爱了。

冯：你和大爷是自由恋爱吗？怎么认识的？

贾田环：是，是劳动的时候。

冯：结婚的时候是骑马还是什么的？

贾田环：没有，什么也没有，自已走上去的，就是本村。

冯：谁来叫你的？

贾田环：他姐夫来的，他一个人来的，我跟上他走回去。

冯：婆婆给准备了什么？

贾田环：有铺盖，衣裳就是缝上一身新衣裳穿上就行了。

冯：什么颜色的？

贾田环：蓝的，那会儿不穿红的，就是蓝的。不是这会儿的料子。

冯：你出嫁那天早晨吃不吃饼或者饺子什么？

贾田环：那会儿生活还不行，没有什么讲究。

冯：那会儿结婚之前先订婚吗？

贾田环：是，先订婚再结婚。

冯：嫁了以后多长时间就参加地里劳动？

贾田环：结了婚10来天就下地劳动了。

采访对象　牛桂兰（女，1947年生于大寨村，高小文化，原大寨“铁姑娘队”队员）

采访时间及地点　2006年5月29日，大寨村家中

采访及录音整理　冯素梅（整理者）　王勇红

冯：你有几个孩子？

牛桂兰：我是3个儿子，没有姑娘，都成了家了，三儿子的孩子7岁了，二儿子也是一个男孩子，大儿子是两个姑娘，农村头一个是女儿了允许生两个。

冯：大儿子是哪年结的婚？

牛桂兰：记不得是哪年了，推算推算，他今年是40岁了，他22岁结的婚，我们那会儿不提倡晚结婚，十七八岁就要结婚，我还顶是大姑娘了，20岁结的。我是小时候定的娃娃亲，那会儿我的母亲跟我男人的母亲可相好了，两个人就定下，你要是养活下儿子，我要是姑娘咱们就定了亲，定的是娃娃亲。十四五岁了，人都说那可是称了心了，就是娃娃亲，我那会儿也听不懂他们说的是什么，到十八九岁该找对象的时候，我想在农村受的，就想去城市了，可是咱命不好，就没有攀那城市亲戚，有亲戚也可能就出去了，反正家贫穷。

冯：你结婚花了多少钱，记不记得？

牛桂兰：我记不得多少钱，给置上两身衣裳，割一块花花布3毛来钱，做条裤也是三四毛钱，最好的是男方给了一条毛哔叽裤，那就是大钱，一件灯芯绒花衣裳，两套衣裳。

冯：大儿子结婚你给花了多少钱？

牛桂兰：大儿子是7000（元），那还是属于不多的，那会儿还没电视机什么，最主要是要个缝纫机，要个手表，自行车是过一两年还要再给买。后来兴了电视机、自行车、缝纫机甚的，一切都不少。

冯：二儿子那会儿给花了多少钱？

牛桂兰：二儿子那会儿是本村的姑娘，他们都相好，咱这老脑筋是不愿意找本村的，本村亲戚不亲，见了面连句平常话也没有，尽量在外头找一个吧，可是人家两个愿意。结婚没花了多少，花了6000（元），孩子们17岁就初中毕业了，毕业了参加劳动，劳动了两年，有点钱（积蓄），带饥荒来（欠债）还得四五千（元），不过是收礼收下4000（元），一来一去平了。

冯：他是哪年结的婚？

牛桂兰：要说是年代，他的孩子12岁了，和他同时的一个人找的是外村

的，花了13000（块），就是贾爱明的儿子。

冯：那老三结婚呢？

牛桂兰：老三的时候他父亲也不在了，孩子们劳动也10多年了，也是我们本村的姑娘，我也没有能力给他们填补，就由他们，他们愿意花多少就花多少，他们也不攀咬我，他们自己花了多少钱我就不太清楚了，都是他们小两口自己去置的，他们需要甚互相商量着买的。现在这孩子们都好，儿子或者是媳妇，都好。

采访对象　张海云（女，1954年生于大寨镇阎庄窝村，初中文化，中共党员，现居大寨村）

采访时间与地点　2006年6月5日，大寨村家中

采访及录音整理　赵俊明

赵：像咱们这边你家娶两个媳妇花了多少钱？

张海云：一个花3万多，3万来块钱，农村普通就是个这，再多了咱也拿不出来，农村人没有那么多钱。

赵：咱们这边娶媳妇一般娶哪里的姑娘？

张海云：我大媳妇是县城东冶头那边的，二媳妇是吉县的，远呢。

赵：这么远怎么找上的？

张海云：二小子在外边打工时找下的，两人在一起打工，找的对象。二小子以前在清徐饭店来。

赵：那会儿是不是出去打工的很多？

张海云：那会儿有，也有些去外边，村里找不下做的，就出外边，村里有些企业也不行，就出去了。现在几乎没有出去的了，以前有的愿意出去。

赵：大儿子结婚几年了？结婚时花了多少钱？

张海云：结了婚5年了，花了3万来块钱，都是我给花的，不算房子。房子是以前早就盖下的，以前就在这窑洞住，后来人家自己买的楼房，人家想住好的，自己掏的钱。后来分开家，就不管了，给人家看看孩子，孙女这阵4岁了。还没有上幼儿园，村里6岁才收呢。

赵：他买楼房花了多少钱？

张海云：交大队55000（块），装潢什么的自己弄，总共下来花了10来万，也不容易哩。

赵：娶二媳妇时花了多少钱？

张海云：也差不多，也是大包干，大媳妇那时给了人家家里14000（块），二的给了（人家家里）18000（块），完了家里再买一些家电什么的，就个那。

赵：你家大儿子还想不想要孩子？

张海云：谁知道，咱也说不来。

赵：像咱们村里是不是一般都要两个孩子？

张海云：头一个生了姑娘，到岁数了以后还能要第二胎，不罚钱。像头一个生了儿子，再生就罚钱了。有了小子还生，罚钱呢，第二胎罚六七千、七八千，第三胎就罚一万多呢。

赵：一般再生的多不多？

张海云：第一胎生了儿子的也有再生（二胎）的，也有不生的。生了女孩的一般都要生第二个，也不罚钱。农村人跟人家外边不一样，一般都想要个儿子，要养老。也有的，嫌一个孩子孤单的，就再要一个。

赵：咱们村娶媳妇娶外地的多还是本地的多？

张海云：本地多，外地的就没有，主要是娶本地的，外地的少，像我家这二媳妇就是最远的。

赵：你家挺干净的。

张海云：干净啥呢，也得讲卫生，不讲卫生也不行，你不勤快也不行，得勤快点儿。

赵：你家的情况挺好的呀？

张海云：一般，在咱们村不算好的，中等。

赵：咱们村里办红白喜事有没有理事会什么的？

张海云：没有，都是自己办，有两个总管，用人家总管来给咱管一管，一个正的，一个副的。村里是一个村长，一个党员，有亲戚来道喜的，他给你安排安排，都是自己。桌子、凳子、盘子什么的大队有，拉来用就行了，不用出钱，剩下的你就是买吃喝什么的，自己掏钱就行了。

赵：村里上礼一般上多少？

张海云：上礼最少也得 20（块），最多就是上百，一般像孩孩们相跟得上的多，有上百的，村里人一般的最少 20（元），村里全部（各家）都上礼。有的是去宾馆吃饭，有的是在自己家里吃，自己家吃饭的多，像人家大老板、有钱的也有去宾馆吃饭的，像咱们这平民百姓都在家里吃，省点儿钱，自己受点儿麻烦。孩孩们结婚什么的都在家里，热闹些，去宾馆就没人来家里了，去吃了饭就走了。

赵：死了人的坟地什么的怎么办？

张海云：那是各人采坟，你自己采坟，你采下在哪里，就去哪里埋，也不是集体的，土地都是个人的，采下哪里你占了就行了，也不管。不是自己的土地也不管，占了别人土地也不用补偿，各家都有，都要埋死人，也就不说什么了。埋死人的时候用人帮忙，有总管，人家给安排，安排叫谁抬（棺）材谁就抬，叫你办什么事你就办，也有人家总管管哩。

赵：办事时村里说不说什么本家？

张海云：（办事的时候本家）一家人都要来，这种近。找人帮忙主要就是抬死人，打帮锅灶、端盘、做饭什么的，这是用的人，剩下的都是自己家里的人。人家总管安排，安排你干什么你就干什么，安排下谁你就去找谁，人家帮了你，到时候人家家里有事你也去帮忙。

赵：村里主要有些什么姓？

张海云：姓贾的最多，有一多半，杂姓少，剩下就是姓李，姓李的户也不少。姓赵的不多，有两三家。剩下的姓，都是一两家，大部分都是搬来的，有一家姓高的，他是搬来的，像陈永贵也是搬来的。

大寨最早的居民为贾姓，贾姓于清嘉庆时已定居大寨。之后，又从平定州和本县的其他村庄陆续迁来李、赵、梁、牛、高、石、吴、贺等姓。民国初年，陈永贵父子逃荒到大寨。截至1998年，大寨村中共有姓氏37个。男姓中，贾姓最多，占全村总户数的52%。

（《大寨村志》，山西人民出版社2003年1月版，第28页）

大寨自古沿袭土葬习俗，人死后要按照传统的习俗进行烦琐的安葬仪式，坟地以宗族区分。1965年，在社会主义教育和建设新农村运动中，破除了旧习俗，以戴黑纱取代披麻戴孝，用送花圈代替盖盖子（供死者陪葬用的被褥），使用集体提供的棺材，由集体召开追悼会，葬于村委会统一建造的公用坟。近年来，村民又逐渐恢复一些旧的丧葬习俗。

（《大寨村志》，山西人民出版社2003年1月版，第148页）

采访对象　李来娥（女，1953年农历五月生于昔阳县落雁头村，小学文化，现居大寨村）

采访时间与地点　2006年7月25日，大寨村家中

采访及录音整理　赵俊明

赵：你们结婚那会儿花了多少钱？

李来娥：那会儿我们才花了几百块钱，花了七八百块钱，买点儿衣服，那会儿就是光买点儿衣服。

赵：是不是还买缝纫机那些东西？

李来娥：缝纫机有呢，我那缝纫机是我妈随的。

赵：你家姑娘出嫁你给随了些什么？

李来娥：像我家那姑娘也是随了一个冰箱、一个洗衣机，还有一个沙发，就那。

赵：婆家给钱买的还是你自己掏钱买的？

李来娥：她婆家给了那钱他们出去旅游旅游，交集资款，反正也是花得差不多了。

赵：随的这个等于是你自己掏钱买的？

李来娥：家里这个是她大爷、她姑姑人家给的，洗衣机、冰箱是她大爷、

她姑姑给的，那个沙发是咱家里给她买的，就是那。

赵：现在娶个媳妇一般要花多少钱？

李来娥：这两个姑娘出嫁，还有娶媳妇，都要花大钱。好像现在这人都得给人家女方娘家 3 万块钱，自己家里还要买电视这些东西，没有 5 万就怕不沾。反正听他们说现在就是都得 5 万，现在这结婚呀什么的少了不沾。

赵：咱们这边有好多人都想嫁过来，还得花那么多钱？最近两年没有娶媳妇的？

李来娥：也有，咱不听说他们花多少钱。像人家这村里啥，找这附近的姑娘们，用不了那么多；找得远了，外边有的他们就要得不少，要了你就得给人家，咱不过也没有听说。

采访对象　贾燕青（女，1974 年生于大寨村，初中文化）
采访时间与地点　2006 年 6 月 2 日，大寨村家中
采访及录音整理　王勇红

王：你是嫁到大寨的？

贾燕青：我就是大寨的，娘家也是大寨的。

王：你年龄有多大？

贾燕青：33 岁，74 年（生的）。我有两个女儿，大女儿 12 岁，小女儿 5 岁，老公在森林公园售票处。

王：说说你结婚时的情况吧。

贾燕青：我们当时，女方到男方家，我们当地叫“看家”，意思就是说带着娘家的姑姑啦婶婶啦到婆家看看。当时我们是几百块钱，男方给女方的，然后这个陪同的也要给钱，好像是 10 块钱。定亲的时候是男方到女方家定亲，男方买点东西，到女方所有的亲戚家走一走，看一看，认识认识。

王：买的东西是不是有讲究？

贾燕青：买的东西我记得好像是面包，没什么讲究，给爷爷奶奶等长辈们的礼物要好点。然后女方给男方买衣服啦，纳两副鞋垫啦，就是这些，就算定亲。然后，男方给女方 800 块钱，定亲的。现在呢，三四万块钱就全包括了。

王：那时你们从订婚到结婚一般隔多长时间？

贾燕青：那个不一定。

王：要选日子吧？

贾燕青：要选。男方和女方找个会看相的，看看你们的属相合不合，看看你们什么时候结婚，看看女方的利月［按照生辰八字计算哪年哪月结婚合适］是几月。我的利月是 8 月，我是 8 月 16（日）结的婚。

王：结婚的时候是什么情况？

贾燕青：现在抬的是轿子，我当时结婚就是在梯子上绑个椅子。我当时是

面包车、吉普车还有双排座。当时娘家陪去的是摩托车、洗衣机、缝纫机、电风扇、茶几，总共5000多块钱吧。

王：这些是用男方给的彩礼钱买的？

贾燕青：不是，都是娘家给的。

王：结婚有些什么仪式？做的第一件事是什么？比如化妆呀什么的。

贾燕青：化妆？头一天就到县城里面把头发做好了，现在是叫化妆师到家里面。晚上也不敢怎么睡，等第二天简单地化化（妆），然后男方的姐姐和姐夫到女方家娶亲，出门的时候是男方的姐夫背新媳妇坐到车上去。

王：男方的姐姐和姐夫去了你家，你怎么招待？

贾燕青：去了，就是有总管，总管把大家带到家里边，介绍介绍，吃点饭就行了。吃完饭后，姐姐、姐夫过去给红包，梳妆的给个红包，穿衣服的给个红包，然后姐夫背着就走了。

王：几点回到男方家？

贾燕青：一般是12点之前。

王：回到这边有什么讲究？

贾燕青：下车的时候鞋里塞着一块红布。临走的时候，有人告诉我，你下车的时候就把这个红布拿出来扔掉，我下车的时候给忘了，后来想起来，才把那个红布扔了，然后，就被七手八脚地绑在椅子上，从外面抬进来。然后是孩子的爷爷［公公］把你背进来，本来应该是哥哥把你背进来，但是我们结婚时，他的哥哥还没有结婚，不能背，就让他爸爸背。背进来以后把当时穿的衣服再换上一件，再出去给客人们敬酒。

王：那会儿办酒席一般有多少桌？

贾燕青：一般的就是20多桌。

王：亲戚朋友过来都给上礼吧？

贾燕青：有礼房，记账。

王：你们那时的礼上多少？

贾燕青：一般的都是10块钱，（关系）比较好一点的就是30（元）、50（元）。

王：酒席钱得花多少？

贾燕青：20多桌，得花2000多块钱。我们当时收了8000多块钱。因为我公公是在外面上班的，单位的人也特别多。单位的比村里的要多一些，一般就是15（元）啦、20（元）啦。

王：中午吃完饭，下午有什么仪式？

贾燕青：下午就没什么仪式了。

王：晚上有没有闹洞房的？

贾燕青：我们独门独院的也没有人进来，家里把扫地的笤帚放在门口就是闹洞房的意思。

王：回门是哪天？

贾燕青：一般是第三天。在婆家的这两天，头一天穿的是结婚的礼服，然后，第二天再换上一套，再过一天还要换上一套，回门的时候再换上一套。买东西的时候，最起码要买三套衣服。

王：回门时有些什么讲究？

贾燕青：回门的时候，是我叫大爷的那个人来叫我，领我回去，回来的时候是爸爸送我回来。

王：带上女婿一起回去？

贾燕青：女婿不回去。回去可以住两天。要选日子，回门的日期都是选下的。

采访对象　张玉凤（女，1963年生于昔阳县南峪村，初中文化，现居大寨村）
采访时间与地点　2006年5月30日，大寨村宏发纪念品商店
采访及录音整理　王勇红

王：85年的时候，大寨的生活是个什么样子？

张玉凤：我来的时候，也都好啦。改革开放以后，生活日子都好，以前是吃玉米面的多，改革开放后，地里打的粮食多了，玉米换白面，2斤玉米换1斤白面，换上吃，那时候的光景也就好过多了。现在这个生活就是好得多啦，有的人吧就是也还过个生日啦，几个朋友聚到一起到饭店吃一顿啦，生活好多啦。

王：你们那会儿结婚有没有彩礼？

张玉凤：要说彩礼的话，我们那时结婚有二三千就是多的，我们那时最多花两千块钱，连男方家里边的。我那时看家是80（元），定亲是120（元），总共是200块钱吧，那时候人们有那个数目也都好了。现在办婚事需要两三万（元）。连家里的和女方的就得3万块钱。

王：你那年嫁过来时（住的）是窑洞？

张玉凤：是，东边那个，最高的那层，我们就在那里结的婚。结婚的时候连床都没有，就是炕。结婚的时候也没有电视，那时大寨村已普及电视，17英寸黑白的，后来我们生活日子好了，买了彩色电视，把黑白的给了孩子的奶奶。我结婚的时候，我哥给了个电扇，落地扇，我妹妹给了个自行车，我妈给我打了个大平柜，那时算是多的。

王：男方家没给什么彩礼？

张玉凤：那时候没有，就是看家的80（元），订婚的120（元）。

王：看家是什么意思？

张玉凤：看家就是有人介绍的吧。认识了，你愿意跟人家，看人家好不好，看上的话，你就跟了人家了；看不上的话，这桩婚事就不算了。就是由介绍人领着看一下，看看家里的情况，父母亲、兄弟姐妹。

采访对象　贾承荣（男，1938年生于大寨村，小学文化，群众）

采访时间与地点　2006年5月27日，大寨村家中

采访及录音整理　王勇红

王：那时候的《婚姻法》规定多大就可以结婚了？

贾承荣：50年颁布的《婚姻法》是男20（岁）、女18（岁）。

王：您是哪年结婚的？

贾承荣：我是60年代，65年结婚的，27虚岁。那时候结婚很简单。经济条件也不太好，有三四百块钱，有一个介绍人，给你介绍个闺女，你看看也好，两个互相都愿意了，就定了。

王：您和您老伴也是介绍的吧？

贾承荣：对，介绍的，她是武家坪村的，那时候置上两三身衣裳，到乡政府登记一个临时结婚证，举行个仪式。那时结婚骑个马，去一个人叫上就接回来了。

王：那时你就是牵着马去的？

贾承荣：有专门叫的人，咱们这儿，男的不去。

王：去叫的人是亲戚还是兄弟？

贾承荣：一般是兄弟，比自己小的。

王：那时候你们是同父母住在一起的么？

贾承荣：结婚以后就分开了。结婚了，大队就给一个窑洞。

采访对象　贾文环（男，1944年生于大寨镇虎头山村，小学文化，1968年迁居大寨村）

采访时间与地点　2006年5月31日，大寨村家中

采访及录音整理　王勇红

王：你是69年成的家？说说那时你成家时的情况吧？

贾文环：那时简单，360块钱就结了婚。

王：都置了点啥？

贾文环：就是被子，衣裳啦。

王：有没有打家具？

贾文环：没有。

王：有没有自行车啊？

贾文环：我记得买了个缝纫机，好像也买了个30块钱的表。

采访对象　王素花（女，1951 年生于昔阳县武家峪村，现居大寨村）
采访时间与地点　2006 年 6 月 4 日，大寨村家中
采访及录音整理　王勇红

王：你是嫁到咱们村的？

王素花：嗯，嫁过来的。有 30 多年，69 年冬天来的。

王：那会儿结婚是怎么结的？

王素花：跟上人家在路上走。

王：男方到女方家接上？

王素花：男的打发一个他的弟弟，早上起来就去了，他（自己）不去。

王：给带点什么东西？

王素花：那会儿没有什么东西，给买了一两身衣裳。亲戚过来吃上点，喝上点。

王：那时家里有什么摆设？

王素花：有个箱箱。

王：你那时嫁到大寨村，也参加劳动？

王素花：来住上两三天，回去住上两三天，再回来就劳动。

采访对象　高根良（男，1966 年生于大寨村，小学教师）
采访时间及地点　2006 年 6 月 27 日，大寨村家中
采访及录音整理　刘晓丽

刘：你们是哪一年成家的？

高根良：我是 94 年。

刘：那个时候结婚用了多少钱？

高根良：用了两万块钱吧？

刘：那时候用车吗？

高根良：那时候没有现在这么多车，我结婚的时候，用了两个车。那会车还是那小吉普，双排座，拉拉东西。现在就不行了，现在就得五六辆车。

刘：那你结婚的时候有没有抬轿子这个风俗？

高根良：抬轿呢。热闹热闹。

刘：你俩是介绍的吧？

高根良：介绍的。完了以后我去定亲，订了婚（再定）什么时候完婚。

刘：两边都办？

高根良：两边都得办。

刘：那你们有时间应付两边？

高根良：办事的时候她们在她们那里办事，咱们在咱们这里办事。她们是她们的亲戚朋友，咱们是咱们的。咱弄上车去她家叫上人家。

刘：结婚的时候穿的是红衣裳吧？

高根良：咱这是红衣裳。

刘：有没有背新媳妇这个习俗？

高根良：哎呀，还是有这个习俗，新媳妇刚来吧，下车的时候不要地下走，要背上。

刘：谁背呢？

高根良：大伯，我家的人。

刘：都能背？

高根良：是。现在不要这老汉了，就要要大伯。跳跳舞这些。

刘：你们家要是没有大伯呢？

高根良：还有那堂大伯。

刘：总要找个人？

高根良：对。

刘：有没有被子里边放核桃呀、枣呀这些？

高根良：那是订婚以后，女方家准备两个大蛋，里头放些枣呀、核桃呀，缠成线蛋蛋了，蓝线，缠成这么大的，带过来。

刘：她家陪嫁的东西是你先送过去点钱？

高根良：咱们也少送一点。

刘：那你这准备了点什么东西？

高根良：我结婚的时候打了柜子，（买了）电视机了、洗衣机了，那会还有自行车哩。摩托车是95年、96年才时兴开。

刘：现在的年轻人结婚陪啥？

高根良：现在大部分不陪东西了，陪东西麻烦，还得拿过来。

采访对象　张海润（女，1950年10月生于大寨镇金石坡村，现居大寨村）
采访时间与地点　2006年6月4日，大寨村家中
采访及录音整理　董永刚

董：你是从外村嫁到大寨的，说说结婚时的情况吧！

张海润：我家是金石坡的，我姊妹三个，我是最小的。3岁的时候我父亲就去世了。当时这家里可穷了。20岁的时候就嫁到了大寨。那会儿的结婚连200块钱都花不了。婆家给准备上两套铺盖，女方就是给陪的这铁锨、镬这些。像我们那会儿可没有车这些。当时也上礼，那个时候还不时兴钱，就是给的毛主席语录、毛主席像章，好的给块玻璃匾，家家都这样。我们那个时候，头一天结婚，第二天就得下地干活儿。我婆家当时条件也不好，子女多，全家10

口人。当时结婚住的都是集体的，集体给分了一眼窑洞。窑洞后来卖给个人了。

采访对象　贾承林（男，1947年12月生于大寨村，县残联理事员，中专毕业，中共党员，原大寨村村长）

采访时间与地点　2006年5月27日、7月25日，大寨村家中

采访及录音整理　董永刚　李卫民

董：你是个大寨人，讲一下你结婚时候的事情吧！

贾承林：我结婚的前一年还在部队上。我父亲去世以后，我才回来结的婚。那会儿的结婚很简单，去公社领上一个结婚证，定上个日期办了就行了。结婚的时候，蒸上糕，当天去接上回来就算办过了。我爱人家是武家坪村的，也很近。当时结婚又不上礼钱，经常在一起的这些（人），就是给上一块儿玻璃匾，送的有毛主席语录、铁锹、镢、扁担这些东西。我当时在部队上，还弄了几尺毛哔叽，当时就算是好的了，就是那蓝颜色的。我从部队上回来的时候，陈永贵还是这里的书记。

采访对象　贾彦军（男，1972年8月9日生于大寨村，大专文化）

采访时间与地点　2006年7月25日，大寨村家中

采访及录音整理　赵俊明

赵：你是什么时候结婚的？

贾彦军：买这房子的时候刚结了婚，这房子还没有盖起的时候，我不是在那面住的？结婚的时候这房子还没有盖呢，但是已经集资了，集资户够了以后，就开工了，开工以后我结的婚。

赵：结婚花了多少钱？

贾彦军：我结婚没有花多少钱，嫁妆也没有买，什么东西都没有买，就2000多块钱买了一个电动自行车。

赵：丈母娘家没有要财礼钱？

贾彦军：丈母家没有要钱，跟普通家一样，就是订婚啦什么花了些。要是花钱多点儿来的话，买房子那更不行。

赵：那会儿结婚花费还是少一些？

贾彦军：不是，那时的费用也是有高有低，主要是人家对方家里比较开通。

赵：是不是她家看上你了？

贾彦军：这也是说人家呢，人家不说他这闺女好看不好看，我要找你，不管找谁，也不是说找你就要3万，找我就不要，人家都是个这（行情）。

赵：现在你就跟你父亲一起住？

贾彦军：嗯。

赵：你这就一个孩子，准备不准备再要小孩了？

贾彦军：不允许要呀，我们这双职工，要了你（就得）回家。

赵：如果第一个是姑娘来要不要了？

贾彦军：姑娘来也不能要，没有办法，不能说你不要工作，为了要个孩子去煤矿挖煤去。

赵：不过你们这也不存在养老的问题，村里人还是有个养老的观念？

贾彦军：哎呀，也不是养老。村里边的想法就是将来办个事，亲戚多了，农村不就是个这？家里人多了势力大点儿。农村不跟城市一样，城市里一楼跟二楼不一定认识，农村就不一样，每天都在一起接触的。再一个，农村跟城市的素质毕竟有差别。

采访对象　贾秀丽（女，1978年生于大寨村，大寨文化展示馆讲解员，中共党员）

采访时间与地点　2006年6月1日，大寨森林公园大寨文化展示馆

采访及录音整理　刘晓丽（整理者）　冯素梅

贾秀丽：我们这边就是自己谈得差不多了，就去看家，女方到男方家去。

刘：不是男方到女方家？

贾秀丽：定亲的时候是男方到女方家，看家就是女方到男方家去看一下，基本上就是谈好了，就是一个过程吧。定亲时男方到女方家，（女方）要财礼呀那些。

刘：就是问问女方有什么要求？

贾秀丽：对。现在比较开放，就是自己谈，以前都是介绍人在中间。

刘：定亲之后就定日子了？

贾秀丽：对。定亲的时候就把日子定下来了。因为定亲的时候，要到女方家所有亲戚家去说嘛。告诉人家，有日子了就顺便告诉人家了。

刘：定亲到结婚要多长时间？

贾秀丽：一般就是一两个月，它就是准备准备。看家、定亲和结婚都是差不远的。

刘：结婚的时候都有些什么人参加？

贾秀丽：像男方家吧，有他的哥哥姐姐，还有一个小男孩，叫压轿的。

刘：这个小男孩怎么选？

贾秀丽：他家的亲戚。（娶亲时）讲究来的时候单人，回去的时候是双人，加上新娘子是4个人。

刘：新娘子家里不跟一些人去？

贾秀丽：去。她有一些陪嫁的东西，有人看管这些东西，新娘家去的人有10多个吧。姑姑、叔叔、哥哥，其余的就是一些孩子。

刘：父母不去？

贾秀丽：不去。

刘：那你结婚的时候是用汽车还是轿子？

贾秀丽：肯定从咱们这个村到他那个村的时候，是乘车的，快到村口的时候就改成轿子了。都是这样的。

刘：没有要求非得几辆车呀什么？

贾秀丽：那就看人家的家庭条件了。一般现在最少就是七八辆。现在的人也不那样陪嫁妆了，直接就是打上个存折，就行了。

刘：一般是不是男方把钱给过去，女方再把钱作为嫁妆陪过来？

贾秀丽：像咱们大寨都是这样的。

刘：一般（女方）父母也不留下一些钱？

贾秀丽：不留。基本上都要给陪过去。结婚3天之后，女方的大爷，也就是我爸爸的哥哥，他来叫一下，把女方接过去，然后再等3天，自己的爸爸再送过去。

刘：回门吧？

贾秀丽：对，回门。接的时候是两个人都回来吧？

贾秀丽：不是，一个人。

刘：女方一个人？那办不办？再办一次？

贾秀丽：不办了，我们这边都是两边同时办。就是姑娘这边也是请客吃饭，然后把姑娘接过去，那边也是请客吃饭。咱们请咱们的，他们请他们的。

刘：那咱们这个时间有没有讲究？

贾秀丽：一般人是没什么讲究，有的人他讲究的话，请风水先生看一下日子。一般上午11点多到12点，他都会到这个新郎家。

刘：那男方来娶的话，咱们这里有什么招待呀？

贾秀丽：他们来了以后，首先要贴喜字和对联，然后就是请他们吃饭吧，吃了饭之后就可以接走了。由新娘的姐姐拿一个毛毯，新娘不直接坐在座位上，要把毛毯铺在汽车座位上，然后新娘坐上去。出来的时候，要由老公公，或者是大伯，再把那个毛毯铺在轿子里，新娘再坐进去。出了轿子要由老公公背进去，而且这里讲究新娘的鞋子在进新房之前一直是不挨地的。

刘：那像你爱人是从别的村来到咱们村，在仪式上有没有什么不同？

贾秀丽：没有。

刘：你出嫁那天吃什么东西呢？

贾秀丽：饺子。咱们这边讲究吃饺子。讲究你是多大年龄多少个，但是都吃不了那么多，都是20多岁，吃不了那么多。

刘：有没有放花生呀、核桃呀这些风俗？

贾秀丽：有呀。像房里面、被里面，你的陪嫁的衣服里面呀，脸盆里面呀，都有。还有那个皮箱，每家都有两个皮箱吧，还放梨、苹果、核桃。

刘：像铺床都有些什么讲究？

贾秀丽：没有什么，铺床都是婆婆给铺呢。一般都向男方家要4床被子，这里讲究叠被子，叠好之后呢，就放一些糖呀花生呀这些，然后人们就去那个被子里面摸，摸到了就吉利吧。

刘：咱们这里坐花轿是从什么时候开始的？

贾秀丽：从90年代吧，像以前条件不好的时候，没有花轿，有长长的竹竿做的那个梯，上面绑上把椅子，那个特别不安全。

刘：那你父母结婚的时候有没有花轿之类的？

贾秀丽：他们没有，他们那个年代就比较简单了，我妈经常说，上午结婚，下午我爸爸就要到地里干活。女的她就过3天，就到地里面干活。

刘：现在结婚以后有婚假吧？休息多长时间？

贾秀丽：我们没有讲究，我们这不是正式企业么，只要你请假了，不管你什么假，他就不给你发工资了，签到的。

采访对象　李元眼（女，1949年农历九月生于大寨村，原大寨“铁姑娘队”队员）

采访对象　赵　琳（女，1998年12月生于大寨村，少先队员）

采访时间及地点　2006年5月27日，大寨村家中

采访及录音整理　刘晓丽

刘：现在村里娶媳妇要多少钱？

李元眼：也得几万块钱哩。

刘：不算新房？

李元眼：不算。

刘：那么多钱呢，还给女方钱呢是不是？

李元眼：是来。女方那边消费也是男方出哩。风俗问题，女哩花不了多少钱，男哩给女哩钱，像人家闺女，条件好了就多给点，条件不好就少给点。男哩你可不行，男哩你就得差不多。

刘：丧葬用的钱也很多吧？

李元眼：也是。

刘：大寨一直是土葬吧？

李元眼：土葬。用那个大棺材，消费也得几千块钱。

刘：也请吹鼓手？

李元眼：也吹打。农村这个风气跟城里不一样。

刘：城里不说这，城里更厉害。

李元眼：那是火葬？

刘：是的。那可厉害，买个坟地也可贵呢。

采访对象　耿银柱（男，1955 年 7 月生于昔阳县南泉村，高中文化，大寨酒业公司职工，现居大寨村）

采访时间及地点　2006 年 7 月 24 日，大寨村家中

采访及录音整理　冯素梅

冯：像咱们结婚是由家里面办呢还是去饭店？

耿银柱：基本上都在家里办。

冯：那在哪儿请的厨师呢？

耿银柱：村里边就有。

冯：他们是专门有几个人就是办这些事的？

耿银柱：对，平常是该干啥干啥，你有事了请他们，他们就来了。

冯：他们是专门学过的，还是做饭做得比较好就行？

耿银柱：也有学过的，也有自己做饭比较好的。你找村长就知道了，办事什么都是村长的总管，所以说你自己不要发愁。

冯：那自己家办事就不用操心了。

耿银柱：主要是村长给管了，自己也联系，用谁不用谁，自己先写出来，然后再通知人家。

冯：咱们办这些事还是集体给操办？

耿银柱：也不能说集体全给办了，但村委会起一定作用。

大寨女性

采访对象　宋立英（女，1930 年生于大寨村，中共党员，大寨第一位女共产党员，全国劳动模范。曾担任过大寨村妇女主任、村党支部副书记、昔阳县妇联副主任、山西省妇联副主任、第四届全国妇联执委会委员、第五届全国政协委员）

采访时间与地点　2006 年 5 月 27 日，大寨村家中

采访及录音整理　刘晓丽（整理者）　冯素梅　王勇红

刘：那您说一说，当时的妇女上面有老人，下面有孩子，每天出去干活，家里人怎么安排？

宋立英：像这家里要有老人了，和这老人的关系也都搞好了，老人看着点孩子，像我吧那会儿没有老人了，那会儿有托儿组，我是 20（岁）、21 岁生的

孩子，把孩子放到托儿组，晚上接回来。

刘：当时这个其他村有托儿组没有？

宋立英：没有。都是老年人给看孩子。这个村组织得早。

刘：这就解决了家里的问题？

宋立英：主要是看住娃娃，家里的事你黑夜回来弄。那会儿这煤油灯还少，黑夜比如咱这家吧，你生着火，火里头插上个棒棒，点着了，着的那个红火光干活哩。

刘：就是照着那个红火光，做饭、弄孩子？

宋立英：不，那会儿你还得补补缝缝么，你还纳那个底子么，那会儿在互助组了，你要休息了不是，搓麻绳，纳军鞋底，做军鞋。

刘：有没有规定每个人做多少呢？

宋立英：没有，就是发动大家。

刘：反正你做就行了？

宋立英：对。那会儿谁都愿意么，这会儿谁还做军鞋？那会儿做了军鞋就是拥军么，拥军拥抗，抗属。

刘：做军鞋是义务的吧？

宋立英：那就是送了么，送了。

刘：材料也是自己拿的？

宋立英：对。你弄一对，她弄一对。

刘：咱这里日本人走了以后，国民党就没有来过？

宋立英：没有，国民党就再没有来过。你像山东，打过日本，国民党又返回来了。咱这没有，打走日本就再没有（内战）。

刘：您是哪年出生的？

宋立英：我是30年生的。

刘：47年入党，就是说你是17岁入的党？

宋立英：虚岁18（岁）。

刘：18岁就当了第一任妇联主任？

宋立英：对。咱们这里是八年抗战，也是8年，日本人来的时候是十月初一，不是鬼节？45年7月15（日）又打走日本人么，打出昔阳县了。后来又打到榆次、阳泉、太原，这陈永贵领导上去了后方，抬担架，女的就是做军鞋，送公粮，那时候叫参战。有受了伤的马上就往这后方转，男人们就去搞这个了。剩下这妇女、老的，这不是？那时候陈永贵不是还说过，大寨是妇女起家。

刘：对，大寨妇女的作用很大。

宋立英：反正那时候咱们是刚解放了，毛主席把咱们解放出来了，妇女当家做了主人了，也是后来说妇女顶起半边天了，以前在火台、炕台，都是在这个家，解放了以后也都离开那火台炕台了，也都去开会，这都平等了，男女平等了。

刘：大寨妇女和周围的村有什么不一样？大寨的妇女是不是更能吃苦？

宋立英：嗯，你是一个女党员，你不得不事事带头？

刘：你怎么动员妇女从家里出来劳动？

宋立英：那会就是开会，解放妇女哩！那会那下乡干部，跟咱们妇女一起，那时候不是已经有了妇女委员、妇女代表？那时候不是也宣传节约闹革命，宣传粮食多卖给国家？那会妇女就是自己解放自己哩。

刘：自己解放自己？

宋立英：嗯。那会就是 46（年）、47（年）、48（年）、49（年），到了 50 年了，那会也是变工互助组哩，黑夜了还要上民校，妇女组织（起来）上民校，那会不是都没有文化？反正总是解放妇女吧，当家做了主人。

刘：那咱们动员妇女出去读书劳动，她家里人不反对吧？

宋立英：大部分不反对。有的也是反对哩，说男教女，女教男的，不愿意在一起，不愿意了那会咱们也开会，有了妇女组织了。妇女委员，有正有副，委员有 7 个，互助组里头还有代表。

刘：你是说村委会里有 5～7 个委员，有妇女委员？

宋立英：有，我就是么，党支部里头有 7 个委员，就我一个女的委员，后来发展了，48 年发展了几个，还有几个是 49 年，陈永贵家老婆就是 49 年入党的，第一个老婆，她是 49 年入党的。还有一个也是 49 年入党的。那会开会了，是自己拿米面、菜蔬、油盐，都是自己家拿哩，这个人她是一个党员，也开会来了，她家里也是一个中农吧，反对，男人也不给（东西），婆婆也不给，甚也不给，不给了是我们拿什么，她吃就行了。后来就不让她去开会了，反正是不满意吧。

刘：那您说这个中农这家，女的还挺进步的么？

宋立英：女的进步呀，她是党员么，她叫王唤蓉。

刘：那就是入党的时候不管你是什么成分？

宋立英：也不是，她是咱们培养的对象，她嫁给的是中农。中农也跟咱们贫下中农一样的。那会就要离婚呢么，离婚了男人就说，你走吧，你前晌走了，我后晌就是大闺女。

刘：那是这个女的要离婚？

宋立英：男的要和她离哩。后来也是离婚了，那个男的，不用说大闺女了，一直连什么也没有找下。

刘：是不是？这个女的最后找上了没有？

宋立英：找上了。人家这个女的嫁了，生下一个闺女一个小子，这会也老了。

刘：后来她在哪里？

宋立英：后来找了个洪水乡的，老了，快 80（岁）了。那会是婚姻自主哩。

刘：你男的要离婚，反正我就离了，咱村里也没有劝劝？

宋立英：你劝也不行呀，他愿意她也愿意，你劝也没有用。

● 宋立英在动员妇女。

刘：那是哪一年？

宋立英：那会还没有入社哩，她是49年入的党么，53年成立的社。

刘：毛泽东时代到现在，经历了这么多领导人，你有什么感受呢？

宋立英：从过去来说吧，那你就是很穷，解放了以后，毛主席让咱们当家做了主人了，妇女也顶起半边天了，男女也平等了，从那炕台、火台、碾台解放出来了，这不是毛主席领导咱们走向了社会主义了。那会不是都吃苦哩，建设了么？你没有苦就没有甜么！

刘：那您现在回忆起那时候怎么样？

宋立英：回忆起那时候又吃苦，生活又累，起早搭黑晚下班，那会就是说大寨，早起5点半，一天两担饭，黑夜还得加班干。你看是什么时候了。你像现在（人老了）早上4点就起来了，（天）刚明就起来了，还不到5点哩。

[这时又来了一批参观者，边进门边说，见到英雄了。老人问来人是哪里的，回答说是河南许昌的，说是受教育来了。老人说咱们互相（受教育）吧，互相学习。来人问老人多大年纪了，老人说自己77岁了，说着客人要求同老人一同照相，老人走到了院子里。]

1947年10月，大寨党组织吸收宋立英为第一个女党员。到1949年1月，高富联继宋立英之后入党，成为大寨又一个女党员。到1966年，大寨女党员更有贾存眼、李虎妮、郭凤莲。

（《大寨村志》，山西人民出版社2003年1月版，第127页）

采访对象　贾存眼（女，1937年生于大寨村，高小毕业，中共党员）
采访时间及地点　2006年6月8日，大寨村家中
采访及录音整理　孙丽萍

孙：那会儿你们那么苦干，觉不觉得苦？

贾存眼：不苦，也不觉得累，我那会儿当妇女队长。我告你说吧，早上起来洗一洗整理整理，做点饭吃，吃了饭，洗了碗筷，还得把孩子送到幼儿园。然后就下地去，安排营生。你是当领导的，还得给人家张三拿铁锹，李四拿扁担。你是当领导的，一担担到地头，一担也能担百十来斤，也有担七八十斤六七十斤的。路上也还唱歌了啊。

孙：你当妇女队长当了几年？

贾存眼：哎呀，我当这妇女队长当的年代可不短啦。从62年一直当到集体解散了的前两年吧？好像是七几年，七几年呢？我记不清了。反正是当了十几年队长。当妇女队长还兼着记分员呢。村里文化人那阵子少嘛！

孙：那会儿女人有文化的不多？

贾存眼：就没有。我那会儿念书，一年就得100块钱。我是保送的，人家陈永贵也同意，毕业的时候你还要回来么。学校有一个军烈属班，让我去这个班，把我编到了重点班，又是团干部，又是班长，那时候我的成绩也好，就没有下过前五名，一般都是前三名。上学都是人家公家供给的。快毕业时年级还开了毕业生会，动员学生都要回去参加农业生产劳动。上学都是国家供给的，党培养的。一年365天，我是天天劳动。过年呀过节呀都在干，那几年也是很辛苦的。

孙：那会儿大寨人挺齐心的？

贾存眼：可齐心了。每天黑夜开会，有时整整开一黑夜，开到天明。回家干了活还过来开会。开会时男人们扛着个镢头就来了，妇女们就坐在那儿做鞋。那时候也没有电视什么的，就是开会。

孙：你们的名字我们小时候就听说过。包括郭凤莲、贾存锁、宋立英她们。你们村里人好多叫"存"字的人，你们是不是一家子？

贾存眼：也不是，都是一个姓。

孙：当时全村300多口人，也不是全都去开会吧？

贾存眼：年老的人、孩子们都不用去。

孙：每天开会时都说些什么？

贾存眼：每天学报纸，结合实际讲。商量这儿盖个什么，那儿修个什么。所有的事都得通过支委会。开过会以后，再到地头跟群众讲，群众也得通过才行。那会儿早上早早地起来，干部到地头，群众都能看见。那会儿说个干啥，"哗"地一下就都去了。63年、64年过年了，说今黑夜都出来吧，大家就裹着蓝手巾，还跳舞了，"锵锵"地扭起了秧歌。全村的人那天都去了，看电影当时都不想去。

采访对象　李元眼（女，1949年农历九月生于大寨村，原大寨"铁姑娘队"队员）

采访时间及地点　2006年5月27日，大寨村家中

采访及录音整理　刘晓丽

刘：我想问一问，陈永贵的时候，大寨妇女地位都挺高的，妇女们都出去干活，那孩子怎么办？

李元眼：孩子有托儿所。

刘：托儿所和幼儿园还不是一回事？

李元眼：不是，托儿所是（照顾）几个月（的孩子）。几个老娘，看一下小孩孩。

刘：那么小的小孩就能送出去？

李元眼：（孩子）5个月（妇女）就出去动弹哩，中间回来喂喂奶。

刘：那送去给不给托儿所钱呢？

李元眼：给，大队给。

刘：那比城里好，城里还得给钱呢。

采访对象　高便林（女，1945年生于大寨村）
采访时间及地点　2006年6月2日，大寨村家中
采访及录音整理　刘晓丽

刘：您是咱们这个村的人还是嫁过来的？

高便林：原来我是外村的，63年来么。

刘：遭灾的时候来的？

高便林：正好63年遭灾时来的，我父亲母亲是66年搬到这个村。我兄弟、我爸爸妈妈都来了。

刘：原来那个地方是怎么了？

高便林：那个地方偏僻，我奶奶死了以后，我妈妈经常上地就受哩，她原来就是这儿的老家。

刘：您妈妈原来就是这的人？

高便林：对。我妈妈是大寨人，后头给人家老陈说了说，人家开会，这支部、支委、社员，这都通过哩。

刘：进新人口还都开会通过呢？

高便林：得通过哩。那会人家也不说搬迁这外村人，这会了人家能搬迁了。

刘：不过现在外村来的也不多？

高便林：不多，人家村里也不能随便，人家都有指标哩。

刘：你看你的儿媳妇都是老师，肯定婆媳关系也处得好吧？

高便林：俺们这婆媳关系了……孩们了是不赖，没有给你那什么。过年过节了，也给你面，什么东西也给你。

刘：平常过来看看？

高便林：两个孙子在学校念书，他们也没有空，晌午这一顿饭我给做着，婆媳关系了，没有闹过矛盾。

刘：反正是你这也有收入嘛，也不靠他们。

高便林：不靠，甚也不靠。

采访对象　贾存兰（女，1950 年 2 月生于大寨村，初中文化，中共党员，原“铁姑娘队”成员、村妇女主任）

采访时间及地点　2006 年 5 月 30 日，大寨村家中

采访及录音整理　冯素梅

冯：你有几个孩子？老大是什么时候生的？

贾存兰：3 个。我 19 岁生的老大，怀着孩子就没有休息，一直参加劳动，生了孩子以后六七十天就参加劳动。

冯：那时候自愿参加劳动吧？

贾存兰：自愿。把孩子送到托儿所，晌午半前的时候回来喂一次奶，那时候我的身体特别好，生小儿子的时候我才 24 岁，生下他以后休息了一个钟头就做了绝育手术了。

冯：自愿做了手术？

贾存兰：是，再说我已经成了妇女干部了。我 18 岁结了婚，19 岁“三八”（节）就成了妇女委员，二十一二岁就成了妇女副主任，91 年当了妇女主任，当了 3 届，一届 3 年。我做绝育手术的时候，当着妇女委员、妇女副主任，还管着计划生育。

冯：你是妇女干部，还管着计划生育，是不是觉得自己应该带头？

贾存兰：嗯。

冯：爱人对你做手术有没有什么想法？

贾存兰：没有，他也是个共产党员，不带头怎行呢？反正我做的一切他都支持我。

冯：那时候你每天在外面那么忙，回到家里以后还要再做家务吧？

贾存兰：嗯，3 个孩子都在托儿所长大的。我婆婆有 8 个孩子，我家是老大，她的小儿子比我的大儿子就大一岁，我生我大儿子的时候她是满月 40 天，所以也没法帮我。

冯：那时候咱们大寨妇女地位是不是比别的村高？

贾存兰：高。老陈那会儿经常讲男女平等，不能虐待妇女。我们村里一直是女人当家，在各方面，家里或者是村里，都不小看妇女。妇女能撑半边天，男同志能办了的事情我们也能办了。

冯：感觉你性格比较要强，是性格呢，还是觉得家里生活条件不好，必须

● 郭凤莲与大寨妇女当年的合影。

要干活才能改善生活？

贾存兰：反正我那时候就是觉得干什么也不能比别人差了，我的性格就是心里想住什么嘴里不说，我是说话少，只是心里想着怎么样干，就那样干下去，语言少，表达不出来。我心里想住这件事，非把它来干成，觉得才了却了我的心愿呢。我结婚以后，我婆婆年轻，她才40多岁，生了孩子她没有给我打帮做点家里活，或者带带孩子，我心里总是想，我要到时候娶了媳妇，我总要好好待我的媳妇，不能像她那样，后来想自己那样也不对，自己当个老大媳妇，还得起好带头作用了。她4个儿子，她忙不过来。

冯：你自己给自己做思想工作？

贾存兰：我生第一个孩子，她照顾了我三四天，我就下地自己做饭，做了自己的饭，还要往地里给我爱人挑饭呢。什么家务都是我，有的人家婆婆一照顾就是几个月，我没有。她自己孩子多，就顾不上。生第二个孩子70天以后，我就参加了劳动。生第3个孩子的时候她照顾了我一个月，那是因为做了手术了，3个孩子总共也没有照顾了我两个月。

1965年周总理陪同外宾到大寨访问，指示大寨“人口要计划生育”。时年36岁的妇代会主任宋立英第一个响应，做了结扎手术。在她的带动下，全大队有20多个生育二胎以上的育龄妇女做了绝育手术。从此，人口基本得到有计划控制，大部分中年妇女从生儿育女和繁重的家务劳动中解脱出来，积极投入到农业生产第一线，真正成为生产劳动的“半边天”。

（《大寨村志》，山西人民出版社2003年1月版，第24页）

采访对象　孙秀珍（女，1952年生于大寨镇孟壁村，初中文化，中共党员，现居大寨村）

采访时间及地点　2006年6月2日，大寨村家中

采访及录音整理　冯素梅

冯：你是不是大寨人？

孙秀珍：我是孟壁的，就在郭庄水库下来那边，原来是洪水乡，现在也是大寨乡了。

冯：你是哪年嫁过来的？

孙秀珍：74年。

冯：那你赶上劳动的时候了吧？

孙秀珍：赶上了。

冯：刚嫁过来就参加劳动？

孙秀珍：嗯，那阵儿大寨正先进呢。早晨动弹，黑夜加班，不加班就开会，正是干的时候，养活下小孩儿，没有百天就叫去动弹了。

冯：你没嫁过来的时候，在娘家干过活吗？

孙秀珍：干过，也是动弹了几年了。

冯：在那边干活和到了大寨以后一样不一样？

孙秀珍：不一样，在俺村里的时候，我没有和妮妮们一起动弹过，是和媳妇们一起干的，两个人抬，来了大寨这儿天天就是担。

冯：能受得了吗？

孙秀珍：刚来也是吃不住，早上就动弹了，就都撵上到地里了，早上也不让回来，都担饭，晌午还担饭，也是受的。

冯：你嫁过来以后是跟谁干活的？

孙秀珍：跟男的。

冯：跟不上他们吧？

孙秀珍：跟不上也得使劲跟，还怕落后了。

冯：有了孩子的，孩子怎么办？

孙秀珍：孩子送托儿所，也是怕误了劳动呢。人家也不让告假，早上出去以前就给孩子做点饭，拿小饭锅端上，就送在托儿所了，刚出去的时候，半上午、半下午还回来喂一回奶，然后人家再喂点饭。

冯：你两个孩子都送过托儿所？

孙秀珍：是，她奶奶那会儿也动弹了，我的两个孩子都在托儿所长大的。

冯：孩子多大就送托儿所了？

孙秀珍：可能还没有一个生日了，我记得天天喂饭，最大也就是一个生日。

冯：当时托儿所在哪儿？

孙秀珍：就在村里那棵夜合槐附近。

冯：当时都参加什么劳动？

孙秀珍：春天的时候撒粪，垒堰，甚也干。

冯：记工分了吧？记多少？

孙秀珍：记了，看一个劳动日开多少，一个劳动日开一块，就是打10分开1块钱，像我们这些媳妇，最高分就是8分、7分。

冯：你那会儿挑担能担多少斤？

孙秀珍：也能担七八十斤吧，看担什么了，担玉茭担40多斤，担石头能担七八十斤。

冯：你真能干，不过石头重吧，怎么比玉茭担得还重？

孙秀珍：玉茭轻，担满一笸箩也担不了多少。

冯：担石头是往哪儿送？

孙秀珍：填壕，垒堎，男的垒堎，我们女的填壕。

冯：堎是什么？

孙秀珍：石头垒起来的那个看着像坝的东西，地边也是，都是用石头垒起来的。一到冬天，男人们就修地、垒堎，媳妇们就是填壕、垫地。男的把石头垒起来以后，女的就把土、小石头填在里头，就垒瓷实了，造梯田的时候，把土坡都垒住堎了，地就不容易塌了，不容易冲毁了。

冯：我明白了，就是防止水土流失的，那什么时候开始垒呢？

孙秀珍：收了秋以后开始，塌倒的再修修，一冬天就是垒堎呢，到养种的时候就不垒了。

冯：这个垒堎的办法是造梯田时候才开始的，还是以前就有？

孙秀珍：以前老一辈就有，老一辈垒起来的，63年发大水就给冲塌了，后来才又垒起来。

冯：那你嫁过来以后，就修好了吧？

孙秀珍：修好了，俺来以后就是这样了，垫地，沟都弄好了，没有什么大规模的建设了，就是平常种地。

冯：那时候牲口都是集体的吧？

孙秀珍：是集体的，个人没有养牲口，大点的家具也都是集体的。

冯：农忙的时候，谁先用谁后用怎么办呢？

孙秀珍：都是统一出工，由大队安排，叫你干甚你就干甚，叫你撒粪，你就担笸箩撒粪，叫你下种，你就下种。

冯：外村嫁过来的和本村的人干活一样吗？

孙秀珍：尽量一样吧，反正自己受点限制也不要落下了。

冯：外村的姑娘是不是不愿意嫁到大寨呢？

孙秀珍：是那种情况吧，我那会儿也有那个想法，寻思着人家先进呢，来了肯定受呢，咱怕顶不住。不过该来了也就来了。

采访对象　张海润（女，1950年10月生于大寨镇金石坡村，现居大寨村）
采访时间与地点　2006年6月4日，大寨村家中
采访及录音整理　董永刚

董：你是从外村嫁到大寨的，说说你到大寨以后的事情吧！

张海润：我家是金石坡的，我来到大寨已经35年了。刚来的时候，大寨也不是很富裕，正在建设这大寨嘞！那个时候，这里主要就是修地，冬天都不回家吃饭，每天就是担饭。那会儿这大冬天下雪还要在地里动弹。早晨到7点钟的时候，这家里的男人们就都起来下地干活儿了。妇女们起来吃了饭，把家里收拾一下，带上饭就往地里走。一天从早晨干到中午，中午吃点饭，然后又一直干到黑才收工。那个时候不歇钟头，看见到地，看不见回家。

我们当时白天在地里动弹，黑夜下工还得在地里挑粪栽树。当年栽下那果树，后来也都死了。后来都又改栽成柏树了，你现在看到的那山上的树，大部分都是后来给补栽的。当年修后底沟、狼窝掌这些地方，我们都干过。像我们这个年龄的人，来了这大寨可也是出力了。

那会儿，白天干活儿，到了黑夜回来还得开会学习。就是到地里劳动，休息下来的时候也还学习。晚上这妇女一边听讲，一边还要纳鞋底子。那个时候早上吃饭的时候，一端上这碗就都到那大柳树下了。后来冬天天短，都是早上吃完饭以后才上地，像这春夏时候，男人们早上就都不在家里吃。像我们后来有了孩子以后吧，就是把孩子送到这托儿所，然后再上地。到了半晌午的时候，中间还允许回家奶一下孩子，奶完了再到地里干。

采访对象　张红梅（女，1970年生于昔阳县南关村，高中文化，中共党员，大寨旅游公司导游部经理）

采访时间及地点　2006年5月31日，大寨宾馆

采访及录音整理　冯素梅（整理者）　刘晓丽

刘：你作为大寨新时期妇女的典型，各方面事情处理得都挺好，说说你的情况。

张红梅：这个不是我说，我们婆媳关系挺好的，可能有些人不太相信，那就让事实证明吧。大寨村的人都知道，我们结婚十几年吧，我没有和婆婆吵过架。不过现在在村里边，吵架这种情况少了，主要是生活水平都提高了，现在老人都有养老金，也不花孩子们的钱，他有什么吵的，对不对？我们大寨现在的村容、民风，还是挺好的，可能是受老一辈的传统教育。

刘：那你公公婆婆是不是参加过大寨的创业？

张红梅：参加过，我婆婆跟郭凤莲年纪一般大，并且她们关系都挺好的。我婆婆也是很不容易的，我孩子长这么大，我觉得一眨眼的工夫就过来了，实际上我没有付出什么，都是我婆婆帮我带的。我们在家里是老大，下面还有一个妹妹，一个弟弟，弟弟患了脉管炎，八九年了吧，我婆婆她每天要给熬药，伺候病人，还要给一大家人做饭，很不容易。

刘：咱们大寨村是不是有一个说法是“女人当家”？

张红梅：在我们家里就是我婆婆当家，她是一个能干的人，我嫁到这个家，从穿衣、吃饭，到为人处世各方面，都是我婆婆在一手教育。我公公不爱多说话，很老实的一个人，在我们家里面，就是我婆婆在撑着这个家，很不容易。

刘：从老一辈的"铁姑娘队"，到当时参加劳动的一些小媳妇、妇女，从农村这种社会环境来说，咱们大寨妇女干事业方面是特别好的，整个社会环境就特别支持，是吧?

张红梅：对，当时最早的就是宋立英，宋立英可以说是妇女的代表，后来就是郭凤莲。我们这一代人虽然没有明显看出什么，但是在各行各业中，我们妇女也是起着表率作用。

冯：你做这个工作，有时候不能回家，家庭关系怎么处理?

张红梅：我从96年开始做旅游这么多年，孩子几乎没有管过，我婆婆给带着，就在大寨村里边。可以说我孩子上小学的时候几乎没有管过，后来让他在昔阳县私立学校待了两年，在那没人管理，上初中就回到大寨中学了。都是我婆婆管的，我是早上上班，晚上才能回家，虽然很近，基本上我一年包括爱人和儿子的事都没有时间做。那一天我儿子跟我哭了，"我3年了都没吃过一顿饱饭"，我说"你没吃过饱饭，为什么长这么高?"没办法，就这工作。前天你们来找我，我7点半才回家，我儿子给我打电话，说你回来给我买绿豆角吃焖面，回去还给我诉苦了。我中午都没睡过觉，我们做旅游搞接待的，就这么辛苦，所以我对儿子说我欠他了，没办法。

冯：在孩子心目中，你作为妈妈和作为导游的领导，是什么形象?

张红梅：他一说到我就恨我，恨我不管他，我说没办法，这就是妈妈的工作，我在这个地方工作，如果中午回家给他做饭，就耽误搞接待了。每一个团，从大到千人的团，小到几个人的团，都是我一手操作的，有一点疏忽的话就漏团了，人家来了找不到你。每一个团下高速来信息，过隧道来信息，这就好像是我的目标一样，我怕漏团让别人接了，好几次有的导游不知道，来了大寨不往里边走，外面旅行社就接走了。我们注重什么呢?刚才讲了，大寨是窗口，不仅要宣传好，客人吃饭也得让人家吃好，让人家觉得没有白来一趟。咱们这儿在饮食方面比较注重，不管是个人承包的还是给集体的都得负责。我们大寨宾馆原来是大寨羊毛衫厂和衬衫厂的厂房，它们搬出去以后，99年底装修了这么一个宾馆，2000年成立的旅游部。我原来在虎头山当讲解员，在旅行社也工作过，2000年元月我回到了这个地方。

采访对象　张海云（女，1954年生于大寨镇阎庄窝村，初中文化，中共党员）

采访时间与地点　2006年6月5日，大寨村家中

采访及录音整理　赵俊明

● 陈永贵注重挑选女性干部，1974年的9名党支部委员中就有3名女干部。

赵：村里的妇女、媳妇们一般有没有活干？

张海云：女的有了家了，一般不去，大部分在家里干家务活，看看孩子。也有的（参加）集体劳动，集体还组织的四五十个人，像我这么大岁数的人，有二十几个妇女。专门有人负责，由副村长领的。

赵：主要干什么？

张海云：主要是种树，每天都去。

赵：他们一个月给多少钱？

张海云：女的一天是18块钱，男的是20（块），一年下来都能挣个四五千块钱。

采访对象　李生花（女，1948年生于大寨镇金石坡村，现居大寨村）
采访时间与地点　2006年5月30日，大寨村家中
采访及录音整理　董永刚

董：咱们这里的妇女工作抓得好吗？

李生花：妇女有妇女队长，当时是郭爱莲，宋立英是妇联主任。白天干活儿，晚上经常开社员会，也有时候开妇女会。当时就是讲婆媳不能闹意见，家庭要和睦这些。开社员会就是陈永贵给主持开的。老陈当时就说，这妇女也是半边天，男人能干甚，妇女也能干甚。

大寨提倡搞计划生育很早，这个村像宋立英就是最早做了绝育手术的。她今年77岁了，那会儿也就是个30来岁。当时做绝育手术也是妇女干部先带头。宋立英做了以后，她再东家西家的给这妇女做思想工作，讲这孩们多了负担大，后来这人慢慢也就想通了。刚开始实行计划生育的时候，男人们都有顾虑，都不想让做。后来是妇女干部做工作，做了手术的也宣传，慢慢做的越来越多了，工作才好做呀！像以前的老一茬儿的都是五六个孩，我

们这一茬的最多的也就三两个孩。不像现在就一个。我和“铁姑娘队”的年龄也差不多大，她们当时干活儿就和这男人一样，她们没成家，中午也在地里吃。我是68年养的我这第一个孩子，我的这几个孩都是在托儿所长大的。

1946年，大寨村家中成立了民主妇女联合会，王兰英任主任，第二年，宋立英接任妇联主任。1952年，妇联副主任李虎妮参加了昔阳县举办的新法接生培训，成为大寨第一个新法接生员。1953年初级社成立后，为减轻妇女家务劳动，大寨办起全县第一个农忙托儿所。1963年洪灾之后，23名青年妇女组成突击队，和男子一样，白天扶苗整地，夜晚建设家园，成为闻名全国的“铁姑娘队”。此后，这支队伍换了一批又一批，队长换了一任又一任，一直坚持十多年，充分发挥了“半边天”的作用。

（《大寨村志》，山西人民出版社2003年1月版，第140页）

采访对象　李田环（女，1946年生于大寨村，原大寨“铁姑娘队”队员）
采访时间与地点　2006年5月31日，大寨村家中
采访及录音整理　董永刚

董：你结婚早吗？

李田环：我跟凤莲她们都是一年结的婚。当时老陈就不想让这大寨的姑娘往外头嫁，可那外头的人也不想来大寨，“有女不嫁大寨人”，大寨当时确实受得很厉害呀！我那男人那个时候也是经常打石头，跟的这老进财一起干。当年宋立英是妇女主任，当时好几个女的都是把这男的给迁到大寨来了。俺结婚的时候，俺爹就是给了把铁锹、镢头，这就是陪嫁。我和我男人是贾进财给联系的，当时还不时兴这自由恋爱嘞！同龄的男女都不在一起说话！当时妇女生了孩子不出百天就都下地动弹了，白天10点多钟回来奶一下孩子。

大寨这地方实行计划生育早，刚开始人们都不了解这些，都是害怕嘞，后来宋立英做了手术以后，这人也就慢慢地动员都做了。

采访对象　孙双伶（女，1964年生于大寨镇孟北村，现居大寨村）
采访时间与地点　2006年6月1日，大寨村
采访及录音整理　董永刚

董：你前几年在大寨村里干过妇女工作，讲一讲你的工作经历吧！

孙双伶：我是从91年开始干的。那会儿的工作主要就是动员育龄妇女做结扎手术、统计一下这里的生育和死亡这些。那个时候工作也很好做。农村的

育龄妇女允许生两胎，头一个是男孩儿的就只能生一个。头一个要是女孩的话，过几年还能允许生个第二胎。当时和现在一样，村里也有生育指标，不是想怎么生就让生几个。不过这村里也有生了两个男孩儿的。这就要处罚，就是罚款。这种情况不太多。因为一开始上边和这村里都抓得很严格。

那个时候村里的人口也少，每年就出生一两个，谁该生了，谁不能生，（村里人）谁也知道，这工作就好做。当时做工作都要到家里，挨家挨户去说。这一次不行就两次，反正是总要说通才行。如果谁家要是生了两个女，孩儿只要是做了结扎手术的，村里就给上个双女户的养老保险。当时做手术的，政府给出车，都到昔阳县城医院做。做完手术回来，村里还给些糖、奶粉之类的营养品，让补贴身体。

我是两个孩子，一个男孩儿，一个女孩儿。老大都23（岁）了，在北京干嘞！跟的别人干饭店，也能养活了自己。姑娘在北京读书嘞，在北京对外经贸大学，今年是第一年。这一年大概就需要一万五六千块钱。现在她就是家里最主要的开支了。现在像我家里也不种地了，没有个什么事情干，就是希望他们将来都能在北京发展得好，将来能各自过好就行了。

采访对象　贾瑞强（男，1978年生于大寨村，中共党员，大寨企业职工）

采访时间及地点　2006年5月31日，大寨村家中

采访及录音整理　刘晓丽

刘：大寨的妇女地位一直挺高的？

贾瑞强：大寨妇女的地位一直挺高，现在开党员、支部会，一半女的一半男的。

刘：原来就是这样还是因为郭凤莲？

贾瑞强：原来就是这样，陈永贵在的时候郭书记就是团支部书记。多了，宋立英她们都是（支委）。都是干主要工作的。在大寨女的地位一直就很高，像女的劳动，挣工分啥的，都是和男的一样。

刘：是不是昔阳县妇女地位就比较高？

贾瑞强：那倒不清楚，反正大寨妇女地位比较高。

刘：如果搞旅游、开饭店这些，妇女肯定比较合适。妇女收入高，家庭地位就比较高了。

贾瑞强：肯定是这样。大寨很多家庭主要靠妇女在工作。像郭书记的职务也很多，有些场合必须她去，别人去就不行，（特别是）资金方面呀。

采访对象　李怀莲（女，1960年9月生于昔阳县三都村，中共党员，现任大寨村妇女主任）

采访时间及地点　2006年5月18日，大寨村村委会

采访及录音整理　刘晓丽

李怀莲：我们是从91年、92年郭（凤莲）书记回来以后搞企业的，反正现在咱们大寨村基本上是没什么闲人，都有事做。特别是咱们女同志，走出了家庭，不再在家里面纯粹地看小孩了，做饭了，到工厂里面去。再一个是可以经营第三产业，卖旅游纪念品，开家庭饭店、家庭旅馆什么的，所以妇女全都可以动起来。所以说随着经济的发展，妇女这个生育观啦，思想啦都比较进步，经济能够独立，自己可以有自己的收入。再比如说，观念也先进。人家说在大寨村吧，生一个孩子的比较多，生两个的就是办手续也可以要，（条件就是）第一个是女孩，母亲年满28周岁，就发给一个生育指标。有四五个（妇女）吧，发给指标也不生，她们就是说要把一个孩子抚养成才。

刘：对，不仅仅要抚养成人，更要抚养成才。

李怀莲：对，要抚养成才。有的边远地区就不是这样，它是越生越穷，大寨村家中就不是这样了，主要是把孩子送到高等（学校受）教育去。受这个影响吧，人们的思想观念都更新了，生男生女都一样。

刘：我看你的孩子就不错。

李怀莲：噢，我的一个孩子在武汉，武汉江汉大学，一个是在山西医学院。

刘：一男一女？

李怀莲：一男一女。一个是学国际经贸的，一个是学医的。

刘：那你今年多大了？看着可年轻了！

李怀莲：我46岁。

刘：看着可年轻了，孩子都上大学了。我看咱们有展览馆呀，宾馆呀，都是女孩，所以女孩子根本就不发愁没干的？

李怀莲：不发愁。男女都不发愁，只要愿意干，都有活干，所以现在妇女的地位提高了。也不是现在，大寨村家中妇女的地位一直就很高。因为60年代大寨有“铁姑娘队”，22个铁姑娘［应为23个］，到现在大寨导游队，大寨有女会计、女出纳、女经理，什么都有。

刘：大寨现在的企业里面哪个是妇女负责的？

李怀莲：哪个是妇女负责的？像我们的导游部，就是女同志负责的，叫张红梅，她就在大寨宾馆，你们可以采访她。再一个女的就是贾秀丽，她在森林公园做讲解员，年轻党员，刚发展入党。还有一个是贾瑞翔，30岁左右，是搞个体的，在家里搞这个旅游业，有代表性的。

刘：妇女的地位确实看出来了。

李怀莲：还有一个杨巧莲，她是森林公园导游，也是表现好的。再有年轻一点的就是高小芳，她是在郭书记那个办公室搞财务的。这大寨的妇女地位确实比较高。

刘：大寨现在是500多口人？

李怀莲：520口人，180户。妇女有230多人。比如说老年人有66个，就有30多个是女的。

刘：妇女寿命长。

李怀莲：哎，我就是说这个意思，并且妇女也挺能干，大多数妇女特别能干，办事又仔细，又踏实。元宵节、八一节，还有一些大型的活动吧，我们都要组织起来，最多有60多个妇女，我们要组织起来，搞大型活动。比如说闹元宵了，申奥万里行了，香港回归了，我们妇女就自发组织起来了。再一个我们大寨村还有女民兵，每当村里面、县里面有活动，我们就组织起来了。有的是嫁出去的，我们还喊回来。文娱活动我们一直是搞得很好，比如正月十五，农闲的时候，我们就把一个村的新人新事编出来，演唱了。可以说是在大寨搞什么活动都离不开妇女。

刘：女民兵还有些什么活动？

李怀莲：女民兵前几年去太原和刘胡兰班比武，还是比过了那个刘胡兰班的女民兵了。

刘：她们平时训练不训练？

李怀莲：她们组织回来以后，稍微训练一下就行了，她们基础好，打靶、射击，都是能手。

刘：多大年龄的人能参加女民兵？

李怀莲：二十六七吧，都是这么大的。

刘：想了解一下改革开放以后咱们妇女的变化，你能说说吗？

李怀莲：改革开放以后，妇女主要是观念更新了，不像以前只是在家里煮饭了，看孩子了，靠着男人过日子，现在不是了，现在像我们这些妇女吧，都是靠自己的能力赚钱。

刘：现在妇女的收入占到家庭收入的多少？

李怀莲：统一说也不好说，一大部分的人收入占家里边收入的一半，还有一部分人的收入占家里边收入的三分之一。你比如搞个体的收入就高，和男同志差不多。在企业里边就不像搞个体的，女同志就只有男同志的一半多。

刘：企业里的收入不如男同志多？

李怀莲：低一点，一样干活就不一样报酬，稍微要低一点点。反正妇女我认为都能动起来，不依靠这个男人过日子。

刘：妇女们不管是什么事情都愿意找你，不管是家里的还是其他事情？

李怀莲：哎，她们都愿意跟我说，有些事情我能帮助她们沟通沟通。

刘：咱们这里婆媳问题怎么样？

李怀莲：婆媳不和的很少。大家都有事情干，再一个是老年人吧都有养老金，不用向子女们要钱什么的，所以经济上不存在这些问题，关系就融洽一些。有的地方老年人向子女要钱什么的，这里就不存在这些。特别是你看年轻妇女什么的都可以开饭店，有钱赚，有活干，不存在那些乱七八糟的事情。

[这时，来了几个村民，到了给玉米间苗的时节，李怀莲约他们下午到自己的地里帮着间间苗，说自己没时间干地里的活，请大家帮帮，她说自己还是挺愿意在地里干活的，关键是村委会里现在的事情不能走开，走开了别人来了找不到。]

李怀莲：女同志其实挺累的，忙活完家里的事还得忙地里的。

刘：你是嫁过来的，大寨怎么就选上你了？

李怀莲：我原来是老师，小学老师，那个时候没有转正。后来郭书记91年、92年回来以后，就问我愿意不愿意帮着咱们村里，我想那时候咱们反正也是没有转正，郭书记的主导思想，我想她可能想让一些有点文化的、能干的、能吃苦的（来干）。所以91年我们就跟着她，91年我是29岁。

刘：那个时候郭书记多大了？

李怀莲：她？没有50（岁），四十六七吧，正年轻呢。反正这几个人吧比较诚实，领导安排的事，或者是你自己应承的事，就一定做。再一个就是公事和私事之间我们就很自觉地选择公事，不用跟我们说，我们就很自然觉得应该这么做。我们这些四十几岁以上的人，就知道该怎么做不该怎么做。

采访对象　刘旭芳（女，1978年生于昔阳县庞家峪村，初中文化，现居大寨村）

采访时间与地点　2006年6月3日，大寨村家中

采访及录音整理　王勇红

王：你那会儿嫁到大寨来是不是觉得大寨比其他村要好一些？

刘旭芳：也不是，找对象是要找自己喜欢的人，哪都一样。

王：说说你刚到大寨时的印象吧。

刘旭芳：我初中毕业后，就一直在北京珠宝厂干活。我这个人挺想家的，为在本地找个婆家，离自己的娘家近一点，其实，即使是大寨也不像外边好。

王：你在外边干了几年？

刘旭芳：有四五年吧。一个月六七百块钱。

王：你结婚后有没有干什么？

刘旭芳：没有。生了孩子就一直在家。

王：你爱人一个人干活，收入也就他一份，收入怎么样？

刘旭芳：也可以吧，刚够我们家里生活开支。

王：你们一个月的收入有多少？

刘旭芳：也不稳定。

王：夏天要好点？冬天做什么？

刘旭芳：夏天好点，冬天在家里闲着。

王：你在家闲着时，除了看电视还做点什么？

刘旭芳：看电视，出去串门。

王：看不看书？

刘旭芳：一般不看，看也是看看杂志。

王：你们对小孩的教育怎么看？

刘旭芳：也不能轻视吧，现在就这一个两个孩子，一般都是望子成龙，希望将来有出息。

王：有些什么具体措施？

刘旭芳：我妹在太原，我领着孩子在太原市少年宫上特长班什么的，孩子爱跳、爱唱，3岁时背古诗能背30多首，我每天教的，现在上幼儿园，一般老师写出的字，常见的字，都能念出来，100以内的加法、减法都能算出来。现在只有靠学习，在外边才有发展前途。

采访对象　贾存兰（女，1950年2月生于大寨村，初中文化，中共党员，原“铁姑娘队”成员、村妇女主任）

采访时间及地点　2006年5月30日，大寨村家中

采访及录音整理　冯素梅

冯：你当了妇女干部，都管什么呢？

贾存兰：全面管，计划生育、劳动、婆媳关系，这些事都得管。

冯：村里的工作好做吗？

贾存兰：不太好做，人活一世，做女人难，做妇女工作最难，不是什么好做的。总得耐心，不好做你也得去做，因为你是共产党员，你得挑起这个担子。

冯：组织不组织妇女们集体做一些事情？

贾存兰：前几年义务劳动组织过妇女参加。有一年西双版纳遭了灾了，要捐款捐物，我先开了妇女委员会，然后又组织开了妇女大会，她们也是觉得看看人家遭了灾了，咱那会儿遭了灾，人家都来捐助，现在咱们怎么想想办法，帮助帮助人家，后来妇女们都（是）自愿，有的拿出衣服、裤子，有的拿出棉被，有的捐钱，总共是捐了2000多块钱。

冯：这是哪一年？

贾存兰：记不清了，前十几年来，我记得有这么一次，老点的妇女还下了泪，有多大力量使多大力量，必须得支援他们。

冯：那时候的妇女主任是上头派的，还是村里选的？

贾存兰：村里选的。

冯：那你在村里的威信挺高的。

贾存兰：村里边第一任妇女主任是宋立英，第二任是郭爱莲，我算是第三任。宋立英干的时候我是妇女委员，郭爱莲干的时候，我是妇女副主任了，就

一直干着。我参加妇女工作也早，自己硬摸索，妇女性格、妇女工作也摸索得差不多，经常跟她们在一起。

冯：平常做工作的时候就觉得妇女工作和别的不一样，是吧？

贾存兰：不一样，妇女的个性也不一样，我经常琢磨着她们哪个人什么性格，用什么方式来说服教育她。那时候其他工作都好做，就是这计划生育工作可难了。你让她戴环，这个好说，她戴；你让她做绝育手术，她不愿意，你得几番几次地去别人家和她谈话。我记得八几年有一次，有一个人生第二胎的时候，我就去给她做工作，说做了绝育手术吧，做了手术以后，对你有好处，对孩子也有好处，生的孩子多了，你就特别累，在各个方面。她不听，就不做，她说我还没有儿子，只有两个女儿，那会儿生第二胎才罚几百块钱，罚了她几百块钱，后来人家两口子一起到我家来骂我，你还干了一辈，你还当了一辈干部，我自己心里边觉得特别难受，人家养活孩子咱管人家呢，受苦受累是人家的事，咱也不出钱，心里觉得无缘无故地挨骂（很委屈），以后可不干这了，本来是相跟得挺好的，因为这弄得别别扭扭的。我就去和爱莲、宋立英说我不干了，她们又给我做工作：你是共产党员，经过这么点挫折就不想干了，也不想想你是一步一步怎么样干来，怎样入了党来。后来我自己想，除了做女人难，这做妇女工作太难了。经过宋立英她们做工作，我觉得没有办法，只有再慢慢来，一步一步说服她们，后来她们慢慢都说通了，一家一家地做工作，83 年那年做绝育手术一下做了十五六个。我跟村里的领导干部说，妇女们做了手术了，也得给她们点待遇，家里的生活条件都不太好，本身做了手术还需要补养补养身体，后来大队给她们每个人生活补助 300 块钱，她们也是挺喜欢的。从那一年起，这工作就好做了。现在有好多是独生子女，觉得生得少一点儿，生活条件就好一点儿，拖累就少一点儿，现在的年轻人都会享福了。现在不用说多生，生上两个儿子就负担不起，供着上学，上高中、大学，这负担就大了，再给找上两个儿媳妇，这负担就大多了，现在年轻人都想开了。

七、立足土地的大转折

- □ 传统时代的农民与土地
- □ 改革开放中的土地承包
- □ 百亩果园责任到人
- □ 退耕还林山乡秀美
- □ 集体耕种家家受益
- □ 邻村与大寨村比较
- □ 虎头山再兴创业潮

没有土地就没有农民。1945年昔阳解放前夕，大寨村有700多亩耕地，60%以上归地主、富农所有，22%的耕地为12户中农经营，而48户贫农有144亩差地，仅占耕地的18%。全村共有7头牛、8头驴，还有1头猪和100来只羊，且这些畜物也多为富农所有。1946年的土地改革，使得大寨的贫下中农分得土地400多亩、房屋41间、窑洞32眼，还有牛6头、驴6头，大部分土地和畜力回到了农民手中。当时的700多亩耕地分成4700多块，散落在七沟八梁一面坡上，既耐不住干旱又经不起雨涝。从1953年大寨初级社成立到1956年逐渐转入高级社，土地归集体所有，社员统归集体支配，实行集中劳动，土地的修整、农田建设、耕种等等一切事情都由集体负责。集体集中了全村的人力物力，大搞农田水利建设，大大改善了村里的土地状况。据2003年的《大寨村志》记载：1969年，大寨的耕地由原来的4700多块修整合并成1700多块，到1979年大寨共有耕地791亩，其中有人造小平原210亩，连片地150亩，沟坝地105亩，梯田130亩。在这20年间，社员只要跟着集体干就行，集体让干什么就干什么，村民自己不用操什么心，这一方式也把农民和土地更加紧密地捆绑在了一起。这种耕作方式一直持续到20世纪80年代初期的联产承包责任制实施之前。集体耕作的一个主要问题就是大锅饭，效率低下，但对于大寨来说，由于领导班子团结，领导得力，而且有一套较为完善和公正合理的工分评定制度，大寨的粮食生产稳产高产，农民收入不断提高。大寨的老年人们对这一段时期是非常留恋和充满感情的。

1963年大寨遭受特大洪灾前，全村共有270多间（孔）房屋和窑洞，且大多破旧不堪，简陋至极。洪水冲垮了土地，冲塌了窑洞，全村190间（孔）房屋、窑洞倒塌，村民无家可归。大灾之年，村党支部提出了依靠集体的力量战胜灾害，开始建设新农村。经过年复一年的建设，年复一年的劳动，到1977年的时候，大寨建起900多间（孔）青砖钢瓦房和青石窑洞，全村人住进了新房。这些住房主要靠的是集体投入，大寨人对住房条件也是比较满意的。

20世纪70年代后期，十一届三中全会确定了中国改革开放的道路，并且在一些地方进行土地承包试点工作。大寨村的土地承包起步较晚。1983年的春天，大寨推行家庭联产承包责任制，下放土地，个人承包。当时大寨村无论是领导干部还是普通村民，对这个问题或多或少都有些想法，有一些人根本想不通。他们觉得大寨的集体经济搞得不错，一个最好的劳力一天可以分到两块两毛钱，每人每年可以分到500斤的口粮，细粮占到40%，村民的生活已经达到相对高一些的水平，其中住房、社员看病、孩子上学、家用自来水、村民看电影几项，一律免费，这样的福利政策已经实行了许多年。为什么要把土地下放？土地下放以后能依靠谁？尤其是一些家里没有劳力而且对农业生产不很内行的人，担心和忧虑就更多一些。大寨村民大多经历了一次思想波动，有的人认为是迫不得已的艰难选择，然而，大寨的土地还是在当年全部下放到了各家各户。土地下放以后，最初按人劳比例进行承包，男劳力每人5亩，女劳力1.8亩，另外每人分得口粮田8分，而在当地林业、煤矿、作坊等部门工作的人不分劳力田。

中国农民是淳朴勤俭的，同时也是非常务实的。大寨村下放土地以后的第一年，便是一个大的丰收年，得到实惠的农民一下子便认准土地承包的政策好。特别让农民感到新鲜的是，他们承包土地以后，可以自由支配时间，自由支配行动，并且在农闲时去打零工，去做小生意，以期获得一些额外收入来补贴家用。1986年年初，大寨村对土地承包进行了适当调整，由最初的按人劳比例承包变为按人头承包，村民按人均1.4亩的标准平均承包了土地。学者专家们对联产承包责任制的认识大多属于理性分析，我们则通过大寨村民的讲述，说出他们在土地下放这一大转折过程中的切身感受和体会。

土地下放之后，集体所有制下的大寨果园应该怎么办？以前的集体耕作方式怎么变？还有20世纪90年代以后国家大面积推行退耕还林，大寨村民是怎么想的怎么做的？这些与农民和土地密切相关的问题在大寨都是怎么解决的？通过大寨人的讲述，大体上能够还原大寨经济林承包前后的实际情况，以及在承包过程中遇到的一系列问题、村里改进的措施和村民面临的一些困难。

大寨村下放土地之前，基本上就实现了农业机械化，集体拥有各种农业机械90多台，600亩耕地实现了喷灌，生产条件也有了大的改善。土地下放以后，这些机械和水利设施如何合理利用成为当时一个比较大的问题。起初大寨村采取集体收取少量费用的办法，给村民提供机耕、机播、秸秆还田、灌溉、喷洒农药及脱粒等等服务，每亩地收费30元，其余由集体补助。但是，还没有富裕起来的大寨不少人家怕掏钱，不愿意使用机器播种耕作。90年代以后，大寨的集体经济壮大了，完全免费为村民服务，集体耕作在大寨再次得以实现。每户人家只有不多的几亩土地，只要他们报上种子、化肥的数量并缴纳规

● 昔日大寨村貌。

定的费用后，集体负责购买，免费机器播种，秋收以后统一秸秆还田，村民只需进行一些简单的田间管理，地里的收获作物都归各家所有。大寨农民现在说他们实现了轻轻松松种地的良好愿望。

同样的地方，同样的自然条件，走的道路不同，结果也大不相同。与大寨相邻的武家坪、金石坡、虎头山等村，今天的变化依然不大，这些村子里基本没有企业，缺少集体经济的支撑，村民只好到大寨甚至更远的地方打工，有的村子里没有学校，只好到大寨等村租上房子陪孩子读书，村民们基本没有养老金或其他的福利。它们与今天的大寨的差距显而易见。通过大寨邻村人的讲述，可以看出他们眼中大寨的过去和现在，他们对大寨的发展，有羡慕，有感叹，还有少许的牢骚话。

大寨人从20世纪80年代初的一度消沉中走了过来，他们有过思想不通时的彷徨，也有过困惑无奈中的愤懑。反思过后的大寨人奋起直追，二次创业，这就是大寨人的性格，不服输，不认孬。当然大寨贫瘠的水土也还是在一定程度上制约了大寨的发展。大寨人在看到今天成绩的同时，也有很多的不满足，甚至还有较强的忧患意识，大寨的明天什么样，大寨人在思考。

传统时代的农民与土地

采访对象　贾存眼（女，1937年生于大寨村，高小毕业，中共党员）
采访时间及地点　2006年6月8日，大寨村家中
采访及录音整理　孙丽萍

孙：您记事的时候，大寨村有多少人？

贾存眼：那时候30多户。我母亲改嫁以后，我就跟着奶奶，爷爷那时就

● 条条堰堰大寨田。

没有了。后来我们分下土地了，那会儿村里有一个人就能分一份地。我也没有兄弟姐妹，就一个人跟着奶奶。全村 30 多户人家，那时候根本就没有集中起来的田，东一家西一家，都是坡坡地。我这里住的窑还是土改时分下的老窑，一直到现在也没有塌，这窑就是好的了，看这墙多厚实。

孙：土改时你们家分了一个院？

贾存眼：不是，是几家人分了一个院，就是这个院。这正面的 3 个窑（洞）就分给了 3 家，每一家一个窑，再给加上东西房，两间东房是一家，两间西房是一家，我家分的是 3 间南房。都还不错。

孙：是娘家分的还是婆家分的？

贾存眼：婆家。

孙：盖起新农村那一排一排的新窑，你们也没搬进去住？

贾存眼：搬了，我在那儿住了七八年。后来又到梁便良他们那里住了 10 来年。新农村那边的房子现在二小子住。

采访对象　贾承荣（男，1938 年生于大寨村，小学文化）

采访时间与地点　2006 年 5 月 27 日，大寨村家中

采访及录音整理　王勇红

王：您给我讲讲那会儿的事情吧。

贾承荣：昔阳县是 45 年解放的，解放后大寨是最穷的山村，那时全村是 60 多户人家，240 多口（人），小村。49 年大寨土改运动以后，那时候我记得大寨解放后第一个颁布了《婚姻法》。

王：那时候斗地主你有没有什么印象深的事情？

贾承荣：在大寨有一个好处就是从来没有斗错过人。

王：那时候，地主家中是个什么情况？

贾承荣：就是土地多一些。

王：斗地主就是把他的财产分了吗？

贾承荣：对，分了，分给穷人。

王：地主有多少土地？

贾承荣：有100多亩地，地主、富农的土地占全村的一半多。

王：地主家里的财产有些什么？比如房子？

贾承荣：房子也给他留点，地也留点，让他有地方住。那时候农民是全靠土地的，分了土地后，紧接着是互助组。毛主席那时候的方针是"组织起来，发展生产"，提倡走共同富裕的道路。

民国三十四年（1945）昔阳解放前，大寨有耕地800多亩，4户地主、富农共占480多亩，12户中农拥有176亩，48户贫下中农只占144亩，仅占总耕地的18%。经过土地改革，到1949年全村耕地912亩，53户贫下中农占有土地540多亩，占到全村总耕地的68%。1953年，大寨共有耕地847亩，分成4700多块，每块平均不到2分。其中坡地350亩，占耕地总面积的54.7%；沟地33亩，占耕地总面积的4%。

（《大寨村志》，山西人民出版社2003年1月版，第30～31页）

采访对象　李银良（男，1935年生于大寨村，扫盲班毕业，大寨森林公园员工）

采访时间及地点　2006年6月1日、7日，大寨村家中、森林公园

采访及录音整理　刘晓丽　冯素梅　赵俊明

赵：解放的时候你多大了？

李银良：10岁，咱们这儿45年就解放了。

赵：当时咱们村里有没有地主？

李银良：有什么地主，就是比一般人强一点，咱们这儿谈不到什么地主，就个穷山村。

赵：那时候你家有没有土地？

李银良：哎，家里也有，有点儿。咱们这当时都是城里的地，不是大寨的地，城里都是地主，咱租人家的地，给人家出租子，到秋天的时候，赶个牲口给人家交租子去。哎呀，过去那个经历多了。

赵：哪一年分下的土地？

李银良：哎呀，45年解放了，46年、47年接着土改，那时候就是分房、分地，就分下土地了。我那会儿分下6亩来地，那会儿家里4口人，父亲、母亲，还有个姐姐。

赵：家里的房子呢？

李银良：哪有房子？都是土窑洞，不是分下的，就是老以前的。

● 粮食大丰收。

赵：刚分下土地的时候生活怎么样？

李银良：那时候也好，解放了那时候当然比旧社会就好了。

赵：家里有没有牲口？

李银良：后来就是三四家（合）伙喂一个驴，四五家伙用一头牛，那就不错了。后来53年合作化，那个就好了，土地全部集体耕种了，到后来建立了农业社。刚解放那会儿，就是互助组，搞那个变工队，你给我干，我也给你干。

赵：你家那6亩地有几块？

李银良：哎呀，那块块多呢，那时候大寨没有3亩地一块的地，没有这地，一亩地可以分几十块。我那会儿有十几堰堰，都是条条堰堰的，都是七沟八岔，后来造地才有了大块地。人都是随着形势变化，不是说火车跑得快全凭车头带，火车后边几百个几十个壳子，火车头要不动，你就动不得。

赵：你家什么时候分下新窑洞的？

李银良：就是集体修下的，67年大部分就住上了。哎呀！特别是68年、69年，那时候全部就住上那个新窑洞了。那时候就是一个窑、两间房。刚开始建，还不多呢，那时候五六口人。现在不行了，两个窑洞也住不开了，我现在住的5个窑洞、6间房。

赵：儿子和你在一起住？

李银良：我自已修下一串院，窑洞、房子都有，媳妇、孙子都在一起。

赵：窑洞是自己修的？

李银良：都是自已修下的，村里那个楼房，我不喜欢住那个，不习惯。

赵：村里让自己修吗？

李银良：让呢，那时让自已修，把集体修下那个作价就卖了，我那个让给集体了。

赵：哪一年修起的新窑洞？

李银良：到今年十二三年了，我今年还又新盖起房子，孙子也快结婚了。

赵：那时候花了多少钱？

李银良：哎呀，我那就是正儿八经的自力更生，自己打石头，自己的拖拉机拉回来，自己把土方弄了，就用了用匠人给往起碹，光出了个工钱，自己受了苦了。我那会儿才花了万数块钱，他们后来就不行了，工匠的工资就大了，花得就多了。

赵：石料好弄吗？

李银良：山上就有。

赵：这几年有没有自己修窑洞的？

李银良：最近这几年没有，大队人家统一规划地方，修的那个小二楼，谁有钱谁就住去。也让自己修，但这个地形就不行，咱们这地形就没有什么好地方，集体统一弄还好点儿。

1966年以后，不仅对1963年洪灾破坏的土地全部恢复重建，而且还对所有土地进行不间断的改造。到1969年，总耕地741亩，分1700多块，其中坡地82亩，占耕地面积的11.1%；梁地464亩，占耕地总面积的62.6%；沟地195亩，占耕地总面积的26.3%。

从1979年开始，大寨为实现水利化、机械化、田园化，对沟坪地进行大修整，开始由小块变大块的搬山填沟造平原的大工程。到1979年，总耕地面积达791亩。几年中，小块变大块110亩，整修梯田130亩，改造连片地150亩，造平原210亩，新沟坝地105亩，共改造和新建耕地705亩，占耕地总面积的89.1%。

（《大寨村志》，山西人民出版社2003年1月版，第30～31页）

改革开放中的土地承包

采访对象　金启昭（男，1934年2月生于北京，大学文化，中共党员）

采访时间及地点　2007年1月10日，太原市纺织厅宿舍

采访及录音整理　杨晓国　刘晓丽　王勇红

王：你到昔阳时全国正在搞联产承包，您能不能说说大寨的情况？

金启昭：集中在82年，当时我印象就是昔阳这个地方比较"左"，还要过渡到公社所有制。这个变化比较难，当时县里侯广田的思想倒是能赶上潮流，他就说一定要坚持中央的联产承包责任制。我记得当时昔阳县为了转这个弯，就组织了一批乡社干部去河南参观。大寨的抵触情绪比较大，当时我印象只要一广播，一说到大寨就带有批评性的。这群众就接受不了。所以在研究联产承包责任制的时候，好像是县里侯广田亲自挂帅，一个农业副县长（我去时，班子还没调）去具体工作组当的组长，说县委书记亲自挂帅，实际他没有亲自

去，只是去看看。这个副县长，然后加上一个公社的（干部），公社就把贾承让推荐上去了，结果贾承让两头受气。他去了后，群众就说了：那会还不是你说让过渡，你现在站着说话不腰疼，你到了公社里了，吃上公家饭了，现在又都叫我们散了。所以就想不通这事。后来贾承让就当了去大寨工作组的副组长。

采访对象　白万来（男，1930 年 9 月生于昔阳县冀家庄村，中共党员，曾任昔阳县委办公室主任等职）

采访时间与地点　2006 年 5 月 26 日，昔阳县宾馆

采访及录音整理　董永刚（整理者）　王勇红

白万来：三中全会以后，大寨就开始准备下放土地，实行联产承包责任制。其实我当时就不愿意让放。我说放不放地，主要是讲生产力和生产关系的问题，大寨得管住了才行。这生产关系确实需要变革的时候、确实需要进一步解放生产力的时候，那就得变。我是了解大寨的，大寨本身就是靠集体化道路起来的，搞得不错。可这生产关系要是一变，能解放个什么？要根据实际情况来定。可后来顶不住，还是给分下去了。不要说我，就是陈永贵，他当时也不愿意让把土地下放给个人。他自己总是以为集体比单干强，可是他又不能说，况且也不敢说，这联产承包的精神，他作为政治局委员当时是举过手的！反过来讲，他在执行精神的时候又不积极，当时很多老百姓也都不愿意。所以后来大寨下放土地就比较迟。

下放土地的时候，那县里还打算让我去大寨，我就不愿意去。我在大寨跑了十几年，组织人员发展生产，我这现在又要去解散集体，这工作就没法干呀！后来就这样一直拖了 3 年，最后才下放的土地。土地下放了以后，大寨的发展就是后来新上的那帮人搞企业发展大寨经济的事了，这后来的事没有必要再说了。80 年代以后，我也就 50 多岁了，这才慢慢歇下来！

采访对象　邓青如（男，1954 年 1 月生于大寨镇龙凤坡村，大寨化工有限公司职工）

采访时间与地点　2006 年 7 月 25 日，大寨化工有限公司

采访及录音整理　董永刚

董：咱村是大寨的邻村，你又在大寨乡办企业里干，咱们聊一下你知道的情况吧！

邓青如：我是 78 年的时候到的大寨糠醛厂，从那个时候一直干到现在。这个厂是老陈，就是陈永贵当了副总理以后引进的这么个项目，是从天津引进过来的。生产糠醛的主要原料就是当地的玉茭棒棒、硫酸、碱这些东西。原先

刚开始的时候，大寨村中的人还有在这里干的，后来大寨村自己建了几个企业以后就都走了，还有的不干了。这几年，企业都不好干，效益不行。这两三年，大寨水泥厂的买卖还可以，能过得去。但要说很像样的企业，没有！

董：你怎么看大寨这几年的发展？

邓青如：大寨这些年是有些发展，但大寨的发展靠的就是它那个老招牌。老陈在的时候给打的基础好，这是实际。要是没有大寨当年的那个劲，现在也是不行！

到我20来岁的时候，大寨当时还可以了。等到这30岁上下的时候，也就是八几年的时候，这大寨可就不沾了，也没有人说自己是大寨人了。83年土地下放以后，大寨当时可是很冷清，一点儿这动静也没有了。这个时候对大寨的热劲儿越来越没有了。想起当年当孩孩的时候，这人来人往的，天天上这大寨的虎头山参观的人就不知道有多少。那个时候参观这大寨，人都是排的队，路上都是人挤人！后来不行的时候，可是比哪里也安静！不要说是这大寨本村的人了，就是我们这些周边邻村的人都觉得有些不太习惯！所以说，这社会大转折时期对大寨的影响很大！

采访对象　贾存眼（女，1937年生于大寨村，高小毕业，中共党员）
采访时间及地点　2006年6月8日，大寨村家中
采访及录音整理　孙丽萍

孙：70年代后期，大寨挺消沉的吧？

贾存眼：那阵子挺烦的，都说大寨完了。

孙：郭凤莲走了以后，村里有几年很消沉，你们那时候还觉得大寨有没有未来？

贾存眼：没有。那阵子我们也不怎么说话了。一风吹来人家就冷落你了。唉，墙倒众人推，挺苦闷的。[语调沉缓下来，忽然一转] 你是在哪儿工作？

孙：山西省社会科学院历史研究所。我们所里的年轻人都来了10多天了。那阵子都说大寨完了，你们都挺苦闷的吧？

贾存眼：是。也没有人强迫你，你想做点什么就做什么。那会儿没有任务了。那一段消沉的时期，都说大寨完了。分了地谁也不去看。让党员带头，团员带头，让做群众的工作。

孙：那会儿的村长、书记是谁们？

贾存眼：村长是贾承林，高玉良是书记。

采访对象　高玉良（男，1948年7月出生于大寨镇蒙山村，退休干部，中专文化，中共党员，原大寨村村长、村党支部书记、大寨乡副乡长，现居大寨

村）

采访时间与地点　2006年5月28日，大寨村家中

采访及录音整理　王勇红（整理者）　冯素梅

王：你在大寨村当了几年书记？

高玉良：我是82年开始当村长，那会儿叫大队长，后来到了83年、84年就变成了村长，到了86年就当了党支部书记。

王：贾承让是在你后边吧？

高玉良：在我后面，我当书记时，他当村长，没有选，是村委会任命。我的书记，他的村长，他当了两年。

王：当村长是选的还是任命的？

高玉良：要是不选的话就是村委会、支部会两会任命的。选举的话就是群众选举，不到选举的时候不能选举，就得任命。我（当）书记是从86年2月1日开始，（干）到91年的11月15日。

王：你在村里负责的这些年，印象深的有哪些事？

高玉良：刚干的时候正是拨乱反正，外面对大寨的骂声不断吧。我当时（出）去开会、出差的时候，好像都不敢说是大寨的，说阳泉、平定（的），都不说大寨的，当时也很难。85年以后稍微好点，不骂你了，大部分人也适应了，也逐步地认识了。逐步地认识，我考虑最主要的是83年。我们这儿是83年开始分田，比外面迟了两年。83年咱们整个国家风调雨顺，那年的亩产量大约都在1000斤往上，谷子也在1000斤。分田到户以后，农民的积极性提高了，农田都是自己的，农民在农田的投工也高了，产量高了。达到1000斤后，全国的农民跟领导才知道大寨当时打1000斤不是吹的，这时才反思大寨，才逐步地认识大寨。

王：大寨分地是你负责搞的？

高玉良：大寨分地时，我是村长，贾长锁是书记，他现在半身不遂，不行了。原来我们的思想上对分田到户也有阻力，我们的阻力也不是很大，我们年轻。主要是老的，贾进财、贾来恒这些老党员想不通，怎么“辛辛苦苦四十年，一夜变成解放前”！到了79年，陈永贵回来让我们下放，当时我是三队的队长，（下放）就是三包，包土地、包产量、包收入，79年、80年、81年、82年这4年。82年我成了大队长，支部开会以后，决定是（分地）。83年1月1日，那天全部出去，各家分各家。那年风调雨顺，收成不错。

王：83年分地的时候，一般村民也接受了？

高玉良：对，那会儿昔阳县分地的也少，洪水几个村分了，大部分都是看大寨，83年我们一分地，全县一下都分了，晋中和山西的一些地方也是看大寨。

王：地分了以后，村里怎么组织人们生产？

高玉良：当时我们分地后，买种子、化肥，耕地、浇水都是村里出钱。82

年我们就开了个煤矿，“无工不稳”嘛，后来又开了个煤矿，又办了个化工厂，就逐年好起来了。那会主要是煤矿，还有个果园，反正集体那会儿也有点钱，存着几十万块钱，后来逐步地到 91 年、92 年，村里就剩下 30 万块钱，每年煤矿收入 30 万到 50 万。那会儿也好过也不好过，好过是也能维持下来，不好过是骂大寨的人太多。当时思想比较乱，到底我们对不对，到了 85 年、86 年，我们的思想也就逐步地转化过来了，骂，也都理解了。

王：80 年代后期大寨是什么样？

高玉良：80 年代后期，农民认识到分田这个事情，也不受领导约束了。再一个我们领导也感觉到不用指示农民今天（下）种吧，明天锄草吧，后天打药吧。干部的事一个是计划生育，再一个是我们的房还都是集体的，搞些维修，村里的吃水呀、用电呀，这些服务性的事。

王：窑洞还都是集体的？当时没有分？

高玉良：没有，87 年我倒是想分。人口是 87 年 7 月 15 日登记的，按这个人口，以后就是（再）生下也都不给了。后来没分下去，群众的意见比较大，挺混乱的。郭凤莲后来回来后，92 年才分下去。

1980 年，全队分成 3 个农业生产队及林业队、机械队、酱醋作坊等专业队，实行大队核算，生产队经营，任务到队，奖惩兑现。1981 年，又推行了“专业承包、联产计酬”的大包干责任制。1982 年，由于各专业组扯皮多，矛盾大，大队又新开办了煤窑和矾石厂，为了集中领导，大寨又恢复了大队核算制。秋收后，昔阳县派工作组进驻大寨，推行土地到户的家庭联产承包责任制，大寨根据宜统则统、宜分则分的原则，把土地按人劳比例承包到户，男劳力每人 5 亩，女劳力 1.8 亩，每人口粮田 8 分。在林业、煤矿、作坊等部门工作的人不分劳力田。分田时，按土地的好坏、远近、能否浇水等分等级、类别，再分号抓阄。牲畜作价分给个人，选人集中饲养。

大寨土地实行家庭承包以后，并不是撒手不管、放任自流。他们依然注重发挥集体经济的作用，他们积极为农户提供各项生产服务，如化肥、种子、农药、水电费等均由集体供给；公共积累管理费用、民办教师工资、军烈属优抚代耕也由集体负担。这些举措大大提高了群众的积极性，加上天遂民意，风调雨顺，秋后全村粮食产量猛增突破 100 万斤，亩产 1264 斤，创造了大寨有史以来的最高纪录。这一年里，就有 6 户农民产量超过 1 万斤，贾近录一家的粮食产量高达 16800 斤。家庭承包制在大寨实行的第一年，即显现出了它极大的优越性。

（谭成建《中国名村纪实——大寨》，中原农民出版社 1998 年 12 月版，第 158 页）

采访对象　贾承林（男，1947年12月生于大寨村，县残联理事员，中专毕业，中共党员，原大寨村村长）

采访时间与地点　2006年5月27日、7月25日，大寨村家中

采访及录音整理　董永刚　李卫民

董：当时咱们这里下放土地是个什么情况？

贾承林：我们这里是三中全会以后，从81年就开始准备下放土地了。三中全会以后，整个大队分成了3个小队，小队干活儿，大队最后统一核算。当时体制转变反应最大的是下放土地。当时这人都想，土地下放给个人以后，这好不容易弄成的大块儿地一下子就又分成小块儿了，个人干总是不如集体干强，是集体的力量大，还是个人的力量大？所以这人从思想上一下子就接受不了这个变化。当时大寨的影响很大，你大寨分不下地，其他地方就更不用说了。这是后来硬把地给分下去的。土地下放以后，这集体的牲畜、农具也都作价分给了个人管理。

采访对象　贾爱明（女，1947年9月生于大寨村，初中文化，原大寨"铁姑娘队"队员）

采访时间与地点　2006年6月8日，大寨村家中

采访及录音整理　刘晓丽　李卫民　冯素梅

李：三中全会以后，不学大寨了，人也不来了。

贾爱明：那一段，人来得少了。我们也感觉很悲凉。我们大寨（的业绩）确实是干出来的。遭了灾以后，（救济物资）我们都不要。陈永贵提出来"三不要三不少"，就是不要粮、物资、钱。虽然我们遭了灾了，但是我们要重新振作起来，建设新大寨。你没有见过，原来大寨都是小块儿地，我们改造出了大块儿地、海绵田。海绵田就是（土质）很松（的地）。不学就不学吧。

80年代，土地下放，我们确实是很不愿意。因为大伙儿集体干惯了，要把大块儿地分成小块儿地。但这是上面的指示，我们也得照办。那就是各人干各人（的），各人管各人。

李：大邱庄这些模范村起来以后，你们是个啥心情？

贾爱明：人家发展起来了，咱们也去学人家。好多人去过大邱庄。

采访对象　贾守富（男，1942年生于大寨村，高小毕业）

采访时间及地点　2006年5月30日，大寨村家中

采访及录音整理　冯素梅（整理者）　刘晓丽

冯：分地的事情还记得吗？

贾守富：那时候分地，也是有些（人）同意，有些（人）不同意。有些劳力强，分下去就分下去；有些分下去以后他不会养种，还要靠别人，他就不愿意分下去。上边让咱咋咱咋，给我分下地，我还养种了两年土地，光养种土地，看看光地里（的收入）不够生活，集体又组织上有的在地里，有的在工厂，乱七八糟［好多地方］的都有，能顾了生活咱都干，顾不了生活就不干。那时候用人下种什么的，也是可复杂了。像那会儿用一个车，雇一个车也是可不容易了，拉拉粪啦，拉什么啦，也是不好用。俺这60来岁的人就是跟大队，大队组织起来60来岁这一伙的人，这是对集体也有利，对个人也有利，能给大队种树、除草，还能给大寨种点粮食。

冯：分地的时候什么人不愿意呢？

贾守富：愿意的就是这劳力强，能下种什么的。有些只有妇女，还带着小孩子的，下种还得用人家，就不愿意分，愿意跟集体。

冯：分了地以后还一直是集体下种吗？

贾守富：分了以后，就是牛、牲畜和一切工具全部都下户。凤莲回来以后，把牲畜全都卖了，利用机械化，发挥集体的优越性，才全部集体下种。

冯：分牲畜不可能每家一个吧？

贾守富：好几户并在一块，专门用着饲养员给喂着。

冯：农忙的时候都忙，怎么办呢？

贾守富：轮开，比如3家合买一个牲口，轮流下种。饲养员黑夜统一给喂起来，自己弄草给饲养员拉回去，人家才给喂。现在集体劳动是有机械化，集体给下种，播进去了。

冯：大寨走到今天是老一辈人的结果，你对大寨以后的发展有什么想法？

贾守富：现在比以前就是先进了，都是机械化，那会儿使用牲口，使用农具也不像现在发展得快。

冯：当时分地的时候，贾长锁是书记吧？

贾守富：是，他一共干了两年，后底他想不分下去，这个是这样，那个是那样，也是没法干。

冯：后来他自己要求把自己撤了？

贾守富：对。又换成赵存棠还是谁了。

采访对象　任玉花（女，1952年生于大寨镇井沟村，现居大寨村）
采访时间及地点　2006年6月1日，大寨村家中
采访及录音整理　刘晓丽（整理者）冯素梅

刘：咱们村是哪一年分的地？

任玉花：83年来。我记得我有了个小孩，就分下地了，包产到户了。

刘：分地的时候愿意不愿意？

任玉花：分地的时候？也愿意吧，都分了地了，你不愿意也不行呀。人家都是包产到户了，你跟着人家社会走呀！

刘：你家分了几亩地？

任玉花：那会？哎呀，有三四亩吧。

刘：是按照人口分吗？

任玉花：是来，按一个人是一亩半还是一亩三分地，我也记不清了。

刘：牲口怎么办？

任玉花：牲口也是分。这家跟那家，合起户来（养），好比5家来（养一头），就和那会的互助组时一样。

采访对象　贾翠花（女，1948年农历十月初七生于大寨村，小学文化）

采访时间与地点　2006年6月6日，大寨村家中

采访及录音整理　赵俊明

赵：分开土地的时候你家有多少地？

贾翠花：有6亩来地，家里6口人，3个孩，还有老人，一口人一亩多土地。

赵：那会儿生活困难不困难？

贾翠花：不困难，够吃了，反正各家各户都差不多，就那样。

赵：粮食产量是不是高了？

贾翠花：打得多了。

赵：像你家能打多少粮？

贾翠花：那会儿就是个能打5000多斤粮食。

赵：种不种麦子？

贾翠花：那会儿不种麦子，主要就是种玉茭，农业社的时候种麦子，分开后就不种了。

赵：家里的地就是你种？

贾翠花：嗯，还有老公公，我们种，他死了10来年了，忙的时候他［丈夫］回来帮帮忙。

赵：分开土地就是自己干？

贾翠花：后来村里有机器，村里给播种，给耕地，现在也是。

采访对象　李来娥（女，1953年农历五月生于昔阳县落雁头村，小学文化，现居大寨村）

采访时间与地点　2006年7月25日，大寨村家中

采访及录音整理　赵俊明

赵：分地的时候你家分了多少？

李来娥：6亩多土地，现在还有4亩，退耕还林占了两亩多。

赵：那给不给补偿？

李来娥：这个给呢，一年就是十几二十块钱。现在这4亩地，就是捎带地种一种，种点儿玉茭，耕地、养种都是集体就给养种上了，自己间间苗子、锄锄庄稼，完了收割就行了。

赵：种地的收入有多少？

李来娥：也能收入2000来块钱，买点儿白面，买点儿油，这个就够了。

赵：他［丈夫］是哪一年去了煤窑的？

李来娥：分开土地他就去了煤窑。

赵：地主要就是你种？

李来娥：地里主要是我，他有时间也打帮干一些。

赵：分了土地是不是就比农业社好了？

李来娥：那会儿地里收入跟农业社差不多，他在煤窑上能多挣点儿。

采访对象　贾会胜（男，1941年生于大寨村，大寨煤矿职工，小学文化）
采访时间与地点　2006年7月25日，大寨村家中
采访及录音整理　赵俊明

赵：分土地的时候你家分下多少？

贾会胜：农业社完了以后，就分了土地，各人养种。刚开始我家分了六七亩土地，后来植树造林占了一些，现在剩下3亩多地了，三亩一二。

赵：那时候家里有几口人？

贾会胜：5口人，我们两口子，两个儿子，一个女儿。

赵：刚分下土地的时候家里的收入比在农业社的时候多些吗？

贾会胜：刚开始也差不多，不过你还能干别的补助些。

赵：你在哪里干活呢？

贾会胜：在煤矿上。

赵：那挺好的，你这既是农民也是工人。

贾会胜：挺好，就是连农带工，啥也不误，还能种自己的地。

赵：现在家里还有多少土地？都种些什么？

贾会胜：有3亩地。种玉茭，全部就是种玉茭。没有种过谷子。吃小米也是买，有山上的村里来人卖，村里也有人种，问他们买一些。

赵：就是卖了玉茭然后买白面吃？

贾会胜：哎，对，就是这。

赵：你种这3亩地一年去地里多少天？

贾会胜：集体给耕种，去不了几天，连收秋顶多都不到一个月，锄了就不管了，就等着收秋。

赵：一亩地一般能打多少玉茭？能收入多少？

贾会胜：一般都能打1000多斤，现在剩下的都是好地，不好的地都种了树了。一亩能收入六七百块钱，去年我3亩来地卖了2050块钱，一亩能收入600来块钱，化肥200来块钱，种子百十块钱。

赵：其余的地退耕还林了，那个给补偿多少钱？

贾会胜：退耕还林了，占了我3亩地，一年给五六百块钱，一亩地给100多块钱。头一年给发的白面，这几年才给的钱。

采访对象　贾承荣（男，1938年生于大寨村，小学文化）

采访时间与地点　2006年5月27日，大寨村家中

采访及录音整理　王勇红

王：改革开放后，大寨的变化大不大？

贾承荣：改革开放后的变化也挺大。

王：咱这儿是哪年分的地？

贾承荣：大寨是83年分的地。

王：那时候家里有几口人？分到多少地？

贾承荣：我家是5口人。分到7亩多，一口人是一亩半。有些地方79年、80年土地就下放了，大寨属于分得晚的。

王：那时是大寨人不愿意分？

贾承荣：那时的人都不愿意分，大寨的人总认为还是集体的好。中国的发展，我认为，中国这么多人口，不集体化还是不行。

采访对象　贾文环（男，1944年生于大寨镇虎头山村，小学文化，1968年迁居大寨村）

采访时间与地点　2006年5月31日，大寨村家中

采访及录音整理　王勇红

王：村里是哪一年分的地？

贾文环：81年就散了农业社了，分成小队，3个小队。然后，小队干了两年，小队散了，就分给个人了。

王：那时大家都不愿意分地？

贾文环：对，那时大伙都集体干惯了，这一家一户怎么干，不知道咋了，

慢慢习惯了。

王：分地时，村里有没有开会呀？

贾文环：开了，好坏地要搭配。

王：怎么分的？

贾文环：那是一口人一亩半，原来是700来亩地。

王：你家分到多少地？

贾文环：7亩半地，我那时是5口人。

采访对象　贾田环（女，1935年生于大寨村）

采访时间及地点　2006年5月31日，大寨村贾满栋家中

采访及录音整理　冯素梅

冯：两亩地能挣多少钱？

贾田环：一亩地（收入）500来块钱，两亩1000来块钱，年年都差不多是这些。

冯：家里的主要收入是什么？

贾田环：地里挣点儿，摆小摊挣点儿，还有儿子的工资，就是这些吧。

冯：儿子在煤管站工资还行吧？

贾田环：工资也好。他在那儿干了5年了。

采访对象　李巧荣（女，1951年生于大寨镇金石坡村，现居大寨村，大寨村第一个饭店经营者）

采访地点　2006年5月29日，大寨饭店

采访及录音整理　冯素梅（整理者）　刘晓丽　王勇红

冯：咱们分地的时候您能记得吗？

李巧荣：记得。你是要问我分地的时候能不能接受了，刚分地的时候我肯定接受不了。因为也没有犁，集体都有呢，这会儿让分呢，你不接受也得分。有时候大块地换成小块地，自己接受不了。后来地分下去了，自己种上了，自己也就接受了。

冯：那时您分了多少？

李巧荣：一口人一亩半。按人口分的。分地时我已经生了二儿子了，一人一亩半，共6亩。

采访对象　李喜凤（男，1932年生于大寨村，小学毕业）

采访时间与地点　2006年7月26日，大寨村村委会
采访及录音整理　冯素梅

冯：那会儿分地的时候，想不想分？

李喜凤：分地的时候不想分，后底分开了，觉着好了。人一个阶段和一个阶段的想法不一样，我记得那会儿都不愿意分。分地的时候我分得多，我儿子分下12亩多，我分下13亩多，一共30多亩地，喂着一头牛。现在地不多，剩两亩多了，其他都退耕还林栽了树了。（还）有（一些）分地不多的人，我给了他们了。

采访对象　贾会棠（男，1950年生于大寨村，初中文化）
采访时间与地点　2006年7月24日，大寨村家中
采访及录音整理　赵俊明

赵：什么时候当的保管？

贾会棠：集体的时候我就当了保管，80年当的。那时候也就是我儿子这么大，30来岁。那时候咱这思想比较正统，像我们这一代人，不像你们年轻人，你们开放，我们不开放。我们当时受的教育就是：毛泽东思想伟大红旗千秋万代永不变。当时认为这是不是路线发生了问题，我们那时候受的就是这教育，我们这思想是那，到90年以后人家邓小平一说：什么姓资姓社，［哈哈地笑］发展才是硬道理。这又是一个，你就想不通。

赵：刚分了土地还想不通？

贾会棠：刚开始分开土地那时候搞单干，批判刘少奇是修正主义，我们就是那样过来的。那时候确实也就是，你说集体的地，你分下块块，个人你还需要喂牲口，我们那会儿都是集体化干下来的。

赵：是不是农业社后来也就有了机器了？

贾会棠：过去也有拖拉机耕地什么的，也有播种机，有些人思想上想不通，像我们上一代，思想更老化，认为那个种下不像咱自己种下的好，有很多道理都是逐渐认识的。

赵：分土地的时候你家分了多少地？

贾会棠：83年分的土地，一个男劳力是一亩八，女劳力是多少来我记不清了。劳力地分下3亩多，人口分下4亩多，那时候一个人给的7分还是多少口粮地，原来是那样分来。到85年冬天又分了一次，也就是86年开始，那个是按人口平均给你分下来，一个人一亩四，四个人五亩六。后来中央下来政策，30年不变。后来这个退耕还林呀，种草种树呀，经营森林公园呀，也占了一些地。

赵：现在你家剩下多少地了？

贾会棠：现在剩下一亩多地，我就不种了，让别人种上了。唉，我不是出了个事故，收玉茭的时候车给翻了，把我和儿子压到车底下，差点儿出了大事，后来给他看了看病花了1000多（元），卖了玉茭卖下800块钱，我说闹这干啥呢。现在我就是刨点儿闲地，弄点儿菜什么的，反正别人吃什么咱也不能少了，弄点儿菜，咱少花钱，一方面咱这上了年纪了，捎带锻炼身体，对身体有好处。

赵：你这就没有完全靠种地生活？

贾会棠：哎呀，我要是靠种地就饿死我了，那肯定。种地你就不行，就是现在来说种地也挣不了多少钱，你一斤玉茭5毛多钱。最好的一年，玉茭是七毛八一斤，那一年我打下5700多斤玉茭，卖下3900多块钱，最好了。除了化肥、人工，不算工资，算工资以后你就没有多大收入。农民不过是你种下了，你吃粮方便，你想吃啥种啥。你单靠农业不行，必须有其他，像商业呀、副业呀，要搞一些副业、工业，那个（农业）是个辅助。现在我们大寨就是，发展这个旅游，解决了一大部分。大寨我看也主要就是发展旅游这个方面，这个东西也不污染坏境，人也不用那么劳累，主要就是管理管理。

赵：分了土地以后收入怎么样？

贾会棠：那时候也可以，五六亩土地就是捎带养种，完了我就在林业队、煤矿干。

赵：在林业队的时候能收入多少？

贾会棠：先在林业队干了3年多，林业队不赖，一年能收入1000来块钱，然后你再打点儿粮食，刚开始么。那时候1000多块钱比现在1000多块钱好多了，八几年挣1000多块钱。刚开始想不通，83年下来以后一算账，比那强得多，顶你两个人干，后头思想才跟上来，人就是逐渐认识呢。

赵：那时候也是管账？

贾会棠：也是保管，管个账。

赵：那时候林业队是怎么承包的？

贾会棠：集体承包，那时候是一人牵头，集体承包，统一结账，那样承包。

赵：收入怎么分？

贾会棠：收入下来也是按你的劳力，男劳力多少，女劳力多少，也是你跟我对［合得来］，咱们承包吧，联合到一起。

赵：那时候村里有多少果园？

贾会棠：哎呀，那时候几十亩呢，大寨的苹果还挺不错，现在基本上没了。

赵：承包果园的有多少人？

贾会棠：有二十几个人，还有干其他的。

● 硕果累累。

采访对象　贾小妮（女，1948 年生于大寨村，原大寨"铁姑娘队"队员）
采访时间与地点　2006 年 5 月 31 日，大寨村家中
采访及录音整理　董永刚（整理者）　王勇红

董：82 年、83 年的时候大寨下放了土地，你觉得下放土地好吗？

贾小妮：刚开始下放土地的时候，我家共分了 4 亩多地，开始的时候觉得不分地好，不太愿意分。可后来分开了，慢慢也就习惯了，也觉得行。后来凤莲回来以后，各家的地又都成了由集体耕种，自己就是除除草、间间苗、收割收割这些。像这个村，集体管理的就好！这几年好多了，吃穿的都比以前好。

1986 年，大寨实行了第二轮土地承包，按人均 1.4 亩重新分配，进一步健全了承包责任制，把生产经营以承包合同的形式纳入法制的轨道。

（《大寨村志》，山西人民出版社 2003 年 1 月版，第 71 页）

百亩果园责任到人

采访对象　李录祥（男，1962 年 6 月生于大寨村，大寨森林公园员工，中专文化）
采访时间与地点　2006 年 6 月 8 日，大寨森林公园管理处
采访及录音整理　赵俊明

赵：你在这里［森林公园］上班多久了？

李录祥：我 96 年就上来了，一直就在这里，这就 10 多年了。

赵：在这里上班之前就种地还是还有干其他的？

● 虎头山上瓜果大丰收。

李录祥：包的个果园。

赵：自己包的？

李录祥：合伙包的。

赵：什么时候包的果园？几个人包的？

李录祥：86年，嗯，就86年，干了十年。我们那会儿的形式不跟现在一样，就是有一个人牵头包，完了找上几个股东，就是你负责经营，不属于现在这个承包，它是那个形式。

赵：包果园那时候收入怎么样？

李录祥：那个可以，以前我们包果园的时候，一年能拿个6000多块钱的工钱，那就不少了。

赵：包果园是不是每天都干活？

李录祥：也是到10月份采摘完以后基本上就没事了。第二年过了春节就得干，一年就是干个二百三四十天，一般情况就这，最多就是干个260天，能歇3个月左右。

赵：那时候能收入多少？

李录祥：我是从86年开始干的，一年下来能收入不到600块钱。87年收入到800来块钱，88年、89年逐步就多了。工资高就是在91年以后，开始一年能拿2000多（元）、3000多（元），连上补助能拿3000多（元），从93年以后就能拿五六千（元）了。

赵：这以后工资就没有再长多少？

李录祥：93年到现在一直就是能拿五六千（元），那个跟现在体制也不一样。那时候在果园干，你干得好你就能多拿，当时那个情况能拿个五六千（元）就不少了，那可是好哩。现在你领上补助，拿上奖金，能拿七八千块钱。没有补助，效益不好点儿，不拿奖金的活，就是能拿个五六千块钱。

● 收获的喜悦。

采访对象　李银良（男，1935 年生于大寨村，扫盲班毕业，大寨森林公园员工）

采访时间及地点　2006 年 6 月 1、7 日，大寨村家中、森林公园

采访及录音整理　刘晓丽　冯素梅　赵俊明

赵：分下土地后除了种地还干什么？

李银良：那时候就是搞林业队，大寨那果树还相当多呢。在果园干，干了八年。

赵：那时怎么干？

李银良：果园还是集体的，包给个人，一年能产二三十万斤呢，那会儿也不赖，一年能分三四千块钱。后来那个苹果树老化的就刨了。

赵：那个收入就挺高了？

李银良：那会儿还挺不错的，开了煤矿，有的在煤矿干，有的在果园干。后来郭凤莲回来以后，又开了水泥厂，就更好了。

采访对象　贾怀棠（男，1966 年 5 月生于大寨村，中共党员）

采访时间与地点　2006 年 5 月 31 日，大寨虎头山森林公园

采访及录音整理　董永刚

董：你来大寨展览馆以前在咱们果园干过，谈一谈当年的果园吧！

贾怀棠：我是 2003 年的时候才来的森林公园。我 81 年中学毕业以后，在家待了两年，83 年的时候就在咱们村里的果园干了。那个时候咱们村的果园就有 140 多亩地，树的品种也很多，有夏果，有秋果，主要是这秋果多，像“国光”、“红富士”这些晚熟的品种多。当时那些果树都是从山东果树所引进来的，还是农业学大寨的那些年人家给弄过来的品种。

刚开始的时候，咱们这果园都是集体来管理的，到 83 年下放土地、实行

承包的时候就包给个人了。当时用的是目标管理责任制，包果园一开始是老贾［贾新文］牵的头。果园一共分了两个组，一个大的，一个小。大组是 20 个人，小组五六个人。当时规定每年要给村里上交利润多少，这都是有目标的。那个时候我们是日工资，刚开始我们是一天 5 块钱。

老贾那个人的思想一直是很超前的，就是要鼓励这老百姓努力干活儿。干果园也有这大年和小年，大年收成好的话还有奖金，如果是小年就不太行。我记得那个时候我们全年的奖金好像是 180 块钱。他当年的年龄也就是我现在这么大，我今年 40 岁，那个时候也就是个十六七岁的样子。当时这新政策一下来，土地跟着下放了。他就有这胆量来承包下这个果园，他也是考察、打听了以后才干的。可这要是给了咱，咱就不一定敢干。

从承包果园开始，我跟的老贾一干就干了 13 年了！这果园最好的时候一年能收入个 20 多万块钱。当时说，我们这收入比周边的这些村就要好多了。我父亲当年也是在果园干，他主要是负责管理这树底下的东西。那个时候，刚秧小树的时候，树中间还都夹带地种杂粮。当时那 70 多亩，将近一半的地里都套种的庄稼。

1956 年，大寨“以地换地”，把办高级社初在武家坪小磨沟栽种的 10 亩果园换回，并不断扩大果树种植面积，到 1965 年发展到 50 余亩。1972 年，苹果园面积达 110 亩，品种以国光为主。此外，还有零星小片种植的核桃树、枣树等。1982 年果树面积发展到 160 亩，其中苹果园 145 亩，梨园 7 亩，葡萄园 8 亩。苹果品种除原有的本地国光外，又增加了黄国光、红富士、玫瑰红、短枝红星、秀水国光、乔纳金、丹霞、大光红星等新品种，年产苹果 6.5 万公斤、梨 0.5 万公斤、柿子 150 公斤、核桃 1550 公斤、花椒 30 公斤。总收入 3 万元。到 1992 年，实有果园 150 亩，其中苹果园 145 亩、梨园 3 亩、葡萄园 2 亩；年产苹果 15.9 万公斤、梨 5850 公斤、葡萄 300 公斤、核桃 500 多公斤；总收入 20 万元。到 1998 年，由于一些果树种植时间长，品种落后，相继被淘汰，果园减到 80 亩，年产 6 万多公斤，收入 12 万余元。

1983 年，大寨的土地承包到户，但处于产果盛期的果园仍由集体统一经营。1984 年承包给 6 个小组。由于承包者只注重眼前利益，缺乏长期打算，疏于管理，致使果树遭严重病虫害威胁。承包期满，党支部决定由受过专家指导、有技术特长的贾新文牵头的 40 人（承包）。承包人与村委会签订管理协议，村委会对承包者的投入、产出、技术，按要求逐项考察，按比例提成；集体为承包者剪枝、施肥、浇水、治虫、培训、储存提供方便。当年聘请山东省泰安县果科所的技术人员实施传授技术，进一步掌握了防腐烂病、灭钻心虫、搞芽接、撒锌硫磷粉、喷速灭杀丁等项新技术，使苹果的品质和产量有所提高。在挽救果园的同时，又以育苗的方式扩大经济收入来源，从山东果科所、晋中果科所引进 18 个新苗木品种。为提高苹果的增值效益，又建成两个能储存 4 万公斤苹果的储窖，实行秋储春销。到 1998 年，每个承包者年均收入达

1000元以上。

（《大寨村志》，山西人民出版社2003年1月版，第93～94页）

采访对象　张海云（女，1954年生于大寨镇阎庄窝村，初中文化，中共党员，现居大寨村）

采访时间与地点　2006年6月5日，大寨村家中

采访及录音整理　赵俊明

赵：咱们村里是不是还有果园？

张海云：这会儿也没有果园了，都老化了，都不行了。这会儿种的都是柳树等一些风景树，路上都是，主要是搞旅游。

赵：果园是什么时候弄起来的？

张海云：我没来的时候就有果园，六几年就有了，后来树老化了就不沾了，没有重栽。

赵：承包了土地后果园归个人还是村里经营？

张海云：果园那会儿是集体的，后来卖了，承包给个人，个人也承包了几年。后来没几年就不沾了，老化了就不行了。现在山上种的都是柏树、柳树什么的，都绿化了，也占了不少地。

退耕还林山乡秀美

采访对象　李元眼（女，1949年农历九月生于大寨村，原大寨“铁姑娘队”队员）

采访时间及地点　2006年5月27日，大寨村家中

采访及录音整理　刘晓丽

刘：家里边有地没有？

李元眼：有地，种了树了。

刘：都退耕还林了？

李元眼：对呀。

刘：现在家里边生活不靠地了？

李元眼：不靠了。他们用地种了树，还给俺们300块钱，都给俺们钱哩。

刘：一亩地给300块钱，一次性给吗？

李元眼：一年下来给300块钱。

刘：那咱家有多少亩地？

李元眼：哎呀，有4亩来地。

刘：那给你这个钱是从哪里来的？

李元眼：集体卖了树，就有钱了。

刘：为什么要退耕还林呢？

李元眼：它是在路边的地，大队要适当绿化，因为这是给我们分下的土地，就要给一些钱。

刘：绿化和这个自己原来地的收入是不是差不多？

李元眼：也差不多，可是自己弄那个土地，还得受呢，这就不用弄了。拿现钱，弄土地你每天还得管理。

刘：村里边纯粹靠土地收入的人家是不是也不多了？

李元眼：也不多了。

采访对象　贾田明（男，1952年11月生于大寨村）

采访时间与地点　2006年6月5日，大寨村家中

采访及录音整理　董永刚

董：您是咱们大寨人，在大寨的时间很长，你给讲一下这里的事吧！

贾田明：我7岁上的时候就开始给集体放羊了。我当时放羊挣工分，一天也就是挣个六七分。当时是两个人赶的150来只羊。放羊那会儿，就我和我哥还有我奶奶3个人一起生活。那个时候放羊主要就是卧地［晚上把羊圈到一个地方，让它们在那里拉屎、尿尿积肥］。我们在哪个地方干就在哪个地方吃饭，村里给工分，一到冬天的时候就不出去了。

现在我这生活也好多了，虽说不能比那些有本事的，但咱觉得也很不错了，咱就是只能卖点苦力，其他咱也干不了。咱们这里下放土地比较迟。刚下放的那会儿，觉得还是跟上集体比较好，要分啥都给分啥。分下地以后就不沾了，自己没本事就不行，不干就挣不了钱。

这几年，村里搞退耕还林，地也少了，种了树的地一亩给补的300块钱。我老两口还有两亩来地。现在这里没有牲畜耕种了，村里嫌这不卫生了，都改成机械化了。

我年龄也大了，就思谋着自己养羊哇！可是现在要退耕还林，羊就养不成了。我这个人从小就是放羊的，所以说还是喜欢干这个事儿。这个时候郭书记就说："现在国家要求退耕还林，我给你寻个地方，有山有水，你去养哇！"我考虑这不行，咱继续在这里养就给郭书记抹黑了，咱挣的是个小钱，可不能影响了集体！就这样，后来就把羊都卖了。卖了羊以后，我就跟的村里栽树的这伙人动弹。一开始的时候一天12块钱，去年男人们一天涨成了20块，妇女们是18块。村里这些活儿有包工的，也有算日工的。现在村里种的树苗大部分

● 大寨实施退耕还林，成效明显。

都是村里自己撒上籽秧的苗。村里安排得不赖，一年就能栽万数来棵了！栽树也不好干，不是说栽上就活了，还得补栽，担水，也很麻烦。我们这工钱都是到年底的时候一起结算。

我刚在村里养羊的时候，村里还没人干这个。当时投这点钱是冒风险的。我记得我那年是正月十三出去买的羊。当天下午 6 点去，连夜走了一百五六十里地，到黑夜 1 点多才回来。那个时候买得不多，一共也就是个 20 来只，一只当时是 200 来块钱。来回共投进 6000 块钱。当时可以说是把家里所有的钱都投进去了。刚开始的时候，她［老伴儿］不让干，说辛辛苦苦地攒的这几个钱不容易，死上一只 200 块钱就没了。可我就说，账不能那样算，这人都还有个七灾八难了，更何况是羊了！我当时就是下定决心要冒冒这个险，养上几只！说起来，当时确实也是很担心。后来羊一天天繁殖得多了，一只羊能卖个 300 来块钱，一下就能挣个百十块。这还不沾？见了钱以后，老伴儿也就不再唠叨什么了。后来身体也不太好，加上到处要退耕还林，家里还有点地，走不开，所以去年就都卖了。羊刚卖了以后，可是觉得心痛了！实在是觉得不行的时候，就又买了几只，在家里养。后来不行又卖了，卖了再买。啊呀！跟上这可是弄了好几次了！

我养羊的时候，是自己铰毛，自己卖。当时北京有个肉联厂，经常就来找我收羊，不出门就办了事了。去年他们还来找我，我说："现在身体也不行了，也没有羊了。政策和这身体都不允许了！"

采访对象　贾翠花（女，1948 年农历十月初七生于大寨村，小学文化）
采访时间与地点　2006 年 6 日，大寨村家中
采访及录音整理　赵俊明

赵：你家现在有没有土地？
贾翠花：没有，一点儿地也没有了。

● 郁郁葱葱的虎头山。

赵：分下的土地呢？

贾翠花：分下的土地大队占了（退耕还林）。

赵：村里有没有给一些补偿？

贾翠花：一亩地（村里）给300块钱，每年给［自己种地的话，种玉茭的收入一亩也就是个三四百块钱］。

赵：村里什么时候占的你家的土地？

贾翠花：3年前，村里占了种了树了，6亩地都占了，每年一亩地给300块钱，一年给1000多块钱，每年给。

赵：这是不是比自己种还强？

贾翠花：给了咱，自己还得劳动，咱还得买化肥，买种子，收入也差不多。

赵：村里有土地的还种地？

贾翠花：他们还种地。

赵：村里人愿意不愿意让占土地？

贾翠花：愿意么，他们还不劳动呢，不劳动就能得上果实了，肯定愿意。

采访对象　李录祥（男，1962年6月生于大寨村，大寨森林公园员工，中专文化）

采访时间与地点　2006年6月8日，大寨森林公园管理处

采访及录音整理　赵俊明

赵：你家的土地什么时候剩下7分的？

李录祥：有些是集体占了一部分，再一个后来还重分了一次土地，我们已经分了家，就剩下我和我媳妇的土地，就少了，集体搞绿化也占了一部分。

赵：哪一年又重分了一次土地？

李录祥：哎呀，那个可是早了，89年来还是90年来，我也记不清了。

赵：重分的时候你家分到多少？

李录祥：可能是一口人一亩一分多地，后来除了集体占的，退耕还林也占了一部分，现在没有多少土地了。

赵：集体占了土地有没有给些补偿？

李录祥：有，像退耕还林就是按国家的补偿，集体占的土地当时也是补偿了一部分，因为那时候没有签合同，集体给你补偿了一部分，因为这土地都是集体的。

赵：不是有一个承包合同吗？

李录祥：承包合同是个人签的，那个合同就是集体占了那个一亩地一年给300块钱，每年给300（块），集体不用了，就（给你）退回来。

赵：你家有没有这样的？

李录祥：有，有一亩多。

赵：这个钱给了给不了？

李录祥：能给了。

赵：像自己种一亩地一年能收入多少？

李录祥：种好了一亩地能收入四五百块钱，还有买化肥、种子，还得劳动，也落不下多少，跟这个差不多。

集体耕种家家受益

采访对象　李银良（男，1935年生于大寨村，扫盲班毕业，大寨森林公园员工）

采访时间及地点　2006年6月1日、7日，大寨村家中、森林公园

采访及录音整理　赵俊明（整理者）　冯素梅　刘晓丽

赵：下放土地的时候你家分下多少？

李银良：哎呀，那时候一个人一亩半，我那会儿（分下）6亩多土地，那会儿还喂的一头牛。后来才卖了那头牛，人家集体给耕种。

赵：自己耕种了几年？

李银良：五六年呢。后来集体耕种，把牛就卖了。现在都是集体耕种，你搞你的管理就行了。

采访对象　张保花（女，1973年生于大寨镇阎庄窝村，个体商店经营者，现居大寨村）

采访时间及地点　2006年5月30日，大寨村家中

● 农田机械化作业。

采访及录音整理　刘晓丽（整理者）　冯素梅

刘：你家里还有地没有？

张保花：家里还有点地，还有 5 亩地。我家是 6 口人。

刘：5 亩地能收入多少钱。

张保花：就是个 3000 多块。

刘：咱们村的地都是集体耕种吗？

张保花：对，集体养种，下来这锄草管理都是个人。

采访对象　张海云（女，1954 年生于大寨镇阎庄窝村，初中文化，中共党员）

采访时间与地点　2006 年 6 月 5 日，大寨村家中

采访及录音整理　赵俊明

赵：你家有多少地？主要种些什么？

张海云：有两亩地，不多，种点儿菜、玉米、谷子，种点儿这。播的时候都是集体给播，耕地也是集体给耕，完了你自己收了就行了。

赵：村里给耕种的时候收不收费？

张海云：不收费，都是免费的。

赵：村里的人家最多的有多少地？

张海云：也没有多少，都是两三亩，都不多。这会儿地都少了，种了树了，都给绿化了，占了地也不少。

赵：刚开始承包土地时是不是每家每户地多点儿？

张海云：那时候多点儿，一个人一亩多地，一亩四五，都是那。原来我家有七八亩地。后来都栽了树，占了就没有多少了，（后来）都收回去了。

赵：集体占了土地给不给一些补偿？

张海云：这阵儿没有，也有的给，有的是钱还没有到位，没有给。收回的

● 春耕播种。

也有给的，像退耕还林的、集体占的土地就给，年年给钱，给白面。

赵：村里以前修的旧房子现在有没有住人？

张海云：那边有不少都搬进新楼里住了，（新楼）安排了（村里）有一半的人，还有的就像我这样自己修的窑洞。在那边旧房子里住的村里人还有二三十户，也不多了。

赵：村里让不让自己盖房子？

张海云：也允许，以前行，现在不沾，不给地方，村里统一盖下，你买。村里人就没有自己地方［宅基地］，以前都是住的集体的房子。像我这样有自己的地方的不多，只有七八户，这都是分了土地以后，有两个儿子的，家小，一分家，大队分的房子住不开，村里才给批的地方。大队给你分的房子住开了，就不让你修。大队的房子都是按一个人 0.8 分，你就住开了，后来都卖给个人了。这阵住的都是个人，没有集体的。搬到新楼房的，也有个别的卖给别人，不卖给别人的，（大部分）都租出去了，租给外边来的人。

赵：你这院子空的这么大，再盖点儿房子也行。

张海云：也行，也能行，像我这房子就住开了，就不盖了。

采访对象　李庆荣（男，1957 年生于大寨村，高中文化）

采访时间与地点　2006 年 6 月 8 日，大寨森林公园纪念品商店

采访及录音整理　王勇红

王：现在家里还有没有地？

李庆荣：有，4 亩地，这几天忙着呢。早上 5 点起来，到地里间苗去，快间完了，还没锄完草。锄完草，忙完以后把化肥抓进去就不管啦。最起码省心两个多三个月，到国庆节以后收回来就完了。秸秆还田啦，队里就给干了。其实这个地里面挺省事的，我买了种子、化肥，人家（大队）给种上。有几亩

地，报上个数。玉米种子 1 亩地是 8 斤，4 亩地是 32 斤，6 块钱 1 斤，交上 200 块钱。化肥是 80 块一袋，买上 3 袋，240 块钱，去年玉米卖到 1850（元），再除了其他开支，挣 1400 块还不到，1 亩地 300 多块钱，这就是我早上晚上出去干的工钱。农民靠地是不行了，够我的孩子住宿费，住宿还要 1200 元，学费要 5500 元。

采访对象　张海润（女，1950 年 10 月生于大寨镇金石坡村，现居大寨村）
采访时间与地点　2006 年 6 月 4 日，大寨村家中
采访及录音整理　董永刚

董：现在村里的地都还是由集体给种的，你觉得这和以前一样吗？

张海润：刚下放土地的时候，咱们这里的人心里就接受不了。你说干得好好的，怎又要分开呢？现在这个村种地又都成了集体给耕种了，然后是自己来管理，集体给负担的多。过去觉得这集体好，现在地都分下了，可还是集体给种，自己出力不多，差不了多少。现在像玉茭要是打得好，一亩就能打个 2000 多斤，就是不好的也能打个千数多斤！可现在这年轻人大都不要这地，觉得种地不合算。

采访对象　张玉凤（女，1963 年生于昔阳县南峪村，初中文化，现居大寨村）
采访时间与地点　2006 年 5 月 30 日，大寨村宏发纪念品商店
采访及录音整理　王勇红

王：现在家里还有点地吗？

张玉凤：地不多，有两亩多。

王：爷爷奶奶给帮忙种？

张玉凤：也能，我去不了地里，我男人就是早上、傍晚有时间去地里，地不多。我们村里是机耕机播，都是集体做，就是间一下苗，管理一下，很简单，用不了几个工就出来了，不是太大的负担。秋天收回来就行了，也不用割，村里有专门割的，都弄了，把玉米秆都铡到地里了。

王：不向村民收费吗？

张玉凤：不收费。

王：那两亩地一年能收获多少？

张玉凤：两亩地能收入千数块钱，一亩地能打 1000 斤玉茭。

王：除了化肥？

张玉凤：对，除了化肥，两亩地能收入 1000 块钱。

● 喷灌治虫。

王：现在村里人从事农业劳动的多吗？

张玉凤：现在主要是在村办企业上班。第二个是搞旅游、农家饭店、卖纪念品的占了一部分。前几年搞退耕还林，现在真正从事农业的没有多少人了。村里面是从种植到秋天的秸秆还田、秋耕，全部都集体承担，村民只是田间管理一下，到秋天收割一下。

采访对象　高便林（女，1945 年生于大寨村）

采访时间及地点　2006 年 6 月 2 日，大寨村家中

采访及录音整理　刘晓丽

刘：咱们村条件挺好的。

高便林：咱村是条件好，你看他爸爸去世那年，不是刚分了土地，还得牛耕？咱也弄不了那，你还得寻人，秋天你还得割秸、捆草，像现在都不（用）了，你只是去间间苗，收收（粮），草也不用割。

刘：刚分土地的时候，集体就不管了？

高便林：不管了。用牛耕地，还没有机器耕地哩，把这牛都分下去了，几户分一头牛？3 户，还得分人口多少，十四五口人分一头牛，我也是没法，弄得草鸡哩，还得给牲口弄草，还得给弄饲料，真是麻烦哩。

刘：哪年又变成集体的了？

高便林：后头过了三四年、四五年，看见不行，牛都不行了。

刘：那肯定是么。

高便林：后头这也卖了，那也卖了，井、泵，这些机器，一律不管了。现在省心得多了，耕种现在也不出钱，大队耕种。

1983 年土地承包到户后，大寨利用集体的实力，采用收取少量费用的办

法，仍给村民提供机耕、播种、秸秆还田、灌溉、喷洒农药及脱粒等一条龙服务，每亩地收费30元，其余每年约3万元的费用由集体包干。

（《大寨村志》，山西人民出版社2003年1月版，第77页）

采访对象　李怀莲（女，1960年9月生于昔阳县三都村，中共党员，现任大寨村妇女主任）

采访时间及地点　2006年5月18日，大寨村村委会

采访及录音整理　刘晓丽

刘：请你说说咱们村这几天收取、发放化肥和种子款的事吧？

李怀莲：这个事情是这样的：国家在狼窝掌搞试验田，每年省里面、市里面都要来人，看这个试验田里面的玉米长得好不好。原来没有计划，我们收村民的种子款，一亩地8斤（种子），一斤6元钱，六八就是48元钱，村民都交了。可是国家搞这个试验田，国家就不要钱，所以我们也不能要老百姓的这个钱。以前不知道，我们收了这个钱了，后来定的在这个狼窝掌搞试验，因为国家免费给了我们种子，我们村委会就不能再要村民的钱了，我们就把这个钱给老百姓退回去了。

刘：国家给的种子，是大家都免费还是一部分免费？

李怀莲：就是给10亩，这个不一定。看分布，分在各个地区，比如说大寨这土地好，就分一部分搞试验，有的土地不好，它就不需要搞试验。

刘：搞试验只种玉米还是也种其他的？

李怀莲：这个不一样，品种不一样，比如我们种的是“农大”，别的地方种“301”啦什么的。品种不一样，搞搞试验，好的话明年就推广。

刘：是省里面搞的试验？

李怀莲：省里搞的，省里不光在这里搞。所以我们村委会的任务就是给村民免费服务，就是该收费的我们就收，不该收费的我们就是服务性质的。

刘：我看你这两天一直在做这个工作。

李怀莲：是，这两天还有一个工作，最近玉米快要追肥料了，我们村委会就把村民的肥料款收起来，统一替村民到县里把肥料买回来，统一发下去，要不你也去城里买，我也去城里买，多麻烦。所以这些年我们村里这些种子、化肥，都是给村民统一购置，提供方便，我们村委会这些人也就是给村民们免费服务的。

我们大寨村这些年土地一直是统一经营的，播种也是集体给免费播种，收割也是集体免费收割。个人呢只是到田间除草、施肥，最后卖玉米的钱是你个人的。我们就是以工补农。我们这几年的工业收入比较好，我们拿工业上缴回来的利润，然后再补到农业上去。[这时村民来交款了，李怀莲忙着收款，今年有两种肥料，尿素和硝氨，尿素94元一袋，硝氨80元一袋，买尿素的村民还不少。还有的村民是替邻居或亲戚代买的。做完这些工作，她接着说。]这

● 大寨实施统一种植计划、统一机耕机播的集体化管理。

些年村里企业多了，上缴的利润也多了。

[这时，又有村民交肥料钱，李怀莲告诉他们，一袋硝氨能上一亩地，这个村民有 3 亩地，李怀莲告诉他，他得买 3 袋，一亩地得用一袋，说用少了效果不好。村民问一袋有多少斤，李怀莲说，一袋硝氨有 100 斤。村民不想买那么多，李怀莲说，你想少点就少点吧，那个村民买了两袋尿素，一袋 94 元，两袋交了 188 元。]

刘：我觉得大寨有一个好传统，从陈永贵开始，历来就有一个好的当家人。

李怀莲：对，大寨的传统好。你看有一个女人和婆婆闹矛盾，来找我，我就给她讲，我说你看，你嚷来嚷去也没有意思，有什么意思？她怎么也是个老年人，不要和她一般见识。

[又有人来买化肥，村民买了三袋硝氨，另给别人买了一袋尿素。又有人来交款，李怀莲拿着钱，仔细辨别钱的真假，一边看一边说，要是收到假钱，就不好了。]

邻村与大寨村比较

采访对象　郭海萍（男，1967 年 2 月生于大寨镇水泉村，初中文化，现住高家岭村）

采访时间与地点　2006 年 7 月 25 日，高家岭村家中

采访及录音整理　董永刚

董：你觉得现在的大寨怎么样？

郭海萍：像现在大寨作为旅游区，这人多流量大，经济就比这周边的村要发展快。大寨这几年变化很大，企业也多，村里的农民也都能有个固定的收

人。大寨发展大了，我们周边的村沾人家的光也不少。像我们村现在很多人，大概有几十个都在大寨的水泥厂上班，这就给解决了很大的就业问题，它能或多或少地带动这周边几个村的发展，这很不容易！

这个村外来人多，像蒙山、虹桥关都是偏远的地方。这个村里就我一家卖菜的，这几年还可以，能够挣点儿钱。咱这副业可不像大寨村老百姓的副业，人家地理条件好，没法跟人家比！等过几年做得好了，我打算再去换个车，总得慢慢来哇！三轮换摩托，摩托换农用车，以后再换辆汽车。

采访对象　高海生（男，1950 年生于大寨镇武家坪村）

采访时间与地点　2006 年 7 月 24 日，武家坪村家中

采访及录音整理　董永刚

董：武家坪村是大寨的邻村，能不能给我们谈一下你对大寨的了解？

高海生：到后来下放土地的时候，这就有些麻烦了，我当时就是在村里给管这啦！那个时候分地，不是说你想怎分就怎分，就是抓阄儿了，要不老百姓不干，都有意见，这些事情我都清楚。大寨后来发展得好了，我们这村就赶不上人家，村里的老百姓也是可眼气大寨了。每年到过节的时候，这大寨就发东西，像吃的这米面这些东西都发，可是我们这村虽说离得大寨很近，这可就没法和人家比了。

当初大寨刚开始办企业的时候，我们就跟的。怎么干？我们村倒是也办了个厂，是个活性炭厂。当时就是用的这里糠醛厂的废矿渣来做原料生产活性炭。看起来吧这个条件还是很便利的，刚开始弄的时候，这个活性炭的市场行情很好，这一下子好多地方也都搞起活性炭来了。全部都来干这个，哪能行！不长时间就都倒塌得不成样子了！

下放土地的时候，当时很多人还是不愿意走这个路儿。反过来讲，可你要向前看呀！社会一天天在发展，你就不能在一个地方老停，到什么时候干什么事。你看这现在不是比过去强？虽说现在这社会治安不如过去，但这老百姓都生活好了。谁也不再想回到过去那个苦年代里，那个时候这苦确实是太重了。

大寨这几年发展得很快，大寨发展好了，咱这周边的村也都跟着沾光，你说是不是？现在像这个村里的很多人就在大寨这水泥厂上班了，不赖！

采访对象　李贵成（女，1955 年生于大寨镇金石坡村，乡办企业职工）

采访时间及地点　2006 年 7 月 24 日，金石坡村家中

采访及录音整理　刘晓丽

刘：现在咱们村有没有小学？

李贵成：现在没有小学的村好多，越到山上边越是这样，那些村子已经没有人了，都搬走了。都打工去了，到大寨、武家坪，领上孩子念书去了。

刘：是不是在大寨租房子？

李贵成：是的。

刘：你们这个村有多少户？

李贵成：60多户，大概200来人，算个大村。

刘：这两年收入和大寨比怎么样？

李贵成：我们？我们和大寨比差得远哩。大寨人家的收入多好哩！我们这些人都出去打工哩。

刘：是去大寨的企业还是去别的地方的企业？

李贵成：反正不去大寨企业也是去远的地方。反正我们一年到头都出去打工，大寨人人家不用出去打工，人家有企业，人家随便干点也不愁挣钱。我们不行，人家每个人都有收入。

刘：咱们这个村集体有没有企业？集体收入一年有多少？

李贵成：我们？我们没有集体的企业。企业都卖了，早就没了。我们没有集体收入。

刘：以前有什么企业？

李贵成：以前？以前那个山上有个厂，那都卖给个人了。化工厂，污染呢。也是污染哩，才没有了。

刘：像大寨、武家坪都有煤，你们这有没有？

李贵成：有煤哩么。我们这个村是从古到今都有下煤窑的，这都挖空了，没煤了。像武家坪、大寨，人家那会就没有挖，就是我们这个村以前挖来。

刘：这两年你们每家的收入能有多少？

李贵成：我们？现在年轻人下煤窑一个月挣个1000多块钱，我们都不行。

刘：种地是不是主要收入？

李贵成：种地？是吧。比如我家吧，3亩地，3口人，我们的地就算不少了，3亩地一年就算卖1000块钱，就那点收入。

刘：有没有别的收入？

李贵成：没有。

刘：退耕还林也闹了？退耕还林给不给钱？

李贵成：弄了，那会都是。退耕还林的时候，上头那个企业是个人的，我们都给他打工来，其实我们都靠了他了。退耕还林以后，他就把这个地承包出去了，只是一亩地给我们26块钱。

刘：大寨可不是这样，大寨一亩地给300块钱呢。

李贵成：我们这个承包给个人了，钱叫人家得了，没给了我们。现在企业已经关[倒闭]了，两年了，我们也没有活干。人家一亩地给的一百七八十块钱，落到我们头上就26块钱。我们跟人家签了合同了，人家那个是我们书记，我们跟着人家挣钱哩，以前交地亩税，现在地亩税不交了，一年是给的 20 多块钱。

刘：一年？

李贵成：对呀。要想有收入就出去打工，不了你不能活呀！

刘：大寨 60 岁以上的人有养老金，你们村有没有？

李贵成：我们村？我们村没有养老金，我们村的养老金从哪里来呢？人家那个收入好，集体就给了养老金了，我们这个集体一分钱也没有。

刘：现在这个村委会起什么作用？

李贵成：哎呀！这个说不上来，我们也不知道人家村委会起什么作用。

刘：你们党员干啥呢？

李贵成：支部书记维护人家个人企业哩，实际上村委会还是书记说了算呀。

刘：说了算得有事呢？如果说你没有能让大家聚集起来的事情，怎么会听你的呢？

李贵成：村委会说不上人家搞什么，收这个水费啦。电费不用它收，电费是人家电管站收。它就没事。

刘：村长是大家选的么？

李贵成：是。农民现在是不能过，都是出去打工。

刘：全村有多少人出去打工？

李贵成：村里基本上就没几个人，都出去了。有几个是打工也是走不远。有的到太原，有的到北京、大连，年轻人哪也去。

刘：打工怎么去呢？是不是去一个人，然后回来带一批人？

李贵成：也就是那个意思。

刘：村里边孩子上学怎么办？

李贵成：上学？上学到武家坪。

刘：上高中的孩子多不多？

李贵成：你不用说，我们这个村还是有几个孩子，考高中哩，考大学哩。

刘：上大学有没有什么奖励？

李贵成：哎呀，你看看，告诉你就没有钱么。你考上自己出钱就行了。

[外边下起了大雨，这在大寨来说，正是农民休息的好机会，他们可以打打麻将，说说闲话，可是在这个离大寨仅几里地的小山村，这么一场阵雨，就好像有山洪暴发的势头。这户农民家的窑洞很破旧，与邻居相隔也较远，在大雨中，坐在窑洞中，听着雨水打过的声音，有种萧瑟和无助的感觉。]

刘：像这样人家的孩子考得还挺好。

李贵成：就是，没有钱的人家，考得还挺好。

刘：老百姓家的孩子懂事，知道靠不上别人。

李贵成：就是呀。哎呀！不要在农村生活，太苦。

刘：有没有上大学出不起钱的？

李贵成：出不起钱？出不起钱借，那种情况多哩，确实有。

采访对象　王成锁（男，1955年7月生于大寨镇后庄村，中共党员，初中文化，大寨化工有限公司职工）

采访时间及地点　2006年7月25日，大寨化工有限公司

采访及录音整理　冯素梅

冯：你们的生活条件跟大寨比怎么样？

王成锁：和人家有差距呢，人家经济来源好，人家总是搞得好。

冯：你们觉得他们是因为什么好？

王成锁：人家那会儿农业也先进，是我们学习的榜样，像这会儿我们也赶不上人家，差远了。

冯：你家有亲戚在大寨吗？

王成锁：带你们来的华晓，他和我就是姨（表）兄弟。

冯：他们家比你们家好多了吧？

王成锁：那肯定好多了，经济来源就比我多。

冯：他年龄比你小一点儿？

王成锁：小一点儿，小个七八岁。

冯：你们自己觉得村里和大寨比哪些方面差一点儿呢？

王成锁：现在和以前都有差距，以前说思想政治有差距，现在说钱、说经济更是有差距，因为人家条件好，经济来源好，人家搞得好，说经济了更是差得多了。

冯：你们村里有养老金吗？过年、过节福利有吗？

王成锁：没有，甚也没有。

冯：你们村里人在一起聊天的时候议论不议论大寨呢？都说什么呢？

王成锁：现在有时候也说，说得少。说人家好，因为咱们两个村离得也比较近，也能看来听来，从实际情况说，人家就是好。

采访对象　贾保仁（男，1963年生于大寨镇虎头山村，中共党员，初中文化）

采访对象　贾生财（男，1943年生于大寨镇虎头山村，中共党员，小学文化，曾任村保管）

采访对象　贾献明（男，1956年生于大寨镇虎头山村，初中文化）

采访时间及地点　2006年7月26日，虎头山村贾生财家中

采访及录音整理　冯素梅

冯：咱们这儿跟大寨比怎么样？

贾献明：不像大寨，比人家大寨差多了，哪能比得上大寨？可不行。

冯：觉得他们怎么好？

贾献明：人家村里有钱，有厂矿，老了的人有养老金甚的，像我们这里，你自己不出去劳动打工，就挣不下钱。

贾生财：大寨有养老金，60 岁就给了。

冯：咱村没有？

贾生财：没有，甚也没有。

冯：咱村要是也发养老金，在咱们村一个月 100 块钱够不够生活？

贾生财：那也不一定，一个月 100 块钱一个老汉花也差不多。

贾献明：一个人了也差不多，老了的人就弄点儿吃喝就行了，不需要花什么大钱。

冯：咱村的人平常去大寨吗？

贾献明：也好去，离大寨不远，走山道也就是四五里地，陈永贵墓再往上就是我们这个地方。

贾生财：一般大寨往咱这边，走山道有 40 分钟就到了。

冯：像他们在大寨念书的，礼拜六、礼拜天回来吗？

贾生财：回来呢，学校念书的孩孩好回来跑跑，那就是初中了，大了就住了校了。

贾献明：有回来的，有不回来的，他们大部分底下都有家。小学的还小哩，他不敢回来。

冯：咱们村离大寨这么近，村干部对村里的发展有没有什么想法？

贾保仁：发展不起来，自然条件差，个人顾个人的生活还顾不上来了。国家不帮助，咱这就发展不起来。

采访对象　李富英（女，1948 年生于大寨镇武家坪村）

采访时间与地点　2006 年 7 月 24 日，武家坪村家中

采访及录音整理　赵俊明

赵：是不是郭凤莲回来以前大寨跟咱们村也差不多？

李富英：陈永贵去了中央，后来（大寨）也是不行。后头领导把郭凤莲调回大寨来，这会儿人家又沾了。好不好它人也不多，人家有那根基。

赵：人家那边还是比咱们这里搞得好，你觉得主要原因是什么？

李富英：那肯定是弄得好。主要是人家经济搞得活，也能够拨回那部分款来。人们来参观的，收入也不少呢，你来了，社员们卖这卖那，这就能行了，不赖，人家大寨搞得不赖。

赵：咱们这里条件比大寨还好，怎么就搞不好呢？

李富英：按说是条件比它好些，比人家环境好，咱可是不如人家。

赵：你觉得大寨还能发展到个什么样子？

李富英：说不来，反正大寨可要发展呢。

赵：刚分了土地以后大寨好还是咱们村好？

李富英：大寨比咱们好，人家人少，土地多，地也好，人家还有果园。主要是郭凤莲回来以后，搞了几个厂子，搞旅游，就越来越好了。

采访对象　尹开棠（男，1948年2月生于大寨镇虎头山村）

采访时间与地点　2006年7月26日，虎头山养鹿场

采访及录音整理　董永刚

尹开棠：我是虎头山村的，村里不像大寨，也没有个甚的企业，就四五十户人，大都是靠这地生活了。不要看我们靠的大寨，那大寨行，我们可是不怎么样！现在这大寨不是正在发展旅游啦，山上现在还正在盖的个大庙，开发这虎头山，要是以后允许的话，也许我们还能沾上点边儿。它开发得越好，我们这些地方跟着沾光的机会也就越多。现在村里的很多青壮年都在大寨的水泥厂、煤矿上班。村里的人上班有个好处，他白天上班，晚上回家还能干点儿其他，有时候是厂里、地里两不误。

这几年，大寨弄得很不错。像大寨上了60岁的人，村里每个月就给发养老金，老的每个月就有零花钱。我们这周边的村也想，可是村里没有那个条件，发不起。

我们那村又不大，一家顶多现在也就是个四五口人。现在村里都没有小学了，很多孩们都要到外头租上房子上学，所以说，村里的人是越来越少。

虎头山过去还是挺不错的，农业学大寨的时候，开出了很多好地，这地很不少啦！学大寨那几年虽说生活条件不像现在好，可是觉得那个时候倒是很自在，没有什么大的压力，每天就是干活儿就行。现在可不行了，都得靠自己找活儿干。

采访对象　李春元（男，1959年生于大寨镇金石坡村，农中毕业）

采访时间与地点　2006年7月24日，金石坡村家中

采访及录音整理　董永刚

董：你作为大寨村邻村的村民，对大寨或多或少有些了解，或者说对大寨的变化肯定会有些看法，谈一下你的看法吧！

李春元：大寨这几年变化很大，其他村这几年的变化和它没法比。它是个名村，社会影响大，别的村办不到的它能办到，这就是区别，别的村干不成的，人家也能干成。我们这个村就不像大寨，这几年几乎没有什么大的变化，

可以说受大寨的影响不大。学大寨那几年，武家坪就和大寨走得近。大寨的发展这几年给周边带来了很多好处，但也给一些经济不太好的带来了不少的负担。比方说过年搞活动，大寨干，你这周边的村就得跟上干，无形中村里就加了很多负担，没钱的也得去，也得参与，但凡参与就得投入人力、物力，这是个现实问题。

董：你觉得现在大寨怎么样，或者说现在社会怎么样？

李春元：现在这个社会好不好？我觉得好，但这人的整体素质还不行，现在的人思想有些消极，那会儿的人思想很积极，有时候积极的程度都不敢相信，甚至都有些过激。我认为这几年大寨发展得并不理想。作为大寨来说，这几年，尤其是它刚起步搞经济的时候，它只是利用它那个名气搞了个初步的发展，但要说整体实力还不行。它有它的优势，但比较其他经济搞得好的地方就显得好像跟不上，没有抓住机遇，意识不到位，因此说现在赶起来就很费劲，“大寨”这个品牌很好，现在外头很多企业利用大寨的名气搞发展，搞得很好，可是大寨自己却没弄好。

我在村里搞着个保健站，是集体的，自己经营，有大的活动的时候，就配合人家搞，平时也捎带地打针、输液、卖点儿药，像这村里的预防接种都管。现在村里的小孩儿不多，都到外头读书了，本村没有小学了，都拆了，这很不方便。这地方现在交通还不便利，交通工具也不行，等到以后富裕了，这小孩儿上学也就自然不成问题了！

采访对象　李玉怀（男，1956 年生于大寨镇虎头山村，初中文化，中共党员）
采访时间与地点　2006 年 7 月 26 日，虎头山村家中
采访及录音整理　赵俊明

赵：现在咱们村里人的收入能不能赶上大寨？

李玉怀：顶不上，哪能顶上大寨呀！

赵：咱们这里基本上每家都有一个在外边打工的吧？

李玉怀：都有，好多都在煤窑上班。

赵：在煤窑上班工资应该挺高的呀？

李玉怀：在大寨煤窑干一线的，一年能收入两万多块钱。

赵：儿子们上班是跑家还是住在那里？

李玉怀：跑家，上完班就回来，骑个摩托，也不远。大儿子远点儿，50 来里地，也是跑家，每天回来。

赵：相对来说咱们村的条件还是顶不上人家大寨？

李玉怀：我觉得条件赶不上，顶不上人家，人家工作也多，你比如说羊毛衫厂、衬衫厂、水泥厂，有基础，我们这里就没有基础。

赵：差距主要体现在哪里？

李玉怀：我们这里主要是靠土地，完了出去打工，没有矿山，集体就没有收入。就是靠个人，如果你能找个好干的，那就能挣点钱，找不下就挣不来，现在就是这个。

赵：如果说大寨发展得好点儿对咱们有没有什么影响？

李玉怀：这个主要就是比如说大寨开一些工厂，我们能去那里上班，能给我们提供一个挣钱的门路，在它那里上班近，也能照顾家，而且它这个保险，肯定能给得上钱。

赵：种地一年也干不了几天吧？

李玉怀：闲的时候出去打工。我就在大寨打工呢，给人家乱七八糟地搞修建，修路，掏厕所，掏那个水池。

赵：这个收入怎么样？一年能干多长时间？

李玉怀：这个收入也可以，一天 30 块钱，反正是哪天去哪天用，去就有活儿干。

虎头山再兴创业潮

采访对象　李艳华（女，1966 年生于大寨镇大南山村，高中文化，大寨卫生所医生）

采访时间及地点　2006 年 5 月 30 日，大寨村卫生所

采访及录音整理　冯素梅

冯：你们觉得是原来那样好，还是现在这样好？

李艳华：也不是哪个好，原来是公有性的，现在都成了个人的了，我个人认为该公有的公有，该私有的私有，比如说学校、医疗该公有，私有了就不好了，其他搞个体的想挣点钱的，干点营利性的买卖这可以（私有）。我认为公营性的都变成私有的这不好，你认为呢？

冯：现在人们的思想比原来解放了。

李艳华：原来比如说这个打火机只要能打着了，不管好赖人们都买上，究竟质量好不好人们不认识，现在人们认识到这个东西的质量了，这就说明素质提高了。

冯：你们认为素质提高是在哪些方面？

李艳华：比如说对事物的认识有自己的见解，你说这个东西好，我还要看看到底好不好，这就是提高。

冯：咱这辈年轻人的思想和老一辈不一样吧？

李艳华：不一样。他们说某件事坏就是坏透了，某件事好就是好得不得了，其实事情有好有赖，过去人不知道，现在年轻人都知道。比如说这件事有

好处有赖处，这就是思想水平提高了，不是说你说那件事情好就是好，对事件有所认识，能够自己解剖自己，我认为这就是提高了。

冯：你对建设社会主义新农村有什么想法？

李艳华：有哩，社会主义新农村我就认为该公的公，该私的私，学校、医疗就应该公营性的，可以有民营性的学校、医院，公营性的不能变成营利性的，受害的是老百姓。建设社会主义新农村政府得投入，政府不投入那就是空话。

冯：你希望大寨村以后向什么样子发展？

李艳华：村里的公共资源应该人人平等（享有）。比如说我们村的旅游收入，这属于公共资源吧，假如放在外村肯定没人去旅游，还有矿产资源，也是公共资源。

冯：现在这旅游资源比如广场两边的房子受益得多一点吧？

李艳华：嗯，像我们住在最上边就差一点儿，这就是不公平吧。

采访对象　姜素棠（女，1964年2月生于昔阳县静阳村，大寨森林公园员工，高中文化）

采访时间与地点　2006年6月7日，大寨展览馆

采访及录音整理　赵俊明

赵：咱们这边是不是该搞点儿别的副业？

姜素棠：可以，你搞什么副业呢？咱们这个，你看郭书记她也是想尽一切办法，也是想富起来。你这个特定的环境，你这个地理位置，就不允许你搞什么大的企业。你还得搞市场，你市场打不出去，产品呀什么（卖不出去），你只好做买卖，你卖点儿小东西，卖点儿衣服、鞋子，这个小本生意你还能做。你要是搞个什么厂子，你没有资金不行，没有市场不行，你这个产品质量上不去也不行。人家外面那些东西多的是，咱们搞的那个羊毛衫厂、衬衫厂，刚搞起来那个牌子不错，大寨的牌子挺硬的，可是你那些质量呀，还有那些款式呀，你跟不上人家。像这机遇可好了吧，郭凤莲（带头）干，大寨的牌子，但是完了到最后还是不行。它这个特定的环境，特定的地理位置，再加上咱们这些农村的人，你就跟不上去！不过咱们这里是煤多，那些煤老板，人家有的干得早，或者有关系的，那也是极少数的。也不是说一个村子的人都搞那个，有一半的人搞也就够多了。现在搞那个他都是偷着干，干一些小煤窑，那样干起来，赚钱来得快。

赵：咱们搞这个不合适？

姜素棠：不合适，对自己来说也是一个危险，本身那个大国有企业有些时候还出事，更不用说你这个小煤窑，条件什么都不行。可是你想赚钱，那个倒是来得快，可是国家也不允许，每天查呀，查到马上就给你炸了。再一个就是

咱们这里你搞点儿别的吧，总是缺水，你水源就不行，你搞什么厂子不用水？哪个没它都不行。所以咱们这里都是出去打工的多。

赵：村里出去打工的多吗？

姜素棠：不过大寨都是村里边就有（企业），旅游可以带动一下，搞点儿饭店什么的，像别的村里的人都是出去打工的多。咱们大寨的人出去的少，除了人家考上学校毕业以后不回来的，完了就是在自己的企业里边，就是按部就班地上班，他都是这个想法，没别的。搞个厂子呀什么的，没那个打算，毕竟他不是那些有文化的，像那些大学教授什么的，有那个意识，办个厂子。他没那个能力，你就是让他干，他也没那个能力，你学不来技术呀什么的，就是赔钱的事，你赚还赚不来几个，你不是赔钱呢，就是么。

赵：像你们两口子在咱们村里就算文化水平比较高的了吧？

姜素棠：高中毕业，不过怎么说呢？我觉得以我的看法，像咱们村里年年有入党的，我觉得他们作为一些领导干部应该设身处地地想一想，看看你新吸收的这个党员，现在你就得讲这个。你不能说随便拿起一个人来，这个孩子老实什么，你就可以吸收进党组织来。现在文化水平高一点儿，有这个智商，他可以帮助大队出一些主意，把咱们集体搞起来。第二个，有一些经验积累，你有经验了，不管办什么事，他都能给你出谋划策，什么都能做，那才行。

赵：是不是都是吸收一些听话的人？

姜素棠：也不是听话的，根本就什么也不考虑，我觉得他们是为完成任务而完成任务，只能这样说，什么都不考虑，我觉得他们是这样。这是咱们个人的看法。

赵：咱们村里对将来的发展有什么想法？

姜素棠：不知道，我一直就没有去开过那个群众代表会议。

赵：大家下来也不议论？

姜素棠：对于咱们来说，咱们设身处地地考虑一下，你大寨这一块地，你想让大寨这些人过得好一些。首先从住房上说，你就不现实。你说七沟八梁一面坡，你把这些好的房子放到哪里，你说放到哪里，你搁哪儿？搁哪里它也不是挺好的，它这个地理位置就已经定死你了，你再有好的设想，再有好的打算，实现不了，肯定实现不了。如果都是平平的一块地，哪还用你规划，那还用省设计院来规划，咱们自己也能规划。像人家华西，它都是平原，修到哪里基础都是好的，硬硬的。你看那些楼房，你花上钱住进去，今天担心，明天担心，担心什么呢？它那个下边是红土，下雨时间长了，雨水多了，就容易滑坡。大寨这个名声再好，你再有钱，不可能建得像外面一些沿海城市的一些好的地方那样，大寨这个特定的地理位置，特定的环境，就限制了它，不是说咱没有好的设想，没那个好的想法。

赵：你觉得咱们这里同人家搞得好一些的村子比，主要差在哪里？

姜素棠：建设社会主义新农村，你是从吃、住、行这三方面说的，还是主要说是怎么搞的经济呢？

赵：解决吃、住、行也需要经济搞得好吧。

姜素棠：就是呀，你现在来说吧，有钱的，就从住房上来说，自己已经修了，没钱的，需要修的，还是那个老房子，所以你这个统一规划、统一修，应该是看你（的）地方。像我们娘家那些村子吧，它那个平的地方挺多的，它也是大队划出去这个地方，也规划得还挺齐，他都是个人自己修的，给你这个地方，规定的，必须在这里，就是这。要是统一点儿像外边什么小二楼好看一点儿的，那是不可能的。他个人的那个条件（不一样），我需要房子，孩子要结婚了，我就修，但是我修的这个房子可能跟人家有钱人（修的）那个房子的差别是有的，他不可能就是你修这个样式我也修这个样式。作为咱们大寨来说，你修这个楼房，一栋一栋的，假如说它是规划好的，如果说你大队不出钱，让我另外再花五六万块钱修这个房子，我就没有必要，你说我住还是不住，它就统一不了。如果你大队自己修，这个钱不用个人出，都搬进新居去，这是你村子里边给村里人创造的条件，他怎么不去住？人人都有份，我是大寨人，我作为大寨村里的村民，我有权享受，这我应该住。但是要是说作为大队统一规划，个人出钱买房子，首先对我个人来说，实际一点，我就不干那个事，为什么呢？我孩子在外面读书，完了以后，他将来回不回大寨还是个问号，尽量不回来。现在我那个小儿子还是上初中，我这个房子就能住得开，我何必要把那五六万块钱都押在这个房子上，我是何苦来着，我就不去，我是这个想法。如果我想住这个楼房，我就不在村里边住，县城里教师可以集资，它10来万元，交上几万块钱，完了月月从工资里扣，我住到城里边，搞点儿什么买卖，做点什么生意，挺方便的。所以说你要建设社会主义新农村，要改变农村这些面貌，提高农民经济收入，你大队必须得付出，必须得这样，你才能让村里人按照你这个构想，才能实现你这个统一规划，这样才能跟上来。

赵：但是咱们这里的条件还是有限，收入还是低呀？

姜素棠：还是低呀，肯定低，肯定比不上人家沿海。六七十年代农业学大寨最红火的时候，其实你大寨是出了名的，人家沿海地区搞得比你大寨好得多，人家不出名，但是人家那个超前意识什么的，比你大寨要超前得多。就是我跟你说的这个特定的环境、地理位置，你永远也跟不上人家。你全国有名全世界有名，但是你还是这个样子。因为什么？这里就是出门就是坡，这些黄土地，人家沿海地方的平原，想造什么就造什么，想弄什么就弄什么，弄出来还是挺好看，挺美观的。你能跟人家相比吗？你就是再努力，国家再怎么支援你，就是支援你多少，你吃完了还是这个现状。你还是这种状况，山村就是山村，和沿海城市永远比不上。也就是说，你说你这个人的思想，你的心态，肯定也想得多、想得大，也就是说咱们肯定是眼气人家，也就是向往人家那种生活，你永远也实现不了。你怎也不能说是离县城四五里地，相对来说咱们昔阳县城比较好，你也不能说把家修在县城，把老家的地方扔掉，他就是很有钱，他也不愿意干，他肯定在这里，我修个房子，老死算了，肯定他享受不了人家好的地方那个生活。

赵：有些时候农村生活也挺好的？

姜素棠：有坏处就有好处，当然好，这里空气新鲜，没什么污染，没什么噪音，对身体来说是好，也不麻烦。但是物质生活比较差点儿，你消费水平也跟不上，你有钱没钱，咱不是说每天你想买个什么，但是你享受呀什么你就得出去，在你周边你就享受不了这种生活。农村永远是农村。

赵：你觉得大寨也发展不到什么样子？

姜素棠：我看是这样，你大寨60年代已经就全国全世界出名了，还是这个老样子。郭书记回来，也不是说没下苦工夫，她肯定也想搞个什么。肯定她是想出去，每天在电视上露面，在媒体报道呀，况且还是全国人大常委，有专题专访郭凤莲，可是你来一看，做不出成绩，人家怎么认可你，你看大寨还是停滞不前，没什么变化。做不出成绩，没有成绩人家怎么认可你。其实她努力了没有？努力了。出去给你把资金弄回来了没有？也弄回来了。它就是这（么）个地方。

赵：也吸引不来什么人才？

姜素棠：没人愿意过来，你过来一看，就没什么，没办法比，你怎么能够吸引人才过来。你也不可能改变这个山区的面貌，不能说是愚公移山把这个山来搬走，那是肯定实现不了的呀。

赵：作为现在来说，就是自然条件还是限制了咱们的发展？

姜素棠：还是跟不上人家，永远差一大截，肯定改变不了。就是国家投入再多，你自己再怎么努力，它就是这。你要有一块好的地方，那它那些楼还用上到那山坡上去，它还会出现裂缝呀什么的？那是不可能的。如果条件好，地理位置好，就不用它省级、国家级的设计人员来设计，咱们自己也能设计，好的别墅，好的住宅楼，从书本上、电视上、从网络上都能看得到，但是你实现不了，这个地理位置就定死你，实现不了你那个好的设想。

采访对象　李录祥（男，1962年6月生于大寨村，大寨森林公园员工，中专文化）

采访时间与地点　2006年6月8日，大寨森林公园管理处

采访及录音整理　赵俊明

赵：郭书记刚回来就好起来了？

李录祥：刚回来也没有，过了几年工资才起来。

赵：是不是最近这两年也不是很好？

李录祥：也好，村里变化大呀，修建得好了。作为搞旅游的一个景区来说，96年开始搞，开始修建，那时候没有什么，来的人也不多，真正弄起来是在两三年以后。就这么回事。

赵：咱们比附近的村子还是好些？附近有没有比咱们村还好的村子？

李录祥：你怎么的说。有些村子，比方说人家留庄，人家条件比较好一点，人家集体靠卖土地，村民们能享受一点儿待遇。有的村子，挨县城比较近，经济也搞得比较活。咱们这个地方就是依靠集体，普遍靠集体，收入都靠集体，他个人没有什么太多想法。最近这两三年，外地人多了，这个思想才开始转化。个人的收入有些你闹不清，你像有些外地人，你就闹不清人家的收入。个人干得多就收入多，干得少就收入少，现在农村搞那个小商品经营的人多。

大致情况就这样，你再看个三五年吧，三五年以后（可能）有个大的改变，从领导到群众，这思路大转变也就是这几年，这几年才大转变，说是转变了，可是现在还不行。

赵：这两年村里有没有什么大的动作？

李录祥：哎呀，那个咱不听人家说，不清楚人家，咱只是个村民。

赵：你觉得咱们这里几年内会不会有个大的发展？

李录祥：哎呀，我想是可以的吧。

赵：发展的方向是什么？

李录祥：现在小康村建设、城市化建设，人家都闹起来了，（正在）兴办的好几个厂子。

赵：现在又在办的什么厂子？

李录祥：甲醇厂还是乙醇厂，那个具体（情况）咱们不大清楚，这都投资不少呢。

赵：也就是说咱们集体积累下来的资金还是要办一些厂子？

李录祥：对，现在集体的积累主要是维持旧村的改造，前几年就是。现在再投资办一些厂子，吸收一些剩余劳动力。

赵：就是说目前村里的企业还是安置不了村里的剩余劳动力？

李录祥：安置不了，这阵儿经济效益好，安置不了。富余的劳动力，老百姓就是跟上集体干呢，集体成立的一个绿化队，就是搞绿化、维护。

赵：大概有多少人安置不了？

李录祥：也没有多少，剩余劳力只要不怕受苦你就跟上干，你要怕受苦，你就自己干。

赵：想跟上干的都能去？

李录祥：只要想干，就都有做的。

赵：有没有不愿意干的？

李录祥：有，你可以自己干，现在你自己干，集体也支持你。

赵：自己干的都干些什么？

李录祥：有卖纪念品的，那个收入好。有做布老虎的，做黄金饼的，也有跑运输的，这个看你个人的思路。

赵：村里自己干的有多少？

李录祥：也有个一二十户。

赵：他们自己干比跟上集体干收入高吧？

李录祥：嗯，那个肯定，你经营好了就能多挣钱。

赵：有没有赔钱的？

李录祥：也有赔钱的，这个不好说。

赵：跟上集体干肯定赔不了吧？

李录祥：这个肯定赔不了，这个稳定，没有风险，但是你挣不下大钱。

采访对象　孔令贤（男，1942年生于昔阳县，大专文化，中共党员，原昔阳县委副书记、县人大常委会主任）

采访时间与地点　2006年5月26日，昔阳县宾馆

采访及录音整理　王勇红（整理者）　刘晓丽　董永刚

王：改革开放后，中央不怎么提大寨了，大寨就慢慢淡化了吧？

孔令贤：刚开始是大寨被冷落了，原来是车水马龙，后来成门前车马稀。这么个情况，当然大寨人心里边也有些承受不了，有些干部有失落的感觉。最主要是当时在大寨经验的重新评价方面。我个人的看法是：有些不太恰当，离开当时的环境，过分地指责一个基层农村。所以我在我的书里提到“善待典型”，既然扶植起一个典型，它毕竟是一个农业典型，这中间有些什么缺点、错误可以帮助他们改进，不能短时期内一会捧到天上，一会踩到地下。大寨人不能接受的是对大寨经验特别是否定大寨是自力更生的典型。说大寨是国家扶植起来的，这个就不是事实，这个就不能接受。中国社会转型了，由计划经济转为市场经济，大寨真正实现这个转变，对大寨、大寨人是一个洗心革面的变化，这就是不断地接受外边的经验，根据大寨的实际，搞起工厂来，搞服务业，允许个人开商店，现在大寨还是搞得红红火火的。

采访对象　郭凤莲（女，1947年10月生于大寨镇武家坪村，中共党员，大寨村党支部书记，原大寨“铁姑娘队”队长。1973年担任大寨党支部书记，1977年任昔阳县委副书记。1991年回大寨担任党支部书记，2004年至今担任大寨村党支部书记兼大寨企业集团的董事长。中共十一大代表、中央候补委员，五届全国人大代表、人大常委会委员，十四大、十五大、十六大全国人大代表，现任全国人大常委）

采访时间与地点　2007年4月6日～7日，大寨村郭凤莲办公室

采访及录音整理　孙丽萍　冯素梅　赵俊明　王勇红　董永刚

郭凤莲：我们大寨从96年到现在，年碰年是11年，一直是昔阳县纳税第一村，现在500多口人，去年上税上了830多万，那时候爱国家、爱集体是给国家贡献粮食，现在大寨人给国家创造的是金钱财富，所以这个精神没有丢

了，没有丢了爱国家、爱集体的共产主义风格。现在大寨稍微富裕了的时候，也要想到一些贫穷村，包括我郭凤莲，也要想到这些贫穷村是很不容易走过来的，现在建设社会主义新农村，我们现在就是拉、帮，富村帮穷村，要实实在在地帮，不仅在精神上要帮，而且在资金上也要帮，我们现在帮了几个村，可好呢。

孙：就是咱们附近的几个村？有武家坪吗？

郭凤莲：不是武家坪，那个村不好帮，那是我的娘家村，我认为它主要是领导班子不得力。

董：上次我们去过武家坪采访，他们说也想学大寨办企业。

郭凤莲：他们也不完全是办企业，他们村的人心实在是散得厉害，凝聚力不行。我现在帮的都是建设社会主义新农村的积极分子，有这样的带头人，我们都可以联起手来，确实有几个非常好。

孙：那咱们帮的主要是哪些村？

郭凤莲：井沟，组织上让我在井沟村挂职书记已经快3年了，他们让我挂上书记，我就给他们挂起来，群众是那么好，我在井沟现在真正找到大寨精神了，就像大寨人30年前那样艰苦奋斗，一样样的，那么淳朴，那么辛苦，而且那么憨厚。我昨天下午还去井沟了。我一进去了，老百姓就说郭书记回来了，说我是回来了，也没有说是郭书记你来了，大大小小的孩子都知道。我最开始帮的时候是跟现在的村长两口子关系比较好，他们两个都是有病呢，他们个人办的企业，回去给老百姓把路修好，他们说能不能修起，咱把井沟建设建设，我说可以，咱拿个实施方案把井沟建设建设。我们就开始筹划，这是两年前开始筹划的。当时资金也比较短缺，我说咱们向社会呼吁呼吁，采取什么办法呢？我带头，从我个人存下的钱（里）拿了6万块，支持了3个村，给了井沟两万，给了水磨头两万，还有陈永贵的老家两万。当时村村通水泥路，有些村没有钱通不起来，后来咱们县委、县政府、县委宣传部知道了以后，开始参与，后来局里头，还有一些老板也拿上钱开始支持，虽然钱不多，井沟村大概支持了7万多块钱，可是那也是起步呀，老百姓高兴地敲锣打鼓地欢迎你。后来就在企业上支持，出点子、想办法，向国家要些政策，井沟村现在起来了，建设得非常好，咱们省长、书记来了也去看看，叫“大寨第二村”。

董：是“虎头山下两兄弟”那个井沟吗？

郭凤莲：不是那个井沟，是三都乡的井沟，这个你们可以去了解了解。所以我现在就感到时间特别宝贵，不觉得几天就过去了，（我）还应该给社会再创造点什么财富，我再过10年就70多岁了，感到有点力不从心了，趁现在这个阶段给大家筹划筹划，能帮忙的尽量帮点忙，干点事业。还是应该想想大家，思路应该放得宽一点儿。

孙：刚才在路上我还跟他们说，郭书记看起来比她们同龄人年轻，就是因为一直想着干事业了，精神状态好么。

郭凤莲：你无论放我在哪儿，我这个人也一样，就是在80年代对大寨作不公平评价的时候，我郭凤莲受了不少挫折，有些事在自己心中也盘算了很多，因为自己一生没有做过坏事，也没有做过对不起人民群众的事，心理感到很平衡。我记得当时我去看陈永贵同志的时候，我说有一位教授给我留下一句话“任何事情都经不起时间的考验”，我说咱们要胸怀宽一点儿，现在正是这个时候，你很难讲清楚哪些是对哪些是错，我自我感觉对，那就是对，不要让别人来评论咱们自己，哪些咱们做得不够，咱们可以回想回想，以后再不那样做了，对不对？我说：“陈书记，老书记呀，要好好思考思考咱们的过去，也要好好地想想咱们的下一步，现在思想上不要背上任何的包袱。”我去见邓小平主席的时候，他就给我讲了，他是三落三起，经受了那么多的考验，人要在大风大浪中成长，平平淡淡地走过的路没有什么意思。他说：“凤莲你还年轻，要经常找到自己的不足，千万不要骄傲自满。大寨的成绩应当肯定，但是在我们工作过程当中难免有不足的地方，被人家给抓住了。他们抓不住，咱们自己也应该抓紧补，回头看看自己哪些事错了，哪些事做得不够，我们继续把它补上，你还年轻，要继续往前走。”我感到这些话讲得很好，我就给陈永贵同志讲了，他听了掉了眼泪。

孙：你讲的很多事我们都没听过，确实是很珍贵。

郭凤莲：我感到很多事回想起来，就像是昨天发生的一样。在检验真理标准（大讨论）的时候，对大寨评论最高潮（各种议论很多）的时候，80年我参加人大常委会。我记得那时候我是五届人大代表，有一天有几个老同志发言，把陈永贵骂得很厉害，说陈永贵同志不仅是没有功，而且是有过，还有罪。当时我没有吭气，也没有表示任何态度，因为是常委会讨论。但是我对这个问题脑袋里就接受不了。正在这个时候，小组会停下来中途休息，那会儿的小组会要休息呢，正好休会的时候，邓大姐［邓颖超］就过来了，过来绕了一个圈，我记得在天津厅，我和一伙女同志在大门进去右边坐，7个女常委在一起坐，邓大姐过去一直从左边转到右边，走过来拉住我的手说：“小郭，他们骂大寨是没有道理的，骂陈永贵也是没有道理的，陈永贵是个农民，我都听说了。”邓大姐这么一说，正好说到我的痛处，我的眼泪就往下流，她又说：“不要掉眼泪，大寨是毛主席竖起来的旗，是周总理竖起来的旗，大寨艰苦奋斗几十年就是为了改变大寨的穷面貌，这有何罪呀？周总理活着的时候去了大寨三次，我跟他去了大寨一次，这是亲眼看见的，不是骗人的，不是骗荣誉骗出来的，你要挺起腰杆，要经得起些风浪，年轻哩，要好好干，不要听他们那些乱七八糟的。”邓大姐给我鼓了鼓勇气。邓大姐走了以后，人们就议论开了，说邓大姐今天给小郭撑了腰了，邓大姐讲的这话很有哲理。邓大姐讲了以后我也是掉了泪，闹得那几个人也很尴尬。我记得大庆的周占鳌说：“咱不要掉泪了，邓大姐给咱们撑腰了。”他也是给我讲道理，咱们也不是背着不认账，后来我心里就明白了。但我也不能是阳奉阴违，好像是咱虎里虎气的，没有，而且是非常规范，你说让发言呢我就按这个主题（说），不错过这个主题，无论别人讲大寨什么，咱们就是听进去算了，从来不回避，我从来不回避这些问题。那一段时间压力确实大。后来我就又跑过去给陈永贵同志汇报了这个情况，陈永贵听了也是很高兴。

那时候我胆子也大，后来见了老陈我也跟他解释，回想回想邓大姐说的话，回想回想邓主席说的话，咱这心里就感到没有什么包袱了。至于别人骂呀什么的，你听的比我听的少多了，我亲眼见的，亲耳听的，对着我指着鼻子骂的我都经历过，我都挨了，我比你的压力还要大，但是咱们自己明白自己就行了，一生当中难得的就是自己认识自己，你说对不对？自己最理解自己，别人不一定能理解了你，看得最透的是自己，所以我说咱们自己要想开点儿。后来老陈也得了病，病得最重的时候把我们叫到身边，那时候我在果树所呢。我当时去看老陈的时候，我就跟陈永贵同志说："你现在是既听不见，又看不见，我是亲自体味到了，我能想开了，我认为你更能想开了，怎么咱能想不开呢？"我说："咱一生对得起人民了，对得起群众了，没有干过对不起人民的事，至于别人的罪名搁在我们身上，这对我们确实有点儿……认错了人了，把这些罪安到我们身上了，两张嘴也辩不清。"

现在是辩清了，当时那种情况下谁来给你辩呀？就辩不清，就是一百条理由你也站不住脚，咱们还是慢慢走吧。所以我就想起那个教授对我说的话"任何事情都经不起时间的考验"，因为他是"文化大革命"（挨）整过来的，他就知道这个。还有一个副县长也是去世了，他对我说："凤莲，现在让你走大路了，你就走大路；不让走大路了，咱们就走大路边上；大路边也不让你走了，你就走到水沟里去。没有趟不过的河。"这些话都讲得非常好。哪一天哪一日讲什么话，都在我的本本上记着呢。当然我现在不应该诉说这些，诉说这些都是没有用的。我认为虽然这十年是这么走过来的，但是对我郭凤莲是个成熟的锻炼，我要不那样摔跤，我也不知道自己的路还能顺顺利利地走过来，摔了跤以后，知道事该怎么做，话该怎么讲，人是怎么样做，我知道了这个价值了，最起码少走弯路。有人说，郭凤莲现在成熟了，成熟了就是因为摔跤成熟了，不摔跤成熟不了，还是摔打摔打比较好。

孙：这种痛苦经历对有的人来说可能就倒下去了，也可能一生再也站不起来了，但是要是真正认识到这段历史的时候，那就比原来更成熟了。我觉得确实也挺耽误你的时间。再问你一个问题：听说你的日记已经记了几十年了，能不能公开呢？

郭凤莲：我现在不想公开，还不到时候。日记还是应该记下来，每个人都应该把他每天发生的事记下来。我就是说一下回到大寨这段时间的情况，过去的那段他们都说了好多了，我不想再补充了。

从91年年底省委组织部定了（让我）再返回大寨来工作，我那个时候在思想上还是有些波折，当时因为这个议论了好长时间。后来我想是回来对还是不回来对，回来你要是干好了也还好，你要是干不好了再出去还不如咱不回来，当时有这思想。再加上家里人也不愿意咱回来，离开10来年了，咱再回去干什么去，年龄都这么大了，当时45岁了，心里头也是很打波折。但是最终来说，我认为你还是个人得服从组织，组织既然决定了你回大寨，我觉得还是应该回来，（村里）也需要你。宋立英、梁便良他们也去给我做工作，劝我再返回大寨主持工作。可是就各方面的条件来说，我感到难度比较大，尽管是住在昔阳，但是对大寨的“内脏”不是很了解，表面情况咱还了解。因为毕竟你就在昔阳，平常也回来烧烧纸、祭祭祖什么的，一年至少回来一次。后来决定干脆回吧，你没有办法，因为公路分局（这时）已经把你的名免了，把我的职务已经免了，书记谈话就是让回大寨。这就回了大寨。回来那时候大寨比较困难，这是说实在话，整个经济状况，还有它的环境状况，包括人的思维。

孙：你回大寨的时候实际上全国人都知道，包括我们都知道。

郭凤莲：“郭凤莲重返大寨”，《人民日报》发了个消息，确实对我来说也很震惊。回来的时候确实很困难，从村委会的账本上来说，基本上没有钱，除了大寨欠人家的，大寨村里基本上没钱，税务局长来了，欠着人家的税，欠的还有工商费、农机费，反正各个方面欠了人家很多钱。但是当时我认为钱倒不是太重要的，关键还是应该把大寨人的思想调整过来，这是一个很大的不足。因为经过了10多年以后，他们的思想跟我的思想也一样，但是我觉得我还稍微比他们先进点儿，（都）背了很沉重的包袱。就是感到一种失落感，我认为他们的失落感很严重，就是说当了那么多年的先进，最终名落孙山，以后不同情况［程度］地还受到了社会上的一些不公正的评论，而且人们还用些不公正的眼光对待，当时这个思想包袱很厉害。我记得我开了不少会，群众会、党员会、两委会，开不同类型的会议来做他们的思想工作，做工作就是让他们甩掉包袱。我说要像中央一样，中央全会（上）邓小平主席讲了，讲不清的问题咱们就不用再讲了，现在专心致志搞改革，正好那时候邓小平在南方（发表了）讲话，92年么！我是91年冬天回来，就借了这个东风。我讲了两句话，我说：**“人家是放开胆子，咱们现在还没有放开胆子；人家呢是迈开步子，咱现在步子没有迈开。咱现在胆子没有放开，步子没有迈开，你怎么就搞了改革开放了？”**你们每天看那电视。我回来那时候还大多是黑白电视机，熊猫牌的，在之前有一个书记，用大寨结存下来的十几万块钱买了一批熊猫黑白电视机，我回来的时候80%（的村民）看的还都是那个黑白电视。我说现在不管彩电也好，黑白电视也好，电视上经常播的那些先进村，过去的华西也好，南街也好，这过去都是学大寨的先进村，我说它们能够放下包袱，能够站起来，为什么我们站不起来呢？我说我们站不起来原因就是思想还没有开放，老背那个包袱干什么？谁能讲得清哪是对哪是错？谁能讲得清？我说过去的事现在不用再讲那个了，什么长长短短，老感到人家中央对咱不公正，我说人家中央对咱不公正，那时候是那个时代，这时候是这个时代，咱们应该朝着时代的方向走。你老想着那个时候，你什么时候能讲清？我在会上给他们讲了这个，我给他们做思想工作。我说现在的政策好，现在农民你放开手脚，你愿意干什么都可以挣钱去，你手里没有钱什么时候也富不起来，你靠天靠地，过去大寨靠过啥，不是靠自己的精神？我说现在咱们仍然还是以前的大寨人，还是大寨的天地，为什么大寨落伍成这样？做了很多工作，一个是你帮助群众解放思想，另一个你得有行动，你不带他们走他们不知道怎么走。那我就东跑呀西跑呀，找项目，找朋友，找部门，这就开始跑开了。

孙：是不是到上海就是那个时候？

郭凤莲：哎呀，上海就是那时候去的，去上海是卖煤炭，我帮县里煤运公司卖煤炭。正好在92年上边批准大寨建了一个煤炭发运站，现在这个煤炭发运站还是搞得挺好的，给人家县里卖煤，我也得卖煤，通过卖煤来挣钱。我出去那日子很苦，因为你没有钱。我当时回来的时候，向煤运公司车队的一个朋友借了两万块钱，做差旅盘缠费，后来这两万块钱还了人家了。再后来没有办法，又问昔阳县化肥厂的厂长借了几千块钱，具体多少我记不得了，现在这个都还了。

最典型的是我让大寨一户出了一个人，带上他们到河北的高前村去参观，因为远的地方咱去不了。租了两台车，去了130个人，租的公共汽车，我说一户只能出一个人，我说带上大家走出娘子关去看看人家发展了的农村。那个村的书记也是昔阳人，但是他是以前要饭走了的，走了以后落户到河北省，干得非常好，我带上大寨人去。去了以后，人家高前村的这个书记把改革开放以来前前后后的发展变化、经济状况，给大寨人做了一个介绍，做完了介绍以后中午请大寨的全体群众吃了一顿饭。吃了一顿饭，我也在那儿吃饭，我本来是想给钱，可手里头没有钱，你给人家开个饭费吧，但你手里没有钱，开不了呀。我说："老张，你把我这个饭钱给我记上吧，我回去筹下钱再给你送来。"他说："郭书记，不能这样说，大寨人甭说在这里吃一顿饭，来这吃十顿饭，我也不嫌弃，我现在能吃得起。"我回去就对着大寨人说，我说有一天大寨人能够请客人到大寨吃饭，这时大寨就富起来了，大寨人就有了钱了，你看现在我们两手空空，俩肩膀扛个嘴到人家这里来，再两肩膀扛个嘴回去。说实在话也是困难得很，我当时也是掉眼泪呢，喝了点儿酒也是掉眼泪呢，这是一次。

回来以后，看看人家，看看咱们自己，大伙觉得确实现在不干不行，书记怎么干，咱就跟上人家怎么干，人家怎么拼咱就配合人家怎么拼。回来把班子调整了，进去了一些年轻的支部委员，你60多岁都是快70岁呀还在支部里边，老宋呀、便良呀都是支部委员，他们的思想就放不开，你跟人家年轻人不是一个概念，你怎么能放开了？曾经有一天，我吃了饭以后，有一个小孩喝醉酒了，这个小孩后来出了车祸去世了。当时这个小孩拿了把刀，一下子插在我的桌子上，说："郭书记，既然你回了大寨了，你就得带领大寨人干出个样子来，你要是干不出个样子来，我就是这样。"就是这，当时还叫我姐姐。虽然是个娃娃，但是他代表了一方人对你的信任，虽然是把刀子插到你桌子上了，实际上是插在你心里了，你干不出个样子来，你怎么向大寨人交代呀？

后来出差的时候，我曾经说过这话，我说："既怕外边的人认识我郭凤莲，又怕人家不认识我郭凤莲。"为什么怕人家不认识我呢？就是你出去找人办点事什么，不是说熟人好办事？总是人家认识你了，方方面面能给你提供一些优

1973 年、1975 年邓小平先后两次视察大寨，赞扬大寨人艰苦创业，成绩突出。

惠条件什么的，这是害怕人家不认识。为什么又怕认识我？没有钱买饭。因为你还得吃饭，你住饭店本身房费就挺高，你还得吃饭，所以我就带方便面，在上海住了 4 天，正月十五我就跟煤运公司的副经理到上海出差办事，白天出去找人家，出去了我们找一些小饭店吃点儿饭。后来我不愿意多露面，当时报纸上刚发了消息郭凤莲又回了大寨，很多人都看着我，从这衣着打扮到你的住宿花钱，这都能品出你（有没有经济实力）来。因为当时人家上海发展得很快，华西这些都在上海那边，人家发展很快，看看人家那农村咱就不能看，咱简直就不能看。后来我说咱买方便面，一天三顿都吃方便面，吃了那么 4 天方便面，我告你说上下不通气，把两边的脸肿得简直不行。出完差就赶紧回来，那时候也没有太旧的路。哎呀，天天晚上堵车，在那路上住了一个晚上，就在车上，买个麻花，买个香肠，喝瓶矿泉水，度过的夜晚不止一个。所以后来太旧路通了以后，胡富国书记让我去台上讲话，那时候确实说的是心里话，开了一条致富路，打开了山西的东大门，对于我们发展经济确实是带来了很大的优惠条件。现在不仅是人出去了，产品也出去了，现在大寨 30 多个产品都走出了娘子关了。

还有一回去黑龙江，我想去租人家黑龙江的土地，想在那儿租地种粮食，后来见人家土地都下放了，咱就租不到了。从黑龙江往回走，一天半时间就要返回来呢。一天汽车跑，跑破了三辆汽车，那汽车也不太好，两辆是普通桑塔纳，还有一辆是北京吉普车，那都是我跑破的，一天跑多少公里。

我记得有一次在农业部，去农业部也是想争取一个项目，和平定县的一个县长，我们想合作建一个饲料厂，寻寻农业部的农业司看看能不能想点儿办法。但是因为人家大中午都要休息，不办公，30 多摄氏度（的高温），我和那县长坐在那大门口的马路上那阴凉底下等人家。我说："王县长，你说咱们这为了啥？"王县长说："为了谁，为了老百姓，为了群众，咱为了人民群众，咱为了谁？"在那儿水也没有一口，硬等，等到人家上了班以后，我们才进去。

后来办水泥厂时，有一次回去的时候晚上十一二点了，我家里人都睡了觉了，一路上县城里基本上都熄了灯了，跟我在一块儿办厂的县里建设局派去的这个副局长把我送到那个路口，那路还进不去。我走下去的时候，那个副局长掉着泪来跟司机说："你说人家孩儿四五十岁人了为了甚，人们都睡得黑黑的了，你说郭凤莲为了啥？"我想起来这句话说到我心里去了，说实在话你为了甚，你说咱们为了谁？但是我觉得这辛苦还是没有白费了，辛苦了你一个人是致富了一方人，这辛辛苦苦这么多年，可是给大寨人带来的是幸福，我认为给大寨人带来的是幸福，这个我确实没有想到。

我回来那时候大寨一口人一年的平均收入是730多块钱，但是这700多块钱，基本看不到他们的钱从何来的，就是卖粮食挣的钱，有一些人在煤窑挖煤能挣点儿钱。那个数字在昔阳来说还不算是太低，但是跟现在就不能比了，手里头真穷。我去看看他们的家里，你说咱也不富裕，但是看看老百姓家里，那真是苦得很。我说现在咱们要是没有钱，你那生活还不如过去，大寨再这样走下去以后，全国都发展了，你大寨还不如过去的大寨，你再这样退下去，你说有谁来救你？我说要挺起腰杆，发扬大寨人过去艰苦奋斗的那种精神，大家都起来，咱们来干活，要是建起工厂你们去当工人，建不起工厂当不了工人当农民，好好在山上植树造林，把大寨的环境改变了，我说改变了咱们的环境，咱们可以挣钱，办工业咱是为了挣钱，工业挣回来的钱补农业，补偿农民，就采取这办法。干了那么几年时间，三两年时间就有了变化了。

八、村办企业的兴起与发展

□ 大寨经济开发总公司应时而生
□ 大寨羊毛衫厂和衬衫厂艰难创业
□ 酒厂开开停停几多曲折
□ 煤矿煤站红红火火打通出路
□ 大寨的水泥品牌小有名气
□ 核桃露亮出了一张大寨王牌

大寨村办企业的发展历程，以 1991 年为分界线，分为两个阶段。改革开放初期，农业生产依然居大寨经济的主导地位，村办企业数量少，规模小，质量低，主要企业是煤矿和化工厂。相对于全国乡村经济的蓬勃发展，大寨落后了。1991 年年底，郭凤莲重新担任大寨村党支部书记，回到了大寨。1992 年 4 月，大寨经济开发总公司成立，大寨相继办起了水泥厂、羊毛衫厂、衬衫厂、金鹿酒厂、核桃露厂等，这些企业统归大寨经济开发总公司管理。与此同时，大寨的煤矿及煤炭运输也有了长足的发展。从 1996 年到现在，大寨村一直是昔阳县的纳税第一村，500 多口人的大寨村，2006 年上缴利税 830 多万元。单从大寨村办企业的产值和上缴利税的数字看，或许还不是太多，但对于一个自然条件与人口数量等方面与华西、韩村河等村子并不在同一起点的山村来说，确属不易之事。

大寨经济开发总公司对大寨经济的整体发展举足轻重，总公司也是今日大寨集体经济壮大、村委会可以实施村民福利养老政策的先决条件。1992 年成立的大寨经济开发总公司，在 15 年的发展中，成为具有贸易公司、水泥厂、发煤站、森林公园、核桃露厂等数家大寨名牌企业的名实相符的总公司。

大寨水泥厂筹建于 1993 年，与香港中策集团合资，香港中策集团占 51% 的股份，大寨占 49%。1994 年 5 月水泥厂投产，年产水泥 10 万吨。大寨水泥质量稳定，在平定、阳泉等地信誉很好。现有职工 100 多人，管理层 30 多人。设置原料车间、烧制车间、制成车间、动力车间和化验室等 5 个车间，依然属于中小型企业。

大寨羊毛衫厂和衬衫厂曾经名气较大。1992 年 10 月 8 日，大寨与江苏江阴毛纺厂联营合办的羊毛衫厂开业，大寨投入人力和资金，江阴负责设备和技术。1998 年年底，羊毛衫厂有生产设备 120 台，职工 76 名，年创产值 180 万元，实现收入19.35万元，年末资产总额144万元。大寨羊毛衫被山西省消费者协会评为“消费者信得过产品”。然而，羊毛衫厂此后的发展情况并不尽如人意，产品也有不少积压。同时兴办的厂子还有跟太原衬衫厂合办的大寨针织制衣有限公司，经营状况也不理想。村民们在回忆讲述当时的情况时，也在反思村办企业的问题和发展趋势。

1982年，大寨办起了煤矿。他们从山西矿务局请了退休的老技术员，作技术指导。当年的“铁肩膀”梁便良，最早承包了煤窑。由于国家经济发展对能源需求的增长，大寨煤矿和煤运站不仅存在了下来，而且在近年有了较大的发展。

其他还有金鹿酒厂的发展，也值得一说。大寨金鹿酒厂的前身是昔阳县酒厂，生产普通白酒。农业学大寨时，江苏省领导来大寨参观，建议山西生产一种浓香型酒。由领导决策，开始在昔阳县建成一个浓香型酒厂，江苏洋河酒厂派技术人员帮助生产，这种合作一直持续到20世纪90年代中期。大寨接管了昔阳酒厂，包括厂房、设备、员工、债务、债权，全部都接管过来，和宁城老窖集团合作生产了几年，经营也不够理想，直到现在勉强维持。大寨村民从中也吸取了教训和经验。

成立于2001年的大寨饮品有限公司，主要生产核桃露饮品，拥有153亩的核桃种植基地。凭借野生核桃的天然品质，依托北京大学生命科学院的工艺配方，经过几年的拼搏，大寨核桃露赢得了消费者的赞誉和认可。大寨核桃露不仅打造成了全国知名品牌，而且带动了当地农业经济的发展。

通过大寨村民的口述，基本上能够看出大寨村创办企业、经商致富的艰辛历程。大寨村民不断解放思想，放开手脚，积极从事家庭副业，有搞养殖业养猪、养羊、养鹿的，有购买汽车、拖拉机跑运输的，还有村民办起了新型环保饲料厂。大寨企业的发展过程中，有些企业如化工厂、羊毛衫厂、衬衫厂，已经停产或关闭，现有的企业，依然存在一些问题，比如没有形成主导产业和核心支柱产业，企业之间的关联度很小等等。“大寨”品牌塑造是大寨村办企业发展过程中应该重视的问题。“大寨”首先是历史赋予的一笔丰厚文化资源，依托名村、名人效应，将大寨文化注入产品，可以大大缩短产品进入消费者视线的时间，为产品获得市场份额。“大寨”品牌具有的无形资产无疑能给大寨人带来巨大的财富。大寨牌羊毛衫、大寨水泥、大寨核桃露、大寨黄金饼、大寨金鹿酒等产品走出娘子关，行销全国，为大寨村带来了经济效益，改善了大寨村民的生活。在着力打造“大寨”品牌的同时，“大寨”品牌所凝聚的巨大精神文化价值也开始被越来越多的人关注。当前，大寨村办企业应当注重整合提升“大寨”品牌资源，深入开发“大寨”商品蕴藏的商业文化价值，提高大寨的知名度和美誉度，利用“大寨”品牌促进大寨企业的发展。

目前，大寨村办企业，基础还不算丰厚，抵御市场风险的能力也还不算很强，如何做大做强大寨品牌经济，大寨人任重道远。

大寨经济开发总公司应时而生

采访对象　孔令贤（男，1942年生于昔阳县，大专文化，中共党员，原昔阳县委副书记、县人大常委会主任）

采访时间与地点　2006年5月26日，昔阳县宾馆

采访及录音整理　王勇红（整理者）　刘晓丽　董永刚

王：80年代初，全国搞土地联产承包，大寨搞了吗？

孔令贤：大寨搞了。现在是这么一个情况，我个人的看法是：双层经营，土地是归个人的，但集体的层面还是比较多的，下种、浇水、施肥全部是集体搞的。大寨有个农业服务队，属大寨经济开发总公司，专门干这些活，这些人的工资都是由经济开发总公司出，而他们干的活是为各家各户干的。

王：免费服务？

孔令贤：对，免费服务。现在，大寨是收割的时候由各家各户收，粮食归各家。现在也没有统购任务，大寨现在很多人都是做雇工，（大寨的）工厂不少，水泥厂、酒厂、针织厂，但农业也不能丢掉，是靠农业起家的，有搞农业基本建设的，从经济开发总公司里边，以工补农嘛，工业上增加的反哺农业。

1991年11月，郭凤莲回到大寨，“百废待举、百业待兴”的局面没有使她一筹莫展、乱了脚步。许多事要她来抓，她大胆地抓了，其中包括继续探索大寨村办企业的道路。

1992年4月，大寨成立了经济开发总公司，郭凤莲担任了总经理。

（《中国名村纪实·大寨》，中原农民出版社1998年12月版，第244页）

采访对象　李怀莲（女，1960年9月生于昔阳县三都村，中共党员，现任大寨村妇女主任）

采访时间及地点　2006年5月18日，大寨村村委会

采访及录音整理　刘晓丽

刘：咱们村的企业这些年的利润有多少？

李怀莲：利润？2005年工业、林业总产值是1个亿，上缴税金是700万元，人均收入是5500元。这主要是工业、林业，农业的收入占到百分之零点几，基本上没什么收入。因为玉米吧，1斤5毛多钱，亩产收入也就是一千一二，很少的。大寨现在有耕地是300多亩，退耕还林的数是200多亩，一共是500多亩。

刘：像以前不能退耕还林，现在就可以了？

李怀莲：对，现在就可以了。

刘：去年工业、林业总产值是多少？

李怀莲：去年是1.2个亿，这几年大概都是这样吧。

刘：大寨的企业主要有什么？

李怀莲：咱们的企业主要有大寨中策水泥厂、大寨发煤站、大寨森林公园、大寨酒业公司，再有一个企业就是大寨饮品公司。

刘：就是大寨核桃露公司？

李怀莲：对，核桃露。还有一个就是大寨农牧公司。

刘：农牧公司是不是就是卖大寨杂粮？

李怀莲：对，就是大寨杂粮，那个（公司）也可以。再一个就是大寨煤矿、大寨贸易公司。贸易公司就是做各种生意的吧！还有一个大寨宾馆。这些都是属于大寨经济开发总公司。

采访对象　贾春生（男，1962年生于大寨村，高中文化，中共党员，现任村委会主任）

采访时间与地点　2006年5月30日，大寨村村委会办公室

采访及录音整理　王勇红（整理者）　刘晓丽　冯素梅

王：大寨的金鹿酒是怎么样的情况？

贾春生：那是县林业局搞的，挂了咱们的一块牌子。

王："大寨"有没有注册商标？

贾春生：注册了。

王：那"大寨"商标属于大寨村的么？

贾春生：属于村里的。比如大寨核桃露。

王：像"大寨"品牌价值有多少？

贾春生：评估过，评估得相当高。但考虑到多方面的因素，比如核桃露，如果不打咱们的牌子也不行。反过来说他们现在也是起步阶段，一年给大寨60万块钱。尽管交给大寨的钱少，但它在宣传产品的同时也宣传了大寨。

采访对象　贾瑞强（男，1978年生于大寨村，中共党员，大寨企业职工）

采访时间及地点　2006年5月31日，大寨村家中

采访及录音整理　刘晓丽

刘：大寨贸易公司有很多企业吧？

贾瑞强：大寨贸易公司是大寨经济开发总公司中的一个，大寨经济开发总公司就一个。下边贸易公司最大了，下来就是水泥厂、发煤站、森林公园、核

桃露等。

刘：这些企业是个人承包还是集体经营呢？

贾瑞强：有个人承包的。煤矿、发煤站，都承包了。实际上咱们都是围绕着郭书记的部署来进行的，她想把大寨建成山西省第一个社会主义新农村。

刘：大寨的新农村建设有什么规划吗？

贾瑞强：哎呀，这个我不清楚。党员会上，就是说先建设，保留一部分旧的。具体规划村委会领导都知道。

刘：建设新农村主要是建设企业了，至于土地，不是很多？

贾瑞强：大寨的土地本来就不多。"退耕还林"退得已经没有多少地了。

刘：你家有地吗？

贾瑞强：我们家没有地。原来并没有这么多地，它只是一块一块的梯田，造出来的。

(1992年) 4月，大寨经济开发总公司成立，下设工业、农业、财贸3个分公司，搭建了发展商品生产的平台。由郭凤莲挂帅任总经理，执掌起大寨二次创业帅旗。

(《大寨沧桑》，山西经济出版社2005年8月版，第332页)

目前在大寨经济开发总公司下属企业里工作的有本村的村民，也有来自外地的技术人员和几百名"打工仔"。水泥厂、毛衫厂和衬衫厂招聘的多是附近乡村的男女青年，煤矿更多的是来自山东、湖北的农民兄弟。

(《中国名村纪实·大寨》，中原农民出版社1998年12月版，第223页)

采访对象　贾存锁（女，1950年生于大寨村，原"铁姑娘队"队员，曾任大寨村团支部书记，干部）

采访时间与地点　2006年2月9日，洛阳市航空城酒店1008房间

采访及录音整理　赵俊明（整理者）　孙丽萍

孙：郭凤莲她也挺难的，特别是八几年那一段，我记得有一次凤凰卫视采访她的时候都流泪了。

贾存锁：我们流泪都不少。你想年纪轻轻的经历了那么一段，我们两个见面都流泪不少。她挺能干的，能力可以，怎么说呢，都不错。在村里边，红花还得绿叶扶，一个人你肯定不好干，应该有一个坚强的班子。以前大寨为什么那样，那就是有一个坚强的班子，从老到小都是那样。

孙：我们去了大寨，感觉郭凤莲在村里的做法确实不错，在建设新农村方面做得确实不错，不知道你们的感觉怎么样？

贾存锁：我们虽然离开大寨了，现在回去一看确实也是跟党中央保持一

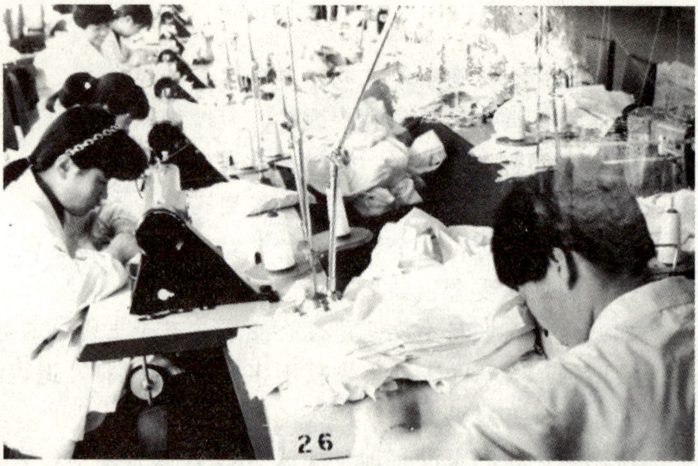

● 1992 年大寨创办衬衫厂。

致。我认为，实际上从以前到现在大寨没有跟党中央不保持一致。要谈观点我可以摊开说，我认为以前也是跟党中央保持一致，现在也是，反正自始至终都是跟党中央保持一致。至于说具体工作中的错误那肯定难免的，人总是会有错误的。

孙：应该说大寨是奋斗出来的。

贾存锁：老一辈人都是，我们那一帮人确实是在大寨没少出力，至于他抱有什么幻想，图名还是图利，成名还是称霸？都没有。从来都没有想那，就是好好地干，咱们把大寨干好，修个新房咱们住得好一点，创造好条件咱们过得舒服一点，就是个那。

孙：你怎么看待大寨的品牌效应？

贾存锁：这也是名人效应，一些企业也愿意挂大寨这个牌子，大寨怎么讲？可能现在在经济上也是一个优势，无论是羊毛衫还是核桃露，它们都愿意用大寨的牌子，也觉得还是有利可图，反正只要搞好，搞不好的当然不行。

大寨羊毛衫厂和衬衫厂艰难创业

采访对象　乔志华（女，1976 年 2 月生于大寨镇蒙山村，初中文化，现居大寨村）

采访时间与地点　2006 年 6 月 5 日，大寨村家中

采访及录音整理　董永刚

董：听说你在衬衫厂干过？咱们聊一下你在厂里时的事，或者你的家庭情况。

乔志华：我家原先是蒙山的，我姊妹仨，还有两个兄弟。我是 94 年的时候来大寨衬衫厂上班的，干到 2000 年的时候就不干了。当时是衬衫厂招工了，

要求是初中以上文化。那个时候，我爱人、小姑子也都在那个厂里上班的。我是在这里上班，慢慢认识了我爱人以后嫁过来的。

这个厂92年的时候就建起来了。我上班的时候在销售部。刚上班的时候，厂里和我们签订合同。当时说的是三年签一回。上班以前还要交200块钱的押金，后来就改成300块钱了。那会儿这个厂是和太原挺拔制衣厂合作的。当时用的都是挺拔厂过来的师傅。刚开始的时候，这里生产的衬衣用的都还是“挺拔”这个牌儿，买卖可好了呀！一年能销售30来万件衬衣。当时主要还是单位集体买！

我在销售部干的时候，我们有基本工资，还有提成。当时基本工资是一月180块，每销售100块钱，中间就可以抽3块钱。我刚开始的时候是日工，每天5块钱。后来销量大了，才改成效益工资，多劳多得。当时我们销售是两个人，所以说，卖100块钱所抽的3块钱是两个人来分。那个时候这衬衫就卖得挺贵的，一件就三四十块，最贵的还有100多（块）的。这里的衬衣本地的老百姓不买，都卖到集体单位和外地去了。来这里旅游的人买的也不少。

挺拔厂的师傅走了以后，衬衣的牌儿就换成大寨牌了。这个厂总共就生产了10来年，厂里总共也就四五十个工人，大部分都是女工，男的主要就是几个修理工。那个时候，像到了5月份以后一直到八九月，每个月就能卖四五万块钱。后来厂子就不行了，厂里不生产衬衣，就主要给学校、三五〇二部队加工一些服装，挣点儿加工费。这里的衬衣卖不动的主要原因就是生产的衣裳款式不行，机器设备也都不行。就比如说那个衬衣的领子吧，当时市场上已经不流行那大尖领子了，可这里还是生产大尖领衬衣。再加上加工衬衣用的布料、花色都不沾，所以后来也就慢慢地不行了。厂子不行以后，我们这就是夏天卖库存的衬衣，一到冬天的时候就开始出去要账。外头这些款的量都不是太大，都还好要！

1992年6月，山西省乡镇局召集大寨和昔阳县乡镇局领导到太原开会商量，并当场达成了由省乡镇局、大寨、太原衬衫厂三者联合在大寨投资办衬衫厂的协议，随后，太原衬衫厂厂长带技术人员到大寨实地考察，合资兴办了“大寨针织制衣有限公司”，引进缝纫设备40余台，主要生产“大寨”牌衬衫。1994年正式投产。1998年有职工40名，拥有固定资产20万元，年创产值120万元，产品销售收入70万元。

（《大寨村志》，山西人民出版社2003年1月版，第100页）

采访对象　贾维平（男，1974年生于大寨村，中共党员，初中文化，原大寨羊毛衫厂职工）

采访时间与地点　2006年5月30日，大寨羊毛衫厂

采访及录音整理　王勇红（整理者）董永刚

王：你在羊毛衫厂做什么工作？

贾维平：其实我们两个是前两天刚接手这厂。

王：承包？

贾维平：算是承包吧。但是目前羊毛衫厂已经不生产了，只是有点存货处理。

王：羊毛衫厂是什么时候成立的？

贾维平：它是92年10月8日开业的？

王：当时你是做什么工作？

贾维平：当时我是机修，搞维修的。

王：建厂的时候，有没有考虑规模呀什么的？

贾维平：当时建厂主要是考虑到当地没有搞羊毛的，大部分都是南方那面搞的，想发展北方的。后来是因为原料购进的价位高，还有就是技术、设备方面不太先进。干了几年，我2001年离开这个厂子。刚开始几年效益还比较好，后来就是原料成本高。

王：咱们刚办的时候是和哪联营的？

贾维平：江苏江阴毛纺厂。

王：你们的联营是什么性质？

贾维平：我也不太清楚，反正人员培训都在那边培训的。大寨派人过去学习培训，5～6个月，派我出去的（那次）有10个人［贾燕青提到是12个人］，3个男的7个女的，去了以后耳目一新吧！完全是两个概念。

王：这10个人都是谁呢？

贾维平：有个李燕胜，在村口开个小卖部，村口进去第3家；还有个贾奋强，现在森林公园卖门票。这是3个男的。女的有个贾志珍，嫁到那边去了，就是江苏那边的一个师傅；还有樊秀平，也嫁到那边了。女的大部分都不在大寨了，都嫁到本县的附近地方。

王：你们那一批是羊毛衫厂建厂时的骨干吧？

贾维平：对。后来还去了一批，我们回来以后，他们才去的。但回来建厂是我们建厂的。

王：各个工序都有？

贾维平：我们3个男的是机修，其他像挡车、缝纫都有，整个一套的全部给它拿下来。

王：工序有些啥？

贾维平：挡车、验片，合格后放到熨烫车间熨烫，完了以后放到这边缝纫锁边，上领，检验合格后再熨烫、包装，整个一套程序就都下来了。

王：厂里最多时有多少人？

贾维平：100多人吧。

王：厂里的机器设备都是从江阴那边过来的？

贾维平：对。

王：上班是倒班吗？

贾维平：不是，上白班，不上夜班。

王：那时候的收入怎么样？

贾维平：那时我觉得在我们这工资还算是稳的，200多（元）还是300多（元），觉得跟其他行业比起来还是好的。

王：刚出来时的销路怎么样？

贾维平：当时销路还是挺好的，一年最多时卖到100多万吧。现在为什么让我们搞这个？就是郭书记不让这个牌子倒。但是这种经营方式，再过几年绝对要倒下去。而且现在如果再进设备，再招工人，再搞这个厂子，原料成本太高。而且咱们内陆省份，信息呀什么也比较封闭，不像南方的先进，就是说样式各方面，咱们都赶不上。人家现在的交通发达，当时羊毛衫产出以后，运到你当地价格也不高，而你的价格又高，样式也赶不上。

王：当时搞得也挺好，又有一定的知名度。起码在周边地区还是有一定名气，假如说当时就更新一批设备，有可能也能搞好，对吧？

贾维平：对。

王：当时厂里的福利待遇怎么样？

贾维平：福利待遇可以。过年过节，分油、分面，八月十五的月饼、西瓜，夏季的高温补助，白糖、橘子粉，手套呀什么的。

到92年3月，大寨党支部书记郭凤莲和宋立英、石富良应邀赴江苏考察期间，与江阴市南闸毛织印染厂达成联合办厂的协议。4月，大寨派11个青年到该厂学习羊毛衫编织技术。学成归来后，大寨引进生产羊毛衫的成套设备，于10月建成大寨羊毛衫厂并正式投产。同年12月，大寨经济开发总公司在北京召开新闻发布会，向全国推荐“大寨”牌羊毛衫。到1998年底，羊毛衫厂有生产设备120台，职工76名，其中管理人员6名，科技人员4名（大专文化程度1人，技术员3人），年创产值180万元（以90年不变价计为160万元），产品销售收入157万元，销售成本108万元，实现利润19.35万元，利税9.6万元。年末资产总额144万元。既可承接、加工各种不同原料和款式、规格的高档羊毛衫，还能独立设计新产品，产品主要有男女套衫、开衫、女套裙和羊毛裤等，被山西省消费者协会评为“消费者信得过产品”。企业被省乡镇企业局授予“优秀企业”称号。

（《大寨村志》，山西人民出版社2003年1月版，第99页）

1992年10月，大寨羊毛衫厂投产。这又是大寨人放宽视野、走出寨门、内引外联的一次大胆的尝试。郭凤莲去江苏参观学习，和江阴市蝶美集团公司毛衫厂建立了联系，经过双方洽谈，蝶美公司帮助大寨建起大寨毛衫厂。不久，大寨一批青年人带着大寨人的厚望去江阴接受技术培训。半年后，隆隆的织机声在大寨响起。江阴厂还派出技术人员来大寨指导。

目前，大寨羊毛衫厂已有固定资产182万元，各种生产及辅助设备80余台，具有较强的技术力量。既可承接、加工各种不同原料和各种款式、规格的高档羊毛衫，还能独立设计新产品。它生产的各种羊毛系列产品，如男女套衫、开衫、女套裙和羊毛裤，以物美价廉为特点深受消费者特别是本地区广大消费者的青睐，羊毛衫厂在对外交往中，恪守合同，保证产品质量，被山西省消费者协会评为“消费者信得过产品”。企业被省乡镇企业局授予“优秀企业”称号。

（《中国名村纪实 ·大寨》，中原农民出版社1998年12月版，第225～226页）

采访对象　贾燕青（女，1974年生于大寨村，初中文化）

采访时间与地点　2006年6月2日，大寨村家中

采访及录音整理　王勇红

王：去江阴学习是哪年？

贾燕青：92年，半年。我们去的时候，吃饭，咱们这儿吃的是小米粥，中午吃的是面条，那边早上吃的是大米粥，中午大米，晚上还是大米，不大习惯。有一次想吃面条，我们就自己动手，拿啤酒瓶擀面，但是也特别高兴。

王：你们一共去了几个人？

贾燕青：12个人。

王：他们的名字你还记得吗？

贾燕青：记得。贾志珍，她的老公是那儿的，她就嫁到那儿了。樊秀平，现在开着一个纪念品店。李立堂、李海霞，还有武家坪村的一个叫李丽莉，还有一个李玉芳、李燕胜，外面食品店那个。还有一个是贾维平，还有一个领队的贾瑞祥，他当时是学设计的。

王：你们都是初中毕业的？

贾燕青：都是初中毕业。

王：说说在那边学习的情况吧。

贾燕青：去了后，把我们分配到各个车间。我当时学的是包缝。我就在包缝车间，把羊毛衫片缝在一起。学了一段时间，然后又到了成检部，产品检验，包括订商标。其他的就是学习织那个羊毛衫片，男的就是学机修。

王：你们回来时的情况咋样？

贾燕青：当时江阴给我们带回12台组合机器，然后我们就组合起来先自己编织。一开始的效益还挺好。

王：正式投产后，羊毛衫厂有多少人？

贾燕青：五六十个吧。

● 1992 年大寨引进技术和设备办起了羊毛衫厂。图为操作非常认真的女工。

王：效益好了有几年？

贾燕青：有三四年吧，后来款式就不行了。

王：价格有点高？

贾燕青：按这儿当时的情况就有点高，九几年买一件羊毛衫得 100 多（元），就有点贵，一般人好像买不起。我们到年底的时候就发一件羊毛衫呀羊毛裤呀。

王：当时的工资是多少？

贾燕青：一般就是 200 多块钱，300 块钱。

王：有没有奖金？

贾燕青：没有，是计件工资，多劳多得。

王：你爱人在厂里是做什么的？

贾燕青：也是机修，后来是车间主任。

王：后来羊毛衫厂效益不太好了，你又干了几年？

贾燕青：又干了一年。

王：后来呢？

贾燕青：我就在家待了一年，生了二女儿就一直在家里，待了两年。04 年才又开了这个饭店，就在家里面。

王：孩子他爸爸现在干什么？

贾燕青：现在森林公园。

王：他什么时候从羊毛衫厂出来的？

贾燕青：2000 年，在家待了两年，又在麻纺厂干了一段时间，那边有个蓄水池，看水泵。

江阴毛纺织染总厂联合兴办羊毛衫厂的协议，是 1992 年 3 月郭凤莲赴江阴考察学习时双方签订的。按照协议，4 月份大寨派出了首批 11 名青年赴南闸镇培训学习，姑娘们学织衣，小伙子学机器维修。大寨年轻人头一次走出大山，吸引他们的不仅是江南水乡秀丽的风光，更有着大山里难得一见的工业气息。4月24日，11个小伙和姑娘身着江阴毛纺织染总厂工作装，站在羊毛衫车间织机旁，开始接受技术传授。

1993年，仅有40台机器、80名工人的大寨羊毛衫厂，年产羊毛衫达到3万件，厂房也迁移到那年11月竣工的工贸大楼二层上。

（《大寨沧桑》，山西经济出版社2005年8月版，第334页）

采访对象　贾瑞瑞（女，1986年生于大寨村，初中文化，团员）

采访时间与地点　2006年6月7日，大寨森林公园纪念品商店

采访及录音整理　王勇红

王：你到外面念书了吗？

贾瑞瑞：没有，13岁念完就不念了。在大寨村衬衫厂干了两年。

王：讲讲衬衫厂的工作吧。

贾瑞瑞：也没什么，就是一天加班加点地干活。

问：你是干什么工种的？

贾瑞瑞：锁边、上袖口。

王：累不累？

贾瑞瑞：累，有时候加班加点通宵（干）。

王：还有过通宵？

贾瑞瑞：经常的，那活赶不出来就一星期一星期地通宵赶。有时候没电就是白天休息，晚上干活。

王：现在衬衫厂是不是不行了？

贾瑞瑞：已经倒闭了，去年倒闭的。

王：你干时，一天产量有多大？

贾瑞瑞：刚开始时几十件，慢慢地有几百件，最多就几百件。

王：就是做衬衫？

贾瑞瑞：有时也做迷彩服，主要是衬衫。

王：加工衬衫有多少道工序？

贾瑞瑞：多了，30道工序，一个人就做一道工序。

王：收入怎么样？

贾瑞瑞：做衬衫吧，（利润）本身就不高，做一道工序就几厘几厘的。大工序，比如上领子、上袖口是1毛、8分。反正一个月下来也就两三百块钱。这个厂子是李如花开的。

王：现在李如花干什么？

贾瑞瑞：现在开着个门市部吧。

与羊毛衫厂相比，办衬衫厂相对轻松些。大寨妇女有的是缝纫技术，只是

信息不灵，产品款式滞后，又形不成规模，走不出大寨。郭凤莲早就有心发掘这些潜在生产力，一次同山西省乡镇企业局领导说起，竟一拍即合。1992 年 6 月，大寨和省乡镇局、太原挺拔衬衫厂三方在太原签订协议，联合投资在大寨办衬衫厂，其中大寨出资 150 万元，产品以大寨牌冠名。嗣后，太原衬衫厂厂长带领技术人员赴大寨实地考察，又引进 40 余台缝纫机，大寨衬衫厂便在工贸大楼三层正式开张。1994 年，大寨牌系列产品投放市场。

（《大寨沧桑》，山西经济出版社 2005 年 8 月版，第 35 页）

采访对象　李元眼（女，1949 年农历九月生于大寨村，原大寨“铁姑娘队”队员）

采访时间及地点　2006 年 5 月 27 日，大寨村家中

采访及录音整理　刘晓丽

刘：咱们家庭收入主要靠什么呢？

李元眼：男的在水泥厂，女的靠旅游。

刘：就是说都去村办企业了？

李元眼：都去企业了，像年轻的也有自己干的。

刘：村里边的企业，咱们村里边的人是不是都能安排了？

李元眼：都能进去了。

刘：有没有外村到咱这企业打工的？

李元眼：有，有哩。

刘：在哪个厂子？

李元眼：像水泥厂、羊毛衫厂、衬衫厂都有。

刘：衬衫厂有多少人？

李元眼：衬衫厂也有几十个人，现在都不干了。

刘：都不干了？不干是不是也给发工资？

李元眼：不干都不给发了。

刘：羊毛衫厂行不行？

李元眼：羊毛衫厂也不行。

刘：也不行？可是我在太原还看到大寨的羊毛衫了？

李元眼：羊毛衫是原来的羊毛衫，积压的。

刘：核桃露卖得还行？

李元眼：还差不多。现在都是个人承包，一般都是个人弄哩，现在个人多了。

采访对象　贾瑞强（男，1978 年生于大寨村，中共党员，大寨企业职工）

采访时间及地点　2006 年 5 月 31 日，大寨村家中

采访及录音整理　刘晓丽

刘：您是什么时候到羊毛衫厂的？

贾瑞强：我刚过来。这个羊毛衫厂是92年郭书记回来以后建立的一个厂，是大寨的第一个厂。

刘：现在我们在外头还经常能看见大寨羊毛衫这个产品。挺有名气的。

贾瑞强：名气还可以。

刘：羊毛衫厂不景气的原因是什么？

贾瑞强：操作的问题。原料不好进，这一块我们也是刚接过来的，这个就是大寨贸易公司承包的大寨羊毛衫厂。大寨贸易公司就是大寨经济开发总公司的下属企业，我直接给大寨贸易公司干活。

刘：那你们是承包人还是派出人员？

贾瑞强：派出，委托派出。

酒厂开开停停几多曲折

采访对象　张玉春（男，1967年2月生于昔阳县西峪口村，大寨酒业公司办公室主任，高中文化）

采访时间与地点　2006年7月26日，大寨酒业公司

采访及录音整理　赵俊明

赵：你是什么时候来酒厂工作的？

张玉春：咱们这个厂子是72年就建起来的，原来在黄岩那边儿，我是85年去的。

赵：那时候是厂里招人来吗？

张玉春：对，厂里招人。

赵：咱们这个厂子的规模跟在黄岩的时候哪个大？

张玉春：嗯，差不多。那个厂现在就转产了，不做酒了，可能是搞养殖，养了一段时间，现在好像是闹成糠醛厂了。

赵：你是什么文化程度？

张玉春：我是高中毕业，在家里边待了一年，后来就来了厂里。

赵：来了以后就一直在厂里上班？

张玉春：一直就在这厂里头上班。开始我是在车间做酒，在车间干了7年，就是一线工，酿酒那个我什么也干过。

赵：后来才到了办公室？

张玉春：对。

赵：现在厂里生产开的话有多少人？

张玉春：生产开的话，它是3个班，一天就是两班倒，［口里默念地数了数］就是50多个人，这是酿酒的。下来就是罐装的，这个有30来个人。你要是生产开，总共就是100多人。

赵：咱们这个销售主要是怎么搞？

张玉春：就是有一部分业务员跑业务，另外有业务员联系一些经销商，主要是他们给销。咱们前几年和宁城老窖合作，他们重点搞销售，他们动作搞得不小，广告宣传的力度比较大，那个效果就挺好的。

赵：现在不跟他们合作了？

张玉春：现在他们已经走了，厂里还有他们的股份，但是他们也不给你投资，也不管什么。

赵：厂里还有他们的股份？

张玉春：你说现在还是股份制，但他们也不投资，走了就走了。

赵：合作的时候是咱们做出酒来用他们的牌子卖？

张玉春：主要是他们用咱们的牌子。

赵：以前咱们这个牌子还挺好的？

张玉春：实际现在你主要还是企业没有钱，还是一个宣传问题，投资不起。你说人们知道你大寨，不知道你大寨的这个酒，现在你要是说大型的网络宣传没有，主要靠大寨这个旅游资源，来一些人，通过村里这些小铺铺、小饭店什么的给你卖一卖，有些游客带回去，主要就是通过这个来影响，这个就相当有限，大型的宣传你就搞不起。

赵：做广告宣传需要比较大的投入？

张玉春：就几十万、几百万你也投不起，你要说大寨这个知名度不小，大寨这个酒的知名度还是不行，大寨酒的这个质量还是挺好的。

赵：那个核桃露人家就搞得挺好的？

张玉春：人家那个有钱，人家有钱，在央视的广告投入有多大，咱没钱你就不行。

赵：它那个是有大老板投资的？

张玉春：它是盂县的那个南娄集团，它有好多煤矿，主要是有钱，通过资金积累闹的这个。这几年煤矿效益好，它就有后盾了。实际它那个利润也不是很大，就是销量可以，全国各地的市场份额都有，在央视一套的广告宣传就厉害啦。

赵：咱们这个酒没有做过什么大些的广告？

张玉春：在99年、2000年那时候山西电视台做过几个月广告，也不是在黄金时间。以前在太原有经销商，咱们的业务员在那里蹲点，咱们在太原也有办事处，主要是他们搞的广告，那个效果也相当有限。

赵：现在太原有没有办事处？

张玉春：现在没有了，撤了，办事处都撤了。以前在太原、榆次、大同、阳泉都有办事处，现在都撤了。

赵：在河北这些地方有没有办事处？

张玉春：河北没有设办事处，就是有几个经销商。在石家庄闹过，还有涉县、邢台也都有。外地就是湖南那个没有搞成，也弄过，湖南那个经销商经销咱们的酒，闹了五六十万块钱，都打了水漂了，被人家骗了。

赵：就是让人家骗了咱们一部分钱？

张玉春：主要是骗了一部分酒，咱们把酒赊给他们，销售以后没有要回一分钱来。那就是和内蒙古合作的时候，大寨占 51%的股份，内蒙古占 49%，大寨控股。但是后来公司的总经理换成内蒙古的人，财务、销售等等都是他们过来的人，都是人家说了算，湖南那个市场就是他们搞起来以后被骗的。这样也就是搞了有 3 个月，百十来天，五六十万一家伙就没有了。再后来他们走了以后，就是咱们弄，咱们搞市场，咱们也搞了两三年，红了两三年就不行了。那几年天津也搞得不赖，那也是内蒙古人在的时候。这个是酒厂总体上的情况，没有搞起来，主要就是个这。

赵：现在这个酒主要往哪些地方销售？

张玉春：现在还是咱们省内，主要是大寨，主要是旅游的人买一些。

赵：这个销售量肯定是有限的。

张玉春：以前的时候它是计划经济，外地酒就不多，本地人主要就是喝咱这个酒，那个销售也行。这几年外地酒都来了，咱的销售就不行了。

赵：现在外地有没有销售的？

张玉春：外地也还销一些，就是以前的一些经销商也还卖一些。以前在咱们榆次销得不赖，现在榆次人对咱们这个酒还比较认，外地人也要通过一些渠道买一些，咱们昔阳在外边的人不少，回来也要拿一些。

赵：现在的生产怎么样？

张玉春：你现在就不敢生产，现在咱们库里边还存的好多酒，包括成品、半成品都有，都是以前生产的。生产下你卖不出去，你就不敢再生产，现在工人们都放假的。咱的这个酒顾客还是比较认可，你要是让顾客喝，他也说这个酒不赖，就是销售不出去，喝过的人都觉得咱的酒不错。关键你还是销售上不去，销售的主要问题就是没有资金，就是没有钱宣传。

赵：咱们酒厂最好的时候是那一段？

张玉春：原来咱们这个大寨酒业有限公司的前身就是昔阳县酒厂，昔阳县酒厂 88 年从黄岩迁到这里，迁过来的时候也跟现在这个摊子一样，也是停产半停产。后来到 91 年以后搞上来，通过联系那个洋河酒厂，在它的帮助下，厂子逐渐地搞得不错了。91 年到 95 年、96 年这几年，那个情况比较好。

赵：那时候生产下的都能销售出去吗？

张玉春：工人基本上是都能来上班，到了旺季的时候，拿酒还得凭关系呢！咱的旺季就是冬天，到了旺季，工人晚上都全部得加班。后来到了 97 年和大寨合作建厂，变成大寨酒业有限公司，人家大寨有那个牌牌，你不能不用，这就变成大寨酒了。

赵：以前是不是叫昔阳大曲酒？

张玉春：昔阳大曲相当有名气，在咱们县，附近的平定、阳泉、和顺、左权、河北赞皇的，人们都认这个酒。刚建起酒厂就用的是昔阳大曲这个牌子。

赵：97 年之后和内蒙古合作，合作的时候是不是有一段时间还可以？

张玉春：合作就是换了牌子，合作以前这个大曲酒也就垮下去了，这部分酒就库存起来，也就不卖了，全部都换成大寨牌。去年、前年这些人，还是把以前库存下的那个大曲酒都卖出去了。

赵：库存下的那个全卖了，现在新生产的卖不了？

张玉春：对，现在生产的卖不了。

赵：现在生产的跟那个的工艺不一样？

张玉春：工艺一样，有些人还是个心理作用，对这个牌子还是不认，确实这个酒还是不错。质量上差不多，现在这个酒肯定不难喝，还是个观念问题，还是有些人不认这个牌子。你就是一样的酒，你换成昔阳大曲这个商标，人们就说这个酒好，换成大寨这个牌子你就不行。

赵：现在可以再生产一部分昔阳大曲那个酒吗？

张玉春：咱们现在主要就是还得重新再启动生产，还是没有钱，现在也是早就要启动生产，还得跑资金，主要就是搞贷款，这两三年就是一直处于停产半停产状态，一直就是广告宣传搞不上去。主要就是资金不足。咱们有市场，也有这个能力生产出好酒，（虽说）这几年停产，设备什么还在，你要是开始生产个三年两年，这个酒的质量就上去了，老工人们还都在。那酒就是好呢，我以前就干过，你闹出那个酒来喝上一滴那个优质酒，半天一天的你口里都能闻到一股香味，那个酒一闻你就觉得是好酒。

赵：现在的酒最好的是哪一种？

张玉春：就是那个老窖，大寨老窖。

赵：卖多少钱？

张玉春：那个酒七十八块钱一瓶，38°的，90 多块钱那个是 48°的；还有 120 多（块）的，52°。

赵：这个就属于高档酒了吧？

张玉春：那肯定是高档酒，现在大寨的人还是主要经销一些 20 多（元）、30 多（元）的普通的酒。酒是挺好的，咱就知道咱那酒，一般喝过这个酒的也说这个酒不赖，但是你确实没有推出去。

赵：你一直在酒厂干，收入怎么样？

张玉春：哎呀，那个收入，就是九几年那时候，效益好，那 3 年收入也不赖，每一个月能挣四五百块钱，那时候就不赖了。工资是这么多，你还有超产奖，超产奖挣得多，它给你订一斤粮食要生产多少酒，超过这个，超出一斤给你奖多少，我那时候的奖金比基本工资还高呢。

赵：现在的收入怎么样？

张玉春：我现在也就是挣500来块钱、600块钱。

赵：能不能给发了？

张玉春：我这还有两个多月没有给开，但是那个也能开了。主要就是还是先紧那个要紧的，还有费用，还要上税，这个必须先交。把管理人员的工资扣了，先把生产人员的工资给发了，然后才是管理人员的。

赵：工人主要是哪些地方的人？

张玉春：原来是全县招的工，以前的在岗人员有110多个人，现在还有200多人。

赵：以前那个酒厂是属于国营企业？

张玉春：县属国营企业。

赵：厂里有没有退休工人？给不给他们开工资？

张玉春：有，他们这些退休人员人人有养老保险，咱们也得给人家交那个养老保险。

赵：现在在职的给不给交养老保险？

张玉春：给交，现在也交不了，大部分欠着呢。

赵：现在的在职职工属于什么形式？

张玉春：分三方面，正式工、合同工、农民合同工。

赵：你属于什么工人？

张玉春：就是合同工，你要是城市户口，通过改造，转成合同制。下来这个大部分还是农民合同制，还是农民工。

赵：等于就是短期的合同？

张玉春：也不是短期的，咱以前那个都是亦工亦农，主要是咱们昔阳县的。学大寨的时候那些人按国家那个应该给人家转成正式的，他们到现在有的参加工作30多年，还是农民合同制，就没有给转了。有的50多岁了，有一部分这一两年都要退休了。

赵：合同完了养老保险给交上交不上？

张玉春：养老保险确实现在都交不起。退的时候，你要是想办这个退休，自己把这几部分，包括个人部分养老保险都交上，厂里给你打个欠条，等于是厂里欠你的，等将来效益好了，完了再还你的，就是这种形式。

赵：也比较困难？

张玉春：你没有办法，咱们这儿没有钱。这几部分都是个人出上，等于是3年退休金没领，3年以后再领（的退休金）就是你个人的了，现在是你个人交。

赵：咱们厂里大寨村里的人有多少？

张玉春：那没有几个，它原来大寨兼并昔阳酒厂的时候，光是县里边把整体的厂房这些资产转给大寨，工人不变，工人性质不变。再一个就是原来的工人挺多，那个你都安排不了，不可能再进人。以前那些工人都老了，也需要更换了，主要是现在企业效益不行。现在你要想发展，总得自己先开工生产，设备你得更换，厂房也得维修，包括窖池这些都得重新更换，现在你没有这个费用，你就开不了工。今年的意思是还想恢复生产，看看有没有这个可能。

赵：有好几年没有生产了？

张玉春：已经有好几年了，98年、99年就停产了。

赵：那会儿生产下的库存还没有销售完？

张玉春：那多呢，销售不行。

赵：那你现在生产下不是还销售不出去吗？

张玉春：你开工啊，这个人们现在就是认为跟内蒙古合作的时候你就没有生产，那几年内蒙古他们的半成品还拉过来一部分。

赵：按现在这种销售情况，咱们原来那个库存还得多长时间才能销售完？

张玉春：哎呀，那很难说，再有五六年也不一定，不好估计。现在就是卖库存，不敢生产，就是半成品，不敢闹成成品，只好在地下酒库里放着。现在要是闹成成品，现在那个发展挺快，今天是这个包装，明天那个包装，马上就过时了，你就不适应了。你说一年一个样，已经五六年了，你怎么就跟上了？

赵：兼并了以后大寨村里给厂里投资没有？

张玉春：就是跟内蒙古合作的时候投资了一部分，具体投资了多少我也不知道。后来就再没有，现在老李承包了，就是你个人想办法，你个人去贷款。

赵：现在厂里向不向村里上缴承包费？

张玉春：也交村里边，除了税金以外，下来交承包费，每年上缴村里一部分，等于是偿还村里的投资。我是85年去的。那会儿生产几个品种，3个大曲、1个白酒，1个清香型白酒、3个浓香型的。那时一天两个班，早上一个班，下午一个班，那会儿人多呢。

赵：那会儿是不是在咱们县还算个好厂子呢？

张玉春：那是好厂子，一般人去不了那里，想去还得托关系。

赵：哪一年搬到这里来？

张玉春：嗯，88年搬到这里来，还是县里管，97年才归了大寨。96年咱们昔阳发大水，县里头遭了水灾了，宁城老窖当时那个老总姓马，他就拿了一些资金，还有包括酒等一些慰问品来慰问大寨，后来宁城老窖注册了一个大寨牌酒，人家就注册了。当时大寨也没有这个品牌意识，后来就说咱们大寨和宁城老窖合作吧。合作的过程中就需要有一个实体，当时县里这个酒厂的效益也不是很好，大寨就把昔阳县酒厂兼并了。当时等于说是改制，结果原来的昔阳县酒厂就变成大寨酒业有限公司了，厂子置换了，但人员没有置换。反正是内蒙古的马总带了一部分人浩浩荡荡来了，说换马上就换了，都换成他们的人了。

赵：合作的时候内蒙古是不是也投资了一部分？

张玉春：可能也就是20万还是30万，主要就是包装物，他们自己有做包

● 大寨酒创出了牌子。

装的，瓶子、箱子什么的，还有拉来一些半成品的酒。没有搞好，他们这些人来了，原来昔阳县酒厂他们来联营之前，贷款就是几十万块钱。联营了一下，亏损有好几百万，连亏损带贷款，总共有好几百万，你包袱就大了，等于说是合作搞垮了，这次合作得不成功。

赵：现在是不是咱们这个企业如果要破产的话已经资不抵债了？

张玉春：哎呀，也评过，要破肯定就破了，肯定是资不抵债。要破产，人思想没办法解决，现在也不好破。

赵：但是现在这个厂子自己就维持不了呀？

张玉春：维持不了。

赵：李总承包以后，他是村里人，等于是村里派来的人，他跟村里的领导关系可能好一些，村里有没有再投资一些？

张玉春：可能投了点儿，但是缺口太大。这个李总想发展，可就是没有钱，他心里挺着急，晚上不睡，早上早早就起来，你也不沾，解决不了问题。那几年合作没有搞好。

赵：等于是在合作过程中还是有失误，而且咱们也不是专门搞企业的，没有这方面的专业人才。

张玉春：合作反正是没有搞好，来的时候内蒙古浩浩荡荡来了10来个人，走的时候偷偷地走了，也没有给你个交代就走了，没人管了。

赵：等于说是他们给搞垮了？

张玉春：他们给搞垮了，李总来的时候，扔下个烂摊子，你没有钱，人家来要，他有时也得自己想办法，自己贷点儿。这个厂要是有点儿资金，有人给投资，我认为，我也干了20多年了，并不是说这个厂子就没有希望，还有希望。

1971年昔阳县县、社、队三级联合治理黄岩河，新造河滩地1800亩。按照等价交换的原则，县政府分到300亩，就地建成一个农副产品加工厂，用所生产的粮食酿酒，酒糟养猪。有白酒、曲酒两条生产线。1975年批量生产，产酒500吨。1977年5月19日，陈永贵带领大庆代表到该厂参观时，提议更名为“创业厂”。1979年正式定名为“昔阳县酒厂”。1980年，所生产的“跃进大曲”酒荣获省优质产品奖。1982年有固定资产165万元，职工140名，占地45亩，建筑面积8000平方米。1985年，“跃进大曲”酒再度获得省优产品称号。但是，由于厂址偏僻，交通不便，信息不灵，公共设施落后，对提高产品质量、增加品种、降低成本都造成困难影响了产品在市场的竞争能力。1986年投资217万元，在县城南郊重新建厂。1988年正式迁往新址，占地面积30亩，建筑面积1.6万平方米。主要产品仍为“跃进大曲”酒。1989年，该厂与江苏洋河大曲酒厂建立了横向联合关系，引进“洋河大曲”生产工艺，开发新产品，产品质量有了新的提高，连年被评为省优产品，经济效益迅速好转。

（《大寨村志》，山西人民出版社2003年1月版，第101页）

采访对象　王保英（男，1955年3月生于昔阳县赵壁村，中共党员）
采访时间与地点　2006年7月26日，大寨酒业有限公司
采访及录音整理　董永刚

董：你在这个企业可以说是个老员工了，结合你的实际情况，谈一下你对这个企业的认识吧！

王保英：我是赵壁村人，我是高中毕业后来的酒厂，一直干到现在，可以说是这个酒厂的元老了。对于这个酒厂的来龙去脉还是比较了解的。这个酒厂原先是昔阳县酒厂，71年建厂，72年开始投产的。75年开始，江苏的洋河酒厂就派来技术人员帮助咱们搞。到了76年的时候，这浓香型酒可以说就正式生产了。79年、84年、85年咱们这酒一直是咱们山西省的名优产品。咱们这个酒厂和洋河酒厂一直合作到98年的时候，他们的技术人员才都撤走，但后来也一直派技术人员过来指导、帮助。总的来说，94年以前，酒厂还能维持，95年以后就不行了。

在97年6月份的时候，大寨就把这个酒厂给接管过来了。包括厂房、设备、员工、债务、债权所有都全部接过来了。刚开始总经理仍用的是昔阳县酒厂的厂长。

大寨接管酒厂后生产了几年，主要是和宁城老窖集团合作的，后来经营得也不太理想，一直到现在还算是继续维持着。

大寨酒业有限公司现在不景气有几方面的原因。首先是宁城集团定的投入400万资金，实际上到位的也就100多万，其余的都是设备、包装和部分产品，不全部是现金，还有以其他形式参股的。再一个就是厂里的领导更换得太频繁。我个人认为这企业的领导不能经常换，每个人都有自己的打算，频繁地换人就会造成思想不稳定，不能对企业作出一个长远的规划。

“大寨”是个品牌，是个历史品牌，要想把这个历史品牌变成一个产品品牌，这就得注意在这上面下工夫、做文章了，也只有这样，才能把产品推出

● 大寨酒厂部分产品陈列。

去。再说，作为企业领导，必须要干过企业，懂得企业的基本管理和运作，是个内行才行。领导不懂行，来这里干一阵子，连个眉目都还没闹清就走了，这什么时候也干不成。现在经济发展得很快，但头脑不能过热，摊子不能铺得过大，摊子过大，自己消化都是个问题。

就目前的状况看，咱们这里营销这块儿也上不去，没有这方面的人才。说白了，主要还是一个资金问题。连钱都没有，找谁干去？当然这也不单是一个工资的问题，像这广告策划、宣传、产品的研发等一连串的问题就都来了。但现在市场还主要靠营销，这就是个很大的矛盾。企业就是这个，思路跟上去，资金有保障，能及时抓住市场，那么你就干成了。如果你思路不行，跟不上市场的变换，你退一步，别人很快就会占领了这个地方。这好比一个饼子，就那么大，你不赶紧吃，别人就吃完了，那么你就挨饿，这很现实！

现在大寨酒厂的酒种类很多，酒的名称也是相当多，像"大寨春"、"大寨村"、"大寨醇"、"虎头山"等等。这酒的名称是很多，但最主要还要看这老百姓怎么看这个东西，认不认你这个牌子！

进入90年代中后期，市场竞争激烈，昔阳酒厂再度陷入经营困难的局面。1997年4月12日，内蒙古自治区宁城老窖集团党委副书记王树田一行到大寨商谈联合组建大寨酒业有限公司事宜，并初步达成共识。在县委、县政府的支持下，决定利用县酒厂的厂房、设备资产和人员，由宁城老窖集团、大寨和昔阳县酒厂三方联合，组建新酒厂，由大寨经济开发总公司负责经营管理，更名为大寨酒业有限公司。同年6月21日，大寨酒业有限公司正式成立，中共山西省委书记胡富国、省长孙文盛、副省长杜五安、中共晋中地委书记范堆相等领导参加了挂牌仪式。公司引进宁城老窖集团的人才与技术，生产"大寨"牌系列名酒，相继开发出具有度数低、质地优、口感好的"大寨春"、"大寨醇"两种酒。产品一经投入市场，深受群众欢迎。

1998年，公司有职工266名，其中管理人员30名（高级管理人员5名）、科技人员14名，其中本科以上学历2名、大专5名、中专7名；一线工人180

名、辅助工42名，年产白酒200余吨，实现产值918万元（以90年不变价计为867万元），工业增加值477万元，产品销售收入236万元，税金17万元。年末资产总额达到1714万元，其中流动资金年末实际占有761万元。销往本省及湖南、福建、河南、山东等省及东北地区。正在立项开发的有38°大寨酒、50°大寨春、38°大寨迎宾酒、42°大寨醇等新品种。

（《大寨村志》，山西人民出版社2003年1月版，第101、102页）

采访对象　耿银柱（男，1955年7月生于昔阳县南泉村，高中文化，大寨酒业公司职工，现居大寨村）

采访时间及地点　2006年7月24日，大寨村家中

采访及录音整理　冯素梅

冯：咱们酒厂开办了多长时间了？

耿银柱：72年开始的，原来是县里边建的酒厂，后来大寨就给兼并过来了。

冯：是郭书记回来以后吗？

耿银柱：是。

冯：酒厂在哪儿？

耿银柱：不在村里，在城郊。

冯：你在酒厂是做什么工作？

耿银柱：主要是给人家要外欠的账。

冯：你在酒厂几年了？

耿银柱：我是2002年去的，现在是第4年。

冯：酒厂现在经营得还可以？

耿银柱：不行，几任领导原先遗留下来的，没有尊重这市场。现在找下一个合作伙伴，正谈着呢，我估计谈成了以后还可以，他策划，他管销售。

冯：你每天都在那儿吗？

耿银柱：在，早上去晚上回来，这两天是“八一”期间，没有多少事，厂里在维修，放两天假，从昨天7月23日开始放到过了“八一”，每年都要放。“八一”期间城里过交流会，都要去城里转转，逛庙会。

冯：像你，一般不上班的时候干什么？

耿银柱：基本上没有不上班的时候，除了过年，就是“八一”这段时间，其他时候都上班，星期六、星期天也不休息。

冯：要账不是天天去要吧？

耿银柱：不去要了就在单位，人家给你安排其他事你就去做其他事。

冯：你去酒厂是怎么去的？

耿银柱：因为酒厂经理就是大寨村的，他早上走我跟他一起走，他回来我

跟他一起回来。

冯：那还挺方便。要账好不好要？

耿银柱：不好要。主要账都是以前的账，每次去寻不着人。

冯：那你的工资是固定的还是跟工作有关系，要回来的多工资就多？

耿银柱：说来是有关系，但这会儿还不确定，不到年底说不来。

冯：能不能问一下你工资有多少？酒厂其他人呢？

耿银柱：600（元），有比我高的，有比我低的，我是属于中上的，一般工人是450（元）。

冯：咱们大寨村在酒厂里工作的多不多？

耿银柱：不多，尽是老职工，原来酒厂是县里边的企业，大寨给兼并过来的，是原来酒厂的老职工。

采访对象　李会明（男，1953年11月生于大寨村，中共党员，大寨酒业公司总经理）

采访时间与地点　2006年7月26日，大寨酒业有限公司

采访及录音整理　董永刚

董：你是大寨人，也是酒业公司的负责人，说一下这里的情况吧！

李会明：我是2003年的时候过来接管这个企业的。这个酒厂原来属于昔阳县管的，后来大寨建酒厂的时候，就把这个酒厂给兼并过来了。

大寨刚接管这个厂子的时候，酒厂和宁城老窖酒厂合作的，后来宁城老窖酒厂让北京的企业给兼并了，咱们这里也就不行了。原先厂里贷的人家的款，现在都沉淀了，还不上。当时兼并昔阳酒厂的时候，连员工带债务、债权一块儿接管的。所以说，这刚开始的时候负担就很重。酒厂不景气的这几年，厂房、设备包括道路都不行了，我接下来以后是又重新修了一遍。

酒厂这几年一直没有生产，但是这个摊子还一直保留着。"大寨"这块牌子不容易啊！可是不能丢，还得保住才行，要撑起来，等到有机会的时候再重新做起来。现在这里面临的困难很多，没有资金投入生产，销售也跟不上。酒厂的不景气是有好多方面的原因的。首先一个是，这里原先是个国营企业，完全走的是计划经济的路子。这后来转向市场经济后，一下子就转不过来。原先大量放出去的酒，资金积压的回收不回来，有二三百万就没有着落，资金就没法周转。再加上这原来的一班人马一变，很多地方就不买咱这账了。现在库存的成品酒大概还有200来万块钱。现在即使就是走酒，卖的那几个钱，光这贷款的利息还得还人家十三四万，另外再加上员工们的工资，所以说这资金一下子就周转不过来。

董：你作为企业的负责人，你觉得这个厂要生存关键靠什么？

李会明：从现在来看，质量还是第一。质量是一个企业的生命线。另外包

● "大寨牌酒"
——团结篇。

装这块儿也是很重要的。像咱们这酒的包装就不是太好。可是一旦包装做好了，这成本自然也就跟着上来了。咱们这个酒的市场定位主要还是针对农村广大市场。当然这里也还是要生产一部分高档酒。高、中、低三种都有，基本上是中低档占大部分，是主要的。

就目前大寨的这几个企业来看，咱们的生产工艺都还是落后，跟不上市场。另外这规模也都很小，生产成本高，经不起市场变化的冲击。最主要的是咱这技术设备都不行。

现在，咱们这酒在周边的和顺、左权、忻州、阳泉这些地方都有，但量都不是很大，都是少量的。咱们也想在各地搞销售商来代理咱们这个品牌，可是一直都没有办起来。再一个，办销售网，运作起来也不是说句话的事，很有难度！反过来说，要是单靠咱们坐在家里等的顾客上门，这又不太现实。如果雇上几个高素质的推销员来搞这个市场营销，咱们这买卖又不行，连自己都养不住，哪能留住人家呢？现在咱想的是让积压的资金能够转起来，这就好办了！这还得时间啊！

煤矿煤站红红火火打通出路

采访对象　贾会棠（男，1950 年生于大寨村，初中文化）
采访时间与地点　2006 年 7 月 24 日，大寨村家中
采访及录音整理　赵俊明

赵：以前在村里一直干什么？
贾会棠：大寨在阳泉有个发煤站，以前我在那个地方，在那里干了 8 年。
赵：为什么不干那个了？

贾会棠：现在那个发煤站还在，后来经理换了，那个离家也远，咱年纪也大了，也受不了。

赵：是不是那个比较累？

贾会棠：我不值班，不累。我是搞财务的，单位经常出差，出去搞财务带上那个汇票什么，这个到社会上不是怎么安全。经常出差去取这个汇票，一取就是几十万，坐那个公共汽车，带上这个不安全。我这个人比较小心，你出个事就不好了。

赵：现在也是在管账吗？

贾会棠：也是，现在这个就轻松多了。

赵：你以前当过会计吧？

贾会棠：以前是在煤矿，在村里边的煤矿干了 10 年。我原来是大队保管，大队那个粮食保管。后来改革开放以后，先是包那个果园，那时候是集体承包，我也是搞财务，在那里也是管账。

赵：你这等于说也是有技术的人？

贾会棠：嗯，我这个人管了半辈子账了。

赵：干这个是不是操心操得多？

贾会棠：干这个需要个素质，需要个品德，主要是大家信得过你，你就沾。有些人他搞不了，他看的那个钱亲，是自己的就是自己的，别人的是别人的。

赵：你从林业队出来就到了煤窑，到煤窑的时候多大了？

贾会棠：到煤窑时 38 岁。从前那个受，那个担饭，闹下胃病根，到 85 年搞保管，胃病一下总爆发，主要是胃出血，歇了半年没干。后来寻人家领导，到煤窑干，煤窑干了 10 年。

赵：那时候的煤窑是集体的还是个人承包的？

贾会棠：集体的。

赵：煤窑的收入比林业队好些？

贾会棠：跟林业队也差不多。哎呀，我刚开始去煤窑，一个月挣个 120 块钱，一天 4 块钱，那时候也行了。直接下坑的挣 300 来块钱，那时候那个分配也就拉开了。

赵：刚开煤窑的时候下窑的有没有咱们村里的人？

贾会棠：咱们村里劳力也有一些，基本上属于管理人员，实干活的也有一些，主要是外地的，本地人一般不去危险的地方。那时候煤矿是八九十、一百多工人，下来以后，咱们大寨人有三十几个四十个，剩下的全是外地的。

赵：是不是那时候咱们村就是有一个煤窑，没有别的企业？

贾会棠：刚开始闹过矾石厂什么的，自己烧那个矾石。

赵：咱们这边思想转变也挺快的？种地不行就开始闹企业？

贾会棠：大寨的发展，主要是郭凤莲回来以后。

赵：是不是她回来之前大寨也比附近村里好？

● 大寨煤场一角。

贾会棠：嗯，确实陈永贵那时候留下那个底子也不错。后来这个书记回来以后，人家那个眼光就比较远大了，比咱们这老农民看得清楚，组织参观，看到外边都发展了，过去很穷的地方都发展得很快，大寨人出去看了看，眼光也开放了。反正是我们这一代的思想还是老化，当时想不开，现在看开了。现在经济发展了，无谓的人和人斗啊，没有什么意思。

赵：郭书记回来以前煤窑的情况怎么样？

贾会棠：哎呀，她回来以前也能挣到三四百块钱。是煤价高了以后工人的工资就高了，煤价低的时候工资就不行。

赵：咱们这个煤窑经营得还不错？

贾会棠：一直经营着，郭书记回来以后村里开始有两个煤窑。我记得她这个思想转变是从这个地下转到地上，一下转到山上，搞这个旅游，她有个那思路。

赵：郭书记回来以后有没有在煤窑上加大投入？

贾会棠：加大了，起码煤窑是自己管自己，自己生产出东西来，自己再投入，然后再往村里交钱。煤矿管理好了，自己就顾过自己了。村里你办一个企业，你给村里拿不回钱来，你办这个干什么呀？

赵：咱们这个煤窑没有再扩大生产？

贾会棠：咱那个面积有限，采区面积有限，维持这个产量就不错了。一年那个投入也不少，坑木、道轨、矿车、矿绳什么的，这些每天闹，还有那个安全问题。

赵：安全问题抓得比较紧？

贾会棠：煤窑肯定是要出事，只要不要出大事，一下让人家曝光了。

赵：煤窑最多的时候有多少人？

贾会棠：十几年不在那里，搞不清了，我也不了解人家。

赵：后来就去了发煤站？

贾会棠：对。

赵：发煤站主要收哪些地方的煤？

贾会棠：阳泉那边的，也有平定的，昔阳这边的也有，不一定都是咱的。收煤就是咱给人家定下价格，人家的车给送到阳泉白羊墅，咱在外边订下合同，然后拿车皮往外发。

赵：咱们村里的煤主要销往哪里？

贾会棠：主要是就地销，现在走那个汽车，贩运拉到河北去了。现在煤是吃香货，谁承包谁发财，哪个都能够挣了钱。一个行业起色不起色主要看市场，市场起来了你就是不挣钱也不行，市场一不行，你再说你天大本事也不沾。

赵：还有一个就是经营问题？

贾会棠：我深深地感到主要是政策和市场。前七八年那个煤窑谁承包谁倒霉，挣不了钱，现在是想不挣钱都难，说起来马上起来了。今天我听说生猪的价钱上了4块多钱了，前一段才两块八，养殖户都不行了，现在他们又放心了，猪肉价格还在往上涨，所以说搞什么也不能说我就能挣钱，这个说不定。有的人往往赶上这个低谷，一看这不能干了，他不干了。他不干了以后，别人还干，别人挣钱以后，他又去干，又不沾了。

1993年前，大寨煤矿所产煤主要通过铁路、公路运输销往山东、河北等地。1994年，大寨经济开发总公司租赁阳泉火车站的8个发煤货站，兴建了大寨煤炭发运站。

（《大寨村志》，山西人民出版社2003年1月版，第96页）

十一届三中全会以后，1982年，大寨投资30万元在麻黄沟办起了煤矿，挖了一个洞眼，年产两万吨。或许造物主是公允的，在大寨地面上布下的是穷山恶水，而在地下却悄悄地为大寨人存储了一大笔宝贵的财产——煤。大寨的煤质好，煤层厚，埋藏浅，易开采。

（《中国名村纪实·大寨》，中原农民出版社1998年12月版，第223页）

采访对象　贾会胜（男，1941年生于大寨村，在大寨煤矿工作，小学文化）
采访时间与地点　2006年7月25日，大寨村家中
采访及录音整理　赵俊明

赵：什么时候你就在煤矿上上班了？

贾会胜：嗯，分开土地后就在煤矿上班，捎带种点儿地。

赵：在煤矿上能挣多少钱？

贾会胜：那时候煤矿工资低，煤也不贵，20多块钱一吨，一个月也挣不下多少钱，咱也不下坑，在坑上边，挣个三四百块钱。

赵：三四百块钱也不少了？

贾会胜：关键是那会儿钱值钱，现在钱不值钱。

赵：刚开始在煤矿上干什么？

贾会胜：推那个矿车壳壳，往出推煤，后来年纪大了就不干那个了，干些别的。工资高就是这几年，以前挣不了多少钱，煤也不贵。那会儿最多的时候就是三四百，那会儿下坑的才挣五六百、六七百，以前就挣得少，后来逐渐逐渐地就多了。

赵：是不是你们在煤窑上班的人收入比村里其他人高些？

贾会胜：嗯，那会儿上班的地方少，没有干的你就挣不下钱，那会儿钱也顶事。这会儿这生活水平高，收入也高。

赵：你这上班［烧锅炉］是怎么上？

贾会胜：今天上午上，下午休息，晚上还上；明天就是下午上，就是这样倒。还有一个人，我们俩倒班，那个人也是个老头，我比他大一岁。

赵：现在煤矿上的一线工人有多少？

贾会胜：哎呀，不少呢。总共有两三百人，他们也是倒班，一次下去有八九十、一百来人。

赵：也得烧不少水吧？

贾会胜：有个大坑坑［水池］，（用锅炉）一下把水烧热了，一次性他们就洗了，然后冲了，打扫干净就行了。

赵：一次也就是干个两个小时？

贾会胜：差不多。

赵：一天烧几次？

贾会胜：3次，一个人一天烧两次，一天烧一次，就这样倒。

赵：工人们都在煤矿住吗？

贾会胜：有住的，本地的跑家，骑摩托，现在方便。

赵：外地人多吧？外地人有些哪里人？

贾会胜：外地的在煤矿住，外地的多。哎呀，好几个省的呢，浙江、湖南、湖北，也有四川的。

赵：在煤矿上住的有多少？

贾会胜：住的有100多人。

赵：有没有带老婆小孩的？

贾会胜：有，有的就带的老婆。也有带小孩的，有的有一个，也有带两个，小孩上学跟村里联系。带小孩的矿上给一间房子，自己做饭吃。

赵：矿上有没有食堂？

贾会胜：也有食堂，也有自己做吃的。

赵：下窑的工人能挣多少钱？

贾会胜：能挣2000多元，主要是看工种，一线的采煤工挣得多，拉煤的这些就挣得少一些。

赵：本村的多不多？

贾会胜：本村的没有，周围村里的有，山上不好的地方，离这里六七里、

● 大寨煤矿效益良好。

七八里、十来里地的都有，他们就是跑家，也方便，都是柏油路。

赵：咱们村里的有没有下井的？

贾会胜：也有，有10来个，都是年轻人。

赵：在井下的能挣多少钱？

贾会胜：能挣1000多元，有挣一千六七百元的，也不一样，也是看工种。

赵：村里人在煤窑上的总共有多少人？

贾会胜：就是20来个人，嫌危险，不愿意去。

赵：你上班怎么去？

贾会胜：走上去，十几分钟就到了。

赵：晚上在不在那里住？

贾会胜：晚上赶8点来钟去，去了就烧水，他们洗完了打扫了就没事了，晚上不在那里住。

赵：其余的管理人员是不是每天都在矿上？

贾会胜：也倒班，都是有两个人。

赵：他们的工资怎么样？

贾会胜：跟我们一样，600块钱。

赵：你在煤窑上干了有20多年了吧？

贾会胜：嗯，有呀。刚分开土地第一年我就去了，84年我就去了。

赵：是不是煤窑刚开的时候村里人在煤窑上挺多的？

贾会胜：那会儿一个小煤窑，总共有七八十人，咱们村有三四十、四五十个。后来慢慢就少了，郭书记回来办起别的企业，有些人就去了别的企业了。

赵：像你这样一直在煤窑上干的多不多？

贾会胜：也有，不多。

中共十一届三中全会后，根据县委、县政府提出的“深挖煤、多栽树、勤育人、广开路”的发展方针，大寨党支部书记贾长锁组织社员讨论，决定在麻黄沟开窑采煤。但因设备不全，主行道掘近32米后被迫停工。1982年3月，借用“西水东调”工程的部分机械设备（出资购买），抽调30多个劳力继续开工兴建。至5月1日正式投产，设计能力为年产原煤3万吨。1984年，煤炭市场走俏，收入大增，大寨决定再建二坑。经县政府批准，自筹资金30万元，贷款30万元，共投资60万元在老坟沟开凿第二个坑口。1985年，一坑有固定工54人，固定资产20万元，年产煤2.3万吨，主要通过铁路、公路运输，销往山东、河北等地，年收入34.5万元。同年，第二个坑口建成投产，设计能力为年产煤2万吨。两个坑共有固定工90人，其中本村54人，外地民工36人。1991年，两个坑共产煤4万吨，向外销售3.1万吨，总收入达120万元。

（《大寨村志》，山西人民出版社2003年1月版，第95页）

采访对象　贾彦军（男，1972年8月生于大寨村，大专文化）
采访时间与地点　2006年7月25日，大寨村家中
采访及录音整理　赵俊明

赵：现在单位挺不错的？

贾彦军：比较不错。煤运以前行，91年、92年相当好，下来走了一个低谷，从97（年）开始又出现一个高峰，到现在不好干了。

赵：因为什么？

贾彦军：煤运、电厂用煤和煤矿3个独立的实体，当时你看，在97年的时候煤价25块钱一吨，到现在250（块）你买不下煤，等于说10年价格涨了10倍。现在电厂电价全国调控的，统一定价，它涨不了多少，它收你的煤的时候，肯定给你涨不了多少，差价少了，煤运公司主要是挣一个差价，它把煤从煤矿买来，放到站里，和电厂订下合同，用火车皮发过去，然后结算回来，相当于它是商业二道贩，相当于这个，你现在成本相当贵了，电价涨不了，就是5毛多钱，10年来没有变。你这个也就不好干了。

赵：你回来到现在就一直在那里上班？

贾彦军：97年回来后就一直在那里，我93年上学，96年毕业，97年开始上班的。

赵：你就是平时在那边上班，休息的时候回来一下？

贾彦军：对。

赵：在那里（公司在阳泉）有没有房子？

贾彦军：没有，在那里单位有宿舍。单位在昔阳县有家属区，我没有弄，我们这儿离县城也不远，10来分钟就去了，也挺方便的，现在公交车也方便。

1998年，发煤站上缴利税135万元，占全村上缴利税295万元的45.8%。

● 作业中的大寨煤矿工人。

同时上缴大寨经济开发总公司100万元。

（《大寨村志》，山西人民出版社2003年1月版，第96页）

采访对象　赵老虎（男，1950年生于大寨村，初中文化，森林公园绿化队职工）

采访时间与地点　2006年6月1日，大寨村森林公园

采访及录音整理　王勇红

王：80年代，您做什么工作了？

赵老虎：煤矿，干了六七年。

王：在煤矿具体干什么工作？

赵老虎：那会也是刚开始在坑底下放炮。

王：那时你在窑上能挣多少钱一个月？

赵老虎：六七十块钱。

王：那时煤矿出过事吗？

赵老虎：出过一次事，水，放出空水了。放炮了，那边一个村的空窑打通了，出了水，把窑给淹了。

王：那有没有死人？

赵老虎：死了两个，我们村一个，外边一个。

王：后来怎么处理了？

赵老虎：给人家钱。

王：给了多少钱？

赵老虎：给了不多吧，三四万块钱，不比现在，现在多了。

采访对象　赵　峰（男，1981年生于大寨村，初中文化，大寨展览馆工作

人员）

采访时间与地点　2006年6月7日，大寨展览馆

采访及录音整理　王勇红

王：讲讲你去年跑车的情况吧？

赵峰：那会儿，就是觉得，我结婚了，两个人生活觉得工资有点少，不够花，想稍微受点苦多挣点，但是行情不太好，去年到今年都不行了。

王：行情是个什么情况？

赵峰：我们那会一吨220（元）吧。

王：跑长途？

赵峰：其实也不远，下去就3个小时，回来就用不了。

王：跑一趟能挣多少钱？

赵峰：几百块钱。

王：你那会多长时间跑一趟？

赵峰：我那时4天跑了5趟吧。我现在跑一趟还赔钱了，不能干了。

王：你拉煤的价和送煤的价有多大差价？

赵峰：20块钱，每吨。

王：有没有过路费？

赵峰：有，去10块钱，回来10块钱。

王：油呢？

赵峰：跑一趟100多块钱。

王：你跑了一年？

赵峰：跑了10来天吧，等于给人家跑运费。

采访对象　贾瑞瑞（女，1986年生于大寨村，初中文化，团员）

采访时间与地点　2006年6月7日，大寨森林公园纪念品商店

采访及录音整理　王勇红

王：你父母是做什么的？

贾瑞瑞：我爸不在了，我妈也在虎头山上。

王：介意告诉我你父亲名字吗？

贾瑞瑞：贾云祥，去年不在的。

王：昨天我采访了个叫贾菲的，和你年龄差不多吧？

贾瑞瑞：一样大，我们同学，就是去年他爸和我爸一起出事的，在煤矿干的。

王：应该给你们家里补偿吧？

贾瑞瑞：就是按规定一个人20万。

王：你姐妹几个？

贾瑞瑞：3个。一个妹妹一个弟弟。

大寨的水泥品牌小有名气

采访对象　刘爱科（男，1956年2月生于昔阳县孔氏村，中共党员，大寨中策水泥有限公司总经理）

采访时间与地点　2006年6月2日，大寨中策水泥有限公司

采访及录音整理　董永刚

董：请您把咱们水泥厂的情况给介绍一下吧！

刘爱科：我们这个企业注册是在1994年，名称就是叫大寨中策水泥有限公司，它是与香港中策投资集团公司合资的。这里面，港方占51%的股份。我是1995年的时候来这里任总经理的，后来中途离开了3年，到2005年的时候又回来的。我不是大寨人，我原先在县经贸委工作，后来是帮助大寨搞建设的时候过来的。

董：你刚来这个厂的时候，这里的情况如何？

刘爱科：刚来的时候，这里的情况不是太好。因为94年建厂，95年的时候全国的建材市场行情下滑，这个厂可以说是多灾多难！这个厂刚建的时候，市场的行情很好，可是等厂子建起来以后，市场行情就开始大幅度下滑了，多亏当时正赶上山西修太旧高速公路，把它给救了一下。

我95年过来的时候是个什么状况呢？当时这个企业主要生产的是道路基建的低标号水泥，正准备从低标号的水泥向高标号运行。这个厂是按照六七十年代的老国有企业配备的工作人员，开始的时候这里的编制有290多个人，后来咱们经过逐步的裁减、压缩，到现在还有160多个。

人员问题是企业的一个很大的问题。再加上市场开拓、产品竞争这些问题，因此说这企业就很难搞。尤其像水泥这东西，也是需要经过很长的一段时间才能打开市场，创出个牌子来，这品牌才慢慢地树立起来。我们从1995年的时候开始，逐年改变经营方式，到2002年，咱们生产的水泥基本上在周边这些地区就能占领一定的市场，品牌相应地也就打出去了。现在我们这个品牌的水泥在阳泉、平定、榆次这些地区还是小有名气的。

水泥这东西要想搞好，主要就是一个质量的问题。现在咱这水泥的质量（令人）放心，可以说是供不应求。质量是一个企业生存的生命线。像咱们这个厂生产的水泥，同样规格和标号的产品，虽然说在价格上要比其他厂的稍微高一些，但是很多的客户宁愿买咱们这个贵的，不买其他人的那个便宜的。这就说明了一个问题，那就是咱们的产品客户是信得过的，在客户的心中已经有

了质量意识和品牌意识。现在很多厂的水泥滞销，可是咱们这里是供不应求，你就是拿上现金来也买不到货啊！咱们这个大寨牌水泥，在95年左右也曾经做过一些宣传，近年没有，因为水泥这东西在逐渐的销售过程中赢得了不少的用户。用户对这产品的认可就是给咱们做了最好的宣传，只要是质量保证了、服务到位了、用户认可了，就可以！

我刚来的时候，这里的产量只有六七万吨。以后是逐年增加。水泥这东西，品种不一样，产量也就相应不同。同样的原料，生产低标号的水泥，产量就高。可要是生产这高标号的，这产量就上不去了。现在咱们这水泥还主要是针对城镇建设。现在咱们这水泥尽管销售的半径很小，远的也就是到了阳泉，就这咱们也还是供应不上。

董：*咱们这个厂的人才结构是个什么状况？*

刘爱科：它这个人才结构是这样的：管理层的人员有一批是大寨的，都是靠自己慢慢培养出来的。像工程技术上的一些人员就是外聘的。员工现在都是聘用制，实行月薪。管理人员的工资一个月也就是一千二三百块，在这个地方来说，比较其他的企业还是不错的。在这性别结构上，大部分是男工，女工占很小的比例。主要与企业的性质有关。咱们山西的女人吃得苦的不多，不像河北、四川的能吃苦。咱们这里除了化验上有十几个女的，就是财务上有几个。她们的文化程度一般都要求是高中以上。水泥厂的化验，并不是一个什么很复杂的工作，有些基本的化学知识就能干这个工作。全厂的职工学历较高的就是个大专文化程度，咱们目前还没有高薪向外聘请高层次的管理和科研人才。

水泥企业不同于其他的高科技产业，根本的出路就是要想法更新设备，规范企业管理，降低生产成本。规模上不去，设备不更新，即使是来个博士也用不上。咱们这个企业，要想扩大规模，可不像其他行业，只要添加一些设备就可以了。它要扩大生产规模，那就必须重新建设一条生产线。但我想，就是现在咱们有条件，资金有保障来扩大这个企业的生产规模，我们也不应该继续把钱投在这上面。水泥市场现在基本上接近饱和。要投资也是向高科技产品靠，要的是那些产品附加值高的产品。水泥的深加工面很窄，目前要想从这里再办一个附属的企业，不是太好操作。当前的事情就是首先想办法办好当前的这个企业。这个企业运转得好了，就能很好地带动一下周边的地区，帮助他们致富，尤其像这里的运输业、采矿这些。

水泥企业不好管理，人为的因素很大。比方说这烧成车间，只要是你这工作人员用心、卖力，产品的质量就能保证，产量也就会提高，另一个是还很安全。咱们这里在管理上主要是和经济挂钩。再一个就是对这员工进行压缩、培训、交流，实行优胜劣汰的管理办法。而像这厂里的工人这一块儿就很难管理，这和城市完全不一样。这里的工人都是当地的农民工，他们把这里完全当成是自己的第二职业，而自己家里反倒是第一的。他们一天倒三班地干，家里什么活儿都还落不下，什么都不误。所以说这部分人的企业概念就模糊，很难按照一个正规的企业管理办法来对他们进行管理。因此也只能是这里的生产部对他们进行不定期的培训，像安全知识教育、纪律教育这些，目的就是要在安全的前提下保证厂里的正常生产。

董：咱们这里的环保工作做得如何？

刘爱科：咱们对这环保问题一直都很重视，作为一个水泥厂，我认为这里和周边的一些厂比较，环保还是一流的。但这环保意识的树立并不是一天两天的事情，也很难做，没有一个严格的执行标准。

董：你作为这个企业的负责人，怎样看待企业的管理？

刘爱科：说到管理，我觉得首先是成本核算，首先是要严格按会计制度进行。管理主要就是个控制问题。像水泥企业，就是要严格控制原料成本，像石灰石、红土、原煤、铁粉、矿渣这些。现在的市场价格很乱，很难把握。咱们这里也是经理负责制，每年上缴利税200多万。职工的福利待遇在周边地区来讲也还算比较高的，像米、面、油、肉这些东西，咱们过年、过节的时候都有。员工要是工伤，厂里给全额报销。现在我们也是在逐步对管理制度进行规范。

董：您到厂里以后，在市场开拓方面做了哪些工作？

刘爱科：要想有市场，首先必须保证产品的质量，产品的质量要过硬。这就要求管理上必须做好，加强内部管理很重要。简单地这样说吧，全县的工商企业管理现场会，就在咱们这里开的。当时就是要向咱们学习。比如说，学习咱们的财务管理、质量管理、成本管理、人员管理等。拿这环境来说吧，我就经常跟员工们强调，要把这个企业打扮得漂漂亮亮的，像个大姑娘一样。人家来了一看就是顺眼，也很舒心，自然就愿意跟你打交道。可要是人家一看你这企业破烂不堪，人也不怎么样，就不会跟你多来往。这和人与人之间是一样的，谁也不愿意和这邋遢的人来往。管理的每一个环节都存在效益！

再一个就是这人员问题。建厂初期的时候，这里的人员是很多，这其中就有很多人当时都是通过走关系进来的，精简就有很大困难。当时咱们搞这精简员工的时候，主要就是按年龄，不能按学历，因为这里工作人员的学历都很低。当时精简的时候压力很大，可是没办法，压力大也得搞！

像这里的环境问题，我经手这个企业的时候，就考虑这个东西必须上，迟干不如早干。那个时候上设备，一下就是百十来万。当时上这环保设备的时候，很多人都还没有意识到这个东西的好处，很多人甚至觉得没必要花这个钱。那个时候环保设备的价格还相当便宜，后来大家都来搞的时候，价格可就上来了，可以说是成倍地增长。现在就是拿200万也搞不到。

水泥这个行业变化得很快，对市场的把握就很重要。绝不能放松对市场的占领。水泥行业一旦不好的时候，因为自己市场占有率高，所以就还有缓冲的余地，有一定的抵抗力，因此要时常有忧患意识。

对那些和我们常年合作的，我们一定要守信用，目的就是一个，守住这个市场。目前，我们还在逐步地进行技术改造，要再降低生产成本，这就要求对每个车间的生产环节都不能放松。每天的生产情况第二天必须按时汇总、上报。企业这东西，钱是一分一分找回来的，很难！我现在的想法就是设法提高

● 大寨中策水泥有限公司。

效益，尽可能让这个企业存活的时间长一点，这不单单是一个厂子的问题，它还对周边的地方都有影响！

采访对象　贾秋生（男，1957 年生于大寨村，高中文化，中共党员）
采访时间与地点　2006 年 6 月 2 日，大寨中策水泥有限公司
采访及录音整理　王勇红

王：说说水泥厂的情况吧。

贾秋生：水泥厂，92 年筹建，93 年正式投产，年产 10 万吨水泥。原来设计的是 325 水泥，低标号水泥，后来经过技术改造和管理，现在主要是高标号水泥，525 水泥。从建厂到现在，由一个农民管理，从不懂到对管理方法都比较规范化。从现在市场来讲，大寨水泥在整个平定、阳泉的名气都很高，质量很稳定，在我们周围的水泥厂中比较，大寨的价格相对较高，我们是供不应求，甚至我们已经成为免检产品。整个市场，我们管理，再加上好的服务，大寨这牌子，内部来说，经过整顿，搞成一个比较规范的企业。从各种管理方法、厂规来说，今年把工人工资整个提高一百四五十块钱。

王：现在工人平均工资能达到多少钱？

贾秋生：工人平均工资能达到 500 块钱。去年是 300 多块，现在效益不错。

王：工人除了工资还有什么福利待遇？

贾秋生：有，按照国家规定，该有的都有，防暑的，劳动保护用品，逢年过节发点福利，白面、油啦。再一个成绩突出的还有奖金，生产中的奖金，每个月根据生产任务，每月奖励。年终有大的奖金，根据工作的表现和工作任务的完成情况，进行考核。

王：这边是倒班？

贾秋生：三倒班。

王：有没有加班？

贾秋生：加班的很少，有些加班在本人同意下，也有报酬。

王：现在厂里是满负荷运转？

贾秋生：对，满负荷，整个水泥厂的劳动强度是有数的，都是现代化操作，苦力不大。靠体力劳动的工资要高。

王：厂里的安全管理制度有些什么？

贾秋生：安全防护设施啦、安全制度啦，各方面都有。

王：水泥厂的安全主要侧重于哪方面？

贾秋生：主要是高空作业，都是在三楼（高）以上。

王：厂里从建厂到现在有没有出过事情？

贾秋生：有，是个人行为，操作不规范出的事情，是他本人违规操作的事故。

王：生产中的设备事故出现过吗？

贾秋生：设备事故没有。

王：这和管理也有关系吗？

贾秋生：肯定有关系。

王：现在一线工人有多少？

贾秋生：有100多人，管理人员有30多人，包括车间主任也属于管理人员。

王：现在有几个车间？

贾秋生：有5个车间，3个大车间，2个小车间，一个是原料车间，一个是烧成车间，一个是制成车间，还有个动力车间、化验室。

王：咱们现在的成本利润怎么样？

贾秋生：现在比以前成本高，首先是煤，原先是40多块钱，后来上升到80多（块），又上升到100多（块），又涨到180（块），现在220块。

王：这个厂子最初投资有多少？

贾秋生：当初预算，准备投资1500万，后来中间和香港中策集团合资，它又投了900万，最后整个投资下来是2700万。

王：刚才你说的1500万是咱们大寨的投资吗？

贾秋生：后来不是了，人家占51%，咱们是49%，咱们还有土地入股，（折价）100万（元）的土地入股。刚开始人家也派顾问，咱们省里的老专家李发根，省建设厅的，从管理到工艺都管，来了五六年。

王：现在管理人员有多少？

贾秋生：中层干部有20个，其他的财务呀，一共30个。

王：咱们厂每年上缴的税收有多少？

贾秋生：一年交给国家的税大概是110多万，从2002年开始就达到这个数。

王：每年给不给村里上缴利润？

贾秋生：去年是上缴85万。

王：咱们厂下一步怎么发展？

贾秋生：下一步，那得看郭书记的，按照现在的形势年产都得是30万吨。

王：按照现在的形势，扩产也可能吧？

贾秋生：主要是资金方面，有点困难。我们郭书记在筹建这个厂时，付出的辛苦很大。每天跑，请专家，很辛苦。年产30万吨，投资得2000万到3000万。阳泉矿务局建了年产100万吨的水泥厂，盂县建了年产50万吨的水泥厂。这些大型的水泥厂一建成，小型水泥厂就不好干了。

王：水泥厂多大规模效益最好？

贾秋生：还有年产1000万吨的，越大型的，规模大，成本小，越合算。

王：您在厂里做什么工作？

贾秋生：我原来生产、供销都干过，现在办公室，去年是干销售。

王：销售也有任务吧？

贾秋生：我是销售主要负责人。刚开始我们也是不行，刚投产时，人家不认可，我们也是采取各种手段。我们县水泥厂，六几年建的厂，阳泉青山水泥是免检产品，第二年赶上修太旧路，我去太旧路推销水泥，人家就不认可。人家一个是认可青山水泥，一个是县水泥厂，一个是阳煤水泥。大寨水泥都不敢用，后来我们是怎么打开销路的？青山水泥比较高级，其实我们的水泥质量肯定是不低于它，可外面人家不知道，后来县水泥厂买了我们的水泥，装他们的袋子，我就抓住这个机遇。这是无形的广告，不要钱的广告。他们走到哪，我就跟到哪，我就宣传，你说我们大寨水泥不行，可现在你用的水泥就是我们大寨的水泥，牌子不是我们的，但水泥是我们大寨的。这样才逐步打开销路，从旧关到阳泉，整个这条路，基本都用上大寨水泥了。青山水泥原来供应阳泉矿务局，它的水泥远远不够，后来青山水泥供不应求，这时我们大寨就上去，当然我们郭书记和矿务局的关系相当不错，后来我们把矿务局这个大用户给拿下了，一年矿务局差不多用一万吨水泥而且是高标号水泥，一直持续到现在。整个来说从2003年到现在是销售的高峰期。

王：总体上货款结算怎么样？

贾秋生：这3年的货款结算都不错，03年、04年、05年，到年底，外欠款欠了50万。一年的销售达到1600万，3年就4000多万。

采访对象　李喜胜（男，生于大寨镇金石坡村，中共党员，高中文化，昔阳县水泥厂，大寨水泥厂）

采访时间及地点　2006年7月25日，大寨中策水泥有限公司

采访及录音整理　冯素梅（整理者）　刘晓丽

李喜胜：我原来工作单位是昔阳县水泥厂，95年大寨水泥厂刚投产的时

候，从昔阳县水泥厂借调过来的。

冯：请你介绍一下你在以前单位的基本经历，以及到了这个厂以后的情况。

李喜胜：我是76年从部队复员回来以后到的昔阳县水泥厂，从事生产这方面的工作，在昔阳县水泥厂我是从基层干起来的，从班组长到车间主任，最后到分管生产的副厂长。大寨水泥厂投产的时候，因为这是个新建厂，在生产管理方面没有这方面的人，当时从车间主任到分管生产的，都是从县水泥厂借调过来的。大寨是搞农业的典型，对管理工业这方面缺乏管理人员，当时总经理跟企业里的主要管理人员大部分是外聘的。

我的老家和大寨是邻村，我那个村是在大寨对面山上，叫金石坡，从95年春天起我就来了这个厂了。

到这个厂主要是分管生产，当时大寨企业还比较少，因为郭凤莲书记从91年返回来以后才开始发展企业，这个厂是从93年开始筹建的，94年5月28日试着投产，真正开始生产到了95年了。

尽管这个厂规模不大，但从产品质量到技术要求各方面却卡得比较严。山西省建材局一个副局长，是山西省一个水泥专家，他直接在这儿蹲点抓产品质量，抓技术方面的问题。这个厂10年期间在周边市场能站稳脚跟，是因为起点高，10年期间，没有出现一次因质量问题用户返回来（产品），或者有什么纠纷。

现在这个企业的情况是最近这三四年比较好，这4年期间一个是水泥用量逐步增大，再一个国家淘汰落后生产设备，好多小水泥厂关停了，同等规模的水泥厂尤其这几年也有销路好的，也有销路不行的。我们的水泥现在是供不应求，最主要的是有了市场信誉，现在都认可这个产品。我们本县总共有6个水泥厂，跟大寨同等规模的有4个。现在经营情况产品供不应求的就是这个厂，其他那3个都不行。这说明要想占领市场，产品质量跟售后服务这些技术上的问题都不能忽视。

冯：咱们的产品一般销往什么地方？

李喜胜：重点是销往阳泉跟平定，阳泉和平定对咱们这儿销售比较有利，它运输距离比较短，本县的用量不是占得太大，现在本县也销售一部分，还有一些民用水泥。产品质量怎么体现呢？其他水泥厂的人，他的亲戚买水泥，他也叫到我们这儿买，说明他们自己对自己产品的质量也不是很放心。

冯：硬指标上咱们怎么比他们强呢？

李喜胜：大厂跟小厂，先进的生产工艺跟落后的生产工艺比较，先进的生产工艺是干法窑外分解旋窑生产，它规模大，一般都在日产2500吨左右，咱们这厂就属于机械化，机械化一般要求水泥所有指标要达到国家的标准要求。再一个是水泥的稳定性，不能是这个标号高，那个标号低，相对稳定，这个是比较重要的，一般小厂达不到相对稳定，咱们这个厂在周边的市场中信誉还是比较好。

我是大寨外借过来的，因为当时大寨没有管生产技术方面的技术员，从车间主任到技术员到化验室主任到分管生产的，这一套人马是从县水泥厂借过来的。借过来以后，逐步地给这里的水泥厂培养人才，随着本企业的人逐步熟悉，逐步地积累经验，后来逐步地把原来借的人员给人家退回去了。原来总共借过来7个人，现在就剩下两个了，一个是我，主管生产。还有一个分管工艺技术的。

冯：咱们这个厂子规模有多大？人员有多少？

李喜胜：规模是10万吨，全厂所有的人员总共164个。企业里的人员构成一个是大寨本村的，企业比较多，人口又少，劳力比较少，在这个企业里大寨村人总共是20多个吧，不多了。下来就是周边农村的，像大寨村前面的武家坪，对面那个金石坡，刘庄、高家岭，周边村里头的剩余劳动力，大部分也在这儿工作了10来年了，相对比较稳定。

冯：这些人是招工招来的？也是需要一定的考核吧？

李喜胜：要考核，通过考核招进来以后，先进行培训，培训以后有一个熟悉过程，熟悉过程一般是3个月左右，因为车间的操作不是太复杂。

冯：咱们跟香港合资，他们出人不出人？

李喜胜：当时合资的时候说的就是咱负责管理，它不参与管理，它没有直接管理。

冯：合资咱们这儿的股份多还是他们的股份多？

李喜胜：他们多，人家是51%，大寨是49%。

冯：今年生产量有多少？

李喜胜：今年生产了有4万吨。咱们这个地方冬季比较冷，冬季能量消耗比较大，热量消耗比较大，一般有两到三个月不生产，前半年的产量相对低，后半年的产量相对高，一年这个厂生产能力是10万吨，实际产量是9万吨，因为还有两个月不生产。

冯：不生产工人都放假吗？

李喜胜：检修设备，咱们这个设备一般运行一年以后需要大修，就利用这个时间搞搞大修，搞搞一般的维护维修。

冯：像这两年咱们职工的平均收入有多少？

李喜胜：职工的年平均收入去年将近6000来块钱，今年工资又比去年高了，今年的工资又重新作了一下调整，因为现在工人工资相对来说比前几年都高了。

冯：最高的收入能拿到多少？

李喜胜：最高一年将近两万块钱吧，像最近这几年销售人员一年也能挣两三万。

冯：咱们录取工人的时候，对大寨村的人和对其他村的一样吗？

李喜胜：那一样，大寨人过来一样，也得通过考核，也得通过培训，培训不合格也不让他们上岗，在这方面咱们对谁也一样，不能含糊。

冯：咱们这儿一周几个工作日？

李喜胜：一般是一周6个工作日，因为周边农村人占的比较多，平时没有多少住厂的，下了班就回了家，他们是三班作业，有时间就回家休息，没有按国家规定的双休日安排。

冯：咱们组织不组织定期对职工的培训？

李喜胜：职工培训每年都要进行，是分期，工种不同，有些工种是春季培训，技术岗位培训都要通过考核，领了操作证才能上岗，像电工、化验室的操作工，这些人都得领了操作证才能上岗。这些人员每年都得分批培训，其他还有刚进厂的工人培训，刚才说的不包括在入厂培训里头。入厂培训是每个季度最起码有一个培训档期。

冯：咱们厂里有没有学校学生分配过来的？

李喜胜：学生也有，不过高学历来不了这里，一般是中专、高中、职业高中，这些学生来了一部分，再高学历的人就不往这儿走，一个是这个企业不是太需要高精尖技术，再一个是企业本身就小，还是吸纳不了人家高学历的。

冯：你觉得在这儿干得还是比较出色的，能够发挥自己的作用？

李喜胜：我在这儿现在是把我学的东西都用上了，我是分管生产技术的，剩下的还有分管销售的，分管供应的，分管后勤总务的，现在销售和生产比较重要。

冯：咱们厂从开始到现在对产品也进行过一系列的研发吧？

李喜胜：98年的时候咱们研发了一种新产品，当时山西省还没有这个产品，低碱道路水泥，道路水泥是整个水泥里的一个品种，低碱道路水泥当时在山西省还是个空白，要生产道路水泥难度比较大，省建设局老专家来看，咱们这个企业还是把这个产品搞出来了，搞出来以后99年12月份在山西省做了技术鉴定，当时郭书记还有省里边的领导都参加了，搞了个新货会，这个产品因为市场需要搞出来了，但是没有大面积推广，它价格也比较高，高过一般的普通水泥，修路的宁愿要低价格的也不愿意要高价格的，这个产品搞了，当时获得了山西省经贸委的新产品开发奖。

1993年3月，大寨从山东省临沂市引进技术、人才、资金、设备，动工兴建村办水泥厂。后因资金不足，又和香港中策集团商定，由中策公司出资1170万元，合资兴办“大寨中策水泥有限公司”，设计能力为年产水泥10万吨，总共投资2100万元。1994年5月竣工投产，主要生产400＃硅酸盐普通水泥及熟料。投产之初，生产、销售运行良好，主要供应本地市场。近几年，水泥市场竞争激烈，尤其是低标号水泥市场疲软，经营困难。在此情况下，大寨聘请原大同水泥厂厂长、省建材局局长李发根为技术顾问进行攻关。目标是抓住全国加大基础设施建设投资，大搞公路建设的机遇，开发适应公路建设的新型水泥产品。为此，大寨经济开发总公司领导决定，成立了低碱道路水泥研制攻关小组，由李喜胜总负责，李发根为技术指导，郭彦荣担任选材、小试、整理材料负责人，邓贵娥为检验员。

1998年底，公司有职工240人，其中管理人员40人，科技人员6人，拥有固定资产2600万元，年创产值1200万元，实现销售收入945.79万元，实现利税90万元，上交总公司20万元。

（《大寨村志》，山西人民出版社2003年1月版，第97～98页）

采访对象　李贵明（男，1967年9月生于大寨镇武家坪村）
采访时间与地点　2006年7月25日，大寨中策水泥有限公司
采访及录音整理　董永刚

董：你作为水泥厂的一名职工，谈一下你在大寨这个企业里的情况吧！

李贵明：我建厂时就来这个厂里了，就是93年的时候。我刚到水泥厂的时候是在烧成车间的，后来又干了统计工作，现在到了销售上，主要是货物发运、车辆调度这些，一直到现在。

董：你觉得大寨什么时候变化最快？对周边又有多大的影响？

李贵明：要说变化哇，改革开放、土地下放以后大寨发展就比较快，人家建了许多厂。对周边这些村来说，主要是解决了很大一批闲散剩余劳动力的就业，对周边经济的发展也有很大的带动。比方说，像这水泥厂，它建起来以后，周边这卖菜的、煤矿、拉石头的就有了出路，运输业也相应跟着有了发展。我们武家坪、金石坡这些村的人就很羡慕大寨。大寨这老百姓都富裕，村容村貌都搞得好，这人老了还有养老金，你说这能不羡慕人家？其他村根本就没法和人家比！

大寨变化最快就是最近这几年，也就是2000年以后发展得比较快。尤其是人家这几年的旅游业发展得很快，餐饮业发展得也就快，整体经济状况一天比一天好！像水泥厂这几年的效益就一直很好，生产的货是供不应求，市场的需求很大。

我是搞销售的，我觉得一个企业要想干好，首先要有产品质量作保证。其次，这信誉、服务都得跟上。要赢得用户的认可，要以质量赢得市场。像我们搞销售的就非常注重服务。销售是企业的一个窗口，客户来了，起码要让人家觉得敢和你打交道，觉得心里放心才行。信誉度是非常重要的。

采访对象　贺　勇（男，1972年3月18日生于大寨村，中专文化）
采访对象　梁永平（女，1973年12月生，初中文化，贺勇妻子）
采访时间与地点　2006年7月26日，大寨村家中
采访及录音整理　李卫民

李：你03年进水泥厂的时候，能挣多少钱？

梁永平：当时是计件工资，一个月能挣四五百块吧。

贺勇：我那时候也只挣400多块钱。水泥厂的效益也一般。

李：水泥厂的工人是本村的多还是外来的多？

贺勇：外村的多。咱村的人就不多，在水泥厂的就二三十个，其他很多人都从事商业。水泥厂大都是从附近村来的。挣钱吧，那要分工种，有的人干活，灰尘大，补助就多一些。

李：你在那儿从事什么工作？

梁永平：写编号。我那工作，也不清闲，（工作的地方）也不很干净，就在车间里面。

李：那你是干什么的？

贺勇：搞维修。我们那里也是自动化，进料这些都是自动的，我管维修机器。我的工作也不是太累，机器也不常坏。

梁永平：别人是体力劳动，他是脑力劳动。

李：你看，你本身是大寨人，又在大寨的企业里工作，你和企业的关系是合同制还是聘用制？

贺勇：也不是什么聘用制。出，好出；进，不容易进。

李：从93年到现在，你们这厂换了几任领导？

贺勇：换了四五个，有一个人干了两回，有人干的时间长，有人干的时间短。

李：那你们厂的女工有多少？

贺勇：大概10个。

李：水泥厂的工作时间是什么样的？

贺勇：也是8小时制。没有双休日。一个月当中，如果有替班儿的，你就能歇两天儿，没有替班儿的，就还得来。

李：你干的活还清闲一些，那些生产水泥的工人是不是比较累呢？

贺勇：有的工种累一些，大多是外村的人在干。

李：以前，大寨是女的跟男的要干的一个样，现在厂里还是这样么？

贺勇：不是那样了，（女的）没有那体力，重活都是男的干。女的都是看机器。

李：水泥厂离咱们大寨村远不远？

贺勇：大概有10里地，也不是很远。

采访对象　贾彦华（男，1965年生于大寨村）

采访时间与地点　2006年6月2日，大寨中策水泥有限公司办公室

采访及录音整理　董永刚

董：请你谈一谈你在这个厂里的情况吧！

贾彦华：我就是咱大寨人，我在这个厂里是在车间搞烘干的。来这个厂以前，我在高家岭职业中学当过几年教师。我 94 年的时候就来了这个厂里。这个水泥厂是 93 年的时候开的。刚开始的时候实行招工，我就是通过招工招过来的。我刚过来的时候，在这里还算是个有文化的人。所以一开始让我干的是统计员的工作，工资是按照工作日开。刚在这里上班的时候，一个月能拿个 300 来块钱，在那个时候就算是不低了。现在一个月就是个 700 来块。现在这工资是按照出勤来算，没有底薪。

董：你现在在车间搞烘干工作，那里污染大不大？车间的福利怎样？

贾彦华：不要紧，也没有什么。以前灰尘大，后来厂里装了环保设备后，情况就好多了。记得当时光装那个设备就装了一个冬天。这个东西装好以后，确实是好多了。我们这里和其他车间差不多，计件算工资，产量多，工资相应也就高一些。

采访对象　贾春生（男，1962 年生于大寨村，高中文化，中共党员，现任村委会主任）

采访时间与地点　2006 年 5 月 30 日，大寨村村委会办公室

采访及录音整理　王勇红（整理者）　刘晓丽　冯素梅

王：大寨基本上是 90 年代才干起来的，那会儿的经济也比较紧张吧？

贾春生：紧张，一个问题是引进外边的资金，一个是贷款。

王：当时的贷款有多少？

贾春生：当时光办水泥厂就贷款了 1000 多万。

王：贷款什么时候还清的？

贾春生：现在基本上也还得差不多了。水泥厂当时也不像现在规模这么大。近几年水泥厂效益才好，跟城市建设（有关系），这几年村村通公路都用水泥，近几年才好。

王：大寨水泥厂叫中策水泥？

贾春生：对，叫中策水泥，是和香港联营的。

王：当时是怎么合作联系上的呢？

贾春生：当时是咱们的田纪云副总理在山东，后来帮忙引进的这个项目。

早从 1992 年后半年起，大寨就根据田纪云、朱镕基两位副总理视察时的指示精神，确定出一条从当地资源出发办企业的思路，目标首先锁定在办水泥厂上。

山西省副省长张维庆向郭凤莲透露："香港有个中策投资有限公司，董事长黄鸿年是我的朋友。可以请他帮忙。"郭凤莲欣然同意。于是由张维庆牵线，郭凤莲结识了黄鸿年。那次郭凤莲正在青岛出差，半夜接到北京来电，称次日

下午5时黄鸿年在钓鱼台国宾馆等候洽谈商务。她放下电话，迅速穿好衣服，打点行装，星夜上路。青岛距北京上千里路程，郭凤莲于中午赶到，准时参加了洽谈。这令黄鸿年先生深为感动，他说："就凭郭凤莲这种精神，我给大寨投资。"之后，黄鸿年亲自到大寨做了考察。说来他也有在山西工作的经历，对大寨曾经的辉煌是熟悉的。黄鸿年后来对人说："我与大寨合作，并不是因为大寨投资环境优越，而是因为这里有光荣的大寨精神，有郭凤莲女士朴实无华的工作作风。"

1994年4月，投资2100万元的水泥厂正式建成投产。5月28日，大寨村国道旁的水泥厂工地，张灯结彩、锣鼓喧天，大寨中策水泥有限公司投产典礼隆重举行。拱门高架，彩旗高挂，鼓乐齐鸣。已任中共中央政治局委员、全国人大常委会副委员长的田纪云应邀参加庆典，在众多单位、宾客的祝贺道喜声中，同山西省委书记胡富国等省领导、大寨中策水泥有限公司总经理郭凤莲、香港中策投资有限公司经理代表白子萧一道为庆典剪彩。面向国道的厂门口，挂出由田纪云题写的"大寨中策水泥有限公司"的厂名牌子。

大寨中策水泥有限公司的组建运营，在大寨工业发展史上书写了重重一笔。

（《大寨沧桑》，山西经济出版社2005年8月版，第337～338页）

核桃露亮出了一张大寨王牌

采访对象　郭凤莲（女，1947年10月生于大寨镇武家坪村，中共党员，大寨村党支部书记，原大寨"铁姑娘队"队长。1973年担任大寨党支部书记，1977年任昔阳县委副书记。1991年回大寨担任党支部书记，2004年至今担任大寨村党支部书记兼大寨企业集团的董事长。中共十一大代表、中央候补委员，五届全国人大代表、人大常委会委员，十四大、十五大、十六大全国人大代表，现任全国人大常委）

采访时间与地点　2007年4月6日～7日，大寨村郭凤莲办公室

采访及录音整理　孙丽萍　冯素梅　赵俊明　王勇红　董永刚

孙：你那会儿接受过凤凰台的采访，我看过一回。

郭凤莲：凤凰台的采访好几次呢，这个是鲁豫专访。凤凰台在这里还搞过一个歌会，申奥歌会，咱们核桃露这个企业，北京申奥的时候赞助了280万块钱呢，还随着咱们中国的企业代表团到莫斯科去参加申奥，咱们也去了八九个代表，我也去，代表咱们国家。

孙：产品的质量也还是上来了，我印象中最初的大寨核桃露口感没有现在的好，而且最近包装也换了，口感也好得多了。

郭凤莲：不一样了，现在咱们的配方是靠人家大专院校，靠清华大学的生命科学院，质量越来越好了，市场也越来越大了。有些产品还很不错，现在大寨面粉呀、大寨黄金饼呀，都不错，大家来了就拿上走了，还有大寨的土鸡蛋呀，各种产品不少。

采访对象　牛丽梅（女，1983年3月24日生于大寨村，初中文化）
采访时间与地点　2006年7月25日，大寨村家中
采访及录音整理　赵俊明

赵：那个核桃露厂现在怎么样？

牛丽梅：效益挺好的，像他们一年没有闲的时候，天天都生产。

赵：他们那里工资怎么样？

牛丽梅：他们分的等级不一样，工种不一样，挣钱就不一样。像他干水处理的，就是做纯净水处理，一天是50块钱，也是有考勤，上一天就有一天的钱。像那个放假、过年什么的，有奖金，有福利，效益也挺好的。用的是咱们的牌子，销路全国各地都有，像他们光那个核桃露的宣传车就有10来辆，全是奥迪A6，都是往外地跑，有销售经理、业务员，专门跑全国各地业务的。

赵：你能不能在那个厂里找份工作？

牛丽梅：也能找上，应该能找上，也是不好进。到那里上班找找咱们书记也给解决，她跟那边管这个的关系也挺好的。

赵：找过她没有？

牛丽梅：找过，她答应了。

赵：南娄也是个村子？

牛丽梅：南娄是个镇，南娄的企业比大寨企业还多，南娄是个比较富裕的地方。什么企业都有，他们所有资金都在自个儿的企业里转，什么也有。自产自销，什么也是自产自销，日常用的都有，不用外边的。他们有耐火厂、汽修厂，有贸易公司，还有印刷厂、面粉厂、饮料厂，反正企业挺多，有水泥厂，有电厂。

赵：是不是那里比咱们这里富？

牛丽梅：比咱们这里还富，也不远，过了阳泉就是盂县。那个地方挺好的，唯一就是环境不好，那个地方煤矿多，到处都是。一般人去了接受不了。今年过年刚去我也接受不了，真脏，太黑，穿这个白衣服一天就脏了，在我们这里白衣服穿两三天也脏不了。那个地方真脏，可是人家不愁赚钱。

阳泉市盂县南娄村，距大寨60余公里，名不见经传，那里村办企业生产的铝塑管和核桃露，多少年了销售欠佳。企业负责人李进章是个聪明人，洞悉市场，善抓商机，早就有心和大寨合作，借名生财，又怕大寨不肯赏脸，很长

时间下不了决心。2001年初，李进章试探着给郭凤莲捎了个口信，吐露欲借大寨之名促销，大寨以品牌名入股合理分红的意向。诚信合作之意感人，市场运作之法动心，郭凤莲同大寨干部们商量，同意这个动议。于是，双方签订合作协议，准许南娄生产的铝塑管、核桃露以大寨牌冠名。

（《大寨沧桑》，山西经济出版社2005年8月版，第355页）

九、商贸旅游方兴未艾

- □ 虎头山森林公园景色秀美
- □ 纪念馆承载大寨百年历史
- □ 旅游品小店铺集中连片
- □ 农家饭店方便八方游客
- □ 村民教师外出增长见识
- □ 大寨人多种形式自主创业

商贸旅游业是20世纪末在大寨发展起来的新兴产业。发展大寨现代旅游，得益于当时国务院副总理朱镕基到大寨视察时的启发。1992年朱镕基同志视察大寨，在对大寨的经济发展作了全面了解后，提出了一条大寨发展的新思路，他说：大寨是个名村，大寨要发展自己的旅游业，必须从这个名村的品牌上动脑筋。“农业学大寨”口号的提出使得大寨一夜成名，家喻户晓，成为当时人人向往的政治和经济乐园，全国各地前来参观学习的人纷至沓来，络绎不绝。大寨的发展应充分利用自身现有条件，利用名村的影响发展旅游。大寨的旅游业以此为契机步入了轨道。

可以说从20世纪六七十年代起，大寨人就已经在旅游行业积累了一些经验办法。但是，当时的大寨旅游并非真正意义上的现代旅游，是带有计划经济时代特点和浓厚政治色彩并且以参观取经为主的单向发展。就大寨而言，可以说是自然景观并没有优势，旅游的发展靠的是得天独厚的人文旅游资源。进入80年代，往日大寨地头苦战、迎来送往、游人如织、车马喧闹的场面悄然消退，但并没有因此割舍许多人对那一段历史的独特情结。即便在大寨村的发展进入低谷的时候，还是不断有人前来寻找大寨，寻找那一段历史留下的足迹，寻找那一段历史独特的内涵。可以说，大寨这个村子的影响不仅仅局限于六七十年代，大寨的人和事还会一代一代传说下去。

虎头山森林公园是大寨发展旅游的重要景点，也是最主要的旅游资源依托之处。森林公园景观包括了陈永贵、郭沫若、孙谦等名人的墓地，以及军民渠、军民池等六七十年代修建的部分水利和农用设施。1994年建成的大寨展览馆，是对外宣传和介绍大寨的窗口，也是外界能够直观全面了解和认识大寨的景区的重要场馆。游人每来大寨，必到此处。在展览馆和纪念馆，大寨的过去、今天浓缩成一幅幅曾经在全国各大媒体争相刊发的图片，一段段曾经出现在报刊醒目版面上的文章……大寨村60年的发展和变化，依然让人激动，让人回味。

旅游商店和纪念品以及大寨村里的农家窑洞饭店、旅馆，是90年代以来大寨旅游业市场化的重要标志，更是大寨人探索奔小康的一条好路子，如今已成为部分村民家庭收入的主要来源和渠道。大寨人以大寨品牌旅游为依托，另辟蹊径，个人开办了民俗院等一些颇具地方特色的旅游配套项目，个体旅游经济收入也相当可观。

随着旅游业的快速发展和村民生活水平的提高，外出旅游观光成为大寨人近年来的一项公益事业与个人精神文化生活需求结合的活动。大寨人开始走出自家的小天地，到外面去看、去游，以一种新的方式提高生活的质量。村民外出旅游，不仅对外宣传了大寨，增长了见识，更重要的是他们在努力提高个人的文明素质。

10来年大寨旅游发展的道路，用“一年一个新台阶”形容比较恰当。短短的十几年间，大寨旅游收入稳步上升。2006年参观人数超过30万人次，门票收入突破300万元人民币，旅游业在大寨集体经济总收入中所占比重逐年提高。如今的大寨，已经成为省、市、县确定的德育教育基地和模范旅游示范景区。

通过村民的讲述，特别是对大寨旅游景点开发、森林公园绿化、旅游业与农业的关系、旅游业管理、村民旅游观念更新、从业人员的工资收入与福利待遇、从业人员素质、道德与金钱的冲突、村民的忧患意识等等问题都有涉猎，大体可以看出大寨旅游业的过去、现状以及未来发展的潜力和方向。近年来大寨旅游经济发展态势良好，同时也暴露出了一些问题。比如，就景点布局来说，大寨本身空间不大，景点相对集中，旅游中留不住人的情况严重，成为大寨旅游投入与发展餐饮、住宿的瓶颈；旅游从业人员的素质仍有待提高，服务质量有待改进和升级。

不难发现，无论是森林公园等旅游景点的管理者，还是旅游商品的经营者，他们通过回顾这些年的创业和从业经历，通过对所走过的道路进行思考，也在不断探索自身发展的新路子，他们也在积极改进设施，更新观念，提高管理水平，以适应市场发展新的需要。突出特色，发展旅游。可以相信，方兴未艾的大寨商贸旅游，将会朝着更加健康、高效的方向发展。

虎头山森林公园景色秀美

采访对象　贾新文（男，1946年6月生于大寨村，中共党员，大寨森林公园经理）

采访时间与地点　2006年6月1日，大寨虎头山森林公园

采访及录音整理　董永刚

董：贾经理你好，作为虎头山森林公园的负责人，给我讲一下这里的情况吧！

贾新文：我就是大寨人，我是46年生的，那会儿上不起学，就是个完小毕业。在来森林公园以前，我在这里承包了几年果园，从83年一直干到91年。郭凤莲回来后一直到94年，这果园还是我负责的。从95年开始，我就到这里搞这森林公园了。朱镕基总理来的时候就指出，大寨要充分利用好自己现有的条件，利用自身的名村影响来发展大寨的旅游业。因此从95年以后，我们大寨就大力搞绿化，大面积种树，来发展旅游。省林业厅对咱大寨森林公园也是十分支持。

咱们这里95年开始筹建大寨展览馆，目的就是要让大寨的后人不要忘记大寨老一辈艰苦创业的精神。现在这里也是爱国主义教育基地。96年的5月30日，纪念馆正式开馆，当年的收入就有10来万块钱。从这几年的发展情况看，前景还是可观的。像去年，单门票收入就已经突破了300万块钱。但是这还远远不够，大寨的旅游资源还应该进一步挖掘，像这名人、名地都是资源啊！这几年来大寨参观的，每年都有20来万人。现在咱们这里的门票是25块钱。如果将来大寨的旅游景点再增加（一些），旅游资源再开发一些，环境再好一点，那么咱们的门票收入还能增加。现在大寨的旅游收入已经占到大寨总收入的30%左右。

“大寨”这块牌子不容易呀！一定要珍惜。现在像大寨本村的村民从事旅游服务的就有四五十户，占到1/4还多。但到大寨旅游的人，在大寨留宿的并不多，留不住人，所以说，以后还得在这方面下工夫，从旅游的景点和路线上动脑子。

现在大寨的土地，除了当初开出来的一部分好地留下来让村民养种外，像那些水土流失比较严重的、土层薄的地都要完全绿化。咱们这里这几年搞绿化，种的树种也开始多了，不像以前就是一些杨树、柳树之类，显得很单一。现在咱们这里还不断引进一些新的树种，这里现在的树种就有四五十个。大寨这几年每年绿化投资就得三四十万，树苗有河南的、河北的，山西的最多，大都来自太原园林所。现在人家也给搞了规划，咱们就是要按照人家的规划来建设。就旅游景点来说，像大寨名人题词馆、放映厅都要搞起来。现在这里的生态园正在建设，很快就能建起来了。现在看大寨还不行，将来就好了！

我们这里的管理人员都是大寨土生土长的，认识上就不行，因此说，咱们这几年就经常从上边儿请下一些人来讲课，讲这些旅游、服务业，年年讲。像去年在地区还让咱们这导游接受培训，还得考试，不合格的还不行。所以这几年这里工作人员的素质提高也不少。咱们这里的工作人员基本上没有专职的，这与咱们的条件差还是有关，但将来要逐步改变，逐步规范。森林公园与村委会有协议，去年定的是150万，结果完成了200万，超额完成了任务。今年定的是200万，但今年由于这路不太畅通，压力不小。但按照协议的规定，因为客观原因造成的问题，最后还是双方协商解决。

● 建造于2001年的大寨文化展示馆，馆内收集、整理和保存了大量的图片资料和实物资料。

这几年慢慢意识到，人才是个大问题，工作中很多人为的素质［因素］不能太多。用人就得能用，不能乱用。前几年咱们这里也引进过几个人，可是养不住，咱这里的条件还是不行！将来这都得考虑啊！要想发展得更好，就得尽快培养人才。人员的素质要是跟不上，就和外头的无法沟通，这个很现实！大寨的条件是优越的，但如果没有一个好的人才来管理，这就不行，会越来越落后！咱自身条件不行，就得慢慢学，走到哪里学到哪里。出去考察，就得细细看，要能看出个门门道道儿来，不能出去一趟什么效果都没有。这几年，我也陆续派人出去看看，做点宣传，还要看看那别的地方是怎么干的。后来回来以后，效果确实还不错。像现在天津方面来的客人就越来越多了，各地来电话洽谈生意的也很多，像内蒙古、山东的都有。这几年我们在洽谈会这方面投资也不少，效果很好，值得！这不仅宣传了大寨，同时也搞活了旅游。

农业学大寨期间，到大寨的人员以参观、访问、学习为主，极少专程旅游，参观点为虎头山、梯田、新农村、狼窝掌农田、大柳树等。90年代以来，随着大寨经济的再度崛起，专程到大寨参观旅游的人数渐趋增多，1992年5月，国务院副总理朱镕基视察大寨，认为大寨开发旅游资源的时机已经成熟，要求尽快改善旅游条件，增加旅游项目。大寨党支部、村委会确定了以虎头山为主的旅游开发实施方案，将原有耕地退耕还林，并补栽1万余株风景树，在自然风景中设置人文景观，积极筹建虎头山森林公园。……1997年，大寨被山西省确定为重点旅游区，昔阳县政府和大寨共同投资建成207国道通往虎头山的4公里二级柏油路，交通状况大为改善。至此，虎头山森林公园粗具规模，并正式开放。

（《大寨村志》，山西人民出版社2003年1月版，第197～198页）

采访对象　贾慧勇（男，1978年生于大寨村）

采访时间与地点　2006年5月31日，大寨村家中

采访及录音整理　董永刚（整理者）　王勇红　刘晓丽　冯素梅

[采访路上，一对双胞胎小孩儿引起了我们的注意。看看整洁的屋舍、精干的母亲，过去采访一下的念头油然而生。带着几分试探的心情，走进了这家干净的小院儿。]

董：这一对小孩儿长得真漂亮！我们路过时看见你家这两个孩子就进来了。这房子挺漂亮的，我们随便聊聊吧！

贾慧勇：这房子是村里集体给盖下的，当时就是自己自愿报名、登记。谁想过来，谁就报名、交钱。当时觉得这房子挺便宜的，个人出 55000（块），加上我们当时也没有房子，所以就报名要下这房子了。原先的窑洞现在老人住。

我是 2002 年结的婚，我还有个大姑娘，后来又生了这两个小的，现在是 3 个姑娘。我在咱们虎头山森林公园上班，一个月 540 块钱，一年核算一次。如果效益好的话，年底还有点儿奖金。

到这森林公园以前，我是在外地当兵的。刚回来的时候这里还不行，后来公园逐渐发展起来以后，人才慢慢多起来。

森林公园每年搞绿化，像现在村里的很多妇女都还在植树，这些人的工资都是由村里给他们开，和公园没有关系。尤其这几年，退耕还林后，种树的面积是越来越大。我们这上班一般没有什么休息天，就是过年的时候放 10 天假。

董：你主要是搞什么工作的？

贾慧勇：我是个电工。这山上展馆的照明、路灯都由我负责管理。山上的工作人员总共 30 多个。我们这一年也有福利什么的，像苹果、饮料、工作服这些东西，到时候就给发了。夏天还给分西瓜。这个村每年还给发福利，像米、面、油这些东西，我们也都有。去年的时候，村里还给我家发了 1000 块钱的补助金。主要还是考虑到我们孩子还小，家里就我一个人挣钱，又没有其他的（额）外收入，生活还是比较紧张。村里的补助金主要就是针对这些家庭困难的人口的。

我爱人原先在北京打工，后来才回来。现在家里 5 口人，吃喝拉撒，这一个月下来，开支也很不少。

董：你觉得公园现在的效益怎样？

贾慧勇：去年的人很多，收益就很可观，今年就不像去年的买卖好做。但今年村里给定的标准还是和去年一样，（上交）200 万。

董：你们平时工作忙吗？

贾慧勇：我们上班的时候是各司其职，山上现在就我一个电工，主要就是负责展厅的灯光，其他都次要。遇到这大的问题，就让电管站的人来处理。这几年旅游业搞得很活，游客也很多，所以这山上的用电相应地就会增加。当时我上去的时候，也就是看好这里的旅游还是有前途的。尤其是朱镕基总理来过以后，这里的变化是一天一个样儿。这山上的用电完全是商业用电，一度（千瓦时）也就是 9 毛来钱。收费都是由电管站来收的，我只管维修，不管收费这些事。山上年轻人不太多，大多是初中文化，高中文化就不多。山上现在工作有限，就是个简单的劳动，没有必要（要）高学历、高素质的，但以后我想会有。这与发展有关嘛！

我父亲也在这森林公园，母亲也跟这绿化队干。我现在一年收入6000多块钱，父母有时还得给补贴点儿，没办法。

大寨这几年发展的形势还可以，郭书记这几年给村里打的基础挺好，即使以后她退下来不干了，我相信后来的人沿着她的路子走，以后还是能干好的。但作为我本人，我只要尽自己的力量，做好自己的本职工作就行了。我现在也没有太多的精力去搞其他事情。

采访对象　贾守富（男，1942年生于大寨村，高小毕业）

采访时间及地点　2006年5月30日，大寨村家中

采访及录音整理　冯素梅（整理者）　刘晓丽

冯：你们这里的绿化队有多少人？

贾守富：像我们这个（绿化）组吧，男男女女三十几个人，是大队领导着，也是大队统一安排。

冯：你现在是给集体劳动吧？

贾守富：是。给集体劳动一天给20块钱，这些人没有去厂里工作，搞起一个组来，贾存祥是副大队长，他管理着呢，是给集体栽树、种地、搞卫生，就是绿化队。森林公园的卫生也是这个组管。男的一天给20块钱，大家都一样，干的活不一样，女的是18元。

冯：这里边人的年龄的区别大吗？

贾守富：都是50来岁往上，女的多。

采访对象　李庆元（男，1949年生于大寨村，高小毕业，森林公园停车场收费员）

采访时间及地点　2006年6月2日，大寨村家中

采访及录音整理　冯素梅（整理者）　刘晓丽

冯：你在山上主要是干什么？干了几年了？

李庆元：收停车费。干了12年，刚开始收停车费就是我收的。

冯：咱们山上旅游的人挺多的吧？

李庆元：每年都不少。“五一”节、国庆节黄金周人多。自己驾车的人多，组团也不少，很多都是南方人，南方人愿意来咱们这儿。

我们是两个人倒班呢，下班才能回来，我回来吃了饭回去他再回家吃饭。

我们村一年来十五六万人。像我收停车费，一辆车收五块钱，一年收七万多八万来块钱呢。

冯：承包森林公园收入高吗？

李庆元：是。去年胡锦涛总书记提出“红色旅游”，又提出党员先进性教育，这样来的人就比较多。去年光门票收入就300多万，还有停车费，小卖部，旅行社住宿、吃饭，那就更多了，一年千数来万。旅游行业就是好，不污染环境。

李庆元：当时周恩来第一次来大寨，对陈永贵说你必须挖起石头栽上树，陈永贵墓那边都是起了石头栽上的树，那儿就没土。

现在年轻人不知道这回事，没人告诉他们能知道？他们还以为是自然森林，其实都是挖起石头来栽上的树。有些是我们在学校念书的时候，装上松树籽，挨着山排上队撒，这会儿都长大了。往山上种树的时候我们都参加过，当时这个山上就是荒山秃岭。

冯：我们看见森林公园里面有小松树苗，是属于集体的还是个人的？

李庆元：是大队的，现在也是汽车拉上去栽呢，每年栽树。

采访对象　赵老虎（男，1950年生于大寨村，初中文化，森林公园绿化队职工）

采访时间与地点　2006年6月1日，大寨村森林公园

采访及录音整理　王勇红

王：你原来是干什么的？什么时候开始到山上干的？

赵老虎：我原先在煤矿干，后来胃不行就不干了。郭书记91年回来，我就上了山，看山、种树。这几年山上绿化，栽树共栽了两三万亩。现在这边的树基本上都是我们栽下的。

王：咱们这个绿化队现在有多少人？

赵老虎：主要还是用着一部分外包工，不都是我们村的。我们主要是七八个人，负责管理工作。

王：是你带这个队干了？待遇是怎么给？

赵老虎：给工作服，一年两身，过年给点白面啦、油啦。工资是按年给，我是一天18块钱，按360天算。其他人是干一天有一天。这个工资是森林公园出。

● 虎头山上大寨展览馆是老一辈大寨人艰苦创业的历史浓缩，是新时期大寨人发扬大寨精神坚持改革开放的写照。

纪念馆承载大寨百年历史

采访对象　贾怀棠（男，1966 年 5 月生于大寨村，中共党员）
采访时间与地点　2006 年 5 月 31 日，大寨虎头山森林公园
采访及录音整理　董永刚

董：你作为咱们大寨展览馆的一个负责人，谈一谈你的工作吧！

贾怀棠：我是 2003 年的时候才来的森林公园。96 年的时候我就到了村里的煤矿上，这个时候老贾［贾新文］就到了森林公园。我在煤矿上干了 6 年。煤矿承包以后，我就又回来上这虎头山跟老贾干了。

我刚到这里时，这里的展览馆正在建设。展览馆里的那几个雕塑都是 60 年代做的。当年那是全国 17 位有名的雕塑家，在这个地方体验生活了两年，最后才做完的。做的时候就在这里。这些雕塑原先不在这里放的，展览馆落成以后，全部用这草绳给绑住运过来的。这些东西，我当学生在城里念书的时候就经常看。

第一个展厅主要讲的是文化名人与大寨文化。这些名人主要是文艺界的，当时都来过大寨，都是文艺名家。第二个展厅就是农村文化。主要陈列的就是咱们太行山区这一带比较典型的东西，像风俗、民情这些，比如说像农村的婚丧嫁娶、田间劳动、农家小院儿这些。这些东西都很贴近当时老百姓的生活，很多上了年纪的人一看，就能回忆起当年的生活。第三个展厅主要反映的就是大寨的过去，像老一辈是怎样建设大寨的，（比如）大战狼窝掌、平田整地的这些场景。到这最后一个展厅，这里就主要讲郭书记回来以后，这大寨的发展状况，以及大寨的远景规划。

展厅里的那几个雕塑都有很深的内涵。第一座讲的就是政治挂帅、思想领先原则，第二座就是讲自力更生、艰苦奋斗的精神，第三个就是为国家贡献的

(共产) 主义风格。这每一个雕塑都有时代意义和政治思想，总的说来也就是当年周总理对大寨精神概括的（三句话）。另外，这里还展出了当年老一辈人使用过的许多农具和劳动时候的许多图片。

这个展馆正式开馆是在 2003 年。游客主要集中在“五一”、“七一”和国庆这几个时候［时间段］。从咱们开馆到现在，游客反映还不错。但一些年轻的游客，在看完这以后就很不理解当年的做法。说：“那人为什么不栽树，去绿化环境，而是要费的那力气开石头造田?”你说，这当时连吃的都还没有，还绿化个甚嘞！解决这吃饭问题在当时倒是最主要的。当然，没有经过那个年代的人确实不好理解当时这人的做法，这思想就更理解不了了。这里的东西很多还是要靠讲解员来给游客讲解。

现在咱们这里每一个展厅有一个讲解员，这些讲解员在上岗以前都经过县旅游局的培训，工作人员要求必须对大寨要有感情，要带着感情为游客讲解，当然了，讲解的时候，内容还要尽可能涵盖整个大寨，不能讲一点就只知道这一点，这不行!

我们这里的工作人员都是早上 8 点上班，上午 10 点半的时候部分人回去吃饭，然后到 12 点半的时候再上来，互相倒替着吃饭！没有事情的时候，这工作人员也得在这展厅里看资料，不能随便离岗。我们这一天能工作 10 来个小时，现在的工作人员除了自己的本职工作，还要防洪、防火。其中有半年的时间主要是集中防火。这几年，山上这森林的面积是越来越大，防火的工作就很重要了，现在这方面的投入就很多!

采访对象　姜素棠（女，1964 年 2 月生于昔阳县静阳村，大寨森林公园员工，高中文化）

采访时间与地点　2006 年 6 月 7 日，大寨展览馆

采访及录音整理　赵俊明

赵：我们主要是来了解一些咱们村里的情况，像你们这种上班的经济收入怎么样?

姜素棠：我是 96 年第一个上来的，原来在那个展览馆当解说员，后来年龄逐渐大了，年轻的就顶上来，到后来就有了那个导游，展览馆就不用了，办起这个纪念品商店，我就到了这边。

赵：你算是一个负责人?

姜素棠：我也不是负责人，主要是也没有多少人，有两个人就能够顾得过来，就是倒一下班，主要就是我吧，到中午也干，就是要有一个人替一下班，我回去做一下饭，完了再上来。96 年我刚上来时是一天 6 块钱，不多，那个 6 块钱还挣了几年啦，有三四年吧。当解说员也是，一样的。那个时候没有那个意识，像咱们农村的人，还没有旅游这个意识，就不知道是开个饭店、卖个东

● 虎头山森林公园名人题词馆。

西也能自己赚点儿钱。后来就是通过媒体大力宣传，全国各地都搞旅游时，大寨人才慢慢有了这个赚钱的意识，就是住宿呀，吃个农家饭呀，卖个纪念品呀，就是这。后来随着咱们这些促销宣传，吸引的客人也多了，咱们收入也就高了。由于效益好，到年终这些工资呀、奖金呀就涨起来。去年是最好的么，去年不是搞那个先进性教育，那个人多，女的工资提高到 14 块，男的是 18 块，还是按以前好像是评那个工分，好像是男的就评得多［高］一点，女的就低一点，还是那个思想，其实咱们做的这些工作吧，都是一样的，没办法。

赵：*就是说效益好的话除了工资年终还有奖金？*

姜素棠：也有，有奖金，这个奖金是一样的，都是 1000（元），这个奖金男女是一样的。我记得有奖金就是这两年了吧！就是大队给你定的这个任务，上交完了，然后剩下的钱，就给工人发点儿。从 96 年到 2005 年这整整 10 年，10 年就两年发过奖金。

赵：*咱们这个是有人承包的？*

姜素棠：这个企业就是属于集体的，它是个人负责，要给你定任务。咱们这个企业就是旅游的人多，你才能有收入，它不是说你加班就可以，需要人过来，它是随着客流量多少，任务才能相应增加或减少，你说今年定 250 万的任务，没人你怎么去完成？咱们也不能出去抢人家，或者硬把人家拉过来，你说是不是？

赵：*主要还是应该多宣传一些？*

姜素棠：哎，对，电视台、书刊、报纸这些媒体，都要给你打电话过来，因为你这个宣传品一出去，上面有你的电话、联系方法，它们也是要求你集体宣传。这个企业是集体的，我们这个工资就是我跟你刚才说的这个状况，它也不是固定的，主要就是看完成集体给你定的这个任务的情况如何。

旅游品小店铺集中连片

采访对象　赵乃芳（女，1968 年生于大寨村）
采访时间与地点　2006 年 7 月 26 日，大寨村个体纪念品商店
采访及录音整理　董永刚

董：我们想了解一下现在大寨村里老百姓的情况。

赵乃芳：这当然可以了。你需要了解什么，我都会告诉你的。就我个人而言，我是这么个情况。我是 1968 年生的，当时我家就 6 口人，我是家里最小的。我现在经营的这个小商店是去年刚开的，这以前我是在外头摆地摊儿的。我娘家、婆家都在这里，我现在的这个地方是父母亲生前住的。

董：你刚开始经营小商品时候的情况怎么样？

赵乃芳：这里刚有了这旅游的时候，没有什么商店，都是在街上摆地摊儿。现在你看到的这些商店都是后来才弄的。刚开始的时候，这里摆地摊的人比现在还多。我们村里的人说起来还是比较开放的，用现在人的话说是能跟得上形势。中央让怎么干，咱就怎么干，这郭书记就是个带头的啊！

村里每一家都有责任田，可是后来形势变了，旅游的人很多，所以人们的思想也都跟着转变了，现在种田基本上都是捎带的，不以种田为主。可是作为一个农民，这地就都不能给荒了。这不，村里现在就集体给耕种，各家的地自己管理，不费时儿！

我从摆地摊到现在也没几年，但从这几年看，收入上还是顶个劳力，还行！村里这几年开了不少的商店，商店与商店之间的竞争肯定是会有的。这是个正常现象。我这个地段儿的地理位置很好，紧靠的就是陈永贵的故居，商品的价格自然也就能卖得上去。现在游人也都反映说“这里的价格有些乱”，确实有这种现象。你想，都想挣点儿钱，谁也不肯赶走上门的客人，只要走货就是钱！可是说回来，制止这个东西又没有一个行得通的办法。现在的货，花样儿变得太快，一天一个包装，没法干！这几年村里也在积极搞一些有大寨自己（特色）的旅游产品，把“大寨”、“虎头山”这些有影响的东西使劲儿往外推，大寨也不能光搞一些人家别的地方的东西，特色不能没有！

你别看这里所有的商店，货架上的东西大同小异，但是各家经营都还是有各家的特点。做买卖嘛，别人有的，自己也得有，别人没有的，自己想办法也要弄。做生意都是这个！但在这个地方，我觉得我们不可能存在宰客的行为。因为谁也是个人，人家来买你的东西，你要是给的人家太贵，人家自然就会到别家买。这样货比三家后，价钱自然也就高不了多少。从我个人这几年经营的经验看，我觉得薄利多销还是不错的。

前几年的游人很多，去年到今年人就不像往常，经营很不好做，不管是卖这小商品还是开饭店，我想关键的一样就是要有回头客。要是想有回头客，那

● 大寨村的农家饭店。

就得让别人在你这里消费觉得物有所值，说来说去，就是一个“值”字。

这几年，我们村变化很大，环境变了不少。因为这是个名村，搞个好的形象，村里的人还是支持的。我们这个村里家家户户都很注意卫生，家里的摆设不可能很好，但起码来说都不脏，让人看了觉得舒服！

要说这里有没有问题，不能说没有。现在社会风气不太好，都是一切向“钱”看，不是向“前”看，这就要影响其他了。

采访对象　赵彩宏（女，1977年生于大寨村，初中文化）
采访时间及地点　2006年6月2日，大寨村娘家
采访及录音整理　冯素梅

冯：咱们村里人一般都干些什么？

赵彩宏：都忙呢，做生意的做生意，上班的上班，一般闲的少。今天下雨，不能去地里，就在家里耍耍，或者做点营生，像做做鞋垫，钩钩鞋。

冯：鞋垫是姑娘出嫁时需要的吗？

赵彩宏：有的是，有的自己平常也要垫呢。

冯：出嫁的时候有没有做几双的习惯？

赵彩宏：不一定，有的20来双，有的30来双，有的十几双。一般姑娘出嫁的时候都要带鞋垫，我们都会做。

冯：有没有做上鞋垫在外边卖的？

赵彩宏：有呢，我妈做上以后就卖了。我原来也做，现在怀孩子了，不想做了。一般这村里的人都要钩鞋，卖鞋。我穿的拖鞋也是自己钩的。她们不会钩这样的，我自己想出来的样子，鞋、衣裳，有时候自己也能设计了，坎肩自己也能钩，能钩出花来，闲耍呢。

冯：你是怎么学的这些呢？

赵彩宏：自己想象的，也没有什么书，慢慢地自己想象就钩出来了。像拖

鞋钩出各式各样的花，卖过不少，我钩下和别人的不一样，有花什么的，比别人的复杂，一般人都钩不下来，我钩下的都能卖了。像包包都能钩了。我做的鞋垫上都有花，我会画，自己先画上，然后再做。画也是自己琢磨的，以前看见毛巾、枕巾上面什么花好看，就画下来，慢慢就会了，就是爱好画，看见什么画什么，贪［爱好］那个。

冯：都是什么图案？

赵彩宏：没学过，画不好，一般像花、动物，都能画了。有别的人不会画了，给我拿过来，我就给她画画。

采访对象　李喜贵（男，1951年10月生于大寨镇虎头山村，完小毕业）

采访时间与地点　2006年7月26日，虎头山村家中

采访及录音整理　董永刚

董：大寨这几年正在积极发展当地的旅游业，你觉得你们能受益吗？

李喜贵：哎呀！现在还看不到，可是只要是人家闹得好了，人多了，咱们周边的这些村的人要是能跟上经营一些小买卖，这挡不住是要受益的。可惜的是现在很多人都不种地了，很可惜。看着这地，就想起陈永贵当年的功劳可是大了！这明摆的东西，谁也不能否认。我们现在也是就盼的那大寨赶紧开发好这虎头山，我们周边的人或许还能沾点光。这个地方有土特产，像酸枣、核桃、花椒，这些都能卖呀！

这个地方属于大寨公社［镇］，下放土地和大寨是一起的。现在单靠种地打粮食是不行了，还得设法种点儿经济作物，养点儿猪之类的，这多少还能多收入点儿。大寨村现在那就挺肥的。这老百姓到了六十上的时候，村里就给发这养老金了，每月都能到村里领个钱。像这村里，有的家吧，子女过得挺好，这老人还能顾得上。有的家里子女多，他们连自己都顾不过来，哪能顾得上你？这周边的这村里都不沾呀！这人可是眼气那大寨嘞。人家大寨的人挣的是个活钱，可这村里就不沾，没地方捞钱！

我听说，人家大寨郭凤莲就说是要加快这大寨的发展，来带动周边村的发展，扶持一下像我们这些村。大寨的旅游发展了，还能允许我们去做些这小买卖，这也不赖呀！

采访对象　宋立英（女，1930年生于大寨镇大寨村，中共党员，大寨第一位女共产党员，全国劳动模范。曾担任过大寨村妇女主任、村党支部副书记、昔阳县妇联副主任、山西省妇联副主任、第四届全国妇联执委会委员、第五届全国政协委员）

采访时间与地点　2006年5月27日，大寨村家中

● 大寨旅行社新貌。

采访及录音整理　刘晓丽（整理者）　冯素梅　王勇红

刘：您家的旅馆开了有一年多？

宋立英：去年5月开，到去年冬天倒不开了，有人给打帮，做了两天饭，后来做饭的人走了。

刘：他们来了都喜欢吃什么饭？

宋立英：反正喜欢吃一个农家饭。

刘：咱们这些饭店能住人吧？

宋立英：它有的大的也能住人，可不像大寨旅行社，人家条件也好，能洗洗澡甚的，住这农家没有洗澡间。开的饭店、旅馆这里边是四五家哩。

刘：一年靠旅馆能收入多少？

宋立英：哎呀，说不上能收入多少，那年刚闹起来就有"非典"，还是数去年好，去年还收入3万来块钱哩。今年这是沾了红色旅游光了。

郭凤莲92年来的，大寨是96年真正搞的旅游，我是2000年才搞么！咱们大寨现在旅游收入这一块是很大的。再就是人家核桃露厂呀、水泥厂呀、贸易公司呀这些，农业收入是很少很少了。

采访对象　张保花（女，1973年生于大寨镇阎庄窝村，个体商店经营者，现居大寨村）

采访时间及地点　2006年5月30日，大寨村家中

采访及录音整理　刘晓丽（整理者）　冯素梅

刘：你这个商店开了几年了？

张保花：去年才开，自己的地方。

刘：你这个商店主要是你闹吗？你爱人不管？

张保花：他不管，他在水泥厂上班。

刘：我觉得你这个商店地点还可以，刚进（大）门这个地方。

张保花：说是好哩，也不好。客人进来的时候，他先不买东西，都进了里头了，等出来的时候，又都买下了，太靠前了。

刘：商店的收入怎么样？

张保花：收入反正能糊弄住我吧。这有个好处，就是不用掏租金，掏租金来也不好弄，主要是今年的人不像往年多，去年是红色旅游（人多一些）。现在是星期天人多。

刘：咱们开商店给村里边交钱吗？

张保花：不交钱，税务了，工商了，他们来收钱，像外头的摆摊的也交哩。

刘：交得多不多？

张保花：反正工商、税务一年也得100多块钱，卫生费也得八九十（块）。大街上雇的人打扫。

刘：卫生费是不是给这些人呢？

张保花：不是，他是说你卖的这个东西卫生不卫生，他要收卫生费。保证你卖的东西符合卫生标准。保证人家外地人来了不让出问题，不过咱这里的东西吧，都是正牌的。

刘：咱这里的食品基本上都是和大寨有关系的？

张保花：对，有关系。像手工鞋还卖得快一点。我们人在这里钩，来的人他也看见了，觉得也能穿住，不滑。

刘：像你这个鞋卖多少钱？

张保花：一般要价都是15（元），13（元）卖得多。广州人买得少，北京呀、太原的人买得多。

刘：你开了店以后，来过外国人没有？

张保花：少，咱也不知道是哪一个国家的，也有黑人。你像人家他们来了，一般不逛咱这商店，人家就进故居看看，上上山，就走了。

刘：你这个店占到家里收入的几成呢？

张保花：这个店？反正能顾住吃喝了，孩子上学的费用也在这里。反正我们这农村吧，花销也不是太大的，有了就多花，没有就少花。

刘：这个房子还是集体的吧？

张保花：这窑洞是卖给个人了。原来是集体盖的。我这有两个窑洞，上面还有两个窑洞。我婆婆有两个儿子，大儿子在阳泉，我们就在这，下来主要顾孩子上学，我除了这个窑洞，还有5间房，够住了。

刘：咱们这个小店是不是大队统一规划的？

张保花：是的，前年统一规划的。我这块儿没有旧房，他们有的有。以前没有这个店的时候，我是在外头摆一个小摊。后来弄起这个商店了，我就进来了。这个商店主要是我闹呢。

刘：摆小摊的时候，你主要卖些什么东西呢？

张保花：主要卖布老虎、鞋，也就是这些东西。布老虎是村里人做的，我们没有了就上去拿。

刘：做布老虎是在个人家里头还是有一个厂子？

张保花：在家里头缝哩，做布老虎的人也不少，人家装好了这个布老虎拿回来，上上这个须须。人家有模型哩。

刘：小布老虎卖得也行吧？

张保花：也好，大寨这人，主要是卖这哩，虎头山么。

采访对象　赵华晓（男，1959 年 9 月生于大寨村，村办企业职工，大寨第一个个体经营者）

采访时间及地点　2006 年 7 月 27 日，大寨村家中

采访及录音整理　刘晓丽（整理者）　冯素梅

刘：介绍一下咱们这个村里的个体经营情况吧。

赵华晓：我搞过个体，我是大寨第一个个体户。84 年那会儿开商店，人们的思想不是还没有开放哩？他们也认识不了那个，另外他们总认为干个体呀，好像没有面子。当时风险他们倒是没有想那个，他们就是说，没人买你的，但是实际上不是那样。

刘：那时候比现在好干？

赵华晓：好得多了。那时候像我进罐头回来，几十箱几十箱进，正是那个物价涨价的时候，特别好卖，今天是一块八毛八，明天就是两块，火柴我两分进的不是？明天 3 分，后天 5 分，最多时候卖到 1 毛。还有个有利条件是，它正是那个改革开放初期，人们的思想还没转变的时候，国营商店工作就是混日子呢，到点就关门，咱们的商店营业到 10 来点，咱们就有利润。大概是到 91 年，他们才认识到这个，都开始开商店，我就退出去了。

那会儿干这都反对，包括我爱人也是骂哩，你看我在工厂当检验员，一天 4 块钱工资，当时是高工资。我（搞个体）挣了两万块钱，那会儿不是号称万元户么？都不敢跟人家讲么，那时候两万块钱就厉害哩，现在这 10 万块钱也没有什么。

采访对象　李庆元（男，1949 年生于大寨村，高小毕业，森林公园停车场收费员）

采访时间及地点　2006 年 6 月 2 日，大寨村家中

采访及录音整理　冯素梅（整理者）　刘晓丽

冯：听说这布老虎是咱们这里自己做的？

● 旅游纪念品——大寨布老虎。

李庆元：我这个闺女就是做布老虎，我给她打帮，还有她妈，再有她的公公、婆婆也打帮。做这个自由，一年也能出不少，底下卖的布老虎，大的小的都是从我这儿拿的。

冯：收入还可以？

李庆元：当然可以，昔阳县城的布老虎也是从我这儿拿的，因为咱们这儿做的时间长，做了七八十来年了，一年也能弄两三万块钱，再加上她爱人跑出租，家里收入还不错。

冯：咱们没有在上面盖新楼房？

李庆元：她嫌远不想上去，不是的话早就给她弄下了。这边住不孤独，净是说话人，楼那边一关街门，光你（一人），人主要是习惯。

冯：做布老虎加工不在咱们家？

李庆元：像做眉眉眼眼的，捆脖子，是在咱们这里，咱把布都匝好送过去，装布老虎是她的公公婆婆装呢，装好以后拿回来咱再加工，挺复杂，工序也是多呢。有分工，装的装，匝的匝，各做各的，比如拿回来以后，我就是给捆捆耳朵。

冯：旅游的人多的话，能供上货吗？

李庆元：差不多，能供上了。因为虎头山出名，一个狼窝掌，一个虎头山，全世界闻名，人来了以后都要买个布老虎做个纪念呢。

昔阳县的人暖房、做买卖也买布老虎。暖房是买小布老虎，门框上挂，每个门口都要有，我们这个地方的习惯就是这，它是个吉祥物。做满月是要大的，有尾巴的，不管男孩、女孩都要布老虎。

采访对象　贾明锁（男，1957 年 8 月生于大寨村，高中文化，中共党员）
采访时间与地点　2006 年 6 月 6 日，大寨村家中
采访及录音整理　赵俊明

赵：你是怎么想到在这里弄了个这旅游纪念品商店？

贾明锁：那你没有办法了，孩子要念书，现在经济又跟不上，逼得没有办法了，只好闹这么个小摊位，维持日常生活，咱就个这。像这个摊子不行，一年能闹个一两千块钱，维持我本人生活。

赵：你这是租的人家的地方？

贾明锁：租的地方，还得掏租金，完了还要交工商税什么的，各种费用下来你还有啥？现在咱们这下岗职工，出来找活儿干是没人要，你能干什么？啥也不能干！苦一点的，年龄大了你干不了；稍微轻松一点的，一个月给你个两三百块钱，你挣不了钱，还不像这个自由呢，这个自由一点，你闹不下300块钱闹个200块钱，就是这个。

这个店弄的时候，我拿了个一万多吧，连门面带进货投资了一万五六。门面租金也不是太贵，1000（元）多一点儿。

赵：是不是这里的生意不像里边好？

贾明锁：（跟里边比）差多了，差远了。像我这么大的房子在里边一年下来你租金得5000来块钱。人家肯定能挣下，你掏得少你就挣得少。

赵：你就没有想到里边租房子？

贾明锁：我想呀，我那房子在上边三道街来，我就一直想租人家的，我弄不下。我开这个店开了将近一年，那个时候来了个游客问："怎么你们没有那个水塔牌醋？"水塔牌的价位太高，所以说咱们当地的人谁也不愿意去搞。后来我就自己去那个厂子里跑了跑，在咱们这里弄了个专卖，结果弄回来不行，这个醋价位高。这个水塔牌醋实际上吃起来可以，味道好，就是价位高。他当地人有5毛钱6毛钱的醋就够了，你这个醋一斤两块来钱呢，他当地人肯定不会吃，主要是游客带呢。现在市场上这个醋冒牌的也多呢。

赵：像咱们大寨出的酒这些东西有没有冒牌的？

贾明锁：哎呀，好像是去年还是啥时候工商局来查，一个是"大寨春"[酒]、一个是核桃露，我隐隐约约听说好像是他们在里边有查出来的（冒牌）。

赵：你卖的这个酒［大寨牌］是厂家给送来的？

贾明锁：哎，这是厂家专门有服务车，你需要什么人家给你送上门来。

赵：这个大寨酒游客买得多不多？

贾明锁：反正在我这里不是太多，也能卖一些。亲口喝过这个酒的，（走的时候）他还想带几瓶，要是不去喝这个酒呢，他也不想带。比如说寿阳就是喝白酒多，大寨的牌子呢，大部分是带麯曲味的，所以说你没有喝过，一说是曲酒，喝不惯（他就不带了）。太原人也是，他来这里，一开始他不问是什么酒，他一喝，觉得还行，走的时候就带几瓶。它这个是原来的昔阳大曲，昔阳大曲那个时候在咱们山西、河北、天津就出名。现在就是它厂里边的销售力量薄弱，酒的质量倒是可以。

赵：你这卖的就是咱们本地的酒、醋？

贾明锁：咱们本地的，刚好昨天我才看到那个核桃露的厂家出了大寨牌的醋。

赵：那个厂子是怎么回事？

贾明锁：是盂县的南娄集团，它搞的饮料，一个是核桃露，还有个红茶、橙汁，绿茶好像是没有上市。

赵：你这主要弄的是醋？

贾明锁：我主要是闹那个水塔醋，昔阳县就我一家，我闹回来，昔阳县的那个菜店、零售店，我给他们送点儿，也卖点儿。可是现在大部分的零售商都不是给你现钱，你给人家货都是打个条子，把你的货卖了给钱，卖不了不付钱。本来你就没有钱，你进一次货，一个品种进上个几箱，这个旅游区卖得慢，你货存在下边，好长时间回不来钱，资金周转不开。厂家又不赊账，赊不出来。现在水塔醋效益好，全国各地，外国都拿它的货。现在孩子就是吃水塔醋，他觉得这个好吃。

赵：像你这还能卖点儿别的土特产吗？

贾明锁：其他的土特产你还需要资金，不管啥，归纳起来都需要资金，资金问题就把你困在这里了。你像咱虎头山那个石头，就是那个竖（起来）的那块石头，你闹一个水壶，情况怎么样，可以吧？这个东西外边人来一看，这个虎头山，叶剑英题字，挺好的，可你没有资金呀。

赵：我看见外地人挺多，山西土特产能不能卖动？有没有问别的东西的？

贾明锁：有呀，来问的就多了，就在咱们这里，他还问太谷饼，还有问石头饼的，他还想买那。咱们这里就是这个压饼——黄金饼，别的就没有。比如说黄金饼这个包装袋，一毛多将近两毛钱一个，你说印一个装两三斤核桃，现在的厂家，印个一两千人家不给你干，不赚钱，版就不给你刻。村里又没有搞这个的，这个都得到外地去，到外地去，你弄上这些东西，你必须包装相当好。比如说人家黄金饼这个包装就比较好。这也是县里边一个厂子借咱们大寨的牌子。现在有钱的人，人家看不起这个，没钱的人，你是想搞这个，可你又弄不起来，这就是现在的状况。

赵：你这是不是弄得晚了？村里像你这样开商店的有没有赚下钱的？

贾明锁：也不是。哎呀，一般大赚钱的没有，一年赚个一万左右的也有，那也就是他位置好一点，好卖货。不是说是自己想的什么办法，搞一些大寨真正自己的东西。现在大寨卖的东西，那花样多呢，每个人都有个人的想法，自己就是闹不起来，都是小打小闹。

赵：比如这（黄金饼）都是村民个人弄点儿？

贾明锁：村民个人自己弄点儿，你如果成个规模来，有好的内包装外包装，组织十几二十个妇女闹起来，也挺好的。具体人家在村里边是怎么个想法，怎么个考虑（咱不清楚），反正我自己就是有这么个考虑。咱们也就是想，每天就是想怎么能给孩子念书多添点儿钱，就是这么个想法。

赵：你这经销水塔醋一年能经销多少？

贾明锁：不行，没有多少，一年销个一万多块钱。到“五一”那个时候订

● 大寨旅游纪念品琳琅满目。

货，人家就都是十几二十万的货，火车皮发！咱有些时候自己去拿，有些时候就给你送，你像现在让他送货，你给人家打过钱去，人家就按时给你送来。去年国庆前，我想要点儿货，那个时候就费了不少周折，最后太原的总代理才给调过来，肯定给你弄过来，它也有一个信用。

赵：在村里开这种商店的有没有外地人？

贾明锁：有呀，外地人占到 1/4 还是 1/5，南方人有那么一两家，有韶山的一家。剩下的有周边一些村里的，还有原来供销社一些老职工，还有就是周边一些村跟这村里有关系的。

采访对象　李爱荣（女，1942 年生于大寨镇虎头山村，高小毕业，现居大寨村）

采访时间及地点　2006 年 6 月 1 日，大寨村家中

采访及录音整理　冯素梅

冯：现在生活得好了，聊一聊你的致富过程吧？

李爱荣：我那几年在大柳树底下卖东西，外地人来了，说咱这话人家听不懂，那会儿我还年轻了，人家叫的是大嫂，后来这两年叫的是大娘，（问我）老大娘你是这个村里人，还是外村嫁来的？我说我就是这个村里的人，我娘家在虎头山。他们又问你是不是学大寨时候干出来的人，我说我就是学大寨的时候白天治坡，晚上治窝，跟着陈永贵、郭凤莲干来，人家就让我当导游。我说你去导游部，寻小姐给你当导游吧，他们说不行，就要找那些干出来的人。我可是当了几十回导游了，让给人讲这讲那的，他们可喜欢我讲的了。我引他们上山，给他们导游。我说你上虎头山，就看见我们大寨的七沟八梁一面坡，他们说老大娘还会说普通话呢。我说我也不会说，我是每天学外面来参观的人，就也会诌上两句。来的人问长问短的，有的人还让我给做饭。参观的人在我家吃过好几顿饭。还有那当大官的来呢，他来了以后，我就给做咱这简简单单的

农家饭，他吃着好，满意，走的时候3个人就给我丢下［放下］50块钱，我说我不要这么多，随便少丢点就行了，人家说不要也得给。像五六人就丢一百多二百，根本不讲究。我是爱说，爱给他们叨瞎，全国来的人都有，有的人还来好几次呢，他们喝酒的时候就给我敬酒，我跟他们喝点酒，还说好人一生平安，他们就跟我握手，说老大娘真会讲话。我现在老了上不去了，就算是坐车上去了，还要上陈永贵墓，天热咱的身体就顶不住。我卖点纪念品什么的，前年没有多卖，今年也没有多卖。

冯：你是那时候干过来的，又说得好，很难得。

李爱荣：我卖东西的时候，数我能卖了，有的人也是不服气，那会儿也是挣了些钱呢！一年挣六七千块，从93年开始，到98年，正是卖东西的时候，一会儿就卖不少，口袋里的钱都是一把一把的，现在的人买得多不稀罕了。那会儿我还钩鞋，现在眼花看不着了，今年5月出去卖下三四百块钱，还是毛收入，不行了。赶到“七一”、国庆节再出去卖上两天，不是因为这我就搬上新楼了，就是想卖点儿。

我原来可能干了，一早上就锄一亩多两亩地呢，这会儿锄上没两下就一点力气也没有了。我一个人养种着3亩地，他爸爸还帮不上，那两天我间玉米间得手还疼了。你看我这手，都是那会儿学大寨的时候受的，手变了形了，关节大的，手指弯曲的。我就和来旅游的人说，老年人都发养老金了，我们没有过去的苦，就没有今天的甜，他们可相信了。他们问这个柳树多少年了，我说这个柳树140多年了，过去是苦人树，现在是乐人树。他们说，为什么过去是苦人树？我说过去穷人交不起租，地主都把穷人吊在树上打死了，人们给它起了个名字，叫苦人树，解放以后，人们过上幸福生活了，就改名为乐人树，也是风水树，还是忆苦思甜树。他们都说，老大娘真是会说。

冯：比导游说的都好，他们没有你的情感。

李爱荣：人们来了都找我，这会儿不让随便当导游了，得有导游证，咱老了，不去弄那个了，去年我就没有去，去一回50块。这会儿去了，给50块钱比卖一天东西强，一天最多卖10来块钱，是毛收入，就这还可能开不了张。人们问山上有什么？我说山上有陈永贵墓、郭沫若墓、陈永贵石像，还有周总理纪念亭，你一上了虎头山，就看见我们大寨的七沟八梁一面坡了。他们就说让我给当导游，可是当了不少了，那会儿我还年轻。

冯：你在外头摆摊卖东西有好几年了吧？

李爱荣：八九年了，最后那一年卖了4000块钱。去年我得了病，我的孩子领我到大同才看好。那会儿我没有这么胖，病好了给胖了。老了瘦点好，太胖不好。

大寨人都见过世面，到了国庆节，上边车都挤满了，出的出，进的进，也是可豪华了。车都在外头，不让进里头，进里头的话可盛不下。部队大官来了，郭凤莲领上，她一般不陪着，都陪着能行吗？天天有参观的。

冯：你看见来了人你怎么给他们介绍？

李爱荣：他们来了柳树底下了，我就给他们介绍，我这儿还留人住宿呢，这家里不是有3张小床？5月的时候就留人住宿了，一个人20块钱，一个家是60块，比我卖东西强，留住宿还挣了点钱，卖东西没有挣多少。我看见背着包包像两口子的，就揽来留住宿。来什么人给拿什么东西：看见当官的，就给他拿点书；看见穿得不好点的，就给他拿点压饼、拖鞋、布鞋；看见孩子们来了，就给拿点耍的，必定要买了。一年一年地，已经有了经验了。你要是看见当官的来了，给人家拿耍的，那能卖了？不是可笑吗？甚也是干得久了就有了经验了。不是这样的话，我孩子看病好几年，花了四五万块钱，他爹挣的那点儿，也不多，家就富裕了？伙房油盐酱醋的，也不少钱了，我挣的钱就够了，省下他的钱，小儿子找下对象，我把我的钱给盖了楼。

冯：你挣的钱还是家里的主要收入吧？

李爱荣：是，那两年也挣下不少，还养种着点地，有的人还贷款，我没有贷款。

冯：你过两天还能出去卖点（东西）。

李爱荣："七一"吧，"七一"的时候农村的共产党员也要出来转呢。

采访对象　张红梅（女，1970年生于昔阳县南关村，高中文化，中共党员，大寨旅游公司导游部经理）

采访时间及地点　2006年5月31日，大寨宾馆

采访及录音整理　冯素梅（整理者）　刘晓丽

冯：你这里是导游部？

张红梅：对，就是大寨宾馆导游部，主要是搞地方接待。县里边接待是在大寨旅行社，咱们主要是接待外面的旅游团队比较多一点儿。

冯：咱这儿一共有多少个导游？

张红梅：5个，人多的时候就不够。今年（旅游）的人没有去年的多。

冯：这两年咱大寨旅游做得特别好，我们主要是想找你了解一下咱们旅游的情况。比如旅游业是什么时候发展起来的，接待人数，你每天的工作状况之类。

张红梅：大寨是从96年5月份开始重新发展旅游业，我就是从96年的5月份开始做导游。作为一个合格的大寨讲解员，不能只是把景点导游词记下来了，源源不断地讲给游客听，这没有什么效果。我也经常给我下面的导游讲，山西的旅游景点特别多，像佛教圣地五台山、乔家、晋祠、平遥，这些地方的导游词你都可以按照书本中的给客人讲。但是大寨这个地方是历史色彩比较浓的地方，作为大寨一个合格导游的前提就是对大寨有感情，首先去了解他们老一辈艰苦创业这种精神，然后要带着这种感情，你再讲给游客听，得有感情地讲给游客听，这样才有一定的效果。

到今年我做导游已经11年了，作为一个改革开放以来的老导游来说，我经历了很多。我带的游客年龄最长的是七八十岁吧，这些老人来得多，他们来了以后，在讲解过程中，他们第一是怀旧，因为这年龄的人，他们毕竟经过这段历史，带着一种怀旧的心情，还对大寨有一种感情，他们会情不自禁地掉眼泪。可能一个原因是讲到总理三次到大寨，对总理有一种怀念之情，再一个对于大寨五六十年代，包括70年代的创业历史，他们都经历过，所以他们情不自禁要掉眼泪。这一点对大寨的旅游来说，无论是讲解员，还是导游，在接待服务方面要提高自身的素质。

咱们从96年到现在，旅游接待人数是逐年增长，去年比往年多一些，去年因为是“保持共产党员先进性教育活动”，又是红色旅游，基本上旅游团队都是集体组织。到大寨的客源，有南方的，有北方的，最多的是山东，山东团比较多。去年的山东团在“保持共产党员先进性教育活动”中排行第一，人家搞得比较好。去年来自南方、北方的游客总的来说达到30多万人次以上。

我没有经历过那段创业的历史，我是89年嫁到大寨村的一个媳妇，改革开放以来，这几年的发展我是亲身经历的，也是亲眼所见的。

在大寨我们做旅游的，不仅是介绍好大寨，我们这是一个窗口，可以说在这个地方工作的人都是代表大寨的形象，不光是来自全国各地的游客你给他们介绍好了，从各项接待服务上都要起表率作用，来自全国各地的人，不同地方有不同的口味，咱们都得按照他们的不同口味去给安排餐饮，他们来了以后，到大寨宾馆这个地方就是信任你，在餐饮方面我们也是尽我们的能力给大家安排，使大家满意。因为这个地方是一条龙服务，餐饮、住宿、旅游、购物、娱乐一条龙，在这些方面我们首先要加强自身的素质，在接待服务水平方面我们要更提高一些。

冯：（自）从郭书记回来以后，大寨的面貌发生很大的变化，发展了很多产业，咱们旅游业在这中间占多大比重？

张红梅：旅游业是第三产业，农业现在几乎不占什么比例了，农业不到2%。60年代大寨是靠农业起家的，现在大寨光抓农业不行了，大寨人在抓农业的基础上又发展工业，搞第三产业。工业方面，在一个村里边，500多个人就有12个企业，大寨的第三产业包括旅游业、运输业、服务业，旅游业是个支柱产业，旅游业占收入总数将近一半吧，现在趋势还是可以的。

冯：旅游业是绿色产业，没有污染。咱们一天平均接待多少人，有数字吗？

张红梅：一天平均两三百人吧。我们这儿是节假日游客要多一点，比如周五、周六、周日，还有黄金周“五一”、“七一”、国庆节，这些时候多一些，每年3月份左右就进入旺季了，一直到国庆节，10月底11月基本上就是淡季了，冬天这个地方人不是很多。

冯：咱们这儿除了“五一”、“十一”黄金周，“七一”也是旺季是吗？

张红梅：对，“七一”人也是比较多的，“七一”是党的生日嘛！去年是

“保持共产党员先进性教育活动”，今年是建设社会主义新农村，我们大寨在晋中市可以说是一个示范，搞什么活动都以我们大寨作表率。我们郭书记说，60年代的房子可能要纳入集体，集体统一管理，现在村民住的房子可能要他们搬迁出去，在上面建一批新房子，让他们搬进去，60年代的旧窑洞我们是要作为历史，把它永远保留下来。

冯：这个和咱们全省的发展趋势是符合的，像原来晋中一些大院原来也有老百姓住着，平遥也是考虑过搬迁。刚才提到的是一些年龄大的游客，其他年龄层次的游客呢？

张红梅：是这样的，比如说没有经历过这段历史的人，他只是听说有“工业学大庆”、“农业学大寨”，具体不了解，通过咱们导游的认真讲解，他了解到咱们大寨原来是以农业为主的，曾经是毛主席树立的一面旗帜。大寨这个地方是爱国主义教育基地，其他地方像太原、石家庄它们要组织学生来转，组织学生来转就是进行爱国主义教育，对这些年纪轻的人我们要让他们深入地去了解大寨的情况，年纪长的人他们都了解，可以简单、概括地介绍，讲解的时候对不同年龄的人是会有区别的。

冯：你觉得大寨和西柏坡之间有什么联系吗？

张红梅：西柏坡是革命圣地，去年“保持共产党员先进性教育活动”中，西柏坡和我们大寨，还有一个白洋淀，我们三家联合，因为单走西柏坡可以说也有点单调，单走大寨也有点太单调，因为我们是一条线，去年的活动中就紧紧地绑在一起了。首先我们通过上网，把这个线路推出去。因为每年全国都有旅游交易会，我们这个交易会针对的省市就是山东、内蒙古、河北、河南、北京、天津，北方来说就这几家，还有太原、晋城、吕梁这边的。

这个旅游交易会每年都开，还是在不同的地方，今年就在太原召开了第二次北方旅游交易会，我们都要去参加，因为做旅游，首先要宣传出去，然后游客才能知道现在的大寨是什么样。

冯：咱们这儿的导游都是本村人吗？

张红梅：不是，都是我们本县的。她们有的是旅游学校毕业以后安排在这儿，我们这儿用人最起码也是高中以上文化程度，因为首先她要对大寨有所了解，包括语言、组织能力等各方面，我们从这方面选人。这些导游都是二十几岁，她们在讲解的过程中，有的也表达不出来，这也可以理解，因为好多从县上招来的，没有到过这个地方，还不知道大寨是什么情况，这都是正常的。这些导游干得最长的是4年。咱们这儿旅游分三块，外面大寨旅行社是一块，是县委县政府管的，接待县里边的客人是外边。大寨宾馆这是一块，去年又成立了一家女友旅行社，咱们这个针对的是大寨村。

冯：刚才提到的和西柏坡联合，联合之前和联合之后有没有什么明显变化？

张红梅：肯定有变化。像去年联合了以后，山东邹城有一个1900人近2000人的团，就是两天走100人，这两天第一站西柏坡，第二站大寨，然后大寨送团。去年“保持共产党员先进性教育活动”，人数相对比较多。还有天津、北京的，北京的游客现在也比较多。

我做了这么多年导游，接待最多的是部队上的游客，因为石家庄有几所部队院校，包括陆军指挥学院、白求恩军医学院等，好多院校都把大寨这个地方作为一个爱国主义教育基地，并且都挂牌了，一般部队来都是我讲解的。部队是面向全国各地的，比如说陆军指挥学院吧，它是长期的、短期的，高等的、低等的这样一个培训，它的学院培训全国各地的军官，所以说来大寨了解大寨以后，回去要给全国各地的游客去宣传，所以我说这个地方是一个窗口，在各个方面都得代表大寨的形象。

大寨也是咱们县的爱国主义教育基地，县里面的学生要组织过来，由校长、教师带着。今天有一个活动，阳泉五矿桥头小学跟大寨小学连续搞了好几年的“手拉手”活动，我刚才上班的时候看见学生们戴着鲜花。

冯：*咱们大寨的旅游资源还有森林公园，你们讲解的时候怎么样把人文资源和自然资源结合起来？*

张红梅：我们在讲解的时候，首先要把以前老一辈的那种创业精神给大家讲一下，让大家了解这些情况，然后要把改革开放以后，郭凤莲回到大寨村发生的一些变化再给大家详细介绍一下，这样大家对大寨基本上就有了一些了解。大寨这个地方不属于自然风光，到大寨主要就是接受爱国主义教育的，游客通过导游讲了以后，都说现在大寨的发展还是可以的。

我们现在的旅游也可以说是刚刚起步，旅游投入资金可能是2000多万元，现在粗具规模，我们在虎头山山顶上扩建了一个庙，可能供奉的是关公吧，我没去过，庙还没建成，以后景点会逐步完善。

冯：*你觉得大寨精神在发展大寨旅游中有些什么作用？*

张红梅：在旅游中要宣传这种精神。我在讲解的时候，首先要对游客说，1964年毛主席发出了农业学大寨的号召，这种精神不仅仅是大寨的精神，也是咱们中华民族的一种精神。可以说在改革开放的今天，这种精神还是值得提倡和学习的。从各行各业来说，都得有这种精神。

冯：*你算是咱们大寨旅游业的创业者之一吧，你个人的人生价值在这过程中得到什么体现？*

张红梅：从这一点来说，我从96年做大寨讲解员到现在，首先我被大寨的精神所感动了，因为我从县城的一个姑娘，成为嫁到大寨村的一个媳妇，来到大寨，那会儿大寨没有发展旅游业，我在上小学的时候，也知道什么叫大寨，但是没有亲身来过。嫁到大寨以后加入到这个行列。开始肯定对大寨不是很了解。作为一个导游来说，首先要真正认识大寨，认识大寨真是不容易，真是干出来的，老一辈艰苦创业，付出了很多很多，才有了今天的大寨，所以我也被大寨感动。我被大寨精神感染以后，在讲解过程中才能把这种精神传递给游客。这几年实践中，我接待的游客比较多，回头客也比较多，来大寨以后点名就要我讲，因为我讲的肯定比她们要好一些，10年了嘛，反过来我肯定是被大寨精神感染后，才讲出这样的效果。

冯：你是第一个讲解员吧？

张红梅：对，我是96年5月虎头山展览馆开展，第一个开始讲解的。实际上我从小是搞文艺活动的，我在晋剧团工作。我爱人是大寨的嘛！我嫁到大寨以后，就在大寨新华书店，当时没有撤乡并镇，还是大寨乡，这个新华书店主管着23所小学、3所中学一年两季的课本。然后郭凤莲91年回来，96年发展旅游业，她也爱文艺，唱歌、跳舞，我就在文艺宣传队里边，她说你做讲解员吧，我说我试一试吧，96年开始做讲解员，兼职新华书店，2001年我才和新华书店脱钩，做专职大寨导游。

采访对象　贾　菲（女，1986年生于大寨村，中专文化，团员，大寨旅行社导游）

采访时间与地点　2006年6月6日，大寨旅行社导游部

采访及录音整理　王勇红

王：介绍一下你们旅行社的情况吧。

贾菲：现在我们旅行社有11位导游，有导游证的有5位吧。

王：作为年轻人，你觉得大寨该怎么发展？或者大寨村未来该是什么样子？

贾菲：我想旅游应该再扩大一些。在大寨展览馆，都有[陈列着]将来的规划。现在来参观还是时间短，两个小时就结束了，因此还是要增加景点。来大寨参观的40岁以上的比较感兴趣，年轻的都不感兴趣，你就是给他讲了，他也不理解，所以可以增加一些娱乐的项目，年轻人来了觉得挺苦恼，逗留一会，根本不停留。

王：到大寨的散客多吗？

贾菲：散客挺多的，一般来的都要请导游的，不请的很少。导游费是上一趟虎头山5块钱，团队人多的话，相对要多一点，上[达到或超过]30个人，每人（再加）两块。

采访对象　贾彦文（男，1967年生于大寨村，中学教师，大学文化，中共党员）

采访时间和地点　2006年7月24日，大寨村家中

采访及录音整理　李卫民

李：大寨80年代受冷落，什么时候又有了些生气？

贾彦文：90年代（发展）旅游业，慢慢又有了知名度，改变了过去（大

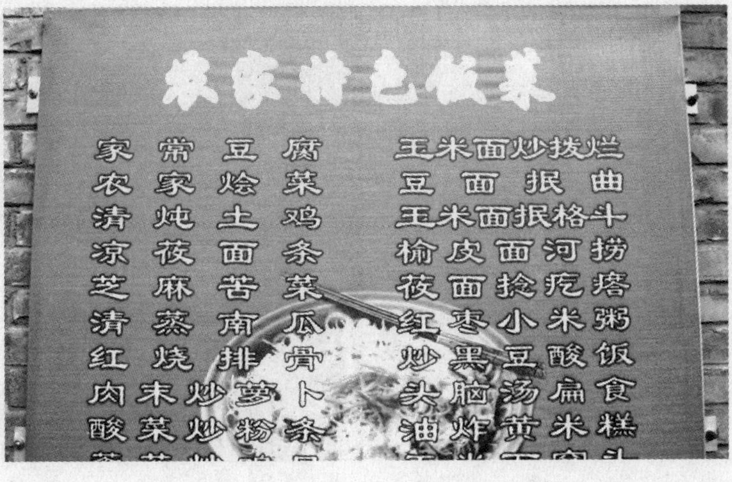

● 一份大寨农家特色菜谱。

寨）的形象，也能跟上形势了。原来只靠农业，现在思想也转变过来了。来旅游的人，还比较多。

李：你现在也 40 岁了，你现在是怎么看你父辈们的艰苦岁月的？

贾彦文：那个时代，那个环境，造就了大寨。咱们这儿比较落后，老一辈用双手（苦干），一步一步走过来。现在大寨的年轻人，思想都比较解放，不想把自己拴在土地上，也想挣钱。

李：你也是大寨的一个文化人，你觉得大寨今后要突破，着力点在哪儿？

贾彦文：大寨毕竟是全国有名的村庄，这个无形资产很重要，以后，要大力发展咱们的旅游业。

农家饭店方便八方游客

采访对象　赵晋国（男，1971 年生于大寨村，初中文化）
采访时间与地点　2006 年 5 月 29 日，大寨村个体民俗馆、农家饭店
采访及录音整理　董永刚

董：你家开饭店在这个村里也算是比较早的了，聊一下你家的情况好吗？

赵晋国：我家开饭店的时候，这个村子里面也就是四五家。我家是 2002 年 8 月份的时候开的。当初开这个饭店，是我和我爱人的主意。主要就是看到旅游的人越来越多了，很多的人也确实是想吃咱这农家饭，觉得有地方特色。再一个就是，我家对门就是陈永贵故居，所以地理位置不错，这才有了开农家饭店的想法。

那几年的饭店效益好，主要因为当时散客比较多，现在大都是组团来的，饭店就不怎么样了。况且说，咱也没那个接待能力。我们家开饭店的时候就是

● 1992 年，时任国务院副总理朱镕基视察大寨，指出大寨要面向市场，因地制宜，走出具有大寨特色的新路。

我们一家 4 口，我两口子和我父母。做饭都是自己干。当时的利润就是对半利，有时就是个三四成，一年下来的纯收入也就是个万数来块。

前年的六七月，有几个人在我家的饭店吃饭。当时有个小孩儿背的个包包，吃饭的时候，他就把这包包放在了个墙角角。吃完饭走了以后，我回来收拾，就看见了这个包包。我当时赶紧骑上摩托车出去寻那几个人，我老婆也出去这商店寻去了。当时就怕再有人来把这东西给闹混就不好说了。结果我出去转了一圈也没寻着这几个人。弄了半天，他们还在商店里转悠嘞！我老婆挨家找才找到他们。等我拿着包包回来的时候，那人正在我家门口，一见我回来了，可高兴了。他当时就问我说："你知道这里面是什么？"我说："不知道！"他说："那你就没有打开看看？"我说："客人的东西，不管是甚，俺都不能打开看！是谁的给了谁就是了。"他后来告诉我说，那个包包里面装的是 8 万块钱。他们是出去办事路过这里进来的。那人当时就说，还是大寨精神好，还很感激地和我握了握手。那个时候，客人们有的落下了书，有的是纪念品，光手机就有两三回了。这种情况很多，可咱都从来没有昧过人家。丢东西的都觉得这大寨跟其他地方就是不一样！人都有个好坏，挣钱谁也想，但要通过自身的劳动才行。要让客人们来得满意、放心才行！做事要将心比心，要学会换位思考，替别人着想的同时也是在为自己着想！

采访对象　贾瑞祥（女，1971 年生于大寨村，大寨第一个个体民俗馆经营者）
采访时间及地点　2006 年 5 月 29 日，大寨村民俗馆
采访及录音整理　刘晓丽（整理者）　董永刚

董：咱们村里边号召大家发展旅游业，是吧？

贾瑞祥：我们大寨村这个旅游业吧，还是朱镕基总理 92 年 5 月份过来后，根据他对大寨整个情况的了解，建议郭书记发展旅游业。可以说 92 年咱们大寨村就没有什么，只有两个小煤矿、一个化工厂，化工厂还面临着倒闭。郭书

记回到大寨以后，大寨才重新起步，一步一步地发展起来。

董：咱们第一家饭店是什么时候开的？

贾瑞祥：那一家叫李巧英，现在她租了一个院子，就是刚进村口那个大寨饭店，她是咱们大寨第一家，哪一年这个记不清了。反正我是从2002年开始的，我以前在企业里边上班。那会儿卖纪念品的、开饭店的有十几家。

董：你们家开的饭店是比较早的？

贾瑞祥：还是比较早一点，收入跟现在也差不多，客源以前比现在多一点。因为现在不是来咱们大寨参观的人减少了，而是营业的人也多了，其实收入也差不多，也没有多大的差别。

董：一天营业额大概多少？

贾瑞祥：那个也不准，反正一年下来也就是3万左右的利润吧。像咱们这个家庭饭店吧，它不是每天都有客人，有的时候一天都没有，两三天也没有，可是有的时候一天四五桌。

董：他们来你们家饭店，看中的是地方特色？

贾瑞祥：来我们家就是窑洞吧，农家菜。尽量给他们做农家的那个东西，大鱼大肉他还是不吃，吃农家的杂粮面呀、野菜呀、土鸡蛋呀、豆腐什么的。

采访对象　李元眼（女，1949年农历九月生于大寨村，原大寨“铁姑娘队”队员）

采访时间及地点　2006年5月27日，大寨村家中

采访及录音整理　刘晓丽

刘：咱们这里买卖好做吗？

李元眼：外头来的人他总要留一个念。

刘：是的，全国各地来大寨的人多哩，你一点，我一点，就多了。

李元眼：像我们卖这饭吧，可有这好的时候哩。“五一”节的时候人多，一家一家来的。像俺们那个手擀面、饸饹面，吃那个大烩菜、粉条、豆腐、南瓜，一锅大烩菜，熬熬，有人喜欢吃肉了，就是肉烩菜，有人喜欢吃素了，就弄素的。都可喜欢吃哩。

刘：来了客人你做饭呢？

李元眼：我也做，我儿子也做。（都是）家常便饭，顶多吃一个过油肉了。

刘：现在的人也不想吃那么油大的，就爱吃家常便饭。

李元眼：就是。家常便饭，像黏疙瘩、黏窝窝、抿格斗、饸饹、榆皮面这些，有时候也有白面的，吃点那个饭。

采访对象　任志平（女，1975年农历五月生于昔阳县西寨村，现居大寨村）

采访时间及地点　2006年5月31日，大寨村本人饭店

采访及录音整理　刘晓丽（整理者）　冯素梅

刘：听说你开了个饭店，挺好的？

任志平：以前我们两口子都上班，我在衬衫厂，我爱人在羊毛衫厂。后来那个羊毛衫厂效益也不太好。当时我公公他在煤矿，年龄到60岁了，也该退休了，他身体可好了，闲着没事干，就说开一个饭店吧，挣点零花钱。我们这个饭店是99年开的吧。那个时候没有这么大，刚开始就一张桌子，他们也没有经验，生意也不是很好。后来我爱人出去跟我弟弟学厨师，咱们的游客也比较多，我生了我儿子，我公公年纪也比较大，就把这个饭店给了我们。

刘：你（原）先在衬衫厂干的？

任志平：我在衬衫厂干了5年多，18岁就去那儿了，到22岁结了婚以后继续干，23岁生了我儿子就不干了。以后我就到县城那边自己租个柜台卖鞋，干了两年，我的性子比较急，不适合干那个。反正是什么都干过吧，后来在咱们宾馆干了一年多，最后回到家里边干饭店，到现在。

刘：你觉得导游的收入和干饭店的收入哪个多？

任志平：其实导游的收入也不少。一个月基本工资150（元），带一次客人收入提成5块钱。这几年客人特别多，你带一次5块钱，你要上4次吧，就是20块钱。一个月挣七八百块钱，那个没问题。后来我家开饭店忙不过来，开饭店比那个导游收入还好一点。我爱人一个人干，请服务员又不上算。你请服务员吧，人家不会像自己一样这么受苦，给钱也不能多，像那边饭店的服务员，200块钱一个月，最多200（块）。一般都是两口子，公公婆婆帮着。要是用服务员的话，就是到咱们周围的小村庄找，吃住都在这。

刘：这两年开饭店收入还差不多？

任志平：还行。像我们这个地理位置不算好，客人多的话也都差不多。冬天不行。过年的时候，北京的客人还有，大年初一都在这儿过年，在这个院子里放鞭炮啦，吃农家饭啦。一般国庆节以后就没有客人了，就少了，饭店就关门了，过大年的时候北京的客人来了再开。

刘：听说村里对这个地方要重新规划，如果拆了你这个饭店，经济收入是不是要受到影响？

任志平：那肯定的。要拆，村里或者给你重新租地方，或者给我们一部分钱（补偿）。

采访对象　李巧荣（女，1951年生于大寨镇金石坡村，现居大寨村，大寨村家中第一个饭店经营者）

采访地点　2006年5月29日，大寨饭店

采访及录音整理　冯素梅（整理者）　刘晓丽　王勇红

冯：大寨旅游业发展起来后，你家就开了饭店？

李巧荣：我原来不是开饭店的。原来是做那个圆饼饼，自己家做，然后卖。那时我做家常饭，他们来了后说吃吃大寨饭吧，吃了以后觉得好，就说开个小饭店吧。当时我也接受不了，因为我当时想肯定没有人吃。记者说他们都是到大饭店、宾馆、酒店吃饭，吃不到你们这农家饭，你开了后肯定有人吃。然后我就开了，原来我在里边开，开了以后就是有人吃。不是一般人，都是有身份的，他们吃了说好，后来我就又加了一张桌。每天也是满座。我开了以后，生意比较好。郭书记回来后，把旅游业搞起来，旅客就多了，她又把整个村里整理了一下，两边都是个人盖下的高高低低的小房子，后来为了整齐，整修了一下，以后把我的那个伙房拆了，拆了以后我干不成就回家去了。我有两个儿子，他们都有了小孩了，我就回去给他们看孩子。今年是大儿子租下别人的房子了。这家房主家里人都有工作，他住上那小二楼了，大儿子租下，我给他帮忙。

冯：平常谁做呢？

李巧荣：我做。我只会做过去那饭，家常饭，现在这饭他们年轻人做没有过去那么好吃，所以我得来帮忙。让人家客人吃得满意。

冯：你原来开饭店是哪一年？

李巧荣：我是最早开的，是第一家开的，是98年，就在大柳树那个位置。

冯：生意怎么样？

李巧荣：生意肯定行，一年下来挣挣花花，连个总收入也没有，反正是手头不紧。生活比较好一点是好一点，不过村里还有比咱还要好的。属于中间，比差的好点，比好的还差点。

那个饭店是98年开的，一直到2003年，后来在家看了两年孩子，今年5月份刚开的这个饭店。

冯：现在这个饭店的生意还可以吧？

李巧荣：我也是沾了李先念的光了，生意好一点。因为有这个照片，一般客人都欣赏这个。你看，我这一进大门是第一家，再加上有这个照片，还有我本人亲自在这儿做。生意比较好一点。

冯：那也就是说和李先念握手的这张照片给您带来了好生意？

李巧荣：嗯，带来了好生意。我那时没有这样的想法，我还不愿意往外摆呢。那次记者说你做这生意得往外摆，肯定能给你带来财富，带来好运。原来在那边摆了，是记者给做的这个牌子，用的料子好，也没有淋了晒了。

冯：哪儿的记者呢？

李巧荣：北京记者，有名片，在家放着呢。他跟我说开饭店，当时我还接受不了，因为我就会做农家饭，其他的不会做。他说就是要吃这农家饭呢，如果生意不好了，我给你带来记者。

冯：他是怎么看到这个照片的？

农家饭店已成街景。

李巧荣：是我带他到虎头山展览馆看到的。那个展览馆有我好几张照片。那时大寨有个“铁姑娘队”，“铁姑娘队”都是大寨的姑娘，后来我嫁进来了，所以我就跟着“铁姑娘队”劳动。领导来了都要到“铁姑娘队”看看，所以我是沾了铁姑娘的光了。

我来的时候还年轻，就得跟上铁姑娘劳动。我们年轻媳妇吧，不是说光我嫁进来跟上“铁姑娘队”劳动，那时嫁进来的年轻媳妇都得跟上“铁姑娘队”劳动。那时候生活都不行，都吃得不行。那么多人口，大人又没有什么大本事，都是靠劳动挣点粮食。

冯：那您嫁过来感觉这边条件怎么样？

李巧荣：这边的条件也不行，也是吃大锅饭，一样的。改革开放以后这边好了，和附近的村比较起来，还是数大寨的条件好呢。这也是沾了陈永贵的光，沾了郭凤莲的光。郭凤莲把旅游搞起来了，我们都能做点小生意，赚点钱。脑筋好点都操到这上头了。以前跟上陈永贵搞生产，那时比较轻松。现在自己干吧，又要种地、又要赚钱，方方面面都要接触人，脑筋所以说都复杂了。现在生活好一点，但脑袋比较累。

冯：今天人少，是吧？

李巧荣：今天人少，因为星期一，礼拜六、礼拜日人多，哪的人都有，有浙江的、广东的，北京、上海、山东，哪的人都有，外国人也有，外国人现在少，以前多。

冯：外国人在你这吃过饭没有？

李巧荣：现在开的这个还没有，我以前在那头开的时候有哩。有澳大利亚的、日本的。

冯：那时开饭店具体做啥？

李巧荣：农家饭，抿格斗、机器饸饹面、玉米面糊糊、窝窝头。

冯：你现在的这个饭店经营的和那个旧饭店有没有什么改变呢？

李巧荣：改变也没改变什么。客人来了后，咱不能骗客人，首先我就介绍我是个农村妇女，我没有学过厨师。能够做了的，我就上菜单，做不了我不能骗人家。首先菜要吃好，人家要是说这个菜不满意，就重新换一个，因为咱是农家饭，不像经营大饭店，点了菜，端上来，吃就行。咱们主要向客人介绍、推荐，你要感觉可口就吃，要感觉不可口，不愿吃就重新换一个，我能够做到这。我只做咱们过去时吃的抿格斗、饸饹、窝窝头、压饼、捏糕。

冯：咱们昔阳的农家饭和其他地方有什么不同？

李巧荣：抿格斗以前我们吃玉米面的，粗面做的，现在成了细面了。以前吃的饸饹，现在是电磨的，现在有的掺点白面。榆皮面就是老头子早上或者下午出去刨的榆树根，然后洗干净，剁开，晒干，用石碾碾成细面面。粗粮做不好不好吃，做好了吧才好吃。现在人来这点菜都点素菜，像土鸡蛋啦等农家菜。星期一、二、三人就少，赶到（星期）五、六、日人就多了，正常一般是这，有的时候也不一定，“五一”、“十一”人多，“七一”人也多，是老年人多，过春节人多。

村民教师外出增长见识

采访对象　贾存兰（女，1950 年 2 月生于大寨村，初中文化，中共党员，原“铁姑娘队”成员、村妇女主任）

采访时间及地点　2006 年 5 月 30 日，大寨村家中

采访及录音整理　冯素梅

贾存兰：郭凤莲头一年回来，正好是毛主席诞辰 100 周年［实际上是郭凤莲回大寨的第二年］，郭凤莲重返大寨，我们村里的铁姑娘对她有个要求，说：大姐，你重返回大寨来了，咱们村里的姑娘生活都过得特别幸福，是不是把咱们的老姑娘叫回来，在一起聚一聚？她说这个想法特别好，咱们把嫁出去的姑娘都叫回来，就这样在主席诞辰 100 周年那年，把外面的姑娘都叫回来聚了一次，外面的姑娘回来都流下了眼泪。你看，那时候咱在村里边也是勤勤恳恳地受了一回，出去受的苦不少，也不像留在大寨的姑娘享福，那是第一次聚。

第二次聚郭书记说姑娘们好多都没出过门，嫁出去的姑娘条件都特别差，没坐过火车，还没去过阳泉，姑娘们那时候为建设大寨累了一回，郭凤莲又组织出去，开开眼界吧，又出去，去了五台山、晋祠，跑了好多地方，到太原在迎泽宾馆，那时候是胡富国书记，还请我们吃了饭，姑娘们都感到特别高兴。说来也是，如果不是凤莲回来，我们也没有这样的机会，我们在汽车上坐着，连说带笑带唱，唱大寨的歌，二十几个姑娘好多年了，在村里面她们来我们也见不上面，有个姑娘看见火车过去了，她不认识，就喊，你们快别说了，看看过去的那是什么？火车开过去了，她才第一次认得那是火车。

后来，我们村里有两个随军到河南洛阳的姑娘也邀请，说：“大姐，你是

● 2004 年"铁姑娘队"队员聚会。

不是把我们姑娘队的成员再叫出来，我们再聚一聚？"她们岁数都不小了，最大的 60 多岁了，以后怕出不了门了！2004 年我们又到了河南洛阳，又到了武汉，又到了毛主席的家乡，还在张家界坐了"天下第一梯"——最高的电梯。走了半个月，天上飞的、地下跑的、水里游的，火车、飞机、轮船，姑娘们都坐过了。刚出去的时候，姑娘们有好多人都晕车，后来心情舒畅了，坐飞机也不晕了。跑得都特别高兴，姑娘们都说，不是我们的老大姐来，我们赶到死也没有这机会了，姑娘们都流下了泪说，这可能是最后一次了，凤莲说不是最后一次，我找机会还能请你们，只要你们把身体保养好，咱们就能经常在一起。

去年又聚了一次，郭书记说这次咱们不要再出去了，咱们重返大寨，回忆回忆大寨，你们不要看都是大寨的人，你们都没有到大寨看过，你们到山上展览馆、纪念馆看看以前的大寨，再看看今天的大寨，又请嫁出外村的姑娘她们吃了饭，给她们点钱，说一个人给你们点钱，你们回去买件衣服。

采访对象　李元眼（女，1949 年农历九月生于大寨村，原大寨"铁姑娘队"队员）

采访时间及地点　2006 年 5 月 27 日，大寨村家中

采访及录音整理　刘晓丽

李元眼：俺们是从小动弹的人，去年"五一"节郭凤莲领上俺们去武汉、去洛阳，贾进财那大闺女，跟我同岁哩，她邀请凤莲，去他们那里看看。凤莲就带上俺们去看看。在洛阳跑了三天，然后又去武汉。俺们到湖南的时候，是湖南邀请凤莲，凤莲带我们一起去的。

刘：我觉得（郭凤莲）和以前一样，有什么事先想着大家。

李元眼：对。在外头跑了 13 天，确实不容易，又在村里的山里边走了走。

刘：坐飞机有人就坐不了？

李元眼：坐飞机了还能，坐那个高速，有人就不行。

刘：晕车呢？

李元眼：就是。还有上了山上，走不动的。就是，多数人还能赶上人家，有少数人不行，跟不上。这一趟确实不容易，就是郭凤莲，不是了俺也不行，出不去。

刘：不过她掌这个权也是累呢，每天多少人看着她。

李元眼：是哩。都是有外孙、孙子了，都老了。十几岁相跟相跟，到现在都 60 来岁了。

刘：那你们这么多年都处得好吗？没有闹下大意见？

李元眼：没有。那会儿都可齐心，可单纯哩，不想别的。

采访对象　贾存眼（女，1937 年生于大寨村，高小毕业，中共党员）

采访时间及地点　2006 年 6 月 8 日，大寨村家中

采访及录音整理　孙丽萍

贾存眼：（现在）人们都有事干，都能挣到钱。你说现在（我们）怎么能不舒服？年轻人都住上楼房了，我跟郭凤莲说过住在这窑洞里就挺满意。郭凤莲挺好的一个人，她是武家坪人，离这儿挺近的。她妈死得早，她 3 岁时她妈就死了，她是跟着姥姥长大的。

孙：那就是说郭凤莲还是可以的人？

贾存眼：可以了。

孙：那你们担心不担心将来郭凤莲不干了怎么办？

贾存眼：有这个担心，换个人说不清。郭凤莲她们是铁姑娘，人家都是公家的人，领导得还是好。说起来也还是陈永贵给打下的天下。（我们）现在太幸福了。去年我跟老头去了趟海南，走了 8 天，跟着大队人去的。自已掏了 1400 块钱，大队给贴了 1000（块），坐了 3 趟飞机。从咱这儿飞到广州，又从广州到海口的美兰机场，再从海口回来。沿海转了好多地方。我们是自已报名去，中老年人多，去了 24 个人。海也看了，城市也转了，死了也值了。去年人家老师们先去的，也去了十几二十个，他们去的是香港和澳门。

孙：有计划地让你们出去转转，还真是不错。人们说大寨还是一块牌子，那个年代的人说起来都知道。

贾存眼：对。我们去广州、深圳，那儿的人也都知道有个大寨，到了三亚人们就不知道了。

孙：你们跟上他们也吃苦了，也享福了。

采访对象　贾存锁（女，1947 年生于大寨村，小学文化，原“铁姑娘队”队员）

● 2004年"铁姑娘队"队员在洛阳白马寺合影。

采访时间与地点　2006年5月31日，大寨村家中

采访及录音整理　王勇红［王勇红采访的贾存锁现住大寨村，与当年大寨团支部书记贾存锁是两个人］

贾存锁：现在好了，去年郭书记领上铁姑娘去旅游了，坐飞机，不错的。去南方武汉、湖南毛主席的家乡，汽车、火车、飞机、轮船都坐了。没有好带头人谁引你呢，就是有钱你也出不去，你也不会花，还得感谢书记。郭书记回来后，做了不少好事，那年引（我们）去了五台山，在忻州住了一夜，在五台山住了两夜，在太原住了一夜，姑娘们没有出钱，都是郭凤莲给筹下的钱，这不是得感谢书记嘞。一出去好几天，大寨的吧，拿两三千块钱都能拿出来，像外村有的（有）困难的，1000块钱都拿不出来。住在外边的姑娘们有的困难，有钱还要做正经事嘞，可舍不得。大寨铁姑娘23个，去世了一个，村里也有十几个。

王：组织是连外村的一起去的？

贾存锁：嗯，连外村的都组织上去的，这你不感谢书记？

大寨人多种形式自主创业

采访对象　赵晋国（男，1971年生于大寨村，初中文化）

采访时间与地点　2006年5月29日，大寨村个体民俗馆、农家饭店

采访及录音整理　董永刚

董：你是怎样搞起这个个体民俗馆的？

赵晋国：2003年的时候闹"非典"，游客很少，加上各家开的饭店也很多

● 大寨个体民俗院。

了，这个时候饭店就不好干了。我开饭店的时候，经常和这外头的人打交道，接触得多，也就慢慢了解了这些游客想看什么、想吃什么。就这样，我就有了开个民俗馆的想法。我真正开始办这个的时候是2005年。当时可以说是条件比较成熟了。原来这里住的不是我一家，去年的秋天，我家邻居搬走以后，这窑洞才都空出来，像以前你就是想搞也没地方。邻居搬走后，我租下了他的窑洞，一年四五千块钱。当初上这个项目的时候，主要就是考虑到这个东西以后肯定有市场，是经过多方面综合考虑以后才上的。起码要考虑到一天的开支，成本有多高，开这个东西能不能保本这些问题。咱们这里的东西都是很真实的。

我开这个大寨民俗馆主要有三个意思。一个就是想宣传一下这大寨的农家文化，这里的内容很丰富；再一个就是丰富一下大寨的旅游资源，这样也有利于搞活大寨的旅游业；第三个那就是这个东西市场前景很好，将来一定会有可观的经济效益。我认为，无论搞什么，项目要有特色，要让外人都觉得你这东西好，能把大寨农家的历史变迁给反映出来才行。

董：像你家现在这个地方是有限的，你也不可能把当年农家所有的东西都搬进来，你是怎样考虑这馆里的陈列问题的？

赵晋国：我认为农家院落，东西不在多，而是要精，要让人一看觉得一目了然，有章有序［法］，从中一下子就能看到大寨在各个时间段里百姓的生活状况。搞这个东西的时候，我也经常到老百姓家里走访、考察，希望能尽可能把这场景做得更真实、更自然，不要让人一看就觉得是做作。

我这个也是走一步学一步，摸着石头过河。这里的建设还要通过以后和游客们的不断交流，从他们那里得到一些好的思路和想法后去充实。刚开始的时候，不可能一下子立竿见影见到效益，得慢慢来。什么时候来的人多了，咱的效益自然也就看见了！

董：你刚计划办这个的时候，你的父母对你的这个想法怎么看？有阻力吗？

赵晋国：那当然是有了，老人总觉得挣点钱不容易，觉得搞这东西没经验，也没有个可以参照的，投进去的钱能不能收回来都是问题，更不用说是得利了！但我们两口子觉得能行，无论干什么都得尝试去做嘛，谁也不敢保证能做好。我现在觉得最难解决的一个问题不是钱的问题，而是我自身的文化能不能撑起这个东西来。

我当初决定放弃饭店的原因，一个是不想与这街坊邻居搞这个不必要的竞争，闹来闹去谁也不挣钱。再一个就是从开饭店的经验说，开这个民俗馆是有前途的。况且这里紧靠“陈永贵故居”，地理条件很理想。

我这里目前还很不成熟，还有很多东西想搞。以后家里的饭店、小商品就都成了捎带，主要精力都要放在这个地方。村里的领导也都来我这里看过，说办得不错，有特色，也很支持。

董：你当时有没有想过和村里合作办这个东西？

赵晋国：想是想过，当时就是想民俗馆由村里集体管理，把它纳入大寨的一个旅游景点，我负责经营，这样就比较正规，也比较规范。但后来村里认为还是个人先搞起来。当然这问题也很麻烦，不是一天两天能行的，慢慢来吧！

咱们这里现在是试营业，目的就是首先让别人知道你这里有这么个东西，以后人多起来了，再开始收费。我现在这里已经投入得不少了，可以说这几年挣的钱全放到这里了。因为只有搞成个样子，然后别人才会走进来。我认为，只要是个好东西，无论投入多少都是值得的。现在的人，文化水平是越来越高，文化意识也都上来了，搞这个是很有市场潜力的。

采访对象　贾瑞祥（女，1971年生于大寨村，大寨第一个个体民俗馆经营者）

采访时间及地点　2006年5月29日，大寨村民俗馆

采访及录音整理　刘晓丽（整理者）　董永刚

[贾瑞祥和丈夫在自己家的院子里，又租了别人的几孔窑洞，开了大寨第一家农家民俗馆。]

董：你们这个民俗馆是怎么经营的？如果客人来参观，他要在你这里买票？

贾瑞祥：我们还没有印出票来，现在暂时让客人进来这个地方看一看。

董：过一段时间再办一个营业执照呀什么的？

贾瑞祥：是的。从这里可以了解咱们大寨发展历史，老陈在的时候什么样子，郭书记回到大寨又是什么样子。也可以对比。

董：对。你给咱们说一说这个民俗馆，怎么样想到这个的？怎么样操作的？怎么就没有和别人一样开饭店？

贾瑞祥：饭店倒是有一间，我在那个院子里边做的就是饭店。

董：你是嫁过来的，还是就是大寨人？

贾瑞祥：我就是大寨人。开民俗馆之前，也没有在外头干过，都是在村里

头干的。羊毛衫也做过，虎头山（展览馆）也做过，衬衣厂也做过。跑了好几个地方。我爱人他是初中文化，他没有搞其他的，就是在家里边做这个。

董：你们做这个民俗馆是和开饭店同时进行的吗？

贾瑞祥：我开饭店是在2000年8月。大寨的旅游业可以说是从92年开始的。我丈夫前两年就考虑到办民俗馆这个事情，只是没有这个时机。院子中间那两孔窑洞是我租别人的，去年冬天才开始的。做这个民俗馆的时候，像院子里的碾子呀，还有那个屋里的五六十年代的东西，是专门搜集来的。像那个碾子吧，我丈夫整整跑了半个多月。

董：办民俗馆不是一个很快就能见利益的东西，你们是参观了别人的东西才想到要办的吗？

贾瑞祥：我从来没有去过别人的什么地方，我就是以前上班的时候出过远门。我丈夫他这个心思吧，老是琢磨着干点什么才好，不是说开个饭店挣点钱就可以了。他考虑一个长远的东西，他不是去县城里边买东西，就是在家他也不出去玩，就是这么个人。他就是眼光看得长远，不停留在现在的状态。这几年搞民俗旅游吧，客流量也不少，可以让客人了解大寨。但是，我就是先让客人免费看，了解一下陈永贵当时为大寨留下了什么，也看看90年代的大寨。像六七十年代的摆设就是他在的时候，大寨农村家庭普遍的这个样子。90年代，人们的生活水平普遍提高了，像我结婚的那个房子旧的组合柜、沙发床呀，都有。确实也能看到咱们大寨的发展变化状况。

现在这个民俗馆吧，先让客人来看，看了以后或者有什么意见，关心一下，这个村里边和其他领导都认可了，然后再慢点做。不能看眼前，眼前财源肯定不是每天都有的，还得大家认可，认为确实可以了我们再扩大。我丈夫说呀，如果大家认可了，村里边也同意卖票，就把后边人家的两孔窑洞也租下来，再以这样的方式，搞一些当时的民俗风情，还要上！

董：你计划做一系列的展览，还是弄一个展柜呢？因为你这个地方有限。

贾瑞祥：这个也用不了多少地方，就把东西收回来，放在那儿，客人可以亲自体验一下，看看咱们大寨以前是怎么过来的。从大城市过来的人，以前没有见过这些东西，年纪大的还可能知道这些，像现在三十几岁的小伙子，就不知道。像这个碾子，让他们过来推一推呀，看看玉米是怎么放进去的，这个面是怎么出来的，让他们来体验一下。然后再做一个辅助的说明，说明是肯定要做的。

董：那你讲解肯定要投入人力吧？

贾瑞祥：这么讲吧，看客流量的多少，如果客流量确实很多，该用人就要用人。这个民俗馆礼拜一才开放，以前我没有开过。开了以后也有人进来，他一看那个民俗馆的牌子，就愿意进来走走。哎呀，我这个投资进去差不多有5万了吧。

董：从目前这个状况看，你觉得值吗？

贾瑞祥：当我听到郭书记或者村委会其他领导，还有你们和记者们说这个

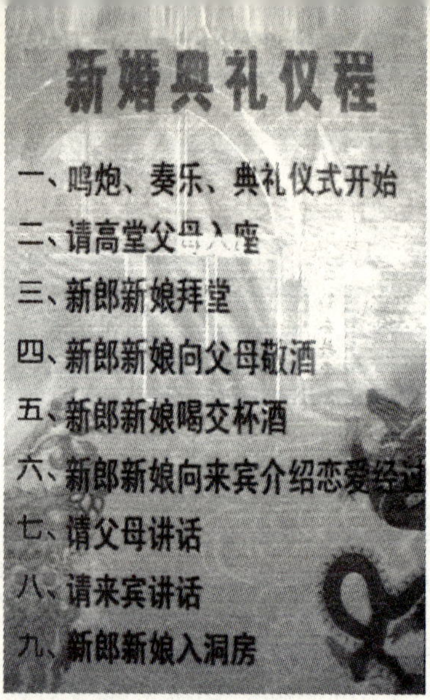

● 大寨民俗馆的新婚典礼仪程陈列。

搞得比较有特色，我心里就高兴，投入也觉得值。你光是跟人家说你搞什么搞什么的，人家不认可你。你必须把事实摆在那，让人们认可，认可之后，你才能高兴。

董：你认为现在经营最困难的是什么？是客人，还是资金，还是东西卖的价钱少？

贾瑞祥：说实在话，客人们都不差这几块钱，可是有的客人一看要收钱，他就不进来了，其他的都好说。我丈夫也是这个想法，客人进来看了以后，觉得你这个地方没有白花钱才行。

董：要发展大寨旅游业，不能完全被市场经济冲昏头脑，要有一个长远的看法，这就是诚信。

贾瑞祥：是的，就是你做任何事情，“诚信”二字都要做到。虽然有些客人不可能再来，可是不能影响了大寨的名声，这不是针对你个人的。也许个人一年或者半年没有什么影响，可是大寨肯定要受到影响。前一段时间客人多，我就让这个客人在这几间屋子吃饭，你也可以坐在炕头吃饭，可是如果人太多，还是想做民俗馆。

董：大寨村是不是有一个博物馆？

贾瑞祥：有一个，那是大寨文化展示馆，和这个没有多少冲突，因为它有4个展厅，各个展厅是各个展厅的内容，它只是在第二个展厅有民俗文化的内容，我以前就是在那个文化展厅做事的，开饭店才回来的。就像刚才说的，只要看了觉得值得掏钱，我也就满意了，还不光是为了挣钱。

董：你当时做这个民俗馆的时候，是否考虑到和陈永贵故居、和宋立英家相邻？互相促进？

贾瑞祥：考虑了一些，来大寨的客人都要到这一边来，这就会给我带来一些效益，也有客人就是这样过来的。这个院子也比较大，留下来的也比较完整，在其他地方80年代的土窑洞，都变样了，那个玻璃呀、床呀什么都换了，没有原汁原味的。

董：你有没有考虑到，你做一些小的纪念品，在上面刻上大寨民俗馆的名号，赠送给客人，这样就能扩大你的知名度？

贾瑞祥：这个还没有想到，这是个好建议。你这个想法不错，你们挺为我们着想的。其实有些客人对大寨感情是挺深的，我们那个饭店，就是客人吃完饭后，都要我们的电话。你们今天来，我的收获也不少。

采访对象　***1（男，1975年8月生于昔阳县寨上村，现租住在大寨，高中文化。口述人要求不具名发表）

采访时间及地点　2006年6月2日，大寨村租住房中

采访及录音整理　冯素梅

冯：你是哪儿的人？

***1：是挨着大寨的一个乡。

冯：你的这制作设备也简单，我还以为要摆一大家呢。你在给哪儿做碟？咱们主要说一说你在大寨工作、生活的情况。

***1：我现在做的好几家，李家庄有一家，平定、阳泉那边还有几家。我是去年来大寨的，来之前在县城也做过摄像、做光盘。这是在电视台学的。你们主要是想了解什么？

冯：我们要做《大寨口述史》，主要是采访一些大寨人。你虽然不是大寨人，但是在大寨工作。从你的角度谈谈以前对大寨的印象，现在在大寨的工作，找你做摄像和光盘的人多不多等等情况。

***1：大寨印象从小就有，原来十几二十年前大寨有一个重点初中，八几年的时候，来大寨旅游的人还很多，还有外国人，外宾也来得不少。学大寨的时候我虽然还小，可是我每天接触那些事情，我爸爸他们那会儿学大寨可辛苦了。大寨的森林公园是九几年建起来的，到现在十几年了。我以前一直在外边，对大寨也不是很了解，后来回了县城以后，有时候森林公园有活动，我就过来。像去年这里举办了个“村官论坛”。全国有名的村子的领导［书记］、村长，比如华西村的都过来参加，我去看了看。“五一”我就在山上照个相，给人做个光盘。现在旅游的人不少，不过他们说没有去年多。

冯：去年可能是受“红色旅游”主题的影响。“五一”的时候你是在山上等着，还是有人到这儿来请你？

***1：那两天我就在山上，后来阴历四月结婚的比较多，一直顾不上上山了，山上就是没有事了才上去，要是干其他活儿就不去了。干其他活儿比山上挣钱（多），比山上保险。在山上不定，有一天就没有什么人，在村里边最起码做个带子什么的经常有，一天做上两个带子就可以了。

冯：你一天做两个带子收入多少？

***1：五六十块钱吧，一个是40（块），两个收80（块），这是别人拿来的带子制作，我要是连摄像带制作，收150（块），做一套DVD才200块钱。

你给他录好后，回来做成 VCD 光盘给他就行了。我最初开展业务也就是凭以前的那些关系，以前认识的人多，主要是你做出来的东西要成样子，人家能接受了，市场这个主要要求就是你做得好，你做不好，再有关系，慢慢地人家就不用了。

冯：你是怎么选择到大寨来的？

*** 1：前半年过了年以后，到阴历五月、六月结婚就是淡季了，搞活动的也不多，也就是“六一”儿童节，但是旅游现在正好是旺季，“五一”到国庆节这段时间是黄金时间，正好相互之间能错开。过了国庆节，旅游进入淡季，结婚的、搬家的又多了。

还有小孩子做满月，老人过生日，那些别人弄不是很专业，我还可以。像结婚，现在影楼也多，影楼也做结婚摄像、刻光盘，我看也可以，也能交待了，当然按专业角度看还是有问题，不过老百姓一般就是看个热闹。

冯：你的设备就是一台电脑？还有别的吗？

*** 1：电脑主机装着两个彩机卡，一个是模拟的，一个是数字的，还带着刻录机，一个 VCD 刻录机，一个 DVD 刻录机，剩下还需要一些软件。软件需要的比较多，刻录必须有刻录软件，编辑有编辑的软件，采集有采集的软件。我是去年年底到大寨来的，刚开始没有上虎头山，冬天旅游也不行，我那时候活儿还不少，结婚的挺多的，我偶尔上来熟悉一下环境，主要是今年过了年以后，才在这儿租的房子。夏天在这儿方便，离得近，在山上摄像以后下来就能做，外地游客等 20 分钟以后就能拿上，一个光盘就是两分钟左右。

冯：你最多的一次做过多少张？

*** 1：最多做 100 多张，一般现在散客多，要得多的话摄像费就免了，一张光盘收 15～20 块钱就可以了。一个人是从头到尾地摄，也是那么个过程，100 个人也是摄像、编辑一次，一个人也要摄像、编辑一次，所以人多情况下摄像费不要也可以。我在山上做了个广告牌，放在山上大寨奇石馆卖纪念品的小卖部，一般旅游的都从那儿上，那里卖东西的小姑娘每天早上就给摆出来了，我不上去她就收起来。上面照相的不少，一共十一二家，我算一家，我们都协商好的，他们都是大寨人，他们光照相，我主要是搞摄像，还能把他们数码相机照的做成光盘，一张光盘装的相片多，这样是光收光盘钱就行了。以前谁也照，乱七八糟的，把秩序都搞乱了，游客也不方便，现在山上给安排一下，干起来也好干。我一般不照相，不想和他们抢生意，有散客别人照，我不忙的情况下照两张，要是有刻光盘的，还是先忙那个。收入还行，除了旅游、结婚、搬家、小孩子满月的业务，其他就是有时村里面过庙会，村里面搞的活动，这些也干。

冯：那旅游和结婚摄像哪部分收入多呢？

*** 1：我觉得还是结婚的还可以，除了阴历五月、六月结婚的比较少，其他时候每个月干上十几家，能挣两三千来块钱吧。这些结婚的不光大寨的，大寨没几家，一共 500 多口人，一年有十几对就不错了，主要是昔阳县，和顺

也去，还有平定、阳泉的。前两天我还去过太原，有熟人结婚，邀请我去给摄像。我在城里边还有个地方，过了国庆节以后，天凉了，山上旅游的人也少了，我就回城里。

我现在是在做结婚的光盘DVD，快做完了以后，把相片、字幕都加上，配好音乐，生成一下，要不就是一块一块的。音乐主要是喜庆一点的，还有根据他们个人的情况做个简介。

冯：旅游摄像你给他们配音乐吗？

*** 1：配，都是大寨的音乐，红色歌曲。

采访对象　张海云（女，1954年生于大寨镇阎庄窝村，初中文化，中共党员）

采访时间与地点　2006年6月5日，大寨村家中

采访及录音整理　赵俊明

赵：我们想了解一下大寨村的情况和你家里的情况。

张海云：大儿子是在（大寨开发）公司，在山上虎头山森林公园上班。二儿子跑车，跟他爸爸一起。

赵：跑运输主要是拉些什么？长途还是短途？

张海云：从村里拉上（煤）往冶头送，不跑长途，跑的都是短途，用的一个司机，跑的时候有一个（自己家里的）人跟上。有时一趟，有时两趟，也不一定。

赵：咱们村里像你家这样跑运输的多不多？

张海云：像这的不少呢，也有个四五家。现在不是有了小车了？跑大车的就是四五家。

赵：小车干什么用？

张海云：跑出租，也没多少，也就是个四五家，我家以前也是开出租，后来卖了，弄的大车。小车不行，那个不沾，这会儿跑出租的车太多。

赵：你家这车买的时候多少钱？

张海云：这车贵呢，四五十万呢，贷款，这当是租人家的车，每个月交人家租赁费，交够了车的租赁费，这车就是自己的，一个月交人家32000（元）。

赵：一般一个月除了交人家的还能赚多少钱？

张海云：落不下多少钱，一个月能落千数块钱。今年的行情不沾，往年还好。

今年的煤价高，还有这费那费，乱七八糟的费，一段（时间）好一段（时间）不好。经常被罚款，走一回也是可费事哩！

赵：大儿子在森林公园上班能挣多少钱？

张海云：一个月1000块钱，他常跑外出差。原先他跟的郭凤莲，现在她大（老）了，就跟的她的儿子。

采访对象　李幸福（男，1973年10月生于大寨镇井沟村，初中文化，在大寨虎头山牧场工作）

采访时间及地点　2006年7月26日，大寨虎头山牧场

采访及录音整理　冯素梅

冯：你在这个养鹿场干了多长时间？

李幸福：干了12年。

冯：这个鹿场有多长历史了？

李幸福：有30多年了。

冯：有这么长的历史了！你是不是咱们大寨村的人？

李幸福：不是，我是大寨镇井沟村的。

冯：你今年多大了？

李幸福：34岁，属牛的，我22岁就来这儿了。

冯：你原来在哪儿？干什么呢？

李幸福：我原来在咱们大寨乡糠醛化工厂，初中毕业以后我就跑到那个厂了，在那干了3年，又回家闲了一年，就来到这个鹿场了，后来一直在这儿。

冯：你来了这里具体是做什么工作？

李幸福：就是搞技术，加工鹿茸，烘干。

冯：这些技术是怎么学的？

李幸福：这些有东北师傅教，我进来两年参加这个技术培训。

冯：那你刚进来那两年干什么？

李幸福：喂鹿。

冯：是不是这里的人进来以后都是先喂鹿，再参加加工技术培训？

李幸福：不是，这里只有我一个参加培训。

冯：当时和你一起进来的有几个人？

李幸福：和我一起进来的有3个人，都是喂鹿，喂鹿喂了两年，他们俩都走了，就我一个人在这儿。

冯：他们为什么走了？

李幸福：他们都是年轻人，有一个比我小，有一个跟我同岁，嫌这里闷了，山上人少，想到外面去。

冯：他们去哪儿了？

李幸福：他们去挖煤，挖煤不是挣钱挣得多？

冯：可是挖煤也有风险呀？

李幸福：他们觉得挣钱多。

冯：你们刚开始喂鹿的时候挣多少钱？

李幸福：刚来的时候，一天挣8块钱，管吃。

冯：那他们下煤窑一天挣多少钱？

李幸福：下煤窑一天挣30多块钱，比8块钱多多了。我们现在这儿一年挣5000多点儿，比原来多了，不管饭。

冯：你们原来管饭的时候上面有食堂？

李幸福：有食堂，现在没食堂了，现在人也少，就两个人了。

冯：两个人能忙过来吗？那个人干什么？

李幸福：能忙过来了，他喂鹿，我捎带着给他打帮。

冯：加工鹿茸不是每天做吧？

李幸福：每天做，加工一副鹿茸得一个月，加工好了，每天开上水煮，煮出来再上烘干机烘干，烘干出来再晾出来，要一个月。

冯：一年能加工多少？

李幸福：看是什么，小的两杠，一年能加工10来副。

冯：大概尺寸有多大？

李幸福：大概四六寸长，它的小枝是4寸，主枝是6寸。

冯：是不是有专业的标准呢？四六寸算什么型？

李幸福：嗯，四六寸是小型的。东北人来买，就是买那个货，鹿茸是分等卖的，那个货是一等货。

冯：一等货卖多少钱？

李幸福：一等货现在是700块钱一斤。

冯：鹿茸一斤有几副？

李幸福：一副有斤二两。

冯：鹿茸长的尺寸不一样吧，你们卖的时候把它们加工成一样尺寸的吗？

李幸福：长得不一样，我们卖的时候，一等就卖一等，二等就卖二等，那样卖呢。

冯：为什么小的卖得贵呢？

李幸福：小的它嫩，大的它是有点老。有包装盒，小的装进包装盒里能盛下了，它往哪儿卖呢？东北人弄回去，往台湾卖了。

冯：东北哪个省的？有固定的厂子吗？

李幸福：吉林省，不是固定厂家，是个人倒贩呢。

冯：你们有固定的客户吗？

李幸福：我们的客户多了，都是个人，谁来得早了谁就买上走。

冯：我也不太懂，鹿茸一年能长几次？

李幸福：长两对，锯了以后还要长一次。赶6月份锯一回，到8月15日就又锯一回，8月15日锯了它就不长了，它要过冬，第二年春天一过清明，天气暖和了，它就又长了。

冯：你刚来的时候，咱们这个养鹿场有多少只鹿？

李幸福：刚来的时候有100多只，现在剩下七八十只了。

冯：是因为什么原因少了呢？

● 虎头山上养鹿场。

李幸福：现在这鹿的行情也不算太好，以前还给大寨喂着马鹿呢。

冯：现在这个品种叫什么？

李幸福：这个是梅花鹿，那个马鹿的鹿茸现在不值钱，大寨贷那款还不了，就把马鹿卖了，光丢下梅花鹿了。这是大寨的企业，这个牧场是我哥承包的。

冯：这个牧场给大寨交什么费用？

李幸福：光交承包费，承包费一年3万块钱吧。

冯：那咱们这个牧场现在能赢利吗？

李幸福：现在除了承包费，加上买饲料、水电费、工资，乱七八糟的下来，刚好。我们到秋天收草的时候还要加五六个人，你加外面的五六个人，一天没有三四十块钱，没有人给干，再带上用车，下来费用就高。

冯：这儿是你哥承包的，给你的工资没有什么特殊照顾？

李幸福：没有，跟其他人一样，那个喂鹿的和我工资一样，现在牧场里就我们3个人，我哥是厂长。

冯：咱们这儿的鹿是自然繁殖吗？

李幸福：是自然繁殖，有生得多的时候，维持不下去了就卖几只维持维持。

冯：卖能卖多少钱？

李幸福：以前小的是5000块钱一对儿，大公鹿是7000块钱一只，大母鹿是4000块钱一只。

冯：咱们这儿现在公鹿、母鹿都有多少？

李幸福：公鹿40多只，母鹿30多只。母鹿是一胎一崽，每年总共出生二十八九只小鹿。

冯：咱们这儿除了加工鹿茸，还加工其他东西吗？

李幸福：弄鹿血酒，我们就是在下面买上酒，回来加工。

冯：买的大寨酒厂的酒吗？

李幸福：哪儿的酒都有，加工好了，有人到这里来买了就卖，县城里也卖，旅游点没有。

冯：酒卖得怎么样？

李幸福：也好。

冯：你们加工鹿血酒是多少钱一斤呢？

李幸福：30 块钱一斤。我夏天出去给个人锯鹿茸，骑摩托（去）。

冯：去哪儿锯鹿茸？

李幸福：这邻村有个人喂着鹿的，我就去给他们锯锯，锯回来我给他加工了，卖了，一副鹿茸扣他 80 块钱加工费，连药费、水电、煤，都包括进去了。现在这 80 块钱不能干，电、水、煤都涨价了。

冯：这山上用水怎么样？

李幸福：水从大寨往上顶，能顶上来了。

冯：这个冰箱是你平常用，还是加工鹿茸用？

李幸福：冰箱是冻鹿茸的，鹿茸锯回来，太少，不值得加工，就冻起来，攒上点一起加工。

冯：还需要什么设备？

李幸福：冰箱、冰柜，冰箱是放小的，大角一对就有七八斤，冰箱放不下，就得往冰柜里放。

冯：那大的卖多少钱？

李幸福：大的是 300 块钱一斤，这是鲜的，加工干了就又贵了。我们这里差不多都是卖鲜的，卖给东北人鲜的，他们回去加工。行情最好的时候，加工好的两杠卖 8000 块钱一公斤，现在只卖 4000 块钱一公斤。

采访对象　赵华晓（男，1959 年 9 月生于大寨村，村办企业职工，大寨第一个个体经营者）

采访时间及地点　2006 年 7 月 27 日，大寨村家中

采访及录音整理　刘晓丽（整理者）　冯素梅

赵华晓：我现在租的人家一个厂子，是做饲草的。

刘：饲草是什么样子？

[赵华晓给我们拿来了一个奖状和证书，上面写着某某有限公司，是隶属于县里的。]

赵华晓：这是个农业项目，就是那个奶牛呀、羊呀这些，主要销往内蒙古，因为内蒙古有两大集团，一个伊利集团，一个蒙牛集团，这个项目是粗放经营，适合咱们当地经营，因为咱们有秸秆的原料基础，咱们这里产玉米么，另外这个今天吃了，明天还要吃，那需求量很大。

刘：这个还比较环保，是吧？

赵华晓：对。咱们用了秸秆，还可以给农民创收。

刘：就销往内蒙古？

赵华晓：对，它主要销往伊利集团和蒙牛集团。

刘：那你从去年到今年产量是多少？

赵华晓：产量？去年产了3个月，今年准备从国庆节开始产呢，去年咱们整顿一下，今年计划产到1500吨。

刘：这个厂子就在咱们大寨吧？

赵华晓：在高落镇。

刘：有多大呢？

赵华晓：占地20亩。

刘：20亩？有多少职工？

赵华晓：有16个。

刘：职工都是哪的人？

赵华晓：都是当地村里的人。现在正是奶牛草青黄不接的时候，现在能卖好价钱。你看昨天不是打电话跟我要1500吨。

刘：那你过段时间还得弄你这个棚？

赵华晓：就是，虽然投资大，可是见效益呀。

刘：肯定是这样。那像你这个同类的厂子有多少呢？

赵华晓：昔阳县有两家，但是搞得也不太好。它这个就是我刚盘过来的。

刘：你怎么知道这个信息的？

赵华晓：我在网上查的。

刘：在网上查的？在网上看到这个就弄起来了？

赵华晓：网上有很多帮助农民致富的（办法）。你像人家在内蒙古就是国家投资让你上这个项目，咱们这里不行。

刘：咱们山西奶牛市场也是挺大的吧？

赵华晓：我们县就有很多需要的地方。

刘：它这个是很有前途，是吧？

赵华晓：对。它这个衣食住行，肯定需要，你不穿这个穿那个，你不穿白的穿黄的。

刘：那你投资的不是你一个人的钱吧？

赵华晓：不是，这个是我们租的人家的。这个县里边也挺支持的。

刘：他们肯定支持啦，你像咱们那天去采访的那个化工厂，也用的是玉米？

赵华晓：他们用的是玉米那个棒，玉米脱粒后的那个棒，咱们用的是玉米秸秆，不一样。

刘：就是把秸秆加工？

赵华晓：对，把它粉碎，高温，最后再压块。其实它这个是从美国引进的，产出来就像咱们那个窝头一样，他们说奶牛吃这个东西，它的吸收率是100%，如果吃这个秸秆的话，它的吸收率没有这么多。它经过高温，烧酥了这个东西。

十、社会主义新农村的探索与实践

- □ 领导班子率领村民向前奔
- □ 百年大计重在育人
- □ 医疗卫生需要保障
- □ 群众福利跟上了时代
- □ 新居中新的一代大寨人
- □ 建设和谐的大寨新农村

大寨作为20世纪六七十年代思想领先、艰苦奋斗的典型村庄，在新的时代条件下，积极进取，不断探索，特别是从90年代以来在教育和医疗、文化娱乐、村民福利等许多方面，根据集体经济基础和本村的实际情况，实施了一些行之有效、惠及全村村民的好办法，大寨因此成为山西新农村建设的示范村，为全省乃至全国新农村建设提供了有益的前期经验和探索。

新时代的农村领导班子有一种新的形象。90年代初，郭凤莲重返大寨，是大寨发展过程中的一个大事件。从大寨人的讲述中，处处可见一个核心人物会给一个村子带来什么样的大变化。郭凤莲回到大寨以后，重新执掌大寨村党支部，从来不愿自甘落伍的个性，与共产党员带领村民勤劳致富的坚定党性，使得她在率领大寨一班人发展集体经济、开拓旅游商贸业等等方面，跳出了个人的小圈子，在市场经济的大潮中乘风前行，与时俱进。1992年由村民选出的村委会，一直发展到今天，依然在大寨人心目中有着很高威信。郭凤莲清醒地认识到今天的大寨同全国最先进的小康村相比仍然存在明显的差距，她说：昨天的荣誉、今天的成绩都会过去，如何发展大寨的明天，是这个领导班子顺利“转身”后的目标。

教育是一个关系可持续发展的大问题。受访者从老师、学生、普通村民的不同角度，讲述着关于农村教育的种种话题，比如大寨的教育现状和人才不足，等等。大寨对学校教育一直比较重视，村里连续许多年对考上大学的孩子进行奖励，近来已经达到奖励每位大学生1000元、大专生800元的标准。对小学生也实行助学办法，本村学生的学杂费用全部免除，小学毕业后直升大寨中学。大寨小学还与阳泉五矿小学举办“手拉手”活动，促进了大寨和外界的交流。村委会对大寨小学的资助，包括水费、电费、燃煤费等几项主要开支，同时给学校教师提供较好福利。这些激励措施得到了村民的广泛拥护，推动了大寨教育的发展，也为今后大寨的科学发展储备了后续人才。

大寨村的养老事业办得比较成功。老年人的养老问题是城市也是农村发展的热点问题。大寨村从1993年起，就开始为60周岁以上的老年人发放养老金，15个年头过去了，养老金的数额也从当初的每人每月几十元，发展到今天的百元以上。今天大寨60周岁以上（70周岁以下）的村民，每人每月领100元养老金，70周岁以上每人每月150元，而对大寨村有过特殊贡献的老人如宋立英、贾存眼等等，每人每月可领到200元的养老金。发放养老金一方面解决了农村赡养老人的重大社会难题，一方面是对老一辈大寨人艰苦奋斗业绩的回报。养老金制度有利于协调子女与父母的关系，有利于农村家庭的和谐。按照眼下的消费水平，养老金能够维持大寨老年人最基本的吃喝用度，可以说是老有所养，老有所依。村民常挂在嘴上的一句话是："我们老年人就是靠集体。"大寨村的养老金制度成为大寨村发展建设中男女老少交口称赞的惠民措施。除此之外，村委会在逢年过节时要给全体村民发放各种福利物品，如米、面、食油等等，定量免费供应村民做饭、取暖烧用的煤和炭，超出的部分优惠供应。这些办法都为今天和谐大寨村的建设创造了有利的条件，有值得借鉴的地方。

大寨新居是小康村建设的一大亮点。新居的格局是清一色的小二楼，通常的一套住宅连带院子大约200平方米。村集体对新居进行了一定的补贴，眼下每套新居村里补贴2万元，村民自己负担5.5万元，缓解了村民的经济压力，也为改变农村居住条件创造了好的环境。今天的大寨，村容村貌整洁有序，宽敞的新房，水、电、暖设施齐全，不少人家安装上太阳能热水器。居住其中的大多为大寨的年轻人，他们不满足于祖辈父辈在土里刨食的人生，许多人出去跑运输，当教师，办饭店，搞旅游，追逐人生更有价值的目标。经济发展了，教育水平提高了，相应的文化设施也增加了许多，村里现在有健身娱乐场所，还有网吧，活跃了村里的文化气氛，丰富了年轻人的业余生活。人心齐，人心顺，一心一意奔小康，成为今天大寨人的理想和目标。

大寨在新农村建设的很多方面进行了有益的探索和尝试，村民从中获益匪浅。大寨人跟上了新农村建设的步伐，同时他们对自身发展状况也保持着清醒的认识，很多人意识到大寨同其他村庄在某些方面存在的差距，有些方面差距较大，不少人对大寨的发展还有比较多的忧患意识，大寨人从过去比较狭隘的发展思路中跳了出来，他们认识到新农村建设过程中，人的素质至关重要。大寨新农村建设只是初步的探索，或者说大寨人较早进行了新农村建设的某些实践。2005年，吴官正同志在大寨村与干部群众座谈时说："改革开放以来，大寨发生了很大变化。大寨的党组织是坚强的党组织，大寨的人民是英雄的人民。在各个历史时期，大寨的党组织都发挥了战斗堡垒作用，大寨的共产党员都发挥了先锋模范作用，大寨的人民群众都是听党的话的。听毛主席的话，自力更生，艰苦奋斗；听小平同志的话，改革开放，大力发展社会主义市场经济；听江主席的话，忠实实践'三个代表'重要思想；现在在以胡锦涛同志为总书记的党中央领导下，认真落实科学发展观，努力构建社会主义和谐社会，

● 合理规划，建设大寨。

正在从胜利走向新的胜利。”当然，大寨实践的效应不止于一个大寨，它对周边地区新农村建设具有带动作用，对全国新农村建设也会提供有价值的借鉴。从大寨人的讲述中，能够深深地感受到大寨人建设新农村的喜悦和自信。今天的大寨人已经迈开了大步，创建自己美好的家园。

领导班子率领村民向前奔

采访对象　贾存眼（女，1937 年生于大寨村，高小毕业，中共党员）
采访时间及地点　2006 年 6 月 8 日，大寨村家中
采访及录音整理　孙丽萍

孙：现在村长都是选举吗？

贾存眼：选。3 年选一次。候选人有几个，不同意时你也可以填上别人。听说有的地方是用钱买，有时候好人也选不上。咱这儿从来就没有给钱选举的，票不够你不能当选。年龄大的人不能参加选举时，还设了流动票箱。郭凤莲在村里的时候，她也参加选举。会计是村上任命的。现在的会计除了当会计还管武装，人家是当兵回来的。

采访对象　张海云（女，1954 年生于大寨镇阎庄窝村，初中文化，中共党员）
采访时间与地点　2006 年 6 月 5 日，大寨村家中
采访及录音整理　赵俊明

赵：村长是不是选下的？

张海云：村长是春生，选下的，都是集体选下的，都去投票，全部人都去，选下谁算谁。名单都给你列出来了，有了候选人，你自己去投票就沾了，同意谁就画圈圈，不同意就打叉，下来看谁的票多就选上谁。

赵：村里有多少党员？年轻人入党的多不多？

张海云：总共有三十几个，年轻人不少，每年都有入党的，去年就入了4个，老的有的都去世了，有的老的不沾了。

赵：在村里好不好入党？

张海云：也好入，看你的表现，差不多就行，要求也不是很严。一般都是年轻人，这会儿年轻党员多，老的不多了，有的不能出来了，有的去世了，普通老百姓多。这会儿年轻人沾，像我这就不沾了，50来岁了，那几年我也是跟上大队干活，每天劳动，这会儿不沾了。

赵：像村里的党员平时有没有什么活动？

张海云：多了，过一段时间就要开会。像去年就进行先进性教育活动，那学习时间长哩，各人写各人的心得。今年就少点儿，大寨的党员常开会。

采访对象　贾春生（男，1962年生于大寨村，高中文化，中共党员，现任村委会主任）

采访时间与地点　2006年5月30日，大寨村村委会办公室

采访及录音整理　王勇红（整理者）　刘晓丽　冯素梅

王：你是咱们村全面负责的吗？多长时间了？

贾春生：我这时间长了，十四五年了。

王：是村民选举的吗？

贾春生：是村民选举的。（郭凤莲）91年回来时，全村支委。

王：这届班子，村里有啥变化？

贾春生：变化主要是90年代比较大，80年代不能说没有变化，只能说变化比较小，在这之前村里只有一个煤矿，还有一个化工厂也是贷款办的，后来就停了，因为主要是想搞旅游，化工厂有污染就停了。从93年开始办厂，羊毛衫厂、水泥厂和煤炭发运站。当时大寨经济比较弱，一部分是贷款，一部分是引进资金，这样起家的。再一个就是大寨是搞农业的，本身的管理经验较少，（企业管理）一部分是引进人才，一部分是送出去培训。前几年在市场经济条件下大寨有些厂不适应，2000年以后，大寨人基本上掌握了企业管理，当时咱们有些情况，比如水泥厂，农产品的转化，符合咱们的资源，操作起来也比较好操作。再一个大寨的生活比较富裕了，经济收入比以前提高了，就从93年开始发养老金，钱不多，刚开始是到60岁一个人60块钱。后来随着经济发展，随着年龄刚刚调了一下，60岁以上（70岁以下）就是100元，70岁以上150元，包括老党员、老干部、老复员军人，参加过抗美援朝的会比其他的都高。

采访对象　李怀莲（女，1960年9月生于昔阳县三都村，中共党员，现任大寨村妇女主任）

采访时间及地点　2006年5月18日，大寨村村委会

采访及录音整理　刘晓丽

刘：你现在是妇女主任，是不是还是女民兵的负责人？

李怀莲：不是。女民兵的负责人是男的，贾会计管那一块，他管民兵、武装这些。

刘：你还有什么职务？

李怀莲：我还是出纳，还有计生委主任。反正大寨村的干部也不分你做什么，我做什么。

刘：大寨村的干部是村民选的吧？

李怀莲：村民选，3年选举一次。

刘：书记不选？

李怀莲：书记不选，书记是任命的。

刘：你是咱们这里的人还是嫁过来的？

李怀莲：我是嫁过来的，80年代。

刘：你是哪一年入党的？

李怀莲：入党，我想一下……我是96年6月入党。我们村委会这些人是3年一选举，到3年头上，老百姓要给你投票，在你头上要给你画圈或打叉，选票达到半数以上，你才能继续当选，我们这些人都是从92年开始到现在，一直选举上来的，我们工作也比较认真，也赢得了他们的理解，所以他们就选你了。要是你不好好干吧，老百姓就不再选你了。除了书记是任命的外，我们村委会有5个人，有贾主任、会计、我，还有一个副主任，还有一个管青年的。

刘：就你一个女的？

李怀莲：就我一个女的。原来我们的编制是7个村委，两个女的，后来我们这个村人口少，520口人，就裁了两个，原来是贾存兰，她管妇女，我管计生，后来就都成了我管了。

刘：那你简单地说一说妇女主任都管些什么？

李怀莲：妇女主任吧，比如说我们把妇女闲散的劳力，没有什么文化的，组织了一个农业组，这个组里面谁愿意去谁就去，这里面差不多有20多个人，就是在地里面锄草、间苗，管理树这些。她们也不能开饭店，就组织她们，给她们提供赚钱的机会。再一个我们提供场地，女同志就是每天可以摆小摊什么的，比如森林公园那一块，就是我们给她们提供做事的机会。再一个就是婆媳关系啦、邻里关系啦，我们都有责任，都有义务帮助她们协调各种关系什么的。主要是帮助她们搞经济，你要是有什么困难，你就提出来，比如说村委会

给你提供资金什么的，让你起步。再一个就是住房，我们村里盖了50多座住户楼，（还有）执行计划生育政策什么的。

刘：这个楼是买的？

李怀莲：买的。比如我们几个人里面，我执行（计划生育）得好，就先给我。所以说我们村委会这些工作都配合得比较好，我们村里面有凝聚力，都团结，有号召力。离开村委会，有些事情还是不成的。

采访对象　贾秋生（男，1957年生于大寨村，高中文化，中共党员）

采访时间与地点　2006年6月2日，大寨中策水泥有限公司

采访及录音整理　王勇红

王：郭书记现在年龄也越来越大，将来郭书记退了，大寨怎么发展？有没有考虑过这个问题？

贾秋生：我也没有多考虑这个问题，她不能退。

王：但事实上，她总有一天要退的，大寨怎么发展？

贾秋生：我觉得只要郭书记在，大寨就一定要发展。即使郭书记退了，我（也）认为大寨不会倒退，肯定有人会维护郭书记所创造的这份基业，只能发展好，不会倒退，我想是这样。

王：但是接班人总得提前培养，如果没有接班人到时候可能也会出问题？

贾秋生：我们大寨村年轻人，文化也有了，年轻人思路也开通，能顶上郭书记的人大概不可能（有），不过，为了郭书记，把大寨带好的人也是有的。我刚才说水泥厂今年的开局好，郭书记为大寨也是开局好嘛。我们再以后的年轻人干不好了，简直是败家子嘛。我认为郭书记为年轻人创造的这个好的开局需要年轻人去更好地发展，我认为应该是发展的，不应该倒退。

采访对象　郭凤莲（女，1947年10月生于大寨镇武家坪村，中共党员，大寨村党支部书记，原大寨“铁姑娘队”队长。1973年担任大寨党支部书记，1977年任昔阳县委副书记。1991年回大寨担任党支部书记，2004年至今担任大寨村党支部书记兼大寨企业集团的董事长。中共十一大代表、中央候补委员，五届全国人大代表、人大常委会委员，十四大、十五大、十六大全国人大代表，现任全国人大常委）

采访时间与地点　2007年4月6日～7日，大寨村郭凤莲办公室

采访及录音整理　孙丽萍　冯素梅　赵俊明　王勇红　董永刚

孙：我们看见大寨年轻人的谈吐都挺好的，一看就是见过世面的那种。

郭凤莲：哎，对，对。我说你们出来打扮都精干一点，我那时候也没有

钱，回大寨的时候，我也是穿得挺不好的，我说现在咱们有一个形象问题，党员干部们开会的时候，谁也是怕郭凤莲批评他穿得不好。我这几年确实是受了不少累，但是我也看到百姓富裕起来了，我这心里头也挺高兴。咱们也干不了多少年了，我一定要让年轻人把这个担子撑起来，咱们可以给他当一个后台，适当帮助帮助他们，今年我周岁就60岁了，再帮上他们一两年忙，我就想到二线来，让年轻人干，我给他们帮帮忙。我刚当书记的时候，我把贾春生提起来，他当时当了副村长，才33岁，今年已经46岁了，到我退的时候他差不多50岁了，咱也得赶紧培养人，班子也比较老化一些了，还是得培养一些有文化的青年，让他们摔打摔打吧。

采访对象　贾海文（男，1962年6月生于大寨村，高中毕业，中共党员，村委委员）

采访时间及地点　2006年7月26日，大寨村委会

采访及录音整理　刘晓丽

刘：请你谈谈咱们村务公开的事吧？什么时候搞的？怎么搞的？

贾海文：村务公开是从97年开始的，就是村里边的各项经济总收入，一年搞两次公开，一次在7月25日，7月25日公开上半年村里的经济收入情况，在第二年的3月份公开上年下半年的经济收入情况、经营状况。

主要公开的内容（第）一个是村里边的各项总收入。各项总收入它来自村里边的各项经营收入，这是一块；第二就是项目承包的收入，这是第二块；第三块还有其他收入。

第二（个）就是各项总的支出。包括：一个是经营支出，一个是村里边的管理费用，一个是村里的贷款费用，第四个就是学校的开支，第五个就是福利费用，这个福利费用包括老年人的养老保险金，还有就是过年过节呀，给村民的一些福利费用，还有其他支出。

第三个公开的内容就是固定资产。这个固定资产包括：一个是固定财产原来的价值，折旧有多少，刨了折旧最后的净值有多少。再一个就是再建工程，如500块钱到3000块钱以内的，还没有使用一年以上的，叫做再建工程。

第四个公开的项目就是，资金、存款是个什么情况。

第五个就是咱们的库存物资，库里边的粮食，究竟是个什么状况。

第六个就是资本，资本是个什么状况呢，就是包括过去上级领导支持的一些资金，总共的价值。

第七个内容包括三个方面，（第）一个是公积金，（第）二个是公益金，第三个是赢利公积。

第八个就是债券，债券就是应该收的那个资金，债券还包括咱们村里边的老百姓也有一些公积。

第九个就是债务，债务方面这个有应付款，究竟是应付了人家多少款了，个人呀，集体呀。

最后一个公开还有公开现在的耕地，村里边的劳动力有多少，村里边的个人的纯收入，当然还有一些其他项目，比如计划生育政策呀，公开承包的项目呀，这些等等。这些都需要公开。这村务公开的内容就有这么多。

刘：村务公开从97年开始实行一直到现在，是吧？

贾海文：对，到现在已经是10年的时间了。

刘：执行情况怎么样？

贾海文：除了这一块，过去它还要检查统筹情况，现在没有统筹了，如公积金管理费呀、计划生育、民兵训练、干部工资，这也需要公开。不过这几年好像取消了这个东西了。原来农业税还要公开，从去年开始，咱们国家农业税也取消了。还有村里边老百姓的负担、摊派这些，咱们集体也交了，也不需要老百姓交了。退耕还林这一块，每年给老百姓兑了现，比如发钱吧，你领回钱来，给老百姓发了钱，要是给粮食，一亩地给多少，给老百姓都兑了现。咱们就是按照上边的指示精神，把应该给老百姓的东西，给老百姓发下去，这也属于村务公开的内容。

刘：财务制度是不是也是村里的一大块？

贾海文：财务制度它包括会计制度、出纳制度、保管制度，这些方面的东西都有。

刘：这些包括在村务公开里边？

贾海文：村务公开不公开这些，它有板报，上边都列举出来了，比如会计有会计制度，出纳员有出纳员制度，保管员有保管员制度。村财务制度要经过大寨镇农村办，主管农村财务工作的负责人，他下来以后，在会计凭证上面，他要一个一个检查，看你是否符合这财务下账手续、是否符合报账手续，你符合的话，他就加盖大寨镇农经管理那个章，你才能够下账，否则把你拿出来，就不允许你报账。

咱们这个报账，大的开支呀，平时日常开支呀，首先要请示村主任，第二个就是买了东西，开回票来，领导签了，农经办审核了，会计给你报账，财务报表，否则的话就违反了这财务规章制度了。

像咱们财务这一块呢，主要来自郭凤莲书记领导的大寨经济开发总公司，她是总经理，下面有好多企业，有大寨煤矿、大寨森林公园，还有大寨贸易公司，下设大寨宾馆、大寨煤炭发运站，还有酒业公司，还有水泥厂，下来还有零星的一些小企业，杂粮厂，还有羊毛衫厂、衬衫厂，还有外向性联合的核桃露厂，等等，这都是郭书记领导的大寨经济开发总公司的企业。这些企业它的上缴利润就缴到总公司，总公司根据你村里边的财务情况，然后把款给你拨到村里边的财务上，一年也就是个40多万块钱。这40多万块钱主要就是什么开支呢？一大块就是老年人的养老保险，这个养老保险60周岁至69周岁，就是每个月100块钱，70周岁往上的就是150（块），就是这个养老金；第二个是管理人员的工资，比如咱们村委会主任、会计、副主任、保管，还有水利员、农机员，还有电工，还有扫厕所哩、扫街道哩、开汽车哩，全部都算，这属于管理人员的工资；再一个就是咱们村有一个绿化服务队，一共40人，每天在那些地方种一些蔬菜啦、杂粮啦，搞一些绿化啦，这伙人的工资，这是一块；咱们还养一辆汽车，汽车的开支，也在这里边包括着；下来还有小学的开支，水电费、煤炭费，小学幼儿教师、大师傅的工资，还有其他教师的伙食补助，这些都属于学校的开支；下来村里边还有招待客人的支出呀，过年过节搞一些活动的支出呀，还有给老百姓部分的福利，过年过节了，给老百姓分点白面、大米，分点肉，买点酒，分点核桃露。这40万块钱主要是这么多开支。一年你得开下来。

刘：每年在增长吧？

贾海文：每年在增长，还有这些书报、杂志、电话费，还有其他地方搞开业搞庆典，你还得给人家随个礼什么的，这些开支，等等，这都是村里边的开支。

刘：村委会你们这几个人，分管几大块？

贾海文：支委是5个人，老郭是书记，贾（春生）主任担任副书记，下来还有个支委，村委会副主任，他负责工程，还有水电农机，这一块他负责。下来就是我，也是委员，负责民兵、治保和村里边财务这一块。下来咱们还有个妇女主任，负责出纳，负责计划生育、党建工作、档案工作和精神文明建设。连村委带支委这五六个人，还有个团支部书记，这么个组成。

刘：工作这些都是村委会组织的？

贾海文：就是咱们村委会，郭书记提议，咱们贾主任具体安排，下来咱们这些委员配合，都是你有什么事情也是这几个人，就是这三五个人，你必须都得搞好，不能出岔子，否则的话，在大寨搞的活动出了麻烦，一个是影响不好，一个是领导脸面不好，所以说必须搞好。这几年大型活动从来没有出过什么岔子。

刘：每次活动昔阳县领导都参加？

贾海文：有时候这些活动，中央领导也参加，像小型活动大部分也有省级领导来参加，大寨的名号响亮，这儿来的人还比较多。像这小活动，三天一个两天一个就比较频繁。

咱们村里边还组织了一个红白理事会，会长就是咱们的贾主任，它就是操办老百姓的婚丧大事，婚丧嫁娶，比如说娶媳妇的，出嫁的，小孩过满月的，老人去世了，等等。你还必须给老百姓操办好，既让省了钱，还觉得热闹，村里的老百姓还高兴，咱们村里头领导还得给人家办好，所以这是一个组织。

刘：这些费用是老百姓自己出，咱们组织一下？

贾海文：费用老百姓自己出，咱们组织一下。咱们组织肯定给他搞好节约。

刘：还有这么一个理事会？

贾海文：对，这不是要搞精神文明建设？咱们村里边专门有一个精神文明指导委员会，负责精神文明这一块，比如五一国际劳动节，咱们这十几个企业搞一个歌咏比赛了，建党70周年，唱大寨歌了。还有企业之间的比赛，乒乓球、篮球比赛了，拔河了，充分活跃村民的文化生活。

再一个就是每年正月十五，咱们参加县里边组织的大型文艺游行，出的50个人左右，咱们还购置音响设备，县里边的活动，你不参加也不行呀，你还得搞好，你不搞好你也不行。还在这老百姓中进行星级文明户的评比，星级文明户占到90%以上。

刘：星级是几个星？

贾海文：10个星，有遵纪守法、尊老爱幼等等，好多吧，设的有10来个方面。

刘：评出来就挂这个星级文明户的牌子吗？

贾海文：咱没有挂，咱们填了表，村里头搞着福利事业呢，在这上头考核，你要是考核得好，村民福利就高，你要是考核得不怎么样，你村民福利就受影响，比如过年过节发放一些东西，还有那个煤炭供应，煤炭供应是一口人一吨煤一吨炭，两口人也是一吨煤一吨炭，3口人是一吨炭两吨煤，4口人是3吨炭一吨煤，这些方面就要比别人差一些。

下来还有几个组织，像这个民主管理建设委员会，建设社会主义新农村，就是生产发展、生活富裕、乡风文明、村貌整洁，最后一个还有管理民主。在年底咱们召开党员、村民代表大会，把上一年的财务收支，以及各方面的经济收入情况，给老百姓全部都公布下去，让老百姓评价评价咱们村今年花了多少钱，这些钱都花到什么地方去了，这些东西都要实行民主管理。

还办了个图书室，咱们的图书室也挺好的，也投入了好几万块钱哩，有二十几个书柜，两个阅读组，还有村民公开阅报栏，有3万多册书。咱们搞了两个广场，一个是村民文化广场，一个是健身广场，咱投了10来万块钱哩，晚上老百姓唱唱歌呀，跳跳舞呀，搞搞这个体育健身活动。

百年大计重在育人

采访对象　孔令贤（男，1942年生于昔阳县，大专文化，中共党员，原昔阳县委副书记、县人大常委会主任）

采访时间与地点　2006年5月26日，昔阳县宾馆

采访及录音整理　王勇红（整理者）　刘晓丽　董永刚

王：谈谈当年大寨的教育情况吧。

● 大寨中学剪影。

孔令贤： 陈永贵非常重视人才，他的集体观念非常重，他有个新农村建设的理想。一方面，他千方百计搜罗人才，对村里的人，尤其是年轻人进行培养；另一方面，在外地的大寨人，只要愿意回村里的他都叫回来。在各个时期，为了实现他的理想，他总要招揽一些人（在周围）。大寨村有个人叫贾存眼，当时高小毕业，毕业以后陈永贵就叫回村里，是大寨当时唯一的高小毕业（生），（陈永贵）叫她到外边学点技术，绵羊配种的技术，改良绵羊的，去学了这个技术，后来省里面还表扬了，叫“绵羊姑娘”。

（陈永贵）对学校教育也是非常重视的，当时的大寨小学虽然规模不大，但是对教师非常尊敬。我当时就在大寨村附近的一个小学当老师，村里边对老师非常好，60 年困难时期，老师的生活并不困难，有国家的供应粮，但不用吃国家的供应粮，村里解决得非常好，大寨也是这样，把学校的教育纳入整个农村建设的蓝图里了。大寨党支部对学校的管理非常严格，陈永贵经常让大寨的老干部讲大寨的历史，讲大寨当前的情况。另一方面，大寨的孩子们从小都有爱劳动的习惯。放假以后不是在自己家里干活，村里边的干部就组织你下地给农业社干活，干活后要评工，进行思想教育。所以一开始（陈永贵）就把学校教育纳入党支部新农村建设的蓝图里边。到后来，随着大寨村的发展，大寨的名声起来以后，县里对大寨的学校教育也重视起来，不光是小学部分扩大了，后来又建了一所中学，县管中学。大寨也出了不少大学生、中专生。村党支部的规定是考上一名中专生，村里给补助 800 元，考上一名大学生，一年补助是 1000 元，鼓励大家努力学习。所以大寨的文化和人才还是可以的。陈永贵懂生产，他是大寨的一个好劳力，好技术人员，这传统的农业技术在陈永贵那儿是无所不会，他又善于接触新事物，所以先进的农业科技他也愿意接受。50 年代办农业社的时候，县里的农业技术推广站里（的人）经常到大寨去，因为是先进村，推广先进技术当然是个试点，陈永贵经常向这些人请教，所以他把传统技术和先进技术结合起来了。他有不少的发明创造，比如说，使用磷肥。一开始光是上磷肥的时候，不但不增产而且减产，他在科技人员的指导下进行试验，把磷肥和农家肥搅到一块儿，就是把磷肥复效了，经过几次试验终于成功了。所以大寨的科学种田也依靠文化知识教育传播。到后来村里的主要干部成立科研小组专门研究科学种田方面的事，大寨科学种田的经验在78年全国科学技术大会上还得到了奖励。

王：当时是不是还有个大寨农学院？

孔令贤：农学院是后来办学的。大寨非常有名，农业方面非常有名，所以上边决定在大寨附近，不在大寨，离大寨还有三四里，现在职业中学的那个地方（设立农学院）在全山西招生。

王：大寨农学院办了多长时间？

孔令贤：办了好几年，后来大寨农学院就归山西农业大学了。当时在这里办学有困难，教授们安家落户不太合适，组织太原的（老师）来这儿讲学也不太合适，后来就搬走了。

大寨农学院并入山西农学院，更名为山西农业大学列入全国重点学校。（傅业：《大寨农学院并入山西农学院》，《山西日报》1979年8月8日）

采访对象　李仲娥（女，1959年生于昔阳县寺洼村，高中文化，现居大寨村）
采访时间与地点　2006年6月5日，大寨村家中
采访及录音整理　王勇红

王：您是什么文化程度？

李仲娥：高中。那会儿大寨是重点，有高中，大寨的人都要上了嘛。那会儿不是成绩好才上高中，全部上，大寨的人普及。

王：说一说你读高中时大寨的情况吧。

李仲娥：那会儿还是集体化呢。一个班有二十几个学生。

王：有外村的学生吗？

李仲娥：有，刘庄、武家坪、虹桥关。

王：上学要不要交钱呢？

李仲娥：俺是只交书钱。

王：其他村的是不是交钱呢？

李仲娥：也没有，那会儿都不多，只交点书钱，书钱也不贵，没有现在这么贵。

王：你高中毕业后做什么了？

李仲娥：下地劳动。

采访对象　张凤华（女，1966年9月生于昔阳县先掌村，现居大寨村）
采访时间与地点　2006年6月3日，大寨中学

采访及录音整理　董永刚

董：作为一名教师，你怎样看待你的职业？

张风华：作为一名教师，我觉得起码要有一种责任心，对待学生要像对待自己的子女一样。一个学生，如果你对他多付出一点儿，他将来很可能就是一块儿好料，如果你稍不注意，他以后也许就会是一个无用的人，甚至还可能越走越坏。我就是这么想的，也是这么做的。所以这几年，我带的学生都非常喜欢我，我和学生家长之间关系处得也都不错。当然得到的和自己的付出往往是成正比的。这几年，农村家长们对这个教育的认识还是转变了不少，开始慢慢地重视起来了，都有了教育重要的这种意识。像到了暑假，许多学生都要找老师给补习外语。所以有很多学生升初中后，或多或少都能有些英语基础，上课就容易懂了。

英语这东西不入门的话学得就很难，可是一旦入了门，学起来就会很轻松。教学时，对学生的引导教育非常重要，必须要能够把他们的学习兴趣调动起来。我作为一名教师，同样也是一位母亲。从观察自己的孩子来说，只要这孩子喜欢你，你的言行举止、一举一动都能吸引他。作为一名教师，你不能让你的学生总有一种压抑的感觉。他如果一旦有了这压抑的感觉，对学习就有可能产生抵触情绪。教师和学生之间不能有距离，要想教好学，首先必须让学生从心里接受你。我教过的学生都十分喜欢我，同时学生的接受对我来说更是一种无形的推动。从我这些年教学经验看，我最大的感受就是必须付出自己的爱心，用心去和他们交流，用心关爱他们，尽可能地把自己所有的知识传授给他们！无论作为母亲还是教师，天下的孩子都是一样的，轮到谁身上谁的感受最深。我作为一名教师能尽心尽责、敬业爱岗，同样是站在一位母亲的角度去考虑的。多为孩子付出一分，孩子将来就有出人头地的可能。

董：你有没有想再出去学习，来提高一下自己的学历？

张风华：这么多年了，我也参加过像自考呀各种考试，但我觉得意义不大。很多人现在都上什么函授本科，为的就是那个文凭，可我没有这么做。一个是，拿这么个文凭首先需要五六千块钱，可是拿这五六千块钱不值得。如果确实我拿上这个钱换来了我真正想要的东西，学到了真本事，我觉得还是值得的。但要是单单为了那么一个名不副实的文凭，那么我宁愿不要这个东西。我反倒愿意把这个钱拿出来花到我孩子身上，因为我觉得他是个可塑之才。

董：这几年，你是怎样评判一名学生学习成绩的好坏？还是过去一直使用的打分制吗？

张风华：这里还是按科目打分，是打分制，用分数来衡量学生学习的好坏。从我个人来看，这个打分对学生来说，确实是太残酷，对学生的心理是一种很大的压力。我也很赞同A、B、C、D这种等级评定的办法，但毕竟还是有缺陷。地方不同，这使用的方法也还得有所区别，怎么适合就怎么来。我觉得，我教了这么多年的书，什么样的孩子就是什么样的料。比如说吧，这个孩子学习并不是很好，但在某一方面却很有特长，如果你非硬逼着他去学他不爱学的东西，这反而不好，不如顺着他，培养一下他这方面的特长，因材施教嘛。作为教师，也是一样，不能因为他学习差就蔑视他，也许真的以后会在某个方面很有前途。

董：作为教师，你认为教师的仪表、言行举止对学生的影响大吗？

张风华：我认为教师的仪表这些非常重要。作为一名教师，起码必须保持干净。再一个就是自己的形象和言行举止，直接影响和感染学生。

像平时，比如夏天，天气特别热，上课的时候我也不穿裙子。学生在下边都是穿的这长裤子，咱如果在上面穿的裙子，露的腿，好像觉得对学生就不太礼貌。再一个来说，孩子都大了，这老师穿得花里胡哨的也不好，起码说不够庄重。

现在这小孩儿成熟得早，但在农村来说，学生早恋的现象还不太严重。一旦发现了，只要你耐心开导，学生很容易接受，这与大城市相比还算好一点。一般情况下，即使有，也是一有这苗头就尽早处理了。这个学校本村的学生不多，一个班就那么10来个。但这么多年来，我发现大寨本村的学生大都不爱读书，这与他们家长本身的素质和意识不行有关。像大寨这个村，这几年搞旅游开发，家长们对孩子的教育投入就不够，总以为做点生意，挣点钱，立竿见影，见效快，有那么一种急功近利的感觉。村民大都没有一个这长远的眼光，还远远没有脱离农村老百姓那种小农意识。这种情况下，很多的小孩儿很小就都不读书了，都上山打工挣钱去了。而有的家长对这些好像很是无所谓，这与村里的经济发展是很不相称的，不是同步走的。即使有的家长挣了钱了，也不把钱投入到孩子的学习上，有点儿钱，都盖了房子。他总觉得这大寨是块风水宝地，总有那么点儿优越感，根本没有长远的眼光和打算，可这只攒钱又能怎样呢？这可不是个什么好兆头。

董：你们老师经常做家访吗？有什么感觉？

张风华：做，我们经常给家长们反映这孩子不学习的情况，有的家长哇，起码说他不反对，可有的家长就不和你配合，这都能明显感觉到。大寨的农民现在很多都有满足感。现在很多人一到阴天下雨的时候就都躲在家里打麻将、休闲，很是好活！有的人即使有了钱，他也不往有用的地方去投，都用来消费。但我作为一个普通人就觉得这一天下来很辛苦。有的人认为，为孩子投资上学不太值得，没用处。只要是能找到钱，其他的都无所谓。村民对教育的关注就不够，一步步走的是向那土财主发展的路。可是，话说回来，只要经济上了，文化素质上不去，实际上你还不是个穷吗？

这几年，作为村委会来说，他们也都在为村民积极办各项文化设施，想提高村民的文化素质，村民自身的素质上不去，发展都不能同步。举个例子，像很多女孩子，家长就只希望能让她上个旅游学校，出来了当个导游马上就能挣钱，根本就没有想让这孩子上大学的念头。

现在可以说这老百姓的生活都慢慢富裕了，但基本上整体的素质还是不高。村里这孩子们初中毕业后大都能有个工作干的，但能出去上大学、念书的不多。这慢慢一步步就会落伍的，越发展越不行，这对整个村的影响挺大。作为本村的村民要有忧患意识才行！作为大寨这样一个名村，我觉得应该是村民的物质生活富裕，老有所养，少有所管，但更主要的还是要有一种良好的精神面貌。年轻人要朝气蓬勃，相互之间要有竞争和忧患意识，要有一种良性的氛围。但从目前来看，这方面还远远不够，认识还是没有很好地转变过来。

采访对象　王志东（男，1978年生于昔阳县城，大寨小学校长，中共党员）

采访时间及地点　2006年5月29日，大寨村小学

采访及录音整理　刘晓丽（整理者）　董永刚

董：你是哪一年来咱们学校的？

王志东：我是2003年过来的，今年到9月3日是整整4年，23岁过来的。

董：挺年轻的一个校长。和你年龄差不多的校长有多少？

王志东：我22岁当校长，在全县是最年轻的。

董：现在你在大寨住吗？

王志东：不在，我去年才成家，我爱人在县城。

董：你每天回去吗？

王志东：一个礼拜基本上不回，礼拜五下午放假以后回去。咱们这里特忙。除校长以外都是老师。没有副校长呀、教导主任这些的。

董：学校都是本村的孩子？

王志东：咱们学校除了幼儿班以外是106个学生，这里边有47名学生都是外村的，这47名学生他们的住宿怎样解决的？他的家长带着孩子在咱们村里租的房子，全都在村里头住下。

董：这附近就只有大寨这一所小学？

王志东：不是，还有武家坪小学、金石坡小学，离咱们这都是两三里地。

董：他们为什么都在这里上学呢？

王志东：一个是大寨本身的村容、村貌比较好，生活条件呀，孩子从小在比较好的环境里成长呀，再一个我估计家长主要考虑什么呢，这个学校的教学成绩比较好，各个方面都比较好，所以家长就不惜一切代价，带着孩子在这儿租房。

董：幼儿园也归咱们学校管？

王志东：幼儿园是村里边的，也归咱们学校管理。

董：咱们这里的教学资金怎么办？

王志东：这个教学资金像去年后半年是国家财政拨款不是？不够的时候村里解决。

董：一年大概要多少钱？

王志东：这个开支不很大，本身学生和老师加起来，总共还不到120个人呢，就补了一个伙食，还有一个办公经费，剩下的学校正常开支呀，像煤炭呀、水电呀，这都是村里头给的，不经过学校的账户。

董：学生上学是免费的？

王志东：咱们村的孩子是免费的。大寨村的孩子从97年开学到现在是一分钱不交，只交了书本费，以前我上学的时候什么课桌财产押金费、取暖费呀，这里一分钱也不收。

董：现在的学校在哪儿？

王志东：你们没去过？就在上虎头山路上的那个白楼，上面写着：大寨小学。

董：咱们新建的这个学校规模有多大？比如具体有多少间教室？有多少课桌椅？

王志东：课桌椅是前一个月刚刚换了，它原来的规模是按照大寨本村的学生建的，本村的（学生）不多，全村才520口人，你想一想，孩子肯定不多，后来的这些学生是外村的。现在这些学生没有把教室占满。

董：学校现在是几个年级？

王志东：现在是一到六年级。现在一到六年级有一个实验班，实验班是啥意思呢？就是从2004年那个年级开始呢，是按照六年级上的，现在有两个四年级，一个大四年级，一个小四年级，那个大四年级是五年制的，再过一年就毕业了。剩下的这些全都是按照六年制来编排的。

董：外村的孩子还收什么费用吗？

王志东：借读费，一个学期收150块钱，村里规定是200（块）、300块钱一个学期，这个学期就不收（那么多）了，人家上面不让收。收了这个其他就什么也不收了。

董：学校也考试吧？

王志东：按照教育局的大政方针，人家考咱们就考，人家不考咱们就不考。你比如说，这次五年级统一考试，由教育局统一组织。剩下的其他各年级小型考试，那就由各个联校组织，咱们学校没有权力组织。现在基本上也就不考，分数一般不下到卷面上，不产生数据，而是A、B、C、D 4个等级，咱们昔阳县的考试可以说基本上还是分数为上帝，以一个分数来定格一个学生，这个其实是不合理、不科学的，但是也没办法，你小小的一个小学校长，根本就起不到什么作用，你向上头反映，他们也知道。

董：咱们学校没有像城里的学校给学生补课吧？

王志东：没有，一到周末，就全部放假，全部休息。

董：咱们现在所有的课都能开展？包括体育呀、美术呀？

王志东：都能开。但是那些课都是一个老师包干呢，比如我是三年级的老师，语文、数学、科学，还有美术、体育，都是（一个老师）。

董：这样效果好不好？

王志东：咱们农村都是这样，中央电视台采访那些河北山村里的小学，都是这样。它包干是这样，比如这一学期，校长分配你代哪个班，这个班所有的课程都是你的，语文、数学这些，都是你代。

董：这里没有跟班上的，比如从一年级一直代到六年级的？

王志东：那个也有。它属于学校的校长定的，如果你是师范（毕业），可能就安排你跟班代，如果你是幼师毕业，或者其他学校毕业的老师，根据你的性格呀、能力呀，各方面，量体裁衣吧。

董：咱们每年有没有教师资格考核？

王志东：教师考核是县里头统一考的。

董：咱们这里有一些参考？

王志东：咱们这里是按照联校下达的一些考核方案，一般是按照两个学期的期中考试、期末考试的考试成绩（来评定）。

董：咱们这里教员的工资统一由县财政支出？

王志东：对。统一由县财政支出。

董：像咱们的办公经费从哪里拨？

王志东：办公经费一学年给拨 1800 块钱，根本不够，像咱们这里不够了可以向村里申请，那么其他小学里头，1800 块钱，你想肯定是不行呀，一个家庭里头开销还那么大呢。其他学校就很难解决。你像大的开销，煤炭、水电这一块，是村里解决。煤炭一年最少得 60 吨，60 吨按照 380 块钱一吨，你算算得多少钱？两万多块钱。电费一年差不多得 5000 多块钱，水费得 5000 多块钱。光这三项村里边就得负担三万多块钱。

董：还有粉笔呀这些？

王志东：老师用的粉笔呀，那些就不经过村里头，那要经过村里头就太麻烦了，不值得。

董：咱们这里的作息时间是？

王志东：上午 8:10 上课，到 11:50 放学，下午是 3:00 上课，到 6:20（放学）。

董：有作业？

王志东：有作业。作业的量是严格按照教育局下达的指示布置，一、二年级家庭作业不布置，三、四年级是半个小时，大四年级和五年级是一个小时。就是晚上回去（做）。实际上这个也是不合理的，小学就不应该布置课外作业。以前咱们上学老师经常要布置作业的，完不成作业就不敢去学校，那会儿作业多。

董：考初中的时候也有个升学率的问题吧？

王志东：咱们学校的学生毕业以后全部直升大寨中学，百分之百。

董：中学是大寨村办的？

王志东：不是，县里头办的，咱们这个学校跟中学达成协议了，人家郭书记的影响力，你们知道吧？反正是小学毕业的学生全部上初中，不需要按分数招考呀，择优录取呀，不需要这个。

董：这就是很大的优势了，这也是别的村来这里上学的原因？

王志东：哎。比如，你像外村家长，孩子学习不是太好，但是从他们本村念完以后，没有初中，怎么办？还得求爷爷、告奶奶，分数上去了，直接就录取了，如果分数上不去的话，就得走关系了。但是咱们这儿不需要，在大寨上学，不管你是本村的，外村的，全都直升大寨中学。

董：中学有高中吧？

王志东：中学没有高中，只有初中，高中那是考的。咱们中学一个班是六七十个人，一个年级就是200个人，每年向高中输送的一线（学生）差不多能走50个，这是我了解的。像04年走了52个，05年走了56个。为什么这个数字特别准确呢？上次国家基教科来这里刚写了一个材料。

董：当时你来接手大寨小学的时候，是什么样子？

王志东：学生59个人，老师是6位。来了我说“大寨大寨，不如说小寨”，学生59个人，不如我念书的时候一个班，后来过了一年，咱们学校的成绩在全联校十几个学校中，排名第二，一下子在这附近村里头就有了影响，来了几个学生，就增加到72个人，又过了一年，增加到89个学生，又到了103个，后面就一直稳定了。

董：当时你来的时候，学校盖好了？

王志东：没有。去年，就是05年6月份的时候，我向郭书记申请了一下，就是咱们学校人多了以后，仪器室呀、微机室呀等等，就不够用了不是？去年又增加了一个远程教育室，现在的教学楼是投资28万块钱盖的，都是村里边投资。

董：你当时来的时候，小学的那个现状，从你个人作为一个校长来说，采取过什么措施？比如说教学成绩呀、教学体制呀、教学质量呀、对教师的管理呀。

王志东：一个就是利用大寨的名声效应，争取外边的投资，这个也包括村里头的领导干部的投资，经济上不去，你办啥事都不行。第二个呢，是和村里头协商，把教师的教学奖金提上去，提上去的不多，但是说的话呢一定要做到，百分之百地把村长给老师签的《村教协议》定下的教学奖金全部给老师落实。开家长会呀，教育学生好好学习、天天向上这些道理，思想道德教育。

董：教学奖金是根据什么发的？

王志东：就是按照教学成绩来发的，考核成绩。要按排名呢，这个排名不是我排的，是学区排的。原先我第一年来的时候是19个自然村，19个自然村里头有的小学没有一年级，（有一年级的）至少也有15个以上，15个学校代课教师排名次，然后按照及格率，100%的及格率另算成了一个70%，优胜率算成了一个20%，进入全校20名的算成了一个10%，凑成一个100%，然后把你村里头的老师从头至尾排起来。比如你是二年级的老师，你在全联校排第几名，我按照这个如数向书记呀、村长汇报。

董：奖金有多少？

王志东：那很少，一年也就是1000来块钱。

董：也是一个激励机制？

王志东：对。实际上我本人是不赞成这样的，你想以前咱们老师每个月也就三十几块钱，那会儿人家村里头有伙食管理、伙食补助呀，现在这个老师呀没有，要不人家怎么说"家有三斗粮，不当孩儿王"呢，老师比较穷。

董：目前这个现状，你有什么打算？

王志东：哎呀，我能尽力的地方呢，就是把老师通过各种途径呢，带出去学习，只能做到这一点，像其他的那些，老师调动，这属于局里管的，资金是村里头给的。下一步就是要做到一比二，就是班里边有30个学生，最起码电脑要达到15台，现在电脑才11台，下一步我就是准备把远程教育室和科学的教学手段搞上去。咱们这个小学三年级开始全部上英语，其他村里的学校没有。

董：你刚来的时候，怎么开展英语课教育？从哪里弄英语老师？

王志东：咱们这个英语老师是从学校里边的师资力量挤出来一部分，咱们没有专门的英语老师，比如说按照编制咱们学校里边有6名老师，郭书记呀、领导呀，再从局里边争取上几位老师，这老师不是就富余了？我就从这里边抽出一名老师带英语，现在带得挺好的。像今年局长在教育工作会议上，就要求边远山区的小村里英语课必须要开设。

董：你开设英语课，村民，包括学生家长都有什么反应？

王志东：学生的增加更多的还是由于英语课的开设，像我知道的有两个学生，就是冲着大寨学校开设英语课来的，三年级就来了，一节英语课也没有误，但是你到其他学校去，三年级就不开英语（课），等上了初中，一开始你接触这个英语陌生，不好学。

董：像你们的教师培训呀这些，你采取什么措施？

王志东：这个尽量争取吧，今年的全县校长的第一届周年例会，关于教学这一块，就开在我们这里了，这是我从局里头争取过来的，教育局长、全县的所有骨干的小学校长全都参加了，我这个学校的8名教师都安排了课，全县的小学校长和局里头的，教研室的领导，划分成几片，开几节课，然后对我们老师的课堂教学进行评讲，你哪里可以采取，哪里还需要推敲，需要改进。今年（全县）开了两次，一次是城关一中，一次是咱们这里。

董：你作为一个校长，把这个学校做起来了，你做了这件事情，村民认可你。

王志东：原来还不敢想象那些，今年盖了四层楼，有一个大教室，非常大，可以容纳两三百人，我说就乘着这个机会，和村里头联系了一下，学校里边挂彩旗的挂彩旗，飘红旗的飘红旗，活动要搞咱们就搞好，要搞咱们就搞大，要不搞咱就不搞。我觉得那次的教研活动对本校老师的触动很大，并且有两位老师，李常青老师和张志青［音］老师，在课堂上做的电脑课件，得到教育局副局长在全县的表扬。

董：这对咱们本校的老师触动很大？

王志东：触动很大。你不敢说我就是最好的。你觉得你这个小学校长做得好哩？你必须看到，其他小学校长比你更好。朝着其他人努力才能行，如果你沾沾自喜的话，你肯定进步不了嘛！

董：比起你刚来的时候，现在对大寨是不是已经有了感情了？

王志东：那是，我以前实际上对大寨不是太熟悉的，那次教育局长送我来的时候，我是第二次到大寨，实际上亲身接触村里头是第一次。

董：你脑子里的印象忽然就不一样？

王志东：哎，对了，就和旅游的人一样的，想去看一看，但是来了以后，也不是想象的那样，都是破房子、破摊摊，这是实话。

董：确实现在这里和许多先进村有了差距了，在五六十年代，你这里算好地方，现在就……

王志东：现在的一些村里好得多了。10年以前，咱们小学在县里头，规模、校容校貌，很可能就是佼佼者，但是现在全县里头走上一遭，就算不上好了。

董：你有信心把这个学校搞好，想继续在这儿干吗？

王志东：这个，走一步算一步吧，也不由我，丫环带钥匙，主不了事。局长明天把你调走，说谁谁谁，你去哪里，这个不由你。

董；从你个人考虑，你还希望在这里？

王志东：我希望在这个地方，因为有形和无形的苦劳可以说，我已经付出了，我心里头知道。我年龄比较小，现在我这个年龄在全县的小学校长里头是最年轻的。

董：我们也希望再来的时候这个地方有很大的改观。

王志东：谢谢你们，谢谢。

大寨学校成立于1973年，大寨村投资2万元，建起教学用瓦房，总面积504平方米。1978年又投资4.54万元，建成面积达1500平方米的校舍。1979年为改善办学条件，建成一座建筑面积为2200平方米的三层教学与宿舍楼。1981年投资2万元，建起面积为300平方米的教学用房。1994年投资80万元，新建1座3层教学楼，占地2.5亩，建筑面积1057平方米。

（《大寨村志》，山西人民出版社2003年1月版，第124页）

采访对象　贾秀丽（女，1978年生于大寨村，大寨文化展示馆讲解员，中共党员）

采访时间与地点　2006年6月1日，大寨森林公园大寨文化展示馆

采访及录音整理　刘晓丽（整理者）　冯素梅

贾秀丽：现在小村子里面的小学都拆了，小学特别少，我们不住的这些窑

洞就可以租出去（给那些来大寨上学的孩子），孩子们到这儿来读书的话，他肯定要租房子。

刘：窑洞是怎么租呢？

贾秀丽：一般是一个窑洞还有一个小厨房是50块钱一个月。

刘：你家的出租了吗？

贾秀丽：出租了。大寨的房子特别难租，一般是几个月前就告诉你要租了。因为那些小村子的小学都没有了，他必须到这地方来上学。

刘：这儿的人还是重视学校，别的村可没有租房子的。

贾秀丽：有呀，像咱们大寨的邻村也都是，像那些比较远的村子，比较小的，他就不给配备小学嘛。

刘：家长还是重视小学？

贾秀丽：肯定重视。我们这边一般失学的比较少，最起码小学和初中必须上了。

刘：咱们小学也搞一些活动吧？

贾秀丽：咱们这边小学的文艺活动还是搞得不错的，每年都和阳泉五矿的小学搞联欢，手拉手。

刘：咱们去他们那里，家长还是要出点费用吧？

贾秀丽：就出一个车费，别的也没什么。他们今年到咱们这里，明年咱们就过去。

采访对象　李冬莲（女，1972年生于大寨村，初中文化，大寨村家中“布老虎”专业户）

采访时间及地点　2006年6月2日，大寨村家中

采访及录音整理　冯素梅（整理者）　刘晓丽

冯：你家大女儿上学了吧？

李冬莲：上了，二年级。

冯：“六一”那天手拉手活动领小朋友回来了吗？

李冬莲：领回来了，也是个二年级的小女孩。我给她们做了点儿饭，吃了饭以后玩一会儿就走了。

冯：除了这个“六一”的活动，平常有联系吗？

李冬莲：没有。就是去年“六一”去的阳泉，今年来的咱大寨。

冯：她领回来的小朋友和去年她去阳泉时认识的小朋友一样吗？

李冬莲：不一样，又换了一个。她领回来小朋友可高兴了。

冯：“六一”表演节目了吗？

李冬莲：表演了，跳舞，《感恩的心》。

冯：她们排练的时候我们拍了一下，穿的白色的纱裙，还打着手语，可漂

亮了。她们跳舞是老师平时教的吗？

李冬莲：快“六一”的时候老师教的。

采访对象　赵　琳（女，1998年12月生于大寨村，少先队员）

采访时间及地点　2006年5月27日，大寨村家中

采访及录音整理　刘晓丽

刘：你几年级了？

赵琳：四年级了。

刘：你们一个班多少人？

赵琳：现在全校6个年级，数我们这个年级的人最多，是21个人。

刘：大寨的孩子到年龄都能上学吧？

赵琳：都能上学。五六岁上幼儿园，七八岁上一年级。这是我的作业，这个老师布置的作业就不多。[赵琳一边写作业一边说] 有一年，也是一个共产党员，他叫我和几个同学，上虎头山陈永贵的石墓前，问我知道陈永贵哪些知识，还有中央电视台来采访我家做饭，还有客人吃饭的，拍了一些。还有我们在学校打扫卫生，上音乐课和语文课，拍了一下。

[给赵琳照了几张相，她很高兴。她今年11岁了，个子长得也很高，她说她还有个妹妹。]

刘：“六一”儿童节你们有什么活动？

赵琳：我们和阳泉五矿子弟小学的学生搞联欢。

刘：是他们来吗？

赵琳：他们来和我们联欢，去年咱们去他们那里，他们今年来咱们这里。我们同学这两天正忙着排舞蹈。

刘：你参加舞蹈队了？

赵琳：不是，我们是练那个“六一”的大合唱《同一首歌》。我每天去学校，走着去要5分钟，要是跑着去要3分钟。

刘：不用家长接送，自己去就行了？

赵琳：不用。

刘：像你上学交不交学费？

赵琳：不交。交书费，不交学费。

刘：你们语文数学是一个老师教的吗？

赵琳：语文、数学、品德是一个老师。英语、电脑、音乐是一个老师。科学是一个老师，美术是一个老师。

刘：科学是讲什么呢？

赵琳：科学就是自然嘛。

刘：就是自然、社会吧？你们学校有没有电脑？

赵琳：有。有八九台吧。考试从来没考过电脑。

刘：电脑也就是不考，就是普及呢。你喜欢哪门功课呀？

赵琳：最喜欢体育，最不喜欢数学。

刘：那你就是跑得快吧？你跑得快才会喜欢体育。

赵琳：是。最不喜欢数学，我太粗心大意，一上数学就要挨打。

刘：数学平常考试考多少分？

赵琳：80分。85分是优胜。

刘：你们班男生多还是女生多？

赵琳：我们班？男生10个，女生11个。有时下课的时候，老师让我们同学带那个羽毛球拍啦，还有那个绳子、毽子，让我们玩玩，还有那个皮筋，还玩那个老鹰捉小鸡。我们班的同学大部分都会打羽毛球，下课了，老师从家里拿上羽毛球，跟我们同学打。

刘：老师还和你们一起玩？你们老师多大年纪了？年轻的吧？

赵琳：二十三四岁。

刘：都是女老师？

赵琳：对。这个老师还把她家的狗和猫的照片拿在学校，让我们看。还说了些她们家的狗和猫的那些事情，她们家的小狗，那个发霉的东西不是不能吃了？然后它就叼上那个发霉的东西，到邻居家的狗洞，给了它吃了。还有她家的猫和她家的大狗玩，她家的猫用那个爪子捣一下她家的狗，她家的狗不理它，又捣一下，不理它，再捣一下，她家的狗火了，就跟它打起架来了。我的字也不太好。

刘：这个字不错。

赵琳：这个是要往墙上贴的，要是写得不好，就不给贴了。

刘：你们老师肯定说的是普通话吧？

赵琳：一年级的时候，不是我们还没有老师？校长就先教着我们，校长就跟我们说，幼儿园说什么话都可以，到了小学一年级，上课迟到必须喊“报告”，还有什么，见了老师要敬礼。

采访对象　李旭芳（女，1989年3月生于大寨村，现在昔阳县高级职业中学读书，团员）

采访时间与地点　2006年6月5日，大寨村家中

采访及录音整理　赵俊明

赵：主要给我们说一下你家和你的情况，你现在还上学吗？

李旭芳：上，在昔阳县高级职业中学上，不是正式高中，也有一部分学生同普通高中一样的，也能参加普通高考。

赵：你们上学一年的学费多少？

李旭芳：一年1000元，完了就是生活费，一个月100多（块）就够了。

赵：你上初中的时候在哪里上的？

李旭芳：就在村里，不用住校。

赵：你们同学愿意上高中的多吗？

李旭芳：念的多，大部分都要念，有个别不愿意念的。

赵：除了上高中外，你们同学有没有上中专这些的？

李旭芳：也有上技校的，有去大连等地方上的，有学导游的。村里有个团校，也有的在那里上。

赵：团校是谁办的？

李旭芳：江苏那边的人办的，也有从那边来上学的，具体的我也不清楚了。

赵：那些初中毕业后不上学的都干些什么？

李旭芳：也有的找下工作，有的学电脑的，有的上技校的，自己找学校，学点儿技术什么的，要不什么都不会，就不行。

赵：如果你能考上大学的话，毕业了你会回村里来吗？

李旭芳：想出去看一看，我们学校最近有好几批都出去了，我们有3个同学被北京的银行招工招走了。考上大学的话，就不一定回来了。

赵：你们村里考上大学的多不多？

李旭芳：也不很多，每年都能有一两个，总共有十几个。

采访对象　李　晶（女，1988年生于大寨村，团员，在大专就读）
采访时间及地点　2006年7月24日，大寨村家中
采访及录音整理　刘晓丽

［采访的时候，李晶正在休暑假。她去年刚刚考到太原，读大专。］

刘：你是从高中考上的？

李晶：从高中考上的，职业中学。

刘：那你在太原什么学校上学？

李晶：太原国际商业职业学院［疑为太原工商职业学院］，去年考上的。

刘：那你说说你上小学、中学时候的情况吧。在这儿上的小学？

李晶：小学、初中在这儿上的。高中就去了我们附近高家营的一所职业中学。

刘：你们职业高中考到再高一级学校的多吗？

李晶：多呢，因为我们各个专业都有，考到本科、专科的很多。

刘：职业高中可以从这个系统往上考，是吧？

李晶：对。高中时候专业必须对口。

刘：你们同学除了考到你这个学校以外，有没有考到别的地方？

李晶：有呀，有那个西北农林科技大学，山西大学，那些就是本科院校。我那个学校有中专、高职、大专，都有。像我们这个专业大专根本不够用。现

在有了本科了，以后继续再读吧。

刘：初中同学考入高一级学校多不多？

李晶：他们都念了高中了。

刘：选择职业中学的多吗？

李晶：选择职业中学的也挺多。大部分去念了普高。

刘：你们那个学校有多少人？

李晶：不少呢，具体我也不清楚，比如说我们这个专业就两个班，一个班就50人，这是国际商务专业。还有商务英语，还有一个什么记不清了，3个专业。

刘：学校课程紧张不紧张？是学分制吗？

李晶：反正每天都要上课，全天都有课。挺紧的。

刘：你到了太原以后开销就紧张了吧？一学期大概得交学校多少钱？不算吃的费用。

李晶：一学期大概得4000块钱，算住宿费。

刘：生活费一个月四五百块钱够不够？

李晶：差不多了。

刘：你现在这个学校分配怎么样？

李晶：不知道，肯定是都有地方。

刘：职业学校听说是分配得不错，比大学分配得好。

李晶：是，反正实习的时候都有地方。

刘：你上了一年学，重回大寨，觉得大寨好还是外边更好一些？

李晶：出去肯定视野比较开阔，在这儿最远也就去过县城，没啥地方。

刘：你到外边以后，如果你说你是大寨的，别的同学有没有不同的反应？

李晶：有啊。比如说我们这个年龄吧，好多同学都不清楚大寨，但是老师肯定知道，他就要多问一下。比如说你出去吃饭的时候，你说是大寨的，人家就都知道。像我们这个年龄的人，离得不远的话，就都听说过，一般的就都不知道了。像我们宿舍的就不知道。

刘：觉得是个大寨人挺自豪的？

李晶：是的，挺自豪的。

刘：我觉得以后可能是个大寨人对你找工作会有帮助的。

李晶：也可能，反正现在不好找工作。比如说我们有个同学，也是在太原，他回来住了一个星期，就又回去了，他在学校的时候就找好地方了，一个广告公司。

刘：那他是学什么专业的？

李晶：在那个太原大学计算机专业。

刘：那挺有闯劲的。也是像你一样刚上的学，是吧？

李晶：是的。还有的同学高中毕业了就出去打工了。

刘：那就更不用说了，那纯粹就是去工作了。

李晶：大寨村里我们这一届有十几个人。有的去打工，大部分去上学。

采访对象　赵彩霞（女，1978年生于大寨村，小学教师）

采访时间及地点　2006年7月24日，大寨村家中

采访及录音整理　刘晓丽

刘：你就是在咱大寨上的小学、初中？

赵彩霞：上的小学、初中，然后考上师范，左权的太行师范。大寨考上的有10来个。

刘：不少呢。你们同学们初中毕业以后想上高中呢，还是想考师范呢？

赵彩霞：分年代哩，94年、95年那会了就是上师范，师范的分数高么，上了师范管分配，愿意上师范的就多，可是98年以后不分配了，高中分数就高了，大部分人就愿意上高中。我是95年考上，98年回来的。刚毕业不在大寨乡，在杜庄乡杜庄小学来，干了6年，到2004年我才回来，分配到大寨小学。

刘：你在师范的时候分专业吗？

赵彩霞：不分专业，那是普师。

刘：2004年回来的，你在大寨小学是怎么代课？是从一年级一直代到六年级？

赵彩霞：不是，我们分低段和高段。有人惯了代低段学生，就一直代低段，有人惯了代高段学生，就一直代高段。现在是一个五年制毕业班，一个六年制毕业班。我也是代高段哩。就一个班，一个班20多个人，大寨小学可小哩，我代的五年级，只有4个是大寨村的，其余都是外村的。

刘：是不是因为大寨小学升初中免试？升高中是不是也不用考试？

赵彩霞：升初中免试，升高中考哩！昔阳县有3所高中——昔阳中学、皋落中学、冶头高中，你要是考好了，昔阳就来录取你。要是考得不太好，其他学校就来录取。初中每个乡都有。

刘：你们学校老师像你这个年龄有多少？

赵彩霞：大部分都年轻哩。像我就顶老的了，还有那二十二三的。

刘：真是年轻。都是师范毕业的？

赵彩霞：大部分都是，还有一个是幼师。

刘：老师的职称是怎么上呢？

赵彩霞：到了一定的年限，你申请，就能上职称了。还得看轮着轮不着。职称分小二、小一，小学高级职称，小学特级职称，一般都能达到小学一级。

刘：高级的有没有？

赵彩霞：没有，岁数就不够哩。有名额，但如果老教师占着，你就是轮着也上不了。

刘：几年评一次？

赵彩霞：年年评，你要够了年限，你就上。我现在是小学一级，再过两年，才能上小学高级。

刘：申请高级有什么条件吗？

赵彩霞：看你的教龄，还有文凭，这是硬件。你要是够了，然后讲课，讲课通过，你就能上了。也是抽哩，抽到哪节课，听课老师就听你的课。

刘：你们生完孩子给多长时间产假？

赵彩霞：半年时间。

刘：学校老师工资平均能拿多少？

赵彩霞：平均1000（元）。最高能拿一千七八（元）。

刘：校长拿得最高？

赵彩霞：不是。按照这个职称、教龄来定。

刘：学校除了上课，还有什么活动没有？

赵彩霞："六一"和阳泉五矿的联谊活动。

刘：还有没有武术呀、体育呀这些活动？

赵彩霞：没有那些，也顾不上。

刘：咱们学校在联校中能排第几？

赵彩霞：一般都是头。

刘：是不是这个校长来了以后挺好的？

赵彩霞：是，重视各方面发展。

采访对象　贾彦文（男，1967年生于大寨村，中学教师，大学文化，中共党员）

采访时间和地点　2006年7月24日，大寨村家中

采访及录音整理　李卫民

李：你们这大寨一中的学生都是要往昔阳中学考？

贾彦文：对。我们这儿每年毕业两个班，大概100个人，能考上昔阳中学（的）二三十个人。还有一些学生能上普通高中。

李：今年昔阳中学的录取线是多少？

贾彦文：576分。今年还有一部分"到校指标"，就是直接把昔阳中学的录取指标下放到乡里面的中学，可以降低26分录取，也不用交钱。这主要是考虑乡里的中学条件比不上城里，乡里的孩子不容易。这种指标不多，只有三四个。

李：那你们的（升学）压力大不大？

贾彦文：压力大。现在的学生家长对学生（的情况）非常关心，（学校）教得好不好，社会影响很大。学生的升学率，（对学校来说）很重要。

李：大寨村每年几个学生来你们这里？

贾彦文：大寨村里有一个县办中学，叫大寨中学。大寨村的孩子都是上大寨中学。他们上完小学后，都是直升大寨中学。大寨村每年都要给大寨中学一些钱，所以，大寨村子弟上初中，既不交学费，也不交杂费。

我们学校里没有大寨村的子弟，主要是附近的一些村的孩子来上。在大寨镇，一共是有3所中学［大寨中学、大寨一中、大寨二中］，都是初中。现在，所有的教师的工资都由财政出。大寨中学，一个年级有3个班，升学率有40%，要高一些。因为它是全县招生。

李：每年大寨村子弟有几个人能考上昔阳中学？

贾彦文：十几个人中，能考上三四个。能考上大学的，每年可能就是一两个。咱们这个村也比较小，500多口人，在县里面也是一个比较小的自然村，人口也比较少，学生也比较少。

李：你觉得你们这个中学怎样突破？

贾彦文：国家有规定，不到一万人的乡镇，只能办一所中学。现在大寨的3所中学，也面临着合并。国家提出，要规模办学，标准化办学。

采访对象　耿　华（女，1981年生于大寨村，大专文化）

采访对象　贾满栋（女，1954年生于大寨村，高中文化）

采访时间及地点　2006年5月31日，大寨村家中贾满栋家

采访及录音整理　冯素梅

耿华：我们那会儿没有上高中的，大寨的人少，一个班才10来个人，我们班算多的，12个人。主要是愿意考中专，中专毕业快，考高中的少。

冯：你们班12个人有几个上中专的？

耿华：就是我上了一个大专，还有一个上了中专，剩下的人都没有上。

冯：初中是不是就归县里管了？

耿华：是，就属于县里管了。初中两个班，一个班50个人。

冯：小学是一个班12个人，一个年级一个班？

耿华：一个教室是两个年级，那会儿是复合班。

冯：你们那时候还是复合班吗？

耿华：是，人少，也没有那么多老师，一个老师带着两个年级。一、三年级一个教室，二、四年级一个教室，剩下五年级毕业班就是一个教室。

冯：你小学上了5年，一直都是那样复式教学？

耿华：都是。

冯：老师们什么课都代？

耿华：都代，开什么课都代，语文、数学、自然，都要代。一、三年级都代。

冯：那比如说你是一年级，给你们上课的时候，三年级的干什么呢？

耿华：一个年级的上完课就开始做作业，再给另一个年级上。

冯：那样上课效果怎么样？

耿华：肯定不好，分心呢，你说你在这儿做作业，老师还在那边给那些人讲着课呢。

贾满栋：她上一年级，三年级的课就都记住了。

冯：一天几节课？

耿华：上午3节，下午3节，晚上还要上自习，早上也要上自习。

冯：现在小学是不是复合班了？

耿华：现在不是，分开了。

采访对象　郭海燕（女，1975年生于昔阳县杏庄村，大学文化，中共党员，大寨小学教师）

采访时间及地点　2006年5月29日，大寨小学

采访及录音整理　冯素梅（整理者）　王勇红

王：您在这儿教什么？

郭海燕：教一年级，语文、数学全部代，因为学生比较少。学校一年级到六年级连校长共9个老师，如果算上幼儿园就10个了。其实大寨村并不大，主要是外面的人，慕名而来吧，周围其他村的孩子来这儿念书的特别多。比如说我代的那个年级有12个学生，只有两个是大寨村的。一个年级就一个班，一个班最少12个学生，最多22个，基本上是包班，也就是说一个老师代所有的课程。

王：像咱们小学有没有教研室？

郭海燕：有，他们经常搞一些活动，给县里做一些示范课，每个老师都参加。

王：现在大寨村里小学的规模在附近来说是怎么样的？

郭海燕：大寨乡总共有4所中心小学，大寨小学就是其中一所，不管学生多少，反正它肯定算在中心小学里面的。学生人数在4所学校里面算是比较少一些，但是其他学校也差不多，因为现在都是独生子女，学生人数确实是少得可怜。

王：咱们学校的条件怎么样？

郭海燕：条件还可以吧。多媒体教室、远程教育都开通了。冬天取暖是暖气。

王：在大寨村当老师是不是比在别的村压力大一些？

郭海燕：那肯定。因为它这个特殊的地位，在这得干好呢。不过我认为作为一个教师，就从我本身来说，走到哪里，其实都是一样地干，只不过所处的环境不一样，肯定肩上的担子感觉就比较重一些。

远程教育有专门的培训老师，学校现在有一个老师负责这个，因为学生人数比较少嘛。现在是兼职的。你说学生少吧，其实说白了老师还是比较紧缺的。

王：像您这个年龄在老师中算是那个结构的？

郭海燕：我在我们学校是年龄最大的。

王：几个女老师？

郭海燕：7个。小学吧就是女老师特别多。比如说大寨乡组织开会，你进

● 少数民族参观团与大寨人联欢。

去看吧，有三分之一是男老师，甚至还不到三分之一。咱们学校就两个男老师，有一个就是代英语的那个，27 岁，也是太行师范（毕业的）。近 10 来年太行师范回来的人不少，而且确实是一支主力军。

王：你们九个人有几个是从师范出来的？

郭海燕：都是。只有一个是幼儿师范，主要是组织节目、排练节目的，是榆次师范毕业。剩下的都是太行师范毕业的。全部是校友。

王：除了语文、数学外，还有些什么科目呢？

郭海燕：品德与生活，还有社会与科学、音体美。

王：教材是哪儿出的？

郭海燕：语文是江苏教育出版社的，这几年改版了。数学是人民教育出版社的。反正都不一样，就是要选择了嘛，看适合不适合。

王：音乐课教孩子们学什么？

郭海燕：主要是唱唱歌，表演的比较少。

王：唱些什么歌？

郭海燕：校园歌曲吧。因为教材里都有磁带、光盘，都订下来了，可以选择一些。

王：有没有编一些和咱们大寨有关的歌曲？

郭海燕：以前有。像上一次在纪念陈永贵去世 20 周年的时候还拿出以前编的校歌，也是关于大寨的。

王：那美术课教孩子们什么？

郭海燕：画一些画。

王：有没有领上到村里写生什么的？

郭海燕：没有那个。因为一个老师代的课也比较多，那个很少。不过的确是村子里的教育和城里的教育差距很大。

王：音乐课稍微学一点乐理？

郭海燕：简谱我也教他们认一认。每首歌里比如说哪个地方该停顿一下啦，稍微说一下，主要不是很专业嘛。五线谱不教。

王：有乐器吗？

郭海燕：有，学校里都有。小金鼓、电子琴，还有扬琴、小提琴，还有小号。

王：这些每个学生都可以用还是个别学生用？

郭海燕：也不是都用，主要是个人爱好，因为数量有限。

王：有没有（演出）队，比如说合唱队之类的？

郭海燕：有。各个年级的都可以选一些参加。

王：学校要参加一些什么比赛呢？

郭海燕：小作品啦、小制作啦，选一些进城，还有就是选一些节目，比如说上一次我们有一个节目上晋中市参加活动。

王：我看下边孩子们跳得特别专业，那是你们在学校学的底子，还是后边又参加过培训？

郭海燕：嗯。学校底子肯定是特别关键，然后出来后自己也是边学边锻炼。

王：他们跳的这个舞蹈和咱们这儿有什么结合［联系］吗？叫什么名字？

郭海燕：比如说刚才学生学的那个叫《辣娃娃》，比较欢快一点，舞蹈跳出来比较活泼，孩子小，选一些适合他们的。

王：社会课都教他们什么呢？

郭海燕：社会课也就是做一些小制作。

王：咱们的思想品德课讲不讲大寨的历史？

郭海燕：四年级课程里就有大寨，还有郭凤莲了，教材结合当地的实际编进去了，就涉及一些。

王：像咱们大寨这种特殊的地位有没有另外编教育性质内容的教材？

郭海燕：也有。属于校本课程。就是本学校根据你的实际讲的一些课程。三年级往上上这个课程。

王：你们想象或者说希望大寨小学发展成什么样子？

郭海燕：我希望学生逐年再增多一些，教学质量再上一个新台阶，希望学校办得红红火火吧。村里的要求也就是在全县或者是全市树起一面旗帜。

50 年代，大寨初小学生人数增加到 20 多名，分设两个年级（后成为复式班），使用全国统编教材，开设语文、算术、体育、音乐、美工等课程。初小语文包括常识，算术从四年级起增加珠算内容，美工包括图画、劳作。每周 24 节课，每节 45 分钟。到 1963 年，学校几次搬迁，校址先后在官房、南瑶、阁上，校舍十分简陋，只能挡风、遮阳、避雨。1964 年设立大寨农业中学，校址在陈永贵土改后分到的旧房院内，学生 37 名，教师 3 名。1965 年大寨初小改为完小。1966 年完小与中学合并为七年一贯制学校，称大寨学校。校长由郝科元担任。

1995 年全国中小学教材改革后，小学课程有思想品德、语文、数学、自然、音乐、体育、美术，四、五年级加设社会课，三至五年级设劳动课。初中课程有思想政治、语文、数学、外语、物理、化学、生物、体育、音乐、美术、劳动等。随着教学设备的改进，教学质量显著提高，1995年大寨学校各项教学指标在全联校年终综合考评中获第二名，1996～1998年连续三年获第一名。

1994年大寨小学迁入新建的三层教学楼，配有教师宿舍、办公室、教室、图书室、课外活动室、实验室，教学设备齐全。

（《大寨村志》，山西人民出版社2003年1月版，第155页）

采访对象　张海云（女，1954年生于大寨镇阎庄窝村，初中文化，中共党员，现居大寨村）

采访时间与地点　2006年6月5日，大寨村家中

采访及录音整理　赵俊明

赵：村里的学校怎么样？

张海云：有小学、初中，都挺好的。附近村里的孩子都来上，上高中就得到城里。

赵：村里人愿不愿意供小孩上学？

张海云：愿意，谁也愿意，供孩子念书都愿意，只要你考上了都供，考不上就不行，不愿意念就不沾，脑筋就限制你了。像我那会儿就没念过书，家里穷，孩子多，回来挣工分，那会儿还挨饿呢，打下粮食不够吃，都上交了。现在好了，吃好吃赖都能吃饱，愿意动的吃得好点儿，不愿意动的吃得赖点儿。

赵：咱们村上大学的多不多？

张海云：上大学的孩子们也不少，总共有十几个，考上大学的村里每年给补贴1000块钱，念出大学来就不管了。

赵：上完大学的一般都在哪里工作，有没有回县里和村里的？

张海云：回村里的也有，县里的也有，一般都有工作。回来的少，我们县医院也有，有一个在公社当会计，一般好赖都要找一个地方，这会儿念大学也不好找工作，都是自己找工作。

赵：你家的孩子都是什么毕业？

张海云：都是念到初中毕业，不沾，不好好念书，没有考上高中，就回来干活。

赵：村里有没有考上大学供不起的？

张海云：一般都能供起，特别困难的向大队借点儿钱，个人条件有差别，但能考上总要供。也有压力，都得出去干活，供孩子念书，没有办法。

赵：小孩们想不想念书考大学？

张海云：想念，一般都想念。也有不想念的，越不沾越不想念，有沾的，就有不沾的。

赵：村里上高中的多不多？

张海云：多，现在一般都要念出高中来，有不少都考到县城，也有考到别

的高中的。

采访对象　李录祥（男，1962年6月生于大寨村，大寨森林公园员工，中专文化）
采访时间与地点　2006年6月8日，大寨森林公园管理处
采访及录音整理　赵俊明

李录祥：我是78年高中毕业。我们那会儿是9年制，小学到高中9年，小学5年，初中两年，高中两年。我们毕业以后第二年就成了10年制，后来就是11年制。像我们那个班上学（的），后来92年、93年的时候几乎都普及了那个农大了，咱们就成了中专（毕业）了。

赵：那个农大在哪里上？

李录祥：那个就是电大，就在家里上。

赵：像这个是村里给组织的还是自愿的？

李录祥：村里就组织，来村里给上课，完了统一考个试，然后能拿上中专毕业证，基本上都能拿上。那个钱也是人家村里出，你在哪个企业，钱由哪个企业出，学的课（专业）也不一样，有的是学管理、有的是学经济。

赵：你学的什么？

李录祥：我学的就是农业。

采访对象　李庆荣（男，1957年生于大寨村，高中文化）
采访时间与地点　2006年6月8日，大寨森林公园纪念品商店
采访及录音整理　王勇红

王：给我讲讲你家里的情况吧。

李庆荣：也没有什么好讲的，就是两个孩子4口人，他［丈夫］在村里干活，我在这儿摆个摊，两个孩子都上学，一个上大学，北京理工大学，一个上高中。

王：咱们村是不是就你家孩子在北京上大学？

李庆荣：在北京上学好几个呢。去年高考，我儿子是分数最高的，正式考上的，考了615分，孩子瞎报的。估计是北大、清华去不了，就再低上一点吧，就选了北理。

王：儿子上大学，一年得花一万多吧？

李庆荣：一万多，肯定得一万多。

王：那你负担得起吗？

李庆荣：尽自己最大的努力吧，穿的吃的比别人差点，也得攒下钱，老二

也得花钱。老二读职业高中，那也得5000块钱。

王：两个儿子，一年得花两万块钱，能挣下那么多吗？

李庆荣：第一年吧，亲戚朋友也给赞助点。

王：村里是不是也给点奖励？

李庆荣：说的是给，现在还没到位，给不给咱都不管了，不指望那1000块钱。孩子自己努力，打电话说考了二等奖学金，生活补助每个月60块钱，就这么将就着过吧。比穷的咱也不是最穷，也不是富的。

王：孩子她爸爸是干什么的？

李庆荣：也没有什么干的。这几天在村里你也看到了，就是那掏粪的。一天跟上人家干是20块钱，加上那个拖拉机再给10块钱。

王：孩子小的时候，你们管得多吧？

李庆荣：也不怎么管，主要是自己学。

王：你读了个初中？

李庆荣：高中，我们那时是农业中学，两年初中，两年高中。

王：你们高中上啥课？

李庆荣：语文、数学、化学、物理，这些都有，再下来就是农业基础知识、工业基础知识。

王：农业基础知识讲点什么？

李庆荣：种谷子，种玉米，就讲那些。讲书本很少，每天就劳动，春天秋天都得劳动两个月。现在是夏天和冬天放假，那时是春忙和秋忙时候放假。

王：你们一个班有多少人？

李庆荣：50个，整个大寨乡就两所中学。我当时不在大寨村，是后来嫁过来的。

采访对象　贾秋生（男，1957年生于大寨村，高中文化，中共党员）
采访时间与地点　2006年6月2日，大寨中策水泥有限公司
采访及录音整理　王勇红

贾秋生：我有两个儿子，大儿子今年本科毕业了，考上昆明理工大学的研究生，二儿子今年准备高考。

王：孩子的读书花费，在你家的支出中占比例重吗？

贾秋生：重，全部都给他们花了钱了，平均一个人一年得一万块钱，现在尽管紧张点，但毕竟经济条件好点，我这也有一份工资收入，我家里边在村里还开了个纪念品商店。两种收入加上大寨的好条件，和周围村比，条件算是好的，而且也有能力供他们念出书来，负担也不大。

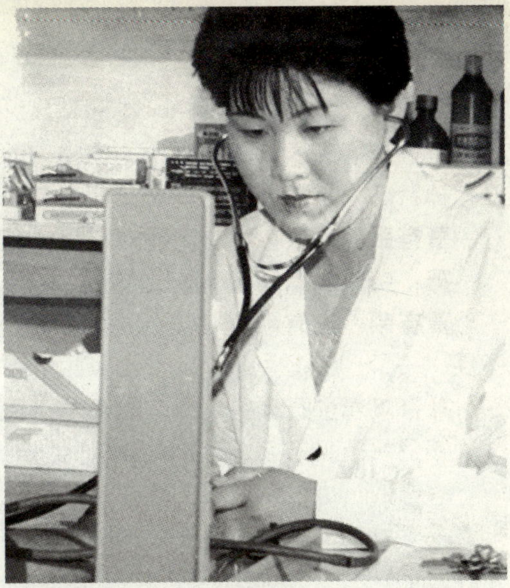

● 大寨村医疗保健站的工作人员。

采访对象　李贵明（男，1967 年 9 月生于大寨镇武家坪村）
采访时间与地点　2006 年 7 月 25 日，大寨中策水泥有限公司
采访及录音整理　董永刚

李贵明：从现在大寨发展来看，大寨在一天天壮大，资金也慢慢积累起来了，发展是很有前途的。但大寨这人的思想还是落后，对这教育关注得不是太够。这不单单是说你盖了多少这教学楼、添了多少教学设备的问题，主要还是老百姓没有从内心里认识到教育的重要性。当地这老百姓本身文化素质就不高，现在技术在一天天革新，单靠卖苦力是不行的，根本没法适应这个社会。当然了，这种状况与现在大寨本身刚开始发展起来有关，很多人都觉得现在就已经很不错了，很多问题都还没有意识到，这越发展问题越明显！

医疗卫生需要保障

采访对象　贾存眼（女，1937 年生于大寨村，高小毕业，中共党员）
采访时间及地点　2006 年 6 月 8 日，大寨村家中
采访及录音整理　孙丽萍

孙：集体现在还是有力量的？

贾存眼：那当然了。村里人要看病的话，村里有医生，自家出钱。去年老头子做了个手术，正月二十四住的院。女婿在县里医院，帮助做了彩超，看了膀胱，说是癌，赶快住院，赶快手术，床位还得占呢！儿子不在，我也做不了主。山大三院，找专家什么的，后来就住在人家这儿。住了半个月，做手术花了 5000 元，换药化验花了一万多。后来做了说不是癌，是增生。几天以后就

出院了，挺好的。老头原来给人家宾馆看门，老了就回来休息吧。

孙：真正有了大病时，村里管不管？

贾存眼：一般也没有大病。村里人得脑血栓什么的也多了，村里管不了。

孙：咱村人参加医保了没有？

贾存眼：没有。说是没有办成。要这儿批那儿批的，现在事情可不好办了。

孙：现在实行大病统筹，真要有个大病的话，参加统筹挺合算的。

采访对象　李艳华（女，1966年生于大寨镇大南山村，高中文化，大寨卫生所医生）

采访时间及地点　2006年5月30日，大寨村卫生所

采访及录音整理　冯素梅

冯：咱们这个卫生所一共几个人？

李艳华：一共两个人，另一个老同志家里有事，一年没来，我一个人在这儿。

冯：你原来是不是念过卫校？

李艳华：在医院跟班学的。

冯：在哪个医院？

李艳华：在大寨村原来那个大寨医院，后来那个医院撤到刘庄了。

冯：在那儿都学什么了？

李艳华：学了一些简单的护理、内科、包扎。

冯：哪年去那儿学的？学了多长时间？

李艳华：85年去的，学了一年。那个时候我还是姑娘，还没嫁到这个村里，在我们那个小村干的。我嫁到大寨村的时候，这里就有个卫生所，有个前任的（卫生员），她走了以后我来的。

冯：原来咱们大寨村是周围的中心是吧？

李艳华：对，人家就有卫生院，职工四五十个吧，那么大个医院，什么都有，规模很大。

冯：村里人买药都到咱们这里来吗？

李艳华：嗯，都到这里来。这是原来村里的办公室改建成的一个小卫生所。

冯：你刚嫁过来的时候就是在卫生所吗？

李艳华：不是，我是民办教师，后来生小孩的时候就没法干了，那时候民办教师工资太低，我就到卫生所干，我到这里5年，民办教师也能转正了。

冯：当时民办教师的工资多少？

李艳华：八九十块钱。

冯：咱们这个卫生所主要是干什么？

李艳华：主要是预防、保健，一般性的医疗服务，其他的就是搞搞宣传。

冯：比如说“非典”、禽流感这些大型的疫情（发生）时宣传吗？

李艳华：宣传。有卫生部门召集我们开会，开会以后拿回来传单往墙上贴，或者在大喇叭里广播。比如说打预防针，我们这儿没有条件，没有冰箱，今天要打预防针，我拿上冰包到乡中心卫生院领回来，马上给村里的孩子们打，没法保存。

冯：都是上门服务吗？

李艳华：大点儿的孩子我通过喇叭广播通知他就能来，小点儿的孩子就来不了，我们就上门服务，这是国家规定的。我们这里5个月以内的孩子就不出门，一直都在家里，6个月以后才抱出来，这是我们的习惯。

冯：那需要打针的孩子名单你这里有底簿吗？

李艳华：我们这里的产妇大部分到医院生孩子，孩子出生以后在医院打卡介苗、乙肝第一针，满月以后我们就接上了，都是我们打呢。中心卫生院把2006年1月免疫规划给我们写进来，我们留底，还有一张是中心卫生院留底，比如说一个孩子2005年9月28日出生，10月28日的针我们来打，9月28日那个第一针在医院就打了，打了以后有一个接种卡就传过来了，中心卫生院有一个管防疫的把表给我们列起来，我们照着表打。中心卫生院把我们各个卫生所的聚在一起，两个月开一次会。

我们现在没有工资，大寨村算是比较好，一年给我补助1000块钱。

冯：大人有一些防疫针咱们这里打不打？

李艳华：不打，就是管小孩子。小孩子有这个接种本，必须要打，大人打不打都可以。

冯：咱们这儿接种情况怎么样？是不是保证每个孩子都打？

李艳华：每个孩子都打，保证百分之百接种。

冯：保健工作主要是做什么？

李艳华：主要是宣传，比如上边来体检的时候，我给宣传。

冯：体检是哪儿的人来呢？

李艳华：有昔阳县妇幼站，大寨乡妇幼站。他们是免费体检，我协助他们。

冯：给什么人体检？

李艳华：就是给妇女儿童。

冯：有没有什么规律性？

李艳华：可能是一年一次吧。

冯：一年什么时间呢？

李艳华：乡政府的5月份以前已经体检过了，主要检查妇科，儿童生长发育阶段身高、体重，脑袋有多大，就是头围。检查完以后，他们把表填起来都带走了。

● 2007 年春季的大寨卫生所。

冯：这个体检有没有检查出什么问题来的？

李艳华：有。如果孩子检查出什么问题，告诉家长，家长领上到医院看。

冯：村里人输液、打针到咱们这儿来吗？

李艳华：我上门。

冯：你什么时候比较忙？

李艳华：春天、秋天比较忙，秋季、春季一冷一热，季节交换的时候人们容易得感冒，那个时候大部分人都感冒，小孩、大人都感冒，还有打流脑预防针，都在一起。

冯：那时候你一个人忙不过来吧？

李艳华：我们农村医生得 24 小时守候，工资又少。

冯：他们输液打针怎么不在这里？

李艳华：不方便，比如说上厕所，人家在家里方便，在这里人来人往的不方便，这里毕竟不是医院。我们村里这些卫生所主要是方便群众，上门服务，到医院去谁给你上门呀，不可能的。这就是农村的习惯，不是我一个人，都是这样。像我们大寨，人住得比较集中，有时候上边那些远的，家属骑摩托车下来把我带上去，再把我送下来。其他那些小山村，跟我同行的人就是步行，走，也要去，再远也要去。

冯：这些都是免费的吗？

李艳华：不是。正常的收费是输一次液 5 块钱，打一针连注射器一块五，这是国家规定的。我们大寨村卫生所是集体的，输液我只收他们两元钱成本费就可以了，打针出一个注射器钱就可以了，药品是零售价。

冯：咱们这些收入上交村里吗？

李艳华：不上交，卫生所留着，我们还有学习、开会、填报表，都是我自己出钱，村里只给 1000 块钱，其他村还没有，大寨这还是好村呢。改革开放以来，有些村里的卫生所原本是集体的，都解散了，成个体的了。

群众福利跟上了时代

采访对象　贾秀丽（女，1978年生于大寨村，大寨文化展示馆讲解员，中共党员）

采访时间与地点　2006年6月1日，大寨森林公园大寨文化展示馆

采访及录音整理　刘晓丽（整理者）　冯素梅

刘：年轻人的文化生活怎么样？

贾秀丽：就是每年学生们放假之后吧，在学校外面的体育器材那儿，晚上放放歌曲呀，青年们跳跳舞呀什么的，大家工作都比较忙，也没有什么时间搞那些，像我们这些人，越到节假日越忙。

再一个就是到正月的时候，正月十五，县城里面都游行。

刘：灯会吧？

贾秀丽：对。一般正月十七，县城里面举行大规模的游行，都参加那些，平时活动就比较少。

采访对象　任志平（女，1975年农历五月生于西寨乡西寨村，现居大寨村）

采访时间及地点　2006年5月31日，大寨村本人饭店

采访及录音整理　刘晓丽（整理者）　冯素梅

刘：像咱们大寨的娱乐活动怎么样？

任志平：以前没有什么，现在像上头那个体育器械了，卡拉OK这些，都有。夏天我们吃过饭就上去玩玩。打麻将也不是很多，就是雨天的时候玩玩。

刘：也不赌钱什么的？

任志平：是的。就是随便玩玩，打打扑克。

刘：那些健身器材是免费的吗？

任志平：免费的。

刘：咱们村里买电脑的人多吗？

任志平：有的人家开着网吧。原来有两个网吧，现在就剩下一个了，那个也是买了辆大车，跑运输。像二十二三岁的人，买电脑他们也顾不上，像上网的都是刚初中毕业了那些小孩在上。

刘：他们上网能够干些什么？

任志平：打发时间吧，没事干，上网聊天。这里安装上宽带了，能上网。

刘：现在村里边年轻人在一起都聊些什么呀？

任志平：就说怎么怎么挣钱呀，说说自己的打算，说咱们怎么干，能多挣几个钱呀，合伙干了。像我们女的吧，说说而已，也没有什么能力。主意还得

男的拿，整个家里边还是男的拿主意，这是个习惯。

刘：咱们村里有没有女孩子学这个美容美发呀这些？

任志平：有，我就学过，我去县城里学的，一般其他地方比较贵，我们县城里不贵，我现在也给他们理发，我什么都干过，但是我都没学成。我这个人性子比较急。我就想如果不能开饭店的话，我就开一个小一点的美容美发的地方。

刘：现在咱们大寨有没有美容美发的？

任志平：有，他那个其实不怎么好，是外来的，就一家，在那个楼的后边，吃住都是在那个小屋子，那个是个姑娘。

刘：你们理发也不用找她？

任志平：不用，像我儿子跟我爱人理发就我理，到过年了，人家都是去理理发，或者是去焗焗头呀，我就不弄，要不就是我自已弄。

刘：村里边像你这么大的年纪出去学理发、美容的多不多？

任志平：不多，不算多。以前有两家，当时他的生意特别好，但是县城离我们这里比较近，他就关门了。学理发，学了没有用，派不上用场。

采访对象　张海云（女，1954 年生于大寨镇阎庄窝村，初中文化，中共党员，现居大寨村）

采访时间与地点　2006 年 6 月 5 日，大寨村家中

采访及录音整理　赵俊明

赵：过年过节村里是不是还给发点儿东西？

张海云：也有发的，过年给发点儿肉啦、面啦、油啦，八月十五给点儿饮料、核桃露。

赵：给不给发钱？

张海云：年时［去年］没有，前年、先［大］前年一个人 100 块钱，过年的时候。

赵：也就是说村民的收入主要就是靠自己，村里的福利也是有限的，主要体现在能给村民提供一些就业机会。

张海云：（工作也是）有的时候给安排，有时候不给安排，可能是安排不了。

赵：村里的工厂是不是都能把村里的劳动力安置了？

张海云：找一找领导，一般都能给安排了，像水泥厂什么的。

赵：在村里的年轻人有没有活干的吗？

张海云：没有，一般孩子们出来都要寻个工作做的，也有闲人，闲人少，像有些残疾的什么的，那没有办法。除了村里给安排的，也有自己跑车什么的，自己干。

赵：村里有没有去县城和外边找活干的？

张海云：没有，都在村里，一般年轻的都不出去。村里不是有水泥厂、煤

窑？做一些轻活。下煤窑的主要是外地的侉，本村的少，村里人没有下去的，主要是在口子［坑］上，做一些管理什么的活。

赵：咱们村里的煤窑这两年是不是还不错？

张海云：煤矿好，这两年沾，搞得好，也是个人承包的，上交大队钱。企业像煤窑、水泥厂、核桃露厂这几家都往大队交钱，还有山上的森林公园，这会儿都是个人承包。

赵：咱们这边条件挺好的。

张海云：也一般，就是那样。

采访对象　王莉（女，1989年2月生于昔阳县王家山村，大寨文化展示馆讲解员，初中文化）

采访时间及地点　2006年6月8日，大寨文化展示馆

采访及录音整理　李卫民

李：大寨村里给每一个60岁以上（70岁以下）的老人每月100元，你们村呢？

王莉：我们那儿没有。

李：你是个外乡人，你愿意落户在大寨么？

王莉：当然愿意了。这儿又有福利，读书又有好的条件。这儿上小学，全部免费，书本费、校服，这都不要钱。

这儿的福利其实还有其他的。每年年底，村里都给各家发白面还有其他的，大概每户都能给发200块钱的东西。我们村也发白面，但是还称斤了。

采访对象　贾秀盛（男，1938年7月生于大寨村）

采访时间与地点　2006年6月8日，大寨村家中

采访及录音整理　董永刚

董：你在村里已经领上养老金了吧？

贾秀盛：我60岁的时候在村里就开始领取养老金了，这是郭凤莲回来以后开始的。她跟我很熟，刚回来的时候就跟我闲聊嘞。她回来以前，这村里的支部书记是贾存眼的男人。当时我见了她后问她说："怎么你回来了？"她说："人家叫我回来干嘞！"我说："回来可不如外头好，要回来可就得好好干嘞。你要愿意，你就回来吧。要是干得越来越好还行，要是干不好，这老百姓就不行呀！"

她回来以前这地方还不行，连个（外面来的）人也没有。她回来以后先盖起这办公楼，绿化了山，接着又修了路，盖起了这展览馆，后来又盖起了学

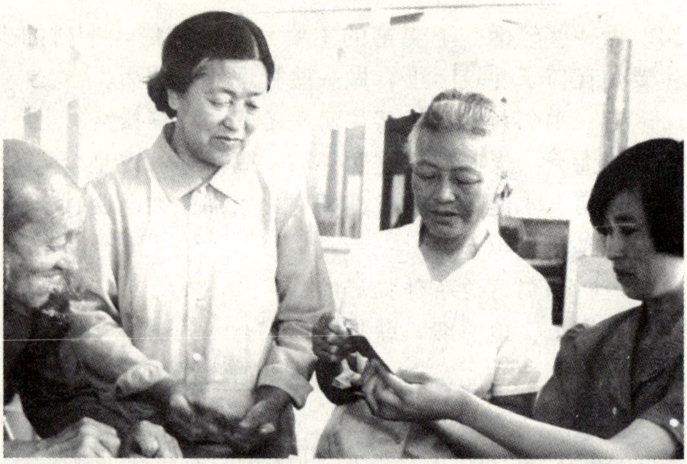

● 大寨实行了养老金、保险金制度，基本实现老有所养、老有所靠。

校，打了机井，这几年可以说是一年也没歇着，干得不赖！以前这老百姓就是靠种地，啥也没有。当时虽说有果园、煤窑这些，可是也不行。

村里的工作很难做，村里这每年花销大嘞！郭凤莲在这几年咱还能领上这养老金，她不干了可就不保险了，所以说这以后接她的班很难。

采访对象　宋立英（女，1930 年生于大寨镇大寨村，中共党员，大寨第一位女共产党员，全国劳动模范。曾担任过大寨村妇女主任、村党支部副书记、昔阳县妇联副主任、山西省妇联副主任、第四届全国妇联执委会委员、第五届全国政协委员）

采访时间与地点　2006 年 5 月 27 日，大寨村家中

采访及录音整理　刘晓丽（整理者）　冯素梅　王勇红

刘：除了旅游你还有什么其他的收入？

宋立英：现在没有地了，老人都有养老金了。

刘：大寨多少岁以上有养老金？

宋立英：60 岁以上。我是（一个月）200 块。（郭凤莲）走了那 10 年哩冷落了 10 年，郭凤莲是 91 年 11 月 15 日才又重返大寨，92 年又出去学习么，学回来这又才搞了些厂呀，搞了些经济，什么羊毛衫厂呀、水泥厂呀，这些，这不是有大的变化？93 年 1 月份人家郭凤莲就给了这老的养老金，没有忘记这大寨的老一辈，说大寨的今天是老一辈创造出来的，活着的时候早点享受一点，死了享受不上了。那时候 60 岁就是（一个月）40 块，最低 40 块，我是 50 块，贾进财最多，70 块，赶后来就逐年上，后来就上成 60 到 70 岁这个档是 100 块一个月，70 到 80 岁是 150 块，我是 200 块，我是老干部了。这不是人家还有发的东西吧，过年了，他们是一袋白面，我这呢都是两袋，还有一桶油，还有肉，他们是一斤我们是二斤肉，哈哈，核桃露，一箱。

刘：医疗待遇怎么样？

宋立英：医疗，看病了这是没有，你头疼脑热了这不就是自己的？这不是也给了养老金了？你要是得了大病了，上了大几千了，这人家也给报，解决70%。

刘：您是100%吧？

宋立英：我也没有，我也不得病，咱也不希望得那大病么！

1992年起，大寨实行老有所养制度。村民凡男60岁以上，女55岁以上者，均给予生活费补助。标准是：男60岁至70岁，女55岁至65岁，每人每月40元；男70岁至80岁，女65岁至80岁，每人每月50元；80岁至90岁，不分男女，每人每月70元；90岁以上者，每人每月享受80元。至1998年，全村有61位老人享受生活补助，其中男20人，女41人。平均每月发放养老补助费达3200元，每年近4万元。

（《大寨村志》，山西人民出版社2003年1月版，第147页）

采访对象　李怀莲（女，1960年9月生于昔阳县三都村，中共党员，现任大寨村妇女主任）

采访时间及地点　2006年5月18日，大寨村村委会

采访及录音整理　刘晓丽

李怀莲：大寨就是以劳动为荣，以致富为荣，就是谁家钱多，我就学你赚钱。老年人有养老金呀。我们最近要到县里边找民政局，看看哪一个劳动保险、医药保险比较适合我们农村，完了我们给村里边522口人全部入医疗保险。问问保险公司，有一个合适的保险，就给大家入了。到逢年过节了，就是说给大家一个，好像就是一个共产主义似的（感觉），我们就按人口给村民发放大米、白面、食油、猪肉、饮料、大寨酒、核桃露等等这些。

刘：刚才那个老人就说，发白面别人发一袋，他发两袋。

李怀莲：老干部就多发些，每年九九重阳节的时候，就把六十几位老年人集中起来，给他们过一个老年节。因为大寨能有今天，都是靠老一辈艰苦奋斗干出来的，现在咱们好了，也不能忘记他们。

随着改革开放的深入发展，村民生活水平再上新台阶。多数农户盖起新房，人均住房面积达30平方米，户均100多平方米，并有24户住上了外观漂亮、装饰考究、功能齐全的二层楼房。村民家中高档组合家具、组合音箱、彩电、冰箱、洗衣机、收录机、放像机、摩托车等家用电器和高档消费品不断增加，膳食、衣着与城市居民不相上下。由于集体实力的增强，全村实现了少有教（幼儿到小学免费上学）、老有靠（实行了养老保险）、考有奖（凡考取中专以上学校的学生由集体发给奖学金）的社会保障制度。

（《大寨村志·概述》，山西人民出版社2003年1月版，第5～6页）

采访对象　张海润（女，1950 年 10 月生于大寨镇金石坡村，现居大寨村）
采访时间与地点　2006 年 6 月 4 日，大寨村家中
采访及录音整理　董永刚

董：你嫁到大寨多年了，你觉得大寨这几年变化大吗？

张海润：我来到大寨已经 35 年了。大寨村现在这个样子，都是郭凤莲回来以后才搞的。她回来以前，这里的条件还不行。像这以前上山的路都还是土路。她回来以后就给修路，搞建设，慢慢才变好的！这几年，村里到了 60 岁的老人都有养老金。等到过年、过节的时候，村里还给发些米、面、油这些东西。以前的人想干都找不下活儿，凤莲回来开始建了几个厂以后，村里的人很多才有事做。

我现在住的这房子是 55000（块）买的，集体给补了两万多块。现在我这家里除了姑娘和女婿的收入以外，主要就是我男人了。他在大队（村委会）干，村里给开工资。他的事主要就是带上那村里的人动弹、给安排营生这些。他是个副村长，每年村里给他一万多块钱，加上其他能收入两万多块，还算可以，家里基本没有什么大的压力，条件也算可以嘞！我家现在种的地也还不少，前两年，玉茭的价格一斤能上到 7 毛多，这地里算下来也能收入个六七千块钱嘞！今年这行情就不怎么样。不过粮食收入不行哇，咱还能在村里干点儿其他，像种树这些营生，还行！

采访对象　贾彦华（男，1965 年生于大寨村）
采访时间与地点　2006 年 6 月 2 日，大寨中策水泥有限公司办公室
采访及录音整理　董永刚

董：你在水泥厂工作，现在你家里情况怎么样？

贾彦华：还可以，两个人挣钱，就供着一个孩子上初中，还行！起码说吃的、住的都没问题。我家现在是两孔窑洞、3 间房，能住得开。现在大寨村里过年过节的时候还给点福利。这福利有按户分的，还有按着人口分的，不一样，像这米、面、油这些都分。记得这村里还一口人给过 100 块钱的医疗保险金，我家 3 口人，当时就给了 300 块钱。

我爱人高中毕业以后，在大寨村医院当了一名护士，后来还教了几年的书。我们结婚以后才到这村里卫生所的。村里一年给她 1000 块钱。除了这些，自己还捎带地卖点儿药。这药都是自己进货，村里给提供地方，由自己来经营。像村里人打针、输液也都能挣点钱，一年下来也还可以。像我们家，这个收入在村里也算是个很一般的。

董：你觉得这几年大寨变化大吗？

贾彦华：郭书记回来这几年变化确实是很大，我觉得变化最大的就是村里的闲人不太多，都还基本能够就了业，有个事情干。现在这村里的水电都很方便，老百姓生活得都不错。现在变化最快的就是这家家户户挣的钱是越来越多。

董：就你个人而言，你作为大寨村的村民，怎么看村里的这一届领导班子？

贾彦华：我觉得不赖！都很能干。当然村里也是有人有意见。不过，这也不可能没意见，一样的东西，不可能谁都喜欢，你说不是？但总的来说，这些领导还是可以的。我们这几年也实实在在得到了不少利益，这比以前是强多了！

采访对象　李录祥（男，1962 年 6 月生于大寨村，大寨森林公园员工，中专文化）

采访时间与地点　2006 年 6 月 8 日，大寨森林公园管理处

采访及录音整理　赵俊明

赵：村里给发养老金？

李录祥：村里给点儿，现在我父亲还跟着集体干，一年能拿个三四千块钱，他们两个人一年能拿到 7000 多块钱，两个人是好生活。我们这里是老年人比年轻人强，村里给点儿，自己身体好，跟上集体干，还能挣一部分。我们中年人负担大，上有老，下有小，还得修房，供小孩念书，还得考虑老人的养老，这是最困难的时候。

采访对象　贾彦军（男，1972 年 8 月 9 日生于大寨村，大专文化）

采访时间与地点　2006 年 7 月 25 日，大寨村家中

采访及录音整理　赵俊明

赵：村里一年能发多少福利？

贾彦军：连煤炭一年都不止 1000 块钱，你一吨炭就是 400 块钱。过年过节分些大米、面、酒、油、核桃露、西瓜，有就比没有强，人家就是发一个西瓜吧，你没有就吃不上。你在城市倒垃圾什么都得掏钱，村里这些钱都不用掏。

赵：住楼房有没有什么维护费？

贾彦军：没有，这些都不用，都是集体管，像这刷涂料、整线什么的都是集体管，你要是掏钱我就不闹。村里它也是搞旅游，要注意一些村里的形象，需要弄得好点儿。

采访对象　贾春生（男，1962年生于大寨村，高中文化，中共党员，现任村委会主任）

采访时间与地点　2006年5月30日，大寨村村委会办公室

采访及录音整理　王勇红（整理者）　刘晓丽　冯素梅

王：咱们村里对教育特别重视，听说是上大学的全年还给补助？

贾春生：有，本科一年是1000元，专科是800元。

王：这个政策从什么时候开始执行的？

贾春生：从94年、95年开始的。

王：村里的养老金，特别受村民的欢迎，在医疗和其他方面有没有什么想法？

贾春生：现在我们也想做这个医疗保险。国家提倡这个。我们在县里也跑了好几个保险公司，但对农村这一块他们还没有真正地拿出具体可行的方案。从前大寨也有个保险，叫住院医疗保险，当时也不很成功，主要是住院了，保险公司赔70%，后来就办不成了。每个人给10块钱，老百姓都不满意，不是太及时，好几年也报不了，后来就取消了。现在保险公司是对城市的，对农村这块的没什么。刚开了支委会，咱们也是想下一步该怎么办。

采访对象　李焦月（男，1935年11月生于大寨村，曾参加过“老少组”）

采访时间及地点　2006年7月26日，大寨村村委会办公室

采访及录音整理　冯素梅

冯：大爷，你今年多大？

李焦月：72岁，我们都老了。现在生活好，有养老金了，今天就是来领养老金的，我一个月是150块，到70岁就是150块，60岁是100块，现在很好，呵呵。

冯：养老金是每个月领一回？

李焦月：两个月领一回，够我平常吃喝了，我们这老年人就是依靠集体。

冯：有这养老金好吧？

李焦月：好，邻村没有，就是咱们有，都是眼气我们了。呵呵，说你们大寨人没有白受了苦。你看这些来领养老金的老奶奶，现在走起路来都歪歪扭扭的了，都是跟着陈永贵的那些老英雄，呵呵。跟上陈永贵受了点儿苦，现在郭凤莲接好陈永贵的班了，老年人才领上养老金，接不好班也不可能领上养老金，对不对？

这跟大家庭小家庭一样，接不好班也不行，你说大人治下世了，孩子们给踢踏了，不还是不沾？对不对，这是一个道理。其他村集体那会儿就是没有钱，就算有钱，老的攒下钱，老的死了，留下的接班人都给踢踏了，还有什么了？没有了。

[看着一个来替老人领养老金的小女孩说尽打发这不大点儿孩子们给领的，都在那上头住了，老了，这些老年人都80多（岁）了，走不动了，让孙子拿上本本下来拿。]

冯：我能不能看看你的本本，还要盖手章，《村民养老金保险领取证》，95年开始就发上了？

李焦月：95年我60周岁，95年是一个月30块钱，逐步增长，到96年变成50块了，2002年开始涨成60块，2005年3月份我也到70周岁了，又开始提高标准了，成了150块了。现在咱国家进化［发展快］得没办法呀！

我们这老年人女的多，男的少了，像我这70岁以上男的六七个了，女的人家长寿，呵呵。我现在就我一个人过呢，老伴死了12年了，我自己做饭。

采访对象　张玉和（女，1928年生于大寨镇东沟村，现居大寨村）
采访时间及地点　2006年5月29日，大寨村家中
采访及录音整理　冯素梅

冯：村里边给你养老金没有？

张玉和：有养老金，一个月150块，上了70（岁）给150块。

冯：150块够不够你一个月花？

张玉和：够了。我是身体不强，要吃药，不是吃药来可够花了。

冯：要是村里不给你养老金呢？

张玉和：那就得寻孩子们，孩子们不（给）贴（怎）行了？现在不用，满够了。

冯：你一个月买菜的钱有多少？

张玉和：我一个月买点儿田杂，买点儿干粮，买点儿药，下来也丢（剩）不下几个钱。药钱有时候花五六十，有时候花七八十，光吃吃不了多少，老奶奶了。

冯：你觉得大寨现在怎么样？

张玉和：好哇，好多了，现在老娘娘们不去寻孩子们，不去寻他们要给俺点儿这吧，给俺点儿那吧，那惹得人家不骂？呵呵。

冯：养老金是多长时间领一回？

张玉和：这会儿是两个月领一回，就上那村委会办公室领，大喇叭那儿喊了，人也多了，净是老奶奶了。不靠孩子们了，够自己花了，俺这会儿老了，吃上点儿喝上点儿就算了。其他村就怕是没有，没听说。

采访对象　贾竹青（男，1976年生于大寨村，大寨二中教师，大专文化）
采访对象　张琴琴（女，生于大寨镇阎庄窝村，大寨小学教师，大专文化）

采访时间与地点　2006年7月24日，大寨村家中
采访及录音整理　赵俊明（整理者）　冯素梅

冯：是不是咱们村里对考上大学的还有个奖励政策？

贾竹青：我就享受上那个了，那会儿是一年给的800元，这阵儿本科可能是1000元，有可能提高了。

冯：你是哪一年上的大学？

贾竹青：我是95年上的，那时候就享受上了，就够学费了，我那时候一年是500块钱的学费，学校补助一个月70块钱，相对来说我那会儿上学就没有花多少钱。

冯：过年过节村里还给点儿福利？

张琴琴：村里过时过节发的米、面、油、西瓜什么的，我都有。我们这户口不在村里，本来村里不给发，这是村里照顾教师，所以发什么我也都有。

冯：过教师节什么的也发奖金？

张琴琴：发，一年发两次，教师节一次，过年一次，一回一般就是300元。

采访对象　李银良（男，1935年生于大寨村，扫盲班毕业，大寨森林公园员工）
采访时间及地点　2006年6月1日、7日，大寨村家中、森林公园
采访及录音整理　赵俊明（整理者）　冯素梅　刘晓丽

赵：现在家里有没有地了？

李银良：家里还有3亩多地，种玉米，种点儿菜，够自己吃。大寨现在这个风气也挺不错的，没有赌博、偷盗什么的，挺安全的，人都有正经事干。像我们邻村大队就不行了，他们就是你种啥他偷啥，乱七八糟的。

赵：家里的开销大不大？

李银良：哎呀，我这个钱花得比较多。我这个一年吸烟、喝酒、饮料什么的不断。反正我这吸烟一年就得八九百块钱，打手机一个月就得四五十块钱。连手机带吸烟，光这两样一年就得将近2000块钱。

赵：一个月队里给你多少钱？

李银良：我这个400来块钱，一年就是五六千块钱，还有一个月给我150块钱养老金，我现在这条件也挺好的。

赵：自己挣下够自己花了？

李银良：花不了。白面呀、大米呀，生活条件挺好，可惜是咱这就没有几天了，老了。

赵：我看再活 10 年也没有问题。

李银良：哎呀，活得大了也没有意思。不过我这个人爱说笑，每天挺乐观的，我也没有电视机，没有收音机，我这个人爱耍乐器，唢呐什么的，我爱好这个。

采访对象　牛丽梅（女，1983 年 3 月 24 日生于大寨村，初中文化）
采访时间与地点　2006 年 7 月 25 日，大寨村家中
采访及录音整理　赵俊明

牛丽梅：弟弟 15 岁，今年初三，明年就毕业呢。学习不算很好，就在咱们村里中学上，咱们村里就是有这一点好，有学校，最起码不用像他们那样住校。

赵：这个负担相对也小一些？

牛丽梅：像我们这样的条件，就是在我们大寨村，有大队里帮助你，能过去。你要像他们僻远一点儿的村子，像我们这条件根本就没法过，太辛苦，3 个孩子，每个上学都得花钱，大队也不帮助你，比较起来，我们这里还比较好点儿。

赵：像你家里条件不好村里照顾不照顾？

牛丽梅：也照顾呢，各方面反正都挺照顾的，村领导做的工作也挺到位的。

赵：你爸是怎么去世的？

牛丽梅：我爸是 2004 年煤矿上出了事故，他就在煤矿工作来，这已经两年了，也是夏天，也是热的时候，阴历是五月二十四。

赵：这种情况村里更应该照顾？

牛丽梅：嗯。

赵：不过现在家里肯定压力大点儿？

牛丽梅：家里没有顶梁柱了，没有精神支柱了，突然就没有依靠了，挺困难的。

采访对象　贾存眼（女，1937 年生于大寨村，高小毕业，中共党员）
采访时间及地点　2006 年 6 月 8 日，大寨村家中
采访及录音整理　孙丽萍

孙：你们现在的衣食住行就不用发愁吧？

贾存眼：对！地是村里给种，俺们就不种了。人家集体给耕种，收是个人收，条件可好了。收下来的粮食自己去卖。每个月我们家还领 300 块钱。70 岁

以上的是150块，我是领得最多的，领200（块）。我说现在生活好得不得了，年轻人就没有过那苦日子。郭凤莲对我们这些老人感情可深了。哪一个死了，人家去看看；哪一个有病，人家孩子也去看看，问候问候。

孙：现在村里的年轻媳妇们也不咋干活了吧？

贾存眼：家里有条件念书的，回来就开个小饭店、小卖部。没有条件的，就还得下地。妇女一年也挣好几千块钱。下地时大队给钱，妇女一天18块，男的20块。包括在虎头山森林公园的人也都是这样子挣钱。不分年龄，一律是男的一天给20块，女的给18块。打扫卫生的两个人每年每人1500元，生活富裕了嘛！打扫卫生的人就负责底下的卫生，剩下的都是各家打扫。划分了卫生区，卫生区都是党员负责，分成一排、二排、三排卫生区。我吧，每天早上都坚持打扫，都扫成习惯了。孩子们都不用管老人了，老人都由集体管了。集体给的钱差不多就够了。

孙：我看大寨人的精神面貌不错，听说您也在大寨的50条好汉里头？

贾存眼：50条好汉现在就没有几个人了。那会儿可都是受罪人，一点儿没享上福。我们现在一个月除了每月给的一两百块钱，过年过节还给大米、白面、油，都有了嘛！这会儿的生活可不错了。

孙：大寨村里念书人我觉得还是多一点，念书的人多吧？

贾存眼：对，当兵的也有。宋立英家的老大在洛阳，老二在太原。贾存锁也在洛阳，她是当年的团支部书记，郭凤莲是"铁姑娘队"的队长，当年也真能吃苦了。郭凤莲就跟我们说："我可惜是没有能耐，有能耐的话给这些老年人再多发些钱。"荣誉也不是一两个人的，是全村人的。

新居中新的一代大寨人

采访对象　耿　达（男，1984年生于大寨村，江汉大学本科在读学生，团员）

采访时间及地点　2006年7月24日，大寨村家中

采访及录音整理　冯素梅

冯：你初中、高中都在哪儿上的？

耿达：都在昔阳中学。我们那时候小学毕业达到一定成绩都能去考昔阳中学，我去考就考上了，小学考上昔阳中学（上）初中的不是很多，初中通过中考考上昔阳中学高中的多。

冯：你现在学的是什么专业？

耿达：我学的是国际贸易，在武汉江汉大学。

冯：你在外边上学，大寨人在你心里有没有什么概念？

● 大寨新居新貌。

耿达：我们这一代了解得很少很少，我们的爸爸妈妈了解得很多，再老一点儿的知道得更多。

冯：学大寨的时候，大寨人肯定觉得和其他地方的人不一样，现在你们这一代人在这方面有感觉吗？

耿达：我们出去也会有点这种感觉，但肯定没有以前那么强烈。

冯：你们对大寨当年的历史有没有什么印象？

耿达：我们听他们讲得比较多，但是让我们做得比较少，因为我们是80年代出生的。

冯：当时在这儿上学的时候，学校经常讲吗？

耿达：因为我们在这儿（受）革命教育，都讲的是大寨，无论小学、初中、高中，听的都比较多一些。

冯：在县城里的学校也讲？

耿达：他们会请大寨的人过去给我们讲，一般是一年肯定要讲一次，这个我记得蛮清楚的。咱们县有一个五老报告团，宋立英也在里面，义务讲的。

冯：你们听了会有什么感觉，还是觉得老一辈离自己很远？

耿达：多多少少会有一些启发，完全没有意义这是不可能的，但是把他们讲的完全理解了这也不可能。

冯：现在大寨人在外面念书的多不多？

耿达：多，从我们这一代开始就重视读书了，全家人想方设法地要把你送出去念书。像我们以前在高中读书的很少，我们这届就蛮多，一届比一届多，读高中、读大学的相对就多起来了。

冯：你心目中对大寨和昔阳哪个概念大一点儿？

耿达：我觉得还是大寨大一点儿，因为我在大寨时间长一些，在县城里只不过是读书，在大寨10多年了，还是大寨的概念大一些。

冯：现在你大学同学里面，他们听说过大寨没有？

耿达：我同学他妈妈知道，我去报到的时候，她说噢，你是大寨的，我同学没听说过。我们聊天的时候，她提到几句，以前人的心目中，大寨是很好的。我记得大寨人去武汉的时候，就住在我们学校旁边，在宾馆的旁边写一个横幅，说大寨人过来了，我们一个老师，她也知道我是大寨人，她妈妈很想见大寨人，说明他们那个年代人们对大寨还是蛮崇拜的。

冯：她是哪儿的人？她妈妈到过大寨吗？

耿达：就是武汉的，她妈妈没到过大寨，就只是听过。

冯：只是听说过，对大寨的感觉也是那么强烈。

耿达：以前那个年代的人都是，像你父母可能也是，现在我们这个年代的人听得就少。

冯：我父母也没到过大寨，但是肯定感觉不一样。我小的时候，也见过路边墙上有标语“工业学大庆，农业学大寨”，你们小时候可能就少了。

耿达：就没有了。

冯：那次去你们学校的大寨人是哪些人？

耿达：大寨铁姑娘，她们去长沙，可能是去韶山，在武汉休息一下，宾馆也知道，说明她们可能在武汉转了一圈。

冯：是不是郭凤莲领着她们旅游的那次？

耿达：可能就是那次。

采访对象　贾瑞青（女，1972 年生于大寨村）

采访时间及地点　2006 年 6 月 1 日，大寨村家中

采访及录音整理　刘晓丽

[我们采访的时候，贾瑞青正在装修房子，她家刚搬进大寨新居，院子里放着零散的装修材料，她说屋子里很乱，不好意思请我们进去，要不怎么也要请我们进去坐一坐。我们就在她家的大门内，在下午阳光的照射下，听她讲她和她的生活。]

刘：你是咱们本村人吧？

贾瑞青：我是大寨人，我爱人是外村人。

刘：你靠什么收入？

贾瑞青：我现在什么都没干。先把家里弄一弄，完了再找活干。像我们村吧，只要你喜欢去干，都会有活干的。下面不是有摆摊的吗？愿意的话，谁都可以去干。如果你不愿意去，村里有那个到地里干农活的，也可以一天（挣）十几块钱二十几块钱。

刘：村里边给钱？

贾瑞青：只要你出去干活，它就付你工资嘛。只要你干活、劳动，就能有收入。

刘：那村里边现在就没有闲人？

贾瑞青：除了那个老的、小的，有那个劳动能力的，家里能走得开的，他

肯定要出去找活干么！只要你找活干，他就肯定有收入么。

刘：你有孩子吗？

贾瑞青：我现在有一个孩子，一个小子，11岁了。

刘：想不想再要一个？

贾瑞青：我这个条件也允许要两个，但是要一个孩子负担轻。有时候也想要个姑娘，可是也不是人为的么。

刘：这个房子我听说用了5万多？

贾瑞青：是的，村里还贴了两万多。

刘：钱紧张不紧张？

贾瑞青：刚开始的时候就是一部分是贷款，一部分是借来的。你一个农村人家，这么多钱，那个时候对我们来说，也好像是天文数字。可是相对来说，没有家不行，你有了这种负担，你就好像不出去赚钱不行。我们到现在有六七年了，借来的钱都还得差不多了。反正最起码银行贷款那部分不是要出利息吗？先把那部分还了。亲戚朋友的可以缓一缓。

刘：银行贷款你用什么做抵押呢？它怎么能贷（款）给你？

贾瑞青：这个过去也不太讲究抵押，有担保人就行。

刘：是大队担保的吗？

贾瑞青：也不是，反正那个时候借一些存单呀。你必须讲信用，到期了你必须想办法。

刘：像你和你爱人一个月收入能有多少？

贾瑞青：他也是效益工资，跑得多，挣得多。还有地里的农活。像我们吃的基本上就不用买，地里的收入卖了就够了，平时的日常花销也够了，他挣的钱就可以去还人家了。

刘：你的父母还不到领养老金的年龄吧？

贾瑞青：像我爸就在村里干活。我妈也是在地里干一些，除了吃也能有一部分收入，就够两个人的开销了。

刘：肯定是不花你们的钱？还给你们补贴。

贾瑞青：对。婆婆不是离得远么？能去照顾一些尽量照顾一些，虽然现在条件不是太好，我们毕竟年轻么，她现在身体还好，不需要我们常惦记，只需要我们捎点吃的，或者有什么的时候，我们捎点钱，能照顾自己，不用你专门回去伺候。她身体好，现在70多（岁）了。那一代人孩子不是挺多的？但是都不在身边，都出去打工，或者在外头挣钱。

刘：她那个村子有没有养老金？

贾瑞青：没有。别的村子差我们远呢，在那些村子，你出去干活，它也是地里的活，没有其他什么，完全就是靠自己。

刘：我觉得你说话和他们不一样，普通话说得不错。

贾瑞青：现在学校普及普通话，但是我们村说普通话的还是不太多。现在旅游的人多了，下边卖东西的，全部都能说普通话。我是初中毕业。当时年龄小，没现在这么重视读书，觉得打工挣了钱，实际一些。家庭条件也不太好，不像现在的孩子，顶多两个。教育也普及了，对教育看得比较重。

刘：那你肯定是想着，你孩子呢他上到哪儿我供到哪儿？

贾瑞青：对。我们现在的想法，就是我们那时候不知道好好读书，条件也不是完全没有，就是不太注重教育，看见人家出去打工挣钱，觉得在家读书也挺那个什么的。所以现在就一定要让他读书。

刘：你们那一代人有没有这种情况，就是女孩打工、男孩念书。

贾瑞青：我们村没有。像我爸我妈，只要你喜欢念书，他们还是让你去，只是我们那时候吧，不愿意念书，也念不进去。

刘：对大寨以前老一辈干的事情，你们了解不了解？

贾瑞青：像我们这辈人吧不太了解，好像听他们说挺苦的，我就记得我爸那一辈就挺苦的，我记得我爸天很黑的时候就走了，我妈去送饭，中午有时回来，有时就不回来。我妈也参加劳动，把我送到咱们这儿的托儿所，反正每天（印象）最深的就是缺钱。

刘：吃不上？

贾瑞青：我们那时候能吃饱，反正穿不像现在讲究。我毕业后就到城里打工，那时候挣200块钱就可高兴了，人家可羡慕了，说你看人家挣200块钱，一个月下来有了这些收入嘛，家庭就相对宽裕一点。

刘：这个窗子是原来就有的还是你们自己装修的？

贾瑞青：都是我们进来装修的。原来进来的时候，像这个地呀、墙呀，啥也没有（装修），都是我们自己弄的。

刘：你爸妈愿意住窑洞还是住这里？

贾瑞青：其实吧，那个窑洞好像是冬暖夏凉，可是我们住那个比较紧张，这个房子要宽敞、明亮一些。卫生间也方便，有土暖气。煤是村里一个人给你一定的量，肯定是够你烧了，要是去买的话，得好几百块钱。有的时候你带个老人什么的，就算不够，反正都会再给够的，就是再买也买不了多少。我们不像城里人，每天上班回来时间紧，就用得多。我们即使去地里也有时间回来看个火，所以我们更实际一点。

刘：我看你现在这个家收入也还可以，房子也有了，剩下的就是给孩子的教育了。

贾瑞青：像我现在的思想，现在的书本里边的，跟你过去学到的根本不一样，有时候你想教育孩子，根本就不行，有时候你想教育孩子，总希望他有出息，可是，他能说一通道理出来，你说他，他好像觉得你说的不对。

刘：这么大的孩子最难管。

贾瑞青：我现在没别的想法，就觉得让孩子好好受点儿教育，现在我们这里也在逐步改进，虽然没有城里的条件好，但是在我们这里也算比较好了，就是希望他注重一下教育。现在六年制，他上四年级，成绩还行，可是我觉得有时候孩子都挺爱玩的，我这个孩子尤其爱玩，不管什么时候，只要他乐意，玩好了，再做作业。

刘：我们城里头可没有这么大的房子，你这是多少平方米的？

贾瑞青：这个我也说不清，好像有100多平方米。城里的楼房没我们这个院子，这个比较适合我们。没有一个院子，干农活的工具没有地方放。

我们在院子里又盖了两间平房。别人家就不用盖这个房子，人家3口人，就够住了。像我们家5口人，两家人家，在一个屋子里头不太方便，老人也不乐意上台阶，这不是平的嘛，他更愿意在这儿，住也方便。

刘：咱们大寨像你们这些年轻人有没有离婚这些情况的？

贾瑞青：哎呀，好像很少，就是吵架我觉得都很少。生活比较稳定，再一个就是现在的人比过去会活一点。跟老人你搞不来的话，可以出去住。现在老人老了的话，他不是有养老金什么的？平时送一点吃的什么，反正是简单多了。

刘：村里买电脑的家庭多不多？

贾瑞青：现在也挺多的。孩子们有的大一点的会玩，小的不敢让他玩，怕他玩游戏。

刘：你要是给孩子买电脑，你就得会一点。

贾瑞青：对。我们现在到城里学，也不太方便，就是去了，你也找不到那个合适的学习地方。我觉得，买了电脑，你根本就不知道怎么用，说是可以到这里那里培训，可是人家都是学了一点了，就觉得比较容易，我去的话就觉得比较吃力。反正以后肯定会买电脑。社会不一样了，你不学一点儿，你就会被社会淘汰了。

刘：你爱人也不会？

贾瑞青：他每天出车，好像也会点儿，都不太懂。

采访对象　贾旭波（男，1981年生于大寨村，个体运输者）

采访时间及地点　2006年5月30日，大寨村家中

采访及录音整理　刘晓丽（整理者）　王勇红

[走进贾旭波家的院子，发现他家的院子大寨少有，属于几家较大的院落之一。在闲聊中，我们了解到，贾旭波新婚不久，院落、房子都很气派，也很新潮，贾旭波领我们参观了他的新房，里边的装潢很考究，比城里年轻人的新居不差。墙上新婚夫妇的照片光彩照人，新娘新郎确实很般配，很漂亮。在院子里，卧着一条大黑狗，悠闲地享受着暖暖的阳光，觉得热了就换到屋子里的地面上，接着躺下睡觉。贾旭波的妈妈正在照看他姐姐的孩子，院子外面停着他刚买的大型运输车，贾旭波是靠运输煤炭赚钱的。站在这样的院子当中，我们真想让时间停滞。贾旭波话不多，属于那种只注重做事的年轻人。]

刘：外边那辆车是刚买的吗？

贾旭波：前年刚买的，是拉煤的，以前用的是农用车，拉煤。

刘：你在大寨也是属于收入比较高的人吧，你这是往哪儿送呢？

贾旭波：王寨，那里有个煤厂。那会儿一年能挣个几万块钱。

刘：后来开了多长时间又换了车了？

贾旭波：前年换的。现在这个车每天跑一趟。不挣钱，煤矿挣钱，小煤场挣钱，修理厂挣钱，二道贩挣钱。

刘：这个车你自己买的？

贾旭波：分期付款。车28万多，乱七八糟算下来，差不多得50万。还有几个月就还完了。现在车也不值个钱了。

刘：这房子挺好的。

贾旭波：这个房子七八年了。装修是今年装修的。

刘：附近像你这样搞运输的有多少？

贾旭波：有两三家。不算多，煤越来越贵，可是运费也涨了，柴油价格也涨了，五块钱。

刘：这两年哪年收入比较高？

贾旭波：去年好一点。数前年好呢，一年二三十万。前年行情好，可是我买车买得迟。今年不好了刨掉油钱一万多。像好的时候一天挣3000（块），不好的时候二三十块钱都没有。

刘：这个房子盖的时候用了多少钱？

贾旭波：六七万。5间房，100多平方米。也是得先批地哩。

刘：这房子的装修挺新潮的，是你自己设计的还是别人帮你设计的？

贾旭波：那是包出去的。

刘：还有点儿地？

贾旭波：有一亩多地。主要是我父亲种呢，年轻人现在也不会弄那个了。愿意干也干不了了，不好干。

刘：你的初中同学现在都干什么呢？

贾旭波：也有养车的，也有上班的。

刘：你们这一代年轻人，对咱们大寨是什么印象？

贾旭波：挺好。

刘：五几年、六几年老一辈干活的情况了解吗？

贾旭波：不太清楚他们咋干来，光听他们老一辈们说过。从郭书记回来以后，大寨才又红火起来。

刘：你出去跑车的话，早上几点就走了？

贾旭波：没有准哩，有时候半夜回来。不出车的时候看看电视，外头打打台球。

刘：你安的这个是卫星接收器吧？

贾旭波：是，农村里头安得多。像大寨村还不算多，（别的）农村里头，每家每户都有。要不你看个电视，室内天线看也看不见，只有一两个台，这个能收三十几个。咱们这里也有闭路，它不是还得接线？麻烦。

刘：你出去跑运输，说你是大寨的，是不是对你有些照顾呀？

贾旭波：没有。和大家一样，现在不是那个年代，你要是学大寨那会你说你是大寨的，肯定有用。现在不是那个年代，都是个体干哩。

采访对象　耿　华（女，1981年生于大寨村，大专文化）

采访时间及地点　2006年5月31日、7月24日，大寨村贾满栋家中

采访及录音整理　冯素梅

冯：你在哪儿上的学？

耿华：就在大寨村上的小学、初中，没有上高中，直接考的五年制大专，在北京。

冯：你毕业那年在北京找工作了没有？

耿华：毕业那年21岁，咱县就招公务员，我爸爸就让我回来考，他们不愿意让我在外面。

冯：你们那年几个部门招公务员？

耿华：我们是山西省统一招考的，考上以后再回县里。

冯：在太原考的吗？

耿华：在榆次，太原统一组织考试，再分地区考点。

冯：咱县里面那回招了多少人？都在什么单位？

耿华：7个。审计局、人事局、团县委、纪检委等等。

冯：你21岁毕业就上了班了。

耿华：22岁，21岁毕业以后就回家准备考试，腊月考的，后来又赶上"非典"了。

冯：你在团县委什么部门？

耿华：咱团县委就三四个人，不分部门。有一个书记，两个副书记，我是办公室科员。还有一个少工委主任，少年工作委员会。

冯：平常你主要是忙什么呢？

耿华：就是办公室那些，比如转团关系。

冯：干团的工作是不是机会多一些？

耿华：也不一定，还是看个人能力。

冯：在那干了多长时间？

耿华：我在那儿干3年了。

冯：你爱人在纪检委吧？

耿华：他在纪检委纠风办。他比我大4岁，和我一年考的公务员。

冯：他是哪儿的人？

耿华：他就是县城里的。

冯：大寨和你一年考公务员的还有吗？

耿华：没有，就我一个。其他还有考医院的。医院是事业单位，不属于行政单位，可也是招聘呢。医院是前年才开始考的。

[第二次采访]

冯：咱们大寨村考公务员的就你一个人吧？

耿华：还有，比我大。比我小的就没有了，因为我们这个后来就没再招，后来招的就是事业单位了。

冯：（那些）比你大的他们在什么单位？

耿华：残联，还有一个在商业局的。

冯：好像今年国家又给公务员涨工资，是不是？

耿华：我们考上以后工资涨了不少，刚上班的时候才400多（元），现在快1000（元）了，不过比外面的，好多该补的还没补上，县财政补不上。我们同一年工作的，都是大专毕业的，工资都差不多，就是公安局的多一些，他们有警衔工资，将近两三百块钱，还有特殊补助，公务员和事业单位差不多，没什么区别。

采访对象　赵华晓（男，1959年9月生于大寨村，村办企业职工，大寨第一个个体经营者）

采访时间及地点　2006年7月27日，大寨村家中

采访及录音整理　刘晓丽（整理者）　冯素梅

[赵华晓领我们参观了他的新居，他的新居在大寨新村，是近几年修建的大寨新居的一部分，大寨约有多半的村民在新居有自己的房子，其中很多人都有窑洞，现在住在新居里。有的让孩子住在新居，有的全家住在新居里。赵华晓的新居大约200多平方米，小二楼，门前有一畦菜地，再往前是一座古庙，地势开阔，属于最好的地段。赵华晓的房子装修得既现代，又舒适，格局也很新颖，布局合理，用旧家具改造的床、桌子都很新颖，其中一个屋子还安装了地暖和榻榻米。]

刘：这个房子真好呀，太原可是没有这么好的房子，真凉快呀！

赵华晓：这个房子是200平（方）米，自己花了五万五，村里给补了两万还多，听说在太原能卖60多万。

刘：这个房子是什么时候盖的？

赵华晓：93年开始修，住进来是2000年。

刘：修的时间挺长。你这个是第一批吗？

赵华晓：不是，第一批好像是98年住进来，郭书记是92年回来的么！

刘：按70%的使用面积，是140平方米。

赵华晓：这个使用面积达到80%。

刘：咱们这个楼是找谁设计的？

赵华晓：找县里边的设计室设计的。这个楼比下边那个楼还好一点儿。下面那排是167平（方）米。

刘：肯定是越来越好。你的房子所有的房间都弄了地暖吗？

赵华晓：就这一个屋。

刘：是你自己烧锅炉吧？

赵华晓：是，这里家家户户都是这样。

刘：这里的装潢设计是你设计的吧？

赵华晓：都是我设计的。

刘：咱们村里的新居一共有多少户呢？

赵华晓：50户，下边是24户，上边26户。

刘：村里是不是还准备盖呢？

赵华晓：还准备盖哩。

刘：我看村里有的人家在自己原来的旧房子的地面上盖了新房，这以后村里要是统一规划了，就不太方便吧？

赵华晓：是不太方便。

采访对象　任志平（女，1975年农历五月生于西寨乡西寨村，现居大寨村）

采访时间及地点　2006年5月31日，大寨村本人饭店

采访及录音整理　刘晓丽（整理者）　冯素梅

刘：现在咱们村有车的有多少？

任志平：拉煤搞运输的那个有不少呢，有十几家，都是30来吨的，像前年那个煤炭生意特别好，他们肯定赚钱了。

刘：有没有小轿车？

任志平：那个不多，也有人买。

刘：那买货车就得贷款吧？

任志平：肯定是。买小车的不多，也就是三五家，自己买的是面的。

刘：面的是为了跑出租吗？

任志平：不是，是为了自己出去方便，这种不多，也就是三五家，还有三五家就是跑出租。

刘：跑出租的情况怎么样？

任志平：还可以吧，像上边有个人50多岁，他跑了好几年了，关系就比较广了。他一直以来就是开车的，开拖拉机什么的。

刘：他们这些人有没有别的收入？

任志平：像他们自己买车，有的就是以前承包羊毛衫厂呀，还有的就是开那个运输车，赚了些钱，生意好，买了车，他当老板，雇了司机。像我们大部分人吧，出门也不远，去娘家吧，一块钱就到了，我们的摩托车都在家里边闲

着，就不用。像他们那个长期在外的，就需要有一辆车。

采访对象　张银兰（女，1966年10月4日生于昔阳县三都村，中学教师，大专文化，中共党员，现居大寨村）

采访时间与地点　2006年7月25日，大寨村家中

采访及录音整理　李卫民

李：三都也修了这样的新房子么？

张银兰：没有。我们那儿的人观念和大寨人的观念就不太一样。

李：那你就给咱们说一说这方面的事。

张银兰：大寨，它这里一直就是集体的观念比较重。像我们那里，包产到户以后，集体的观念就比较淡薄了，自己干自己的。（我们那里）修房子，自己批地方，自己盖，自己修，不像大寨有个集体规划，所以看起来就很不整齐，这儿一户，那儿一户。

我们住的这房子，（大寨）村里还给补了两万块。这房子其实不贵。

采访对象　李　鑫（男，1981年生于大寨村，本科毕业）

采访时间与地点　2006年7月26日，大寨村家中

采访及录音整理　李卫民

李：你就是咱们本村的人？

李鑫：对。我是03年（本科）毕业的。

李：你没有想考研究生？

李鑫：没有，我的专业考了也没有用。这几年分配形势也不好，再过两年出来，可能还不如现在呢！

李：你在外面找过工作么？

李鑫：找过，太原我也去过，（现在）不是太好找（工作）。

李：郑州大学的学生分配情况怎么样？

李鑫：这也分专业了，有的特别不好，有的可能不错。我那学校，以前叫郑州粮食学校，粮食方面的专业力量比较强，比起其他专业，这专业可能技术性也强，所以就业形势还可以，全国各地的粮食储备库、粮油公司都来要人。我们学校其他专业就业形势不行。

李：你是99年考的吧，当时考了多少分？

李鑫：不到500分吧，（我考的）那学校也不是太好的学校。我是第一年扩招的学生。到分配的时候，人一下就多了那么多人。

李：刚毕业你在哪里工作？

李鑫：就在郑州，乱跑吧，哪个公司要人就去哪儿。

李：现在还是回来了。

李鑫：外边儿就那样儿吧。

李：谈谈你对郑州的印象。90年代，郑州还想建“东方芝加哥”么。

李鑫：现在郑州还在扩建。它现在还在建郑东新区，新建的比原来的郑州市要大。郑州现在是挺可以的，发展前景挺好的。

李：你原来是在大寨生活，一下去了郑州这样的一个大城市，当时你的感受如何？

李鑫：一下去了大城市，也是比较好奇。刚开始是在学校周围转一转，后来到了休息日，坐上公共汽车，到处转悠。我们周末一般都是去市中心和繁华的地方。当时，郑州一个在火车站附近的“二七”商业区，比较繁华，其他地方也一般。

李：你对郑州人、河南人的印象如何？

李鑫：我们班有一半是河南人。我们宿舍、我们班上的人都还可以。社会上有些人说，“河南人骗子多”。反正人一多了么，什么人都可能有。我们班的人不错。河南人在外面的人多，有人做了坏事，（有的人）就以点带面，说河南人不好，也不至于。

李：你说你是昔阳大寨人，他们有什么感觉？

李鑫：反正我们那一届，肯定有人听说过（大寨）。我报到的那一天，我拿我的户口、身份证办手续，那老师还问我，是不是山西的那个大寨，我说是的，那位老师有四五十岁吧。他问我大寨现在发展得怎么样了，我也给他说了说。我们班上的（同学）有的知道，有的不知道（大寨）。跟我岁数相当的，有的就是听说过，不清楚。

李：你们的高中历史课本里面没有提大寨？

李鑫：没有，那里面都是写大事。我印象中没有。

李：你在昔阳高中的时候，你感觉昔阳县别的地方的学生对大寨是个啥印象？

李鑫：他们都觉得大寨挺不一般的，不过也没有什么特别惊奇的。我知道一些人在外面工作，他不是我们村子的，可他也说是大寨人，觉得挺光荣的。

李：那你觉得大寨对你来说，又代表了什么呢？

李鑫：我跟和我年龄差不多的人说起（大寨），很多人不熟悉，但是，跟年龄大一些的人说起来，还是挺好的。大寨的精神是永远值得骄傲的。

李：那你是什么时候开始了解大寨过去的辉煌的？

李鑫：我81年生的，（长大了）那个时代都过去了。以前，父辈们聊的时候，我听到的。现在，我听一个大爷经常说，了解了一些。写大寨的书也挺多的。我也看过几本。

李：你还去过其他哪些地方？

李鑫：北京、武汉、洛阳、开封。

李：你觉得大寨现在的发展水平如何？

李鑫：大寨在昔阳县还不错，但是，跟其他一些好村子比，可能就不行了。我去过华西村。

李：那谈谈你在华西村的观感。

李鑫：我是01年去的，02年暑假也去待了几天。那时候，人家就住别墅、开车呀什么的。人家那里是大平原，地多。我们这里是小村子。一个地方和一个地方不一样。

李：你觉得华西村致富靠的是什么？

李鑫：华西村有好几个厂子，钢铁、烟酒，这几年可能更多。

李：你觉得华西村人的精神面貌如何？

李鑫：我02年去的时候，还看见他们晚上开会，领导在会上讲形势。他们隔几天就要开会。讲一讲生产上的情况，一些小问题。还看见过他们全村的会议。

李：你能不能对比一下，大寨目前好的地方在哪儿，不好的地方是什么？

李鑫：03年以后，大寨人经商的就比以前明显多了，搞旅游，开饭店。华西人企业搞得比较多。我们村是个人［个体］搞得比较多。

李：你爹妈是干什么工作的？

李鑫：我爸在酒厂，我妈就在家。

李：你本人有什么打算？

李鑫：毕竟自己干还是有一定困难。我也在想，在大城市，压力大，再贷款买上房子，实在不行。现在还是想回来。

李：你觉得大寨下一步发展还有什么突破口么？

李鑫：发展还是要发展，肯定还是要发展，国家不也在建设新农村么。

采访对象　李录祥（男，1962年6月生于大寨村，大寨森林公园员工，中专文化）

采访时间与地点　2006年6月8日，大寨森林公园管理处

采访及录音整理　赵俊明

赵：你家的住房情况怎么样？

李录祥：住房可以，买的新楼房。

赵：哪一年买的？买的时候花了多少钱？

李录祥：99年，2000年住进去的。哎呀，买房子是6万，住进去花了7万多块钱。

赵：装修了没有？是不是装修也是村里给弄？

李录祥：村里没有给装修，就是收拾了下卫生间，花了万数来块钱。有些人家装修来，有些没有。因为当时修这个房子自己就花了6万块钱，剩下就是

集体补贴，像街道绿化这些，这些就是集体补贴。

赵：当时你家里有这么多钱吗？

李录祥：哎，当时也没有，借点儿，比例也不小。主要就是（向）父母、兄弟、姐妹、亲戚朋友（们借）。

赵：村里有没有买房子贷款的？

李录祥：也有，能贷出来。

赵：买这个房子前你家住多大的房子？

李录祥：两个窑洞，两间房。

赵：不买房子的话，家里能不能住开？

李录祥：也住开了，想改善一下居住条件。再一个孩子们大了，给人家安顿下，人家结婚的时候用，这是咱们的老实思想。还有就是想沾人家集体那些便宜，当时预算的时候等于说这个房子集体给你贴两万块钱，收个人 55000（块），连取暖 59000 多（块），顶 6 万。你想连街道绿化、排水、取暖这些，两万块钱可能你就下不来，修房子也挺麻烦的，所以当时咱们也是想趁人家这个机会，交了钱你就不用管了，集体就给你修好了，不耽误你上班，挺方便的，自己有一部分钱，再问别人借点儿。

赵：现在有没有外债了？

李录祥：没有了。

赵：你家以前的房子呢？

李录祥：以前那个房子现在可以出租，我那个房子我父母住着呢。

采访对象　贾竹青（男，1976 年生于大寨村，大寨二中教师，大专文化）

采访对象　张琴琴（女，生于大寨镇阎庄窝村，大寨小学教师，大专文化）

采访时间与地点　2006 年 7 月 24 日，大寨村家中

采访及录音整理　赵俊明（整理者）冯素梅

冯：你家有没有以前的旧房子了？

贾竹青：还有旧家，两眼窑洞，4 间房子，在第二排。

冯：你家以前人口多吗？那房子是按人口分的吧？

贾竹青：以前分下，后来人家修下新房子搬走了，又买了人家些。刚开始分的两眼窑洞，两间房子，后来买了人家两间房子。现在那边的房子都租出去了。（租房的人）有的是家长们带着小孩在这里念书的，也有打工的。

冯：这个房子是多会儿搬进来的？

贾竹青：2000 年搬进来的。

冯：这是不是最早的那一批？

贾竹青：这是第二批，旁边的是第一批。

张琴琴：去年修的上头那个，那可有好的呢。

冯：楼的面积一样大吗？

贾竹青：上头那个大，那个大得多呢，有200多平方米。

冯：上边那些都一样大吗？

贾竹青：那个也是有3家比其他的大，（上头）其他的也比我们这儿大。总面积可能也差不多，他那个是院子小。房间结构也不一样，人家那个结构好。

冯：院子算不算面积？

贾竹青：也算呢。

冯：这个家的面积有多大？

贾竹青：连上院子有200平（方）米，房子168平（方）米。

冯：当时交了村里多少钱？

贾竹青：五万九，村里给补了两万。

冯：上边那个房子大，交的钱一样多吗？

贾竹青：他们多出了一万。

冯：这暖气什么的是自己装的还是村里给装的？

贾竹青：这都是村里给装的，5万块钱就包括这暖气、地、墙，像这地都是村里给铺的。

冯：你们住进来就不用自己收拾吧？

贾竹青：就是收拾了一下卫生间。

赵：挺便宜的，现在自己盖都盖不起来。

贾竹青：村里没有地皮，现在也不好说。

冯：那新盖的房子是不是贵呢？

贾竹青：一样，上边那去年才住进去的，跟这一样大的也是才交五万五，没有安装暖气。暖气自己安装。

冯：咱们家里安装太阳能了吗？

张琴琴：装了，这是后来装的，上头那里是赶搬家就都装了，开始我们搬的时候还不时兴这个太阳能，里边弄的一个水箱。像人家上边的厨房都是液化气、电磁炉，不烧炭了。

采访对象　李来娥（女，1953年农历五月生于昔阳县落雁头村，小学文化，现居大寨村）

采访时间与地点　2006年7月25日，大寨村家中

采访及录音整理　赵俊明

赵：家里一年得开销多少钱？

李来娥：一个月我估计四五百也下不来，连这上礼什么的，一年得七八千。

赵：家里一年能收入多少？

李来娥：差不多能够收入两万来块钱，除了开销一年能存一万来块钱，在农村也行了。

赵：你家这个收入在村里属于什么水平？

李来娥：中等，也不算太好的。

赵：这房子什么时候买的？

李来娥：我这是99年买的。

赵：那时候自己的钱够买吗？

李来娥：买房子的时候也借了一点，借了不到两万。自己有三四万，那还是省吃俭用攒下的，孩子们上学那会儿费用不高，像现在这费用也攒不下。先借人家一些，过了两三年，有了再还人家。

赵：你家就是刚买下房子的时候感到经济紧张一些吧？

李来娥：嗯，买这个房子的时候，借了人家些钱。其余的时候不是太紧张，在村里比较不错，（我丈夫）他都一直在挣钱。像你在别的地方挣不到钱就负担重，能挣到钱就不怎么觉得。

采访对象　贾彦军（男，1972年8月生于大寨村，大专文化）

采访时间与地点　2006年7月25日，大寨村家中

采访及录音整理　赵俊明

[找到采访对象的时候，他正在上网玩游戏。]

赵：村里有多少人家有电脑？

贾彦军：相当多，现在我们这个邻居家里有，过去那家也有，我们这一片附近这几家都有，反正村里好多家都有，具体有多少我也说不来。因为什么？我这人比较封闭，就喜欢在家里坐着，你根本不知道，现在许多刚结婚的人，结婚之前就喜欢上网聊天、玩玩游戏什么的，结了婚自己赚了钱，这些年轻人自己都买下了电脑。

赵：有电脑的主要是哪些人家？

贾彦军：有些条件比较好，有的是双职工都上班的，孩子上学的，给孩子用。

赵：上网的多不多？

贾彦军：只要买下一般都上，因为上网才买电脑，买下都要上网。

赵：条件好的就买一个自己玩？

贾彦军：有的也不是条件好的，现在普通人结婚，都要买一辆摩托，也就是四五千块钱，有些人不要摩托，价钱同等，说我就喜欢这个，就买一台电脑。

赵：你这电脑买的时候多少钱？

贾彦军：我这是2003年底买的，这就（买下）将近3年了，当时花了800块，买的二手货，现在都没有这么小的显示器了［他用的是一个12英寸的显示器］，现在大部分都是17英寸的，15英寸的还有，也不多了。（这台电脑）配置太低，视频不能接，接上视频主机就不能运行了。后来又换了些东西，把主机换了，又花了1800（块），总共花了将近3000（块）。花3000多（块）差不多就能买一台新的，当时你条件不行，先买一台用着，以后有了钱能换什么换什么。

赵：现在像你这种台式机便宜多了，三四千就能买一台差不多的？

贾彦军：三四千不行，昔阳县好像现在才开始普及，需求量比较大。

赵：你可以去外边买么？

贾彦军：你出外边维修什么不保险，我们村里有个人3000块钱买了台机器，那机器质量就不行，经常就死机了。

赵：买的二手的还是新的？

贾彦军：看见是新的，实际上里头不一定是真的，里边也许是二手的。现在商人做生意，这个东西咱们不懂，看见壳子都是新的，其实里边的东西都是二手的，告诉你是奔4品牌的外壳，实际里边是奔3的。到昔阳县的专卖店买，它给维修，保修一年，有问题了去找它，它一般不敢骗咱，它还要做生意呢！你到外面就不行，估计3000块钱能买到，你也不敢买，就是这个道理。

赵：有问题你自己解决不了？

贾彦军：我不懂这个，出了问题处理不了，还得到城里边找人家。

赵：你这电脑的配置多高？

贾彦军：这就是赛扬的，不存在奔儿，我也说不清。

赵：你买了电脑主要干什么用？

贾彦军：一般是聊天，完了下个军棋，玩些游戏。

赵：你们上网多少钱？

贾彦军：包月50块钱，现在便宜了，变成40（块）了，网通的。前10来天中国移动来村里装宽带，免费安装3天，一年（费用是）360块。

赵：你就换了？

贾彦军：我没有换，我就给网通打电话说我想退，它说你用这个用得好好的，为什么退？我说现在是经济社会，人家移动的便宜，一年才360（块）。它说你要想用的话，你这用的时间长了，可以给你便宜10块钱，一个月40块钱。移动那个咱没有用过，网速怎么样咱也弄不清楚，网通这个用的时间长了，这个比较保险，我就还是用的这个。

赵：你是在哪里学会电脑的？

贾彦军：我当时是在网吧。

赵：你上过什么学？

贾彦军：到太原新华小区念过书，在那里不是有一所广播电视学校？93年以前它就是招成人。93年高考的时候也招，我就去了那里，在那里上了3年专科。

赵：回来分配到现在的单位？

贾彦军：当时我们是双向选择，你自己先出去找，自己找不着回来再分配。

赵：你这是自己找的？

贾彦军：自己找的，你等人家分配不行，跟我一起的有好几个，我这单位还可以。

赵：你家这在村里算是条件比较好些的吧？

贾彦军：不错，现在条件不错的多呢，我们在这村里相当于中等。

赵：还不算上等呢？

贾彦军：村里人家也有一个月挣三四千块钱的，就是一般普通职工，你像煤矿职工，下坑的一个月就是2000多（块）呢。

赵：你家这收入也不少吧？

贾彦军：（一个月）能收入2000多（块），主要就是人多，花钱也多。现在这吃菜什么也是买的多，都是吃新鲜的，冬天主要都是买，夏天买得少些。

赵：家里弟兄几个？

贾彦军：两个，有一个哥哥，我和父母在一起，他在那边住，也是买的新房子。

赵：现在这房子是你父亲买的还是你买的？

贾彦军：这是我父亲买的，我户口不在这里，想买也买不下。当时他买这个房子的时候我还没有结婚，这已经买了将近10年了，99年买的。

赵：你父亲在哪里工作？

贾彦军：在煤矿，一直在煤矿上。

赵：是不是在煤矿工作的人收入相对高一些？

贾彦军：现在煤矿工资不高，我爸爸已经老了，就是烧个锅炉什么的。也不错，我看这工资现在也好，今年才涨到一个月600块，去年一个月400块。

赵：以前工资高吗？

贾彦军：以前不高，他没有下过坑里边，在下边下坑的工资高。他就一直在坑上边，一直就是烧锅炉。

赵：那你父亲怎么能买起两套房子？

贾彦军：那都是借的，那边是我哥买的，买这边的钱全是借的。

采访对象　张玉凤（女，1963年生于昔阳县南峪村，初中文化，现居大寨村）

采访时间与地点　2006年5月30日，大寨村宏发纪念品商店

采访及录音整理　王勇红

王：现在的新房是小二楼？

张玉凤：是，就是两边的那些新房，是1999年盖起的。那时是集资盖楼，村里边给补贴两万（块），自己出了52000（块）。楼房的建筑面积是160多平（方）米，我现在住得挺宽敞的，上面一层就住不着，空着。

王：大寨村买小二楼的是一部分人？

张玉凤：是，盖楼房是村里通知的，谁都可以报名。

王：那在一层窑洞的也可以买新楼房？

张玉凤：可以。

王：那他们不是占便宜了，既可以买新房，村里又把他们的旧房给整修了？

张玉凤：也不能这么说，住一层窑的，有的也盖了房，村里只是把他们自己建设的不整齐的拆了，建成整齐的，有的没有建房也没有门楼的，就占一些便宜，但不管怎么说，我认为这都体现了大寨的优越性。

王：新房有自来水？

张玉凤：有，盖的时候就接进去了。

王：有没有下水？

张玉凤：有，上水、下水都有。我们拿房号的时候，楼房就是卫生间的地没有铺，瓷砖没贴，卫生间的设备，浴盆、蹲便，你自己安装。你条件好就安装好一些的，条件不好就凑合一些。

王：客厅是装修出来的吗？

张玉凤：没有，我们到现在都还没有装修。我们觉得我们的条件还不允许，孩子还念着书，顾不上，等孩子们结婚的时候再说吧，能装修时再装修。到时条件好了再给他们装修，条件不好就靠他们自己去弄，就是这些。现在，我想这人吧，有的时候，孩子不知道奋斗，让他们自己去奋斗奋斗，我们那时候结婚垒个炕，后来也能奋斗一个楼，现在生活好了，孩儿们也得知道过去的人是怎么来的，让他们自己去奋斗吧。像我家里摆设，没有特别好的东西，就是当时结婚时的东西，后面就是加了个大彩电。14英寸的彩电是有了大儿子后，好像是88年买的，把那个黑白的给了他奶奶。后来搬到楼里了，这个电视不好了，就换大的，18英寸的，99年搬进去，2000年买的。

王：那个彩电多少钱？

张玉凤：1800元，“王牌”彩电，来我们村里推销时买的。

王：家里有没有买其他电器，比如冰箱？

张玉凤：冰箱？（结婚时）没有。后来我们家有一间房做了小卖铺时才买了冰箱，VCD功放这些有，家具没有新的，都是结婚时的，现在不需要置那些，主要是供孩子们念书，念出书来再说其他。

王：你爱人在村里当会计的收入怎样？

张玉凤：他以前当出纳时，一天5块钱，那时一年下来才赚两三千块钱。过年时还给点奖金。

王：奖金能给几千块？

张玉凤：奖金就是一两千块钱。

王：当了会计后好一些？

张玉凤：他那个人老实、诚实！认为干什么都一样。

王：现在他一年的收入有八九千元？

张玉凤：没有，没有 9000（元）。

王：那这样的话，孩子上学，你们的经济就比较紧张吧？

张玉凤：对，大儿子念大学，（每年学费）一万五千（元），花得比较多。

王：像咱们村的村干部收入都差不多吧？

张玉凤：对，差不多。

王：那你店里进货是谁去？

张玉凤：我去，他每天都忙，顾不上帮我，有时中午给我送饭都顾不上。

王：老二不帮你？

张玉凤：帮不上，他每天跟车走。

王：像你两个儿子都这么大了，你觉得得攒多少钱准备给儿子办婚事？

张玉凤：现在生活过得去就不错了，尽量攒吧，得先管儿子念书。

采访对象　贾存兰（女，1950 年 2 月生于大寨村，初中文化，中共党员，原“铁姑娘队”队员、村妇女主任）

采访时间及地点　2006 年 5 月 30 日，大寨村家中

采访及录音整理　冯素梅

冯：现在村里边娶媳妇要给盖好房子吗？房子有几间的要求吗？

贾存兰：现在新修下的别墅一套得七八万，再加上装修，下来要十几万，再娶上个媳妇最少也要 4 万，两个儿子负担就大了。

冯：上边的楼房是自己盖的还是集体盖的？

贾存兰：自己出一部分，集体给补助一部分。

冯：这两部分比例大概是什么样？

贾存兰：自己出 5 万，集体给补 2 万。谁想修就报上去，报上十几户，集体给统一修，不报不提前修。

冯：现在修了多少了？在哪儿修的？

贾存兰：四五十户吧，都没占耕地。

采访对象　耿　华（女，1981 年生于大寨村，大专文化）

采访对象　贾满栋（女，1954 年生于大寨村，高中文化）

采访时间及地点　2006 年 5 月 31 日，大寨村贾满栋家中

采访及录音整理　冯素梅

贾满栋：楼是55000（块），大队给贴两万（块）。先自己报上名，交上钱，这房子盖得很快，头年交了钱，第二年就修起了。

冯：像你这样的年龄，觉得住在新楼房里好还是以前的窑洞好？

耿华：住在新楼房里方便吧。

冯：你们年轻人是不是都愿意住在新楼房里？

耿华：对。我妈也是觉得这边楼房方便，特别是冬天，要是在下面窑洞的话，还要穿特别厚的衣服，在这儿就不用了。

冯：一共几个房间？

贾满栋：7个呢。

冯：有没有暖气？

贾满栋：有，自己烧，院里边有个小锅炉，烧的是炭，一口人给一吨炭，户口不在这儿的就不给你。

冯：我看这新房顶上好多人家都安装着太阳能。

贾满栋：那是个人安装的。咱这儿早就是自来水了，上、下水都行了，管道都接通了。

冯：你家的太阳能热水器是一搬上来就装上了？咱们这儿的太阳能挺多的。

耿华：是，太阳能挺普及的，我看都是一搬上来就装上了。

冯：在咱们大寨，太阳能是不是大家的消费里都能接受的东西？

耿华：嗯，一般都能接受，两三千块钱，都能接受。

冯：你家的这个太阳能是什么牌子的，多大容量？

耿华：叫清华小王子，150升，2000多（元），不是特别有名的，不过用得挺好的。

冯：咱们这的太阳能是在哪儿买？

耿华：县城里，县城里边卖太阳能的挺多的，各个品牌的，人家上来给装的。

冯：咱们这儿用其他的像电热水器多吗？

耿华：电热水器用得少，嫌费电么！

冯：自来水像这么高没问题吧？

耿华：没问题，能上来水，很少停水。装太阳能就跟住楼房一样，一般都能用，要是住楼房，二楼、三楼、四楼都不能用，这个都能用，在北方还是挺方便的。

冯：我发现咱们昔阳县城里边装太阳能的也挺多的。

耿华：挺多的，好多顶楼都装，不过现在新盖的房子好多不让装太阳能，小区里面给供热水。

建设和谐的大寨新农村

采访对象　贾承林（男，1947年12月生于大寨村，县残联理事员，中专毕业，中共党员，原大寨村村长）

采访时间与地点　2006年5月27日、7月25日，大寨村家中

采访及录音整理　董永刚　李卫民

董：陈永贵去世的时候，村里大致是个什么情况？

贾承林：陈永贵和郭凤莲当年不干的时候，给这村里留下20万块钱存款。当时村里有个20万块钱那确实也是不简单了。大寨原先搞的是农机试点，地里全是喷灌，还有搬山填沟造平原时候留下的推土机。后来大寨倒了以后，试点要撤，剩下的这些财产全部折旧卖给了大寨，这样他们算走大寨十四五万块钱。后来是连算工钱带其他，最后账上还剩下个两万多块钱。当时赵素恒就说给村民们一家买一台电视机。那电视机是熊猫牌儿，14英寸的黑白电视机。发电视机的时候还在礼堂举行了个仪式，这是84年、85年的事儿。

我接手村长的时候，这村里除了农业外，还有一个煤矿，但这煤矿当时还贷的款嘞！煤矿上当时一年给的10万块钱。这村里的开销就都要靠这10万块钱。当时这人均也就是个四五百块钱。90年以后，村里又办起了个化工厂，还有个林业队。当时这人说起来哇还是有个活儿干。到91年郭凤莲回来以后，我也就不干了。我交接的时候，村里人均收入就只有600来块钱。

大寨人都不出去，没有人出去谋生路、挣钱！主要因为大寨这地方本身或多或少还有个事儿干，都有地方挣点钱，能生活下去。大寨人不出去搞副业，现在旅游发展起来了，这人更是不出去了！这大寨的人富的不太富，可太穷的也没有。

郭凤莲回来这几年确实是搞得不错，老年人还有养老金。现在村里的建设是年年搞，一年一个样儿，可真是花了不少钱嘞！

采访对象　贾春生（男，1962年生于大寨村，高中文化，中共党员，现任村委会主任）

采访时间与地点　2006年5月30日，大寨村村委会办公室

采访及录音整理　王勇红（整理者）　刘晓丽　冯素梅

王：（关于）建设社会主义新农村的设想能不能说一说？

贾春生：我想第一个是中央的5句话20个字［生产发展，生活富裕，乡风文明，村貌整洁，管理民主］。首先是发展产业，不发展产业，农民富不起

● 大寨新居新貌。

来，你要是贷款搞新农村建设也不现实。大寨在 60 年代，陈永贵在时不愿意占用耕地，利用沟里面建一排一排的（窑洞），这样一个是节省土地，一个是居民比较集中。后来在 90 年代，咱们也搞了一个（新居建设），总共是 50 多户，在小二楼里。按照原来设想，60 年代建的（窑洞）全部保留下来，这也是一段历史。再有一部分进行了改造建设，再有就是新建设一部分。我想如果产业跟不上，贷款搞新农村建设也不现实。尽管大寨的发展在县里面是排第一的，但和其他地方比还差得很远。但也不能硬去相比。咱们受咱们的条件限制，要根据咱们的条件、咱们的经济建设社会主义新农村，咱们初步是这样一个设想。我想大寨就是从五六十年代至今，新农村建设就一直没有停过。具体要求的标准高与低，这是一种，因为咱们大寨村虽不能和城市比，但是与其他农村相比，它也不像农村了。所以，省里边把大寨作为示范点，咱们也抓住这次机遇，利用国家的政策，把大寨再往好里搞一搞，改善农民的生活居住条件。现在住在（旧窑洞）的（人），生活很不方便，上、下水不能安装，当时建设时，上下一排，不能安装水管，在我们来说也是很头疼的一件事。

采访对象　宋立英（女，1930 年生于大寨镇大寨村，中共党员，大寨第一位女共产党员，全国劳动模范。曾担任过大寨村妇女主任、村党支部副书记、昔阳县妇联副主任、山西省妇联副主任、第四届全国妇联执委会委员、第五届全国政协委员）

采访时间与地点　2006 年 5 月 27 日，大寨村家中

采访及录音整理　刘晓丽（整理者）　冯素梅　王勇红

刘：最近郭书记又搞这个新农村建设哩。

宋立英：人家开支部会说来，建设社会主义新农村不是光盖两座楼就行了，你的环境、经济、文化，各方面都得上去哩！

刘：主要把哪些做好了，新农村建设就比较成功了？

宋立英：主要就是经济收入，再有是咱们这文化呀也得上去，你搞什么不是也都要素质，要人才么！

刘：您这样的住房条件在村里属于什么档次？

宋立英：这？这是过去的，已经有四五十年了。在63年以前这都是土山土窑洞哩，那不是遭了一次特大洪灾？你看64年把这个房子修起来的，今年2006年了，40年了。

刘：新农村建设不是修了那新居么？

宋立英：这是凤莲回来说，改造三分之一，新建三分之一，还留下这三分之一。这上头你就拆不了么！你拆了还好看哩？

采访对象　贾新文（男，1946年6月生于大寨村，中共党员，大寨森林公园经理）

采访时间与地点　2006年6月1日，大寨虎头山森林公园

采访及录音整理　董永刚

董：贾经理，你作为虎头山森林公园的负责人，如何看待大寨今天的发展？

贾新文：大寨过去不仅在全国，就是在世界上也可以说是有名的。大寨过去的自然条件不好，是个穷山沟，后来确实是变了个样儿。

大寨的发展，第二次起步就是从郭凤莲回来以后，也就是91年以后。她刚回来的时候，无论是集体还是这人均收入都不行。那个时候可以说是十几年都没有怎么很好地发展。当时的大寨如果再没有一个很有能力的人来领导，恐怕是不行的。老百姓也私下里议论说大寨可是不如过去了，很可惜。大寨的发展应该像华西村那样在全国叫得响才行。他们也都在想，要是大寨想发展，就应该有一个人来带领重新起步。这个时候，大家都又想到郭凤莲了。就这件事，我当时和宋立英，还有其他几个人都寻过这地区的领导，要求郭凤莲回来给干。这在当时都是自发起来的。这个时候，上头的人也正有这个想法，他们也在关心大寨的发展。就这样，经过一段时间的商量以后，郭凤莲才回来。

原来大寨是什么像样的企业也没有，原来的煤矿也不行了，80年代办起的那个化工厂效益也不行，赔了一大堆。自从她回来以后，多次往外跑，请人进来。当时这上头的领导确实对大寨也都很支持，很多领导也不断来大寨考察。这中间，大寨又办起了个建材厂，可是也不怎么样。就这样跌倒起来、跌倒起来的，是走一步学一步。后来陆续建起了酒厂、羊毛衫厂、衬衫厂、水泥厂。这些年虽说有的企业不太景气，但总的说来还是有了一定的规模。实践证明，单靠搞农业是不行的。现在大寨的收入，企业占到90%还要多。没有企业根本就不行。现在咱们的水泥厂搞得不错，除了这些，大寨还在搞合资企业、地方土特产加工等等。郭凤莲这几年的思想负担也很重，大寨不发展，就没法向人家上头交代，也向这村里的老百姓交代不了。从这几年的发展情况来看还算可

以。去年咱们这里的人均收入就达到了5500块钱，总产值已经超过一个亿了。现在村里老人都有这养老金，村民还有福利什么的，村里的环境也在逐步得到改善。

虽然说大寨今天发展得不错，但还是资金有些不足。就是有点儿钱，也是东一点西一点地投，显得有点儿乱。于省长来大寨调研的时候，看到大寨的发展状况时就强调说，大寨应该重新合理规划。后来大寨也到外头请来不少专家，对大寨的发展进行了一个整体的规划。我想，大寨以后的发展，就是要按照发展规划，结合大寨的实际情况发展、建设。像大寨过去搞过人造平原，有的地方活土层就很厚，基建就有困难，所以说，规划一下还是有好处的，起码不要走弯路。

现在的市场竞争很厉害，大寨以前的几个企业，无论产品的设计，还是企业的管理都不行，还不能适应这个社会的发展，所以慢慢都倒闭了。总起来说这还是一个人才问题。比如说大寨的羊毛衫厂，“大寨”这个牌儿还是很响的，但产品无法跟上市场的需要，所以最后只能被淘汰。没有人不行，有了人，光埋头苦干、蛮干也不行，发展要有新观念，要学会动脑筋，要多了解外头的世界！

从我个人而言，我认为多出去是有好处的，但出去了就得有出去的收获，不能走马观花。现在我的观念也变了，觉得无论是集体也好还是承包也好，都得干好才行。像现在，很多东西都是个人承包来干，但如果只注重挣钱，没有一个长远的打算，这就弄不成，一个企业这样搞下去很快就完了。说来说去，就是要注重人。人的品质、德行很重要，如果你没有信誉，别人就不跟你来往，很多事情也就办不了。大寨应该怎样才行？首先就是老百姓得富起来，再一个就是社会风气要良好，村民素质要提高。这就要求加强对青少年的教育。像陈永贵那年代，为什么全国的人都要来大寨参观？因为那个时候大寨就是当时的“新农村”形象。现在可就不能是只注重吃住这些问题了，更主要的是这人的素质要跟上来。现在大寨在新农村建设目标上还有差距，这差距还不小。像集体供热、垃圾处理这些问题今后还是要搞的，当然这些都还得慢慢地一步一步来！

采访对象　李根怀（男，1963年6月生于大寨村，中共党员）
采访时间与地点　2006年6月6日，大寨电管站
采访及录音整理　董永刚

董：你觉得这几年村里变化主要表现在哪里？

李根怀：主要是这村里的面貌变化不小。老百姓很多现在都住上了小二楼。这些村里给老百姓出力不小。我住过去（新楼房）都已经7年了。当时我觉得那5万块钱也是很厉害的，自己弄一部分，借一部分，还贷了两万块钱，

两年连本带利一起还清。虽然说这几年村里变化不小，可还是有发牢骚的，这个很正常，要是都说好，那反倒不正常了。现在不是说要建设这社会主义新农村嘞？这精神是什么？那不只是说村里盖上几幢这好房子呀，这就成了新农村了。其实看那电视哇，咱也知道，这可不是一个很简单的事，这很复杂。老百姓不仅要口袋富，而且脑袋也要富，是个综合性的问题。这老百姓就认识不了。因此说，读书还是很重要的，还得让这孩子好好念书，不念书就连什么是新农村也理解不了，还是个地地道道的土农民。现在咱们这孩子们好嘞！学习的时候，教室里还有电脑，咱现在看也看不懂。这些东西也是村里给投资搞的，不容易！

采访对象　张保花（女，1973 年生于大寨镇阎庄窝村，个体商店经营者，现居大寨村）

采访时间及地点　2006 年 5 月 30 日，大寨村家中

采访及录音整理　刘晓丽（整理者）冯素梅

刘：村里边这两年有没有人特别富，有人就过不下去的？

张保花：没有那过不下去的。

刘：有的人困难，村里就帮一把？

张保花：是，帮助一把。

刘：收入还是有差别吧？

张保花：肯定有。

刘：就你知道的这两年，收入最多的人能有多少？

张保花：哎呀，我也说不清，反正人家有车的人就好一些。

刘：有车的人就收入多？跑运输的？

张保花：像人家盖楼呀什么的，就能拿出钱来。

刘：最近中央对农村有什么新的办法，你知道吗？

张保花：建设新农村。

刘：你是怎么知道的？

张保花：电视上也说，村里也说。

刘：觉得和咱们关系大不大？

张保花：肯定大。肯定对咱们好吧。村里好了咱就跟着好了么。

刘：你觉得理想的新农村应该是什么样子的？

张保花：哎呀，人家有些村吧，比如人家华西村吧，就好得多了。

刘：那边还是更好一些？

张保花：听人家说好，咱也没有见过，家家户户有小车了么！

采访对象　李怀莲（女，1960年9月生于昔阳县三都村，中共党员，现任大寨村妇女主任）

采访时间及地点　2006年5月18日，大寨村村委会

采访及录音整理　刘晓丽

刘：你看别的村肯定没有这么好的条件。

李怀莲：没有。你看，我们的幼儿园、小学都是全免费的。幼儿园条件好，很多孩子愿意往幼儿园送，能学点东西。要不在农村就是耍耍土了，没有什么好学的东西。天暖和了以后我们还有一个健身场地，还有一个健身房，健身器材，锻炼腰、背这些。在大寨小学那里，你还没有看到，晚上唱那个卡拉OK，我们派一个男孩在那里管理，谁愿意去谁就去。

刘：都是村委会提供的？

李怀莲：对，村委会提供的。特别是女同志去那里，唱唱歌，（搞些）文明的活动。

刘：咱们不用休地吧，每年都能种？

李怀莲：每年都能种。玉米比较省地，每年都能种，它间了苗，施了肥，就不用管了，种什么各人看。那个小米啦、杂粮啦，自己再买，农牧公司都有新鲜的卖。

刘：白面是自己买的吧？

李怀莲：白面就是把玉米卖到粮站，再换白面，买也买少量的，各企业里面也给他们分点。

刘：现在粮食不成问题？

李怀莲：根本不是问题，现在吃粗粮就等于是改善生活呢。

刘：你现在收完化肥钱怎么办？

李怀莲：收完这个钱交给保管，然后让保管去把化肥买回来，再给大家发下去。[李怀莲一边说着，一边在查看收的钱款，说担心收到假币] 我们觉得我们跟着郭书记干，很值。

刘：在全国来说，也有一些搞得比较好的农村，但都不是很平稳。大寨一直保持这种踏踏实实的态度，就像陈永贵当年［50年代］报亩产量的时候，人家都报得很高，只有他不那样报，是吧？

李怀莲：对，我们现在也是。其实我们的收入吧，不止是5500元，我们也少报着呢，我们还要怕这个，比如说有的企业吧，（效益）不好了怎么办？大寨以前就一直有（集体的）余粮吧，现在可以说是余钱，我们就是总公司那里存着一部分钱，应付突发性的事件，比如前几年的那个“非典”，再一个还有什么意外了这些，就可以拿出钱来（应付）。

刘：我觉得陈永贵那时候的传统一直保留到现在。

李怀莲：对，一直留到现在。好的传统确实不一样。我们这一代人吧，接受的传统多一些，年轻人就接受得少一些，比如说我们大寨森林公园，经常就

有一些游客不慎把这个烟头就扔下了，怕失火哩，我们上去，就都拾，不管这个报酬啦什么的。就是说保住这个山，是咱们祖祖辈辈的事，有这个意识。到了植树季节，仅靠植树人员就植不过来，我们这些管理人员就全上去，说植几天就植几天，郭书记安排两天就两天，三天就三天，我们也从来不计那个报酬。

刘：还有一个，就是大寨的民风很好。我们采访了两个人，他们都没有开着旅馆，他们就说，你们就在我们这儿住吧，他的意思就是在谁家住都行，只要在我们村住就行。

李怀莲：对。

刘：像你们的工作要向郭书记汇报吧？

李怀莲：会的，会的，有重要的事会的。比如说，我们刚才听到的那个村民因为饭店和客人闹矛盾的事，我就没有必要和郭书记说，我就和贾主任说，我们自己把它整合整合。反正我们保证这个事情不给你往上捅，保证解决问题。因为这个事情弄好了，对大家都好。完了我们村委会几个人，要把他叫来，把这个事情规范规范，保证客人不要再提出这样的事情。

刘：其实饭店应该统一发一个卫生标准。

李怀莲：都发着呢。不管是搞什么工作的，你都应该按照卫生标准。

刘：其实大家能到这里来，是对大寨有感情的。

李怀莲：对。他们来这里，对发展大寨三产什么的，肯定好，你不能光管这一时赚钱呀，你得源远流长地赚呀，你一时赚了，再没有了。有些话不能说得太离谱了。

大寨这个村的事很多，我们每天面对的游客什么样的人都有，游客就是上帝，我是这样认为的，哪怕是个客气话，也要给人家解释了，就说我们做得不对。

刘：人和人之间就是需要交流，需要沟通。

李怀莲：对，就说我们做得不对，我们的人做得不对，有的时候就是一句话，现在的年轻人想不到那么多。反正咱们加强教育吧，有的时候他现在听你的，过后他又那么做。

采访对象　贾爱明（女，1947 年 9 月生于大寨村，初中文化，原大寨“铁姑娘队”队员）

采访时间与地点　2006 年 6 月 8 日，大寨村家中

采访及录音整理　刘晓丽　李卫民　冯素梅

刘：现在建设社会主义新农村，咱们大寨不是要作为试点吗？知道这些不知道？

贾爱明：是，前段（时间）省长不是还来了？这上面二排窑、三排窑的条

件不太好，家里面没有水管，因为这都是64年遭了灾以后修的，家里边没有水管，郭书记说准备修新房哩不是？结果是省长来了以后，说以后要规划规划，这三排窑洞吧，以后要做旅游点，然后统一规划了以后，看在哪里修（新房）比较合适。

采访对象　郭凤莲（女，1947年10月生于大寨镇武家坪村，中共党员，大寨村党支部书记，原大寨"铁姑娘队"队长。1973年担任大寨党支部书记，1977年任昔阳县委副书记。1991年回大寨担任党支部书记，2004年至今担任大寨村党支部书记兼大寨企业集团的董事长。中共十一大代表、中央候补委员，五届全国人大代表、人大常委会委员，十四大、十五大、十六大全国人大代表，现任全国人大常委）

采访时间与地点　2007年4月6日～7日，大寨村郭凤莲办公室

采访及录音整理　孙丽萍　冯素梅　赵俊明　王勇红　董永刚

郭凤莲：我不比人家其他地方，实际上咱们是属于中西部，中西部的边缘地带，我认为根本不能跟人家江浙一带或者是河南这些地方相比。我认为都不能比，就是山西的发展得特别好的那些地方，也是靠它的资源发了财，并不是说给了咱们什么特殊优惠条件，我是这么看的，因为我走的地方特别多，知道这个情况。

我感觉到我从事农业、农村工作到现在是40多个年头了，离开大寨也就是10多年，在这10多年当中，虽然不在大寨工作，但是在心里头装的还是农业和农村，因为咱们以前是搞农业出来了，果树研究所也是属于农业，交通公路实际上也是受苦的营生，虽然行业不同，但都是属于基层的受苦大众、老百姓。

你看93年我那经济还是很贫乏的时候，集体一年能拿三五十万块钱，三五十万也不少了，也就是30多万块钱的收入，我就把老年人的养老金都给他们开了。我说现在挣下的钱先养活老人，为什么要先养活这部分老人？我说老人们给大寨创了一个历史的奇迹，在这块土地上辛辛苦苦几十年，他们人离开了，但是留给大寨的是果实，他们付出的是心血。现在我们的老年人离他们走[暗指离世]的路越来越近了，我们现在正在发展的时候，应该给老年人补偿点儿，我就把老年人的养老金给发放了，那时候不太高，一个月就是几十块钱，从那以后到现在逐年逐年往上涨。

我说再一个，小孩上学免了费，咱们把学杂费给孩子们开了，咱是既养老又养小。我说现在咱们培养大寨的人才，大寨过去大多数人都没有文化，文化水平最高的就是我们"铁姑娘队"有几个高小毕业生，而且大寨就只出过一个初中生。我说咱们怎么就不能培养人才？鼓励孩子们好好上学，一年奖励他们几百块钱，奖励大学生几百块钱，从那时候开始，93年开始一直实行到现在。

所以通过这么10多年的奋斗，我感到大寨现在还是不满足，人永远不能满足，不要满足，满足了以后你就不能再前进了。在深深感到不满足的情况下，在发展的这么一种情况下，我感到大寨确实发生了大的变化。这个从大寨人的生活，大寨人的收入，集体经济的发展壮大，到给国家作的贡献，可以说是芝麻开花——节节高，一年比一年好，2006年比2005年要好。咱就说上缴国家的税收，2005年上缴国家的税收704万，2006年上缴了830万，一个500多口人的大寨村，以一年100万税收的速度增长，我感到作为一个村子来说还不算太少，只能说在咱们当地比，像人家华西村一年税收都是多少个亿，咱们跟人家不能比。

孙：华西村股票已经上市了。

郭凤莲：对，人家的环境条件就比咱们好，我曾经跟吴仁宝书记叨瞎过，吴仁宝书记也是经常来大寨，前些年两年三年总要来一次。前年来了，第5届全国村长论坛会是在大寨开的，全国的村长们来了700多个，吴仁宝书记来了，王乐义书记来了，这都来了，但是人家那些农村都是富裕的农村。有名的都来了。王乐义是山东寿光蔬菜大王，三元朱村的书记。申大姐［申纪兰］也来了，也来参加了咱们的村长论坛。咱们山西的农村跟人家相比还是有差距，咱们山西的贫困村还来了40多个书记，参加了这个会很受鼓舞。村长论坛会在这里召开，大家看了大寨也是挺高兴，说大寨有大寨的特色，在这里待了一天时间。56个民族全来了，来了以后都不想走了。所以当时我跟吴仁宝书记讲了，我说："吴书记，大寨跟华西不能比。"他说："是，我深深地知道，我要是住在大寨这个地方，这个书记也不好当。"他说条件把它制约得很厉害。我说你的钱都在地上，你在地面上盖起了层层大楼，我说我的钱都埋到地下去了。我的钱都埋到地下是什么情况？就是说你修路也好，还是搞水利工程也好，搞排水设施也好，这基本上都是看不见的钱。人家到处都是水，四面是水环山，我们是一年四季没有水的干旱区，人家栽一棵树插上就能活，我们这儿栽一棵树，你最起码得培养3年，你3年以后才基本上能脱了手，那不跟养小孩一样？你看看在这儿栽一棵树你得挑多少水，你说那多不容易，这都是汗水和泪水插起来的，我说这地方是汗水和泪水堆起来的。吴书记也深深知道咱们这条件，山西的条件，山西就是资源比较好，可是你吃了那些资源不是也没有了？山西的领导，调到山西的省长、书记，过不了多长时间总要来这个老典型看一看，除此以外他们就是陪中央国务院的领导来，经常来，宝顺书记就来了好几次了。

孙：实际上他们有时候来了以后也能吸取一些精神方面的力量，这个是双向的，他们来对大寨人是一种鼓舞，大寨人的精神对他们也是一种鼓舞。

郭凤莲：对，不断发展吧。反正咱们现在也可以说是作为山西的一个典型，我认为在全国开一些会议，由于大寨的发展，也引起了社会的很大关注。如果说这个老典型要是变不了样，人们会问它大寨怎么样，现在一问大寨怎么样，说大寨变化得非常好，一年来的20多万人参观学习，都感到大寨也让人

● 绿化、美化、硬化、净化并重，建设富裕文明新村。

很吃惊，而且心理上也感到很高兴。如果说咱们也落伍了，不仅是大寨落伍，而且给咱们山西的人，给咱们国家的人民，都争不了什么光。现在凤凰卫视经常报道，外国电视台报道大寨也比较多，有日本电视台、法国电视台，美国的电视台也报道大寨，因为总是感到它是毛主席树起来的典型，现在证明这个典型还是真实的。像这个月的14日日本名古屋的电视台要来大寨，他们要在这里采访、拍摄5天，一直到21日，所以我说他们怎么拍摄都行，咱们现在不摆样子，不摆架子，你实实在在的，你愿意了解哪个方面的情况都行，你愿意去怎么拍，到哪个地方拍都行，咱们总是有很真实的内容。

孙：你那会儿接受过凤凰台的采访吧？我看过一回。

郭凤莲：凤凰台的采访好几次呢，这个是鲁豫专访，还有许戈辉，凤凰台经常来。

孙：作为个人来说，我觉得就是基本上实现了价值。

郭凤莲：对，对，对，但是还不够。我认为这十年机遇错过去也真是很可惜。80年代正好是农村发展的时候，很多的典型都是在80年代起家的，那时候国家真是在财力物力上给了很大的补助，给了很大的优惠政策。现在咱们政府也给了农民很多的优惠政策，但是我认为在农民的切身利益方面补偿了咱们一部分资金，这对于全国农民来说都享受到了一定的利益，但是在发展当中怎么来支持它，现在还有很多缺口。比如现在的金融系统对农村的支持远远不够，没有农民致富的窗口，银行的贷款现在十分困难，农民想现在转型和调整一些企业只能靠国家的政策，这个政策的补偿是很小很小的，但是更多的应该是金融部门对农民应给予更大的支持，也就是说应该给农民一个银行，让农村发展更快些。现在在这一点上有很大的不足，我感到我跟大多数代表的意见是一致的，这也是我们深深感受到的，这个压力太大。尽管在前些年，可能咱们农民倒闭了一些企业，死掉了国家一些资金，这也不能不承认，是事实，这确实也是事实。但是从更多方面来说，不能把本身存在的问题主要归咎于企业的管理，也应归咎于咱们的金融部门监督不够，监督它的资金使用不够。如果说现在能够在监督方面起到作用，跟踪这些资金能够跟踪到底的话，我认为还是应该给农民一些支持。

孙：你还是有发言权的，在人大常委会上。

郭凤莲：改革改革，这金融改革怎么改革，怎么面向农民来改革，过去的经验教训到底来自哪里，它是从哪个地方产生的这些不足的因素。但是现在因为这样的状况，农民怎么发展，总得给条路子，现在确实是这样。

这些年来参加五届到十届（人大）代表会，每次代表会中央领导去了以后，我作为山西的农业代表发言，发了言以后，领导们都非常感动。咱们省委、省政府的领导还有咱们山西的代表对大寨也是寄予了深情厚谊，每年来这么多人，所以他们的话，基本上都是一致的。吴官正书记来的时候说："大寨人听毛主席的话，发扬艰苦奋斗、自力更生的精神，改变了大寨贫穷落后的面貌；大寨人听邓小平同志的话，改革开放创新，调整了产业结构，发展了大寨经济；大寨人听江总书记的话，见证了'三个代表'，党建工作搞得非常好；现在在胡锦涛总书记的领导下，大寨人还是发扬过去那种精神，那种本质的优良传统，现在努力建设和谐社会，建设社会主义新农村。"讲的那话，原原本本都在村里那红牌子上写着呢，实际上对大寨精神是一个很好的概括，那次我们也是很受感动。这些年来，中央、国务院的一些领导也经常来，这也对大寨寄予了一种希望，寄予了很大的希望，也希望大寨今后在它的经济发展上、在各方面的工作上都有个新的发展。

附录篇

附录一 大寨方言简注（按笔画排序）

小小［男孩］
不赖［好］
开石窝［采石头］
去学房［上学］
头里［最前头］
饥荒［外债］
吃动［吃的时候］
庄窝［房子］
老婆［媳妇］
没有了［去世］
侉［对语音不同的人的称谓］
该［欠］
受的［干活太累］
草鸡［疲惫］
娘娘［对祖母辈的称呼］
盘［垒］
照照［指导］
不沾［不行］
不攀咬［不难为］
长性［能坚持］
叨瞎［聊天］
田杂［蔬菜］
动弹［干活］
后底［以后］
老娘［姥姥］
问行问行［探望］
抬将［抚养］
油果［油条类面食点心］
养种［耕种］
甚时［什么时候］
倭瓜［金瓜］
挨实［亲切，容易接近］
眼气［羡慕］
躺材［棺材］

附录二　1964～2006年大赛参观学习及旅游人数统计

时间（年）	人数（人）	
	国　内	国　外
1964	67347	
1965	76159	208
1966	195543	247
1967	1046739	1497
1968	2068113	203
1969	3753410	124
1970	318742	119
1971	512061	539
1972	187511	1347
1973	286883	869
1974	483425	1602
1975	391133	2538
1976	404026	3262
1977	474234	5199
1978	182954	5404
1979	4205	2256
1980	——	16
1981	——	19
1982	——	42
1983	——	15
1984	——	53
1985	——	10
1986	——	51
1987	——	81
1988	——	80

1989	——	9
1990	——	18
1991	——	27
1992	——	13
1993	——	36
1994	——	35
1995	——	
1996	32000	
1997	39875	
1998	65135	
1999	99000	
2000	119000	
2001	129000	
2002	132800	
2003	84000	
2004	124200	
2005	169000	
2006	138700	

注：伤残、现役军人等不在以上数字统计范围

附录三　重要文献著作

（一）重要文章

1. 阎继烈、郝兑元：《大寨支部是出色的战斗堡垒　陈永贵是出色的党支部书记》，载《山西日报》1960年5月25日

2. 《山西日报》社论：《陈永贵——党支部书记的好榜样》，1960年6月25日

3. 康英、莎荫、姚堤、武赞庭、田培植：《昔阳干部劳动成风》，载《山西日报》1963年6月3日

4. 燕凌：《在农村阵地上——记昔阳大寨公社大寨大队党支部和支部书记陈永贵》，载《人民日报》1963年8月3日

5. 莎荫、范银怀：《大寨之路》，载《人民日报》1964年2月10日

6. 《人民日报》社论：《用革命精神建设山区的好榜样》，1964年2月10日

7. 高捷：《新人物新成就——评〈大寨英雄谱〉》，载《山西日报》1964年5月25日

8. 郝占敖：《贾进财三"让贤"》，载《山西日报》1964年6月8日

9. 《山西日报》社论：《大寨精神的伟大力量》，1964年8月26日

10. 丽泉、占敖、克明：《大寨人》，载《山西日报》1964年10月1日

11. 长篇诗歌（山西省农村文化工作队昔阳队集体创作）：《大寨英雄贾进财》，载《山西日报》1964年11月14日

12. 《大寨人奋力回天　亩产粮破浪过江》，载《山西日报》1964年11月19日

13. 新华社驻山西记者：《大寨之花》，载《人民日报》1965年9月19日

14. 峭石：《大寨来的战士——"硬骨头标兵"贾富元》，载《山西日报》1965年6月16日（原载《解放军报》）

15. 《人民日报》社论：《农业靠大寨精神——祝全国大寨式农业典型展览开幕》，1965年11月1日

16. 陶鲁笳：《让大寨精神遍地开花结果——山西农业学大寨运动的初步总结》，载《红旗》杂志1965年第11期

17. 《大寨妇女向革命化方向迈进——昔阳大寨大队妇代会主任宋立英畅谈大寨妇女在党支部领导下突出政治实现思想革命化的经验》，载《山西日报》1966年3月8日

18. 《突出政治的生动一课——陈永贵谈大寨大队在劳动管理中坚持社会主义方向的经验》，载《人民日报》1966年3月22日

19. 《陈永贵李顺达给全省贫下中农社员的一封信》，载《山西日报》1967年2月8日

20. 陈永贵：《红太阳照亮了大寨前进的道路》，载《山西日报》1967年7

月17日

21.《大寨公社尽大寨》，载《山西日报》1970年8月24日

22.《大寨大队到昔阳县——山西省昔阳县学大寨的调查报告》，载《人民日报》1970年9月23日

23.《人民日报》社论：《农业学大寨》，1970年9月23日

24.《从大寨看全国——全国农业学大寨会议讨论怎样尽快普及大寨式的县》，载《人民日报》1975年9月26日

25.《希望就在这里——全国农业学大寨会议讨论发展社队企业、壮大集体经济的问题》，载《人民日报》1975年10月17日

26. 谭枫：《认真总结农业学大寨的经验》，载《红旗》杂志1979年第10期

27. 马原生：《大寨昔阳经验不是判断路线是非的标准》，载《山西日报》1979年10月19日

28. 陈茂盛、王宪斌、陈连第：《实事求是看先进　脚踏实地学大寨——全国著名农业劳动模范李顺达谈农业学大寨问题》，载《山西日报》1979年5月11日

29.《人民日报》社论：《再也不要干"西水东调"式的蠢事了》，1980年6月15日

30.《喜看大寨新变化》，载《山西日报》1981年12月20日

31.《中共中央转发山西省委关于农业学大寨运动中经验教训的检查报告的批语》（一九八〇年十一月二十三日），《三中全会以来重要文献选编》（上），人民出版社1982年8月版

32.《大寨不吃大锅饭了——860亩耕地全部由社员实行大包干》，载《羊城晚报》1982年12月21日

33.《大寨大队八大变化》，载《山西日报》1983年7月13日

34.《改革使大寨发生大变化》，载《山西日报》1987年9月10日

（二）重要著作

1. 王俊山：《大寨村志》，山西人民出版社2003年1月版

这是第一部大寨村题材的地方志著作，共计20章，建置、自然环境、人口、种植业、水利建设、养殖业、林业、工副业、收益分配、商业金融、村庄建设、党政群团、民政、军事、教育文化、外事旅游、卫生体育、民情风俗和人物传，后附大事记（1920～1999）和附录（文献、碑记、名人题词）。该书数据翔实、资料丰赡，与以往的大寨题材著作相比，有不少内容引人注目。（一）对于大寨20世纪五六十年代的治沟治梁，编者从沟、梁的自然条件，到治理的具体过程，写得比较全面；（二）对改革开放以来大寨的农业、工副业等方面的发展，提供了新的资料；（三）为多位以往缺乏全面介绍的大寨人物，

写出了传记；（四）全面介绍了大寨的民情风俗。对于大寨史的研究，这部书的参考价值很大。

2. 巴金：《大寨行》，山西人民出版社 1965 年 8 月版

这是一篇 2.6 万字的长篇散文，写于 1964 年。文章记述了作者对大寨的一次访问，着力描写了大寨人辛勤劳动的感人场面和他们改造自然的丰硕成果，以及陈永贵、梁便良、宋立英、贾承让、贾进财等人的精神风貌。作者急于见到陈永贵却一直没有如愿，这一条线索贯穿文章始终，使全文浑然一体。文中特别称赞了大寨人没有自留地以及干部参加劳动的情况。巴金在新中国成立后 17 年间的散文创作，刘锡庆等人评价“虽然热情、诚挚，但缺乏思想深度”，《大寨行》也具有这方面的特点。

3. 孙谦：《大寨英雄谱》，刘沙插图，山西人民出版社 1964 年 6 月版

该书的副标题是“陈永贵抗灾记”，全书聚焦 1963 年 8 月的大寨洪灾，以报告文学的形式，记录了大寨人在陈永贵的领导下，不要国家援助，战胜灾害，取得好收成的事迹。作者在叙述洪灾巨大影响的基础上，运用多种写作方法，描摹、勾勒陈永贵的个人品质和领导能力，以及他在抗灾夺丰收过程中的重大作用。作者还追叙了此前大寨人的奋斗历史，称赞在生产劳动中有突出表现的贾进财、赵大和、梁便良、贾来恒、赵怀恩、贾承显、赵小和、贾吉义、李虎妮、陈明珠等人，对大寨女青年的贡献，也有提及。这部书的优点是全景式描述了 1963 年大寨人的抗灾自救；不足之处，是人物描述带有“高、大、全”的倾向。

4. 《大寨妇女》编写组编著：《大寨妇女》，山西人民出版社 1978 年 1 月版

这是目前仅见的一部有较多叙事成分的大寨妇女题材作品。该书创作出版于粉碎“四人帮”之后、党的十一届三中全会之前，是非观念、价值取向都明显带有那个年代的特定色彩。

这部书主要是一部政治宣传读物，表彰了大寨妇女从合作化开始，在历次政治运动中，都能明辨是非，行动一贯正确。虽然这些内容很难取信于人，但撇开那些政治宣传，这部书还是记录了一些大寨妇女在生产、生活中的一些具体作为，如争取男女同工同酬、家务社会化、创办幼托组织等集体福利事业、女干部成长过程中遭遇的“闯三关”问题等，为新中国妇女运动的研究，提供了一些资料。

5. 大寨农学院、山西农学院编：《大寨田》，人民教育出版社 1975 年 12 月版

这是为适应当时在全国开展的农业学大寨、普及大寨县的运动，从农业科

学角度总结大寨造田、种地、提高产量的经验，为普及大寨县献计献策。该书重点介绍了大寨海绵田，详细分析了海绵田的优点，认为海绵田是农业高产稳产的物质基础。书中还对如何培育海绵田的活土层、客土改土、秸秆制肥还田、“三深”耕作法、农田基本建设的方法，作了图文并茂的解说。同时，还对大寨的农业机械化工作，进行了总结。该书作者还介绍了在各种土壤条件下推广大寨田的做法。

6. 文锦、莎荫、梁骏、宇华编：《大寨红旗》，山西人民出版社 1974 年 12 月版

这是“文革”期间为配合农业学大寨运动而编写的政治宣传读物。当时，在国内外大量发行，产生了较大影响。这部书突出了大寨两方面的特点，在政治斗争中，紧跟毛主席，认真学习毛泽东思想，和各种各样的“阶级敌人”、“错误思想”、“错误路线”进行不妥协的斗争；另一方面，大寨人在生产上，自力更生、艰苦奋斗，不断用“新套套”解决遇到的困难，取得了突出的成绩。因为是在“文革”期间创作，书里有很多“大批判”的词句，对很多事件、人物的评判，已经被事实证明是错误的，对大寨生产经验的总结，也有一定片面性。

7. 昔阳县《大寨地理》编写组编著：《大寨地理》，商务印书馆 1975 年 6 月版

该书不是单纯解说大寨地理状况的著作，它以大寨在合作化以后的生产发展为线索，结合不同的生产内容，介绍大寨各方面的地理特点。在叙述大寨人“十年造地”和建造“人造小平原”的同时，分析了大寨土石山区的地形特点；在介绍大寨海绵田的时候，铺叙了大寨的土壤特点；在记述大寨人兴修水利的事迹时，列举了大寨年降水量的具体数字及其两大特点，还介绍了大寨的主要自然灾害——旱灾；在总结大寨人种植经验的时候，说明了大寨的气候、气温特点。正文前有大寨大队水利工程示意图、大寨大队土地利用示意图等图片 23 幅，正文内有地图、统计表、地理示意图共 14 幅。

8. 孙启泰、熊志勇：《大寨红旗的升起与坠落》，河南人民出版社 1990 年 6 月版

该书为“40 年国是反思”丛书中之一种，是目前唯一的一部规范的大寨题材历史学学术著作。书稿酝酿之际，“大包干”在农村全面落实，粮食供应大有好转。作者全面反思大寨历史和农业学大寨运动，以陈永贵为重点来阐述大寨村发展史，对陈永贵在个人品质、工作方法等方面，多有指责。针对过去对陈永贵和大寨的大量宣传，作者指出，有很多人士对此持保留态度。此外，书里还分析了农业学大寨运动给全国农业发展带来的损害。此书基本上能坚持“一分为二”的态度，对大寨的一些业绩，也能进行肯定。1994 年 1 月再版。

这部书的不足是，注释量太少，影响了学术质量。

9. 冯东书：《“文盲宰相”陈永贵》，中国文联出版公司 1998 年 3 月版

作者冯东书是新华社著名记者，曾长期采访陈永贵，以及全国其他地区的农业农村状况。本书以写陈永贵为主，还有邓小平、叶剑英、郭沫若与大寨，江青与大寨等内容，展示了 20 世纪六七十年代中国政坛的风云变幻，中国农业政策、中国农村社会的发展变化，以及不同的人物在社会大动荡中的命运变化。作者是当时历史的亲历者，又非常熟悉陈永贵的性格特点、个人理想、兴趣爱好，所以，他对陈永贵从普通农民到劳动模范再到国家领导人的过程与缘由的分析评论比较中肯、全面，既批评了陈永贵的一些缺点、失误，也肯定了陈永贵、肯定了大寨的成绩。作者的一家之言，对后来者有借鉴价值。

10. 孔令贤：《大寨沧桑》，山西经济出版社 2005 年 8 月版

这是一部关于大寨的纪实文学作品，被称为大寨版的《史记》。该书取材宏丰，写了 60 年来发生在大寨的诸多历史事件，这些事件又不是单枝孤叶，它同当时的社会政治文化背景相联系，有地理学、风俗学资料相关照，特别是首次以文化视角论证大寨精神的形成和发展，令人有生活化的真实可信之感。对具体历史事件，既不受一己感情所驱使，也不为社会舆论所左右，力求按照事物的本来面目作出客观的叙述和评价。

11. 宋连生：《农业学大寨始末》，湖北人民出版社 2005 年 6 月版

从毛泽东发出“农业学大寨”的号召，及全国大规模地开展农业学大寨运动到现在已经 40 多年。回首这场在新中国历史上持续时间最长、波及面最广、涉及人数最多的群众运动，认真总结其中的经验教训，对于我们今天妥善处理经济建设和社会发展中的一系列深层问题以及全面建设小康社会有重要意义。

本书系统梳理了农业学大寨运动的来龙去脉，分析了大寨精神的实质内涵，总结了依靠群众运动推动经济建设的成败得失，探讨了新形势下继续弘扬大寨精神的问题。书中涉及重要人物、事件，尊重史实和中央的有关结论。全书约 20 万字，有百余幅历史图片。

附录四　课题组采访编撰记事

2005 年

12 月 12 日　山西省社会科学院《口述大寨史》课题组正式成立。组长为山西省社会科学院党组成员、历史所所长孙丽萍研究员，副组长为山西省社会科学院历史所现代史研究室主任刘晓丽研究员、历史所董永刚助理研究员。课题组成员：冯素梅、赵俊明、李卫民、王勇红、李国庆、梁万山。初步拟订主要内容和编写提纲，召开首次课题讨论会。

2006 年

4 月 6 日　院党组成员、副院长张晓瑜及孙丽萍等一行五人到大寨考察，晋中市文化局局长党富华、昔阳县文化局局长梁永胜陪同。

4 月 7 日　张晓瑜、孙丽萍等人与大寨村党支部书记郭凤莲商谈课题配合，郭凤莲同意搞《口述大寨史》，说要让后人更多地了解历史。

4 月 11 日　课题组讨论采访提纲。董永刚、王勇红等提出了很多建设性的意见。《大寨口述史》正式列为 2006 年度省社科院重点研究项目。

5 月 25 日　课题组成员刘晓丽、冯素梅、董永刚、赵俊明、王勇红首次赴大寨，在昔阳县文化局梁局长安排下开始调研。

5 月 28 日　董永刚在大寨村民樊小六门前等他午睡醒来，宛如刘备卧龙故事。刘晓丽与村民一起在田间间苗，错把豆苗当作野草。

6 月 3 日，刘晓丽、冯素梅回并，董永刚、王勇红等继续留下来采访。

6 月 8 日　孙丽萍从北京赴大寨，参加调研。

6 月 9 日　孙丽萍、董永刚、王永红、赵俊明、李卫民从大寨归来。至此，课题组共采访昔阳县当年领导干部和大寨村村民 110 余人。其中女性 67 人，男性 42 人。

6 月 14 日　课题组讨论第一阶段采访情况，就采访人数、性别比例、年龄比例、人群比例进行协调，讨论决定了下一步采访重点，以及安排对大寨村办企业职工、外村在大寨的务工人员采访，同时提出开始对大寨年轻人进行采访。大寨问题敏感点多，课题组提出在编写体例上应有所创新，可借鉴《西行漫记》的一些写作手法。

7 月 23 日　刘晓丽、冯素梅、董永刚、赵俊明、李卫民等人再次前往大寨，与大寨村妇女主任李怀莲商谈采访事宜，拟采访大寨周围村民 20 人，大寨村办企业职工 20 人，在大寨居住的外村人员 10 人，从大寨走出去读书、工作人员 10 人。共计 60 人。

7 月 24 日　中午天气骤变，冰雹从天而降，持续 20 分钟。课题组成员下午到大寨窑洞饭店采访一对年轻夫妇，主人不在，良久未归，但门户洞开依旧，足见大寨路不拾遗的社会主义新农村风范。

7 月 27 日　本日为止，第二阶段采访 65 人，基本完成预定任务。

至此，涉及的大寨企业有大寨中策水泥厂、大寨酒业有限公司、大寨羊毛衫厂、大寨衬衫厂、大寨镇糠醛有限公司、大寨宾馆、大寨养鹿场等；涉及的周围村子有武家坪、金石坡、高家岭、龙凤坡、虎头山等村；人员结构有村民、村办企业职工、教师、村干部、公务员、学生、出租车司机、商店经营者、饭店经营者等。

10月8日　整理录音任务过半，大多数同志因身兼数项课题未能完成整理。课题组决定将录音文字交稿时间推迟至11月上旬。

课题组根据采访内容讨论提纲，并提出修改意见。拟订下一步对当年的专家、领导、编辑、记者的采访，并根据不同采访对象拟订采访重点以及重点采访提纲。

11月14日　录音整理完毕。孙丽萍要求该项课题要为历史研究提供新的东西，在质量上只能比《山西抗战口述史》高，不能低。要求大家在整理过程中思考创新的因素。讨论著作体例，布置查找文献史料等事宜。

11月30日　课题组再次开会，布置查找当年《人民日报》、《光明日报》、《解放军报》、《山西日报》、《红旗》杂志中关于大寨问题的文章和资料。

12月11日　刘晓丽、冯素梅、董永刚、赵俊明、王勇红等在寒风凛冽中到省图书馆查阅四报一刊。

12月12日　继续到山西大学图书馆查阅资料。

12月13日　继续在山西大学图书馆查阅史料。

12月15日　继续查阅有关史料。

12月21日　根据最新采访资料再次增删提纲，对采访手段、技巧进行细致探讨，并开始进行有针对性的采访。

12月25日　课题组开会，再次强调整理采访资料要保证原汁原味。课题组成员继续查阅有关文献。并根据现有内容修改提纲。

12月26日　课题组开会，根据文献理清了大寨大事记，为下一步采访确定亮点。

2007年

1月5日　课题组商定全书分为上、下两篇，上篇突出20世纪六七十年代的时代特色，下篇着重改革开放以来的大寨。同时确定初稿的交稿时间和出版时间。

2月9日　孙丽萍率冯素梅、赵俊明、李卫民专程到洛阳，采访当年“铁姑娘队”的贾存锁和贾秀兰，在洛阳停留3日。

3月6日　抽查初稿完成情况。

3月15日　初稿完成。为平衡上下篇幅，将全书压缩为10个大标题，并将二次整理任务分配到课题组每个人的名下。同时，要求在每一个大标题下，负责该部分编写者要加注3000字左右的概括性论述。

3月27日　对课题组每人认领题目进行字数和内容上的通气和检点。为加强本书的历史厚重感和新农村建设的现实性，课题组议定适时对长治市平顺县西沟村、晋城市巴公镇东四义村、河南临颍县南街村进行考察。

4月6日、7日　孙丽萍、冯素梅、董永刚、赵俊明、王勇红专程到大寨，分两次采访大寨村党支部书记郭凤莲。

4月30日　将课题组每人承担部分第一次打印出来，并制定进一步细化步骤。

6月16日、17日　课题组在太航宾馆集中，集中修改、调整稿件。决定在附录篇中增加反映大寨文献资料介绍，其中有影响的著作11部，文章34篇。

6月26日　布置对西沟、东四义、南街村的采访，明确采访提纲。

7月3日　孙丽萍率课题组全体赴西沟，平顺县委书记陈鹏飞、平顺县政协主席杨显斌接待，西沟村党支部书记申纪兰接受了采访，课题组参观了西沟全村景点与纪念馆。并赠送《山西抗战口述史》数套。

7月5日　孙丽萍率课题组赴晋城巴公镇东四义村采访，赠送东四义村图书馆一套《山西抗战口述史》，课题组成员都在书上签了名。

7月6日　孙丽萍率课题组赴河南临颍县南街村采访，观看村党支部书记王宏斌介绍南街工业、农业、教育、精神文明、村政建设等方面成就的电视短片。并采访了村委会安排的5位南街村民。由于该次采访质量不高，书中没有选用南街村民的口述资料。

8月6日　再次修改初稿，孙丽萍要求在字句、词语、方言注释方面细心、再细心。

9月24日　按照修改意见再次校对稿件工作完成。

10月21日　孙丽萍、刘晓丽、冯素梅等人前往南方报业传媒集团联系出版事宜。

11月16日　与南方日报出版社签订出版合同。

12月22日　正式交付出版。

本年　《口述大寨史》列入山西省哲学社会科学“十一五”规划2007年度课题。

附录五　永难磨灭的鲜红色记忆

编者按语

一份特别的礼物

机缘巧合，无处不在。虽然是题外之话，却很想说一说。

《口述大寨史》作为研究课题，我们从2006年初已经起步。到2007年夏季，采访和资料整理工作基本结束。我们考虑出版时，马上想到了在今日中国有很大影响力的南方报业传媒集团。前一年的8月份，我们山西省社科院人文片一行5人前往广州考察广东文化产业发展状况，聆听了南方报业传媒集团总经理钟广明先生解读南方报业的发展道路和经营理念。将近一年过去了，我依然被南方报业传媒集团“高度决定影响力”、“办中国最好的报纸”等等先进的理念和南方人的精神深深地吸引。于是，跟钟总首先取得联系，转而又联系了南方日报出版社的梁建华主任。10月中旬，我和所里的两位研究员到了广州，得到了钟总及梁主任的热情款待和支持。此行我们见到了南方报业传媒集团副总编辑丘克军，丘总同时担任南方日报出版社社长职务。丘总的个头体态很像是北方人，身材高高大大，健谈随和，儒雅睿智。听完我们介绍《口述大寨史》情况，丘总给我们讲述了他跟大寨的不解之缘。

丘总是广西人，他的作品中第一次变成铅字的东西，说的就是学大寨的事情。当年丘总在农村插队，作为一名高中刚毕业的新“社员”，他写了一个相声作品，然后投稿《广西日报》。出乎意料，这篇出自十七八岁毛头小伙儿之手的作品竟然登在了当时的广西省报上。此事对一位年轻人的鼓舞可想而知。作品发表次月，他就被邀请出席广西日报文艺创作座谈会，那时广西日报的编辑才惊讶地发现《学大寨》的作者竟是与会年龄最小的十几岁的愣小子……。我们的书稿与出版人有着如此奇特的一段缘分，天下的事情竟然会如此凑巧！对我们来说，搞口述大寨史是一项新的研究课题，而我们找到的出版人，又在那样一个年代留下了他人生路上的第一次，简直不可思议！当时我们就商定，如果书稿符合公开出版物的要求，将由南方日报出版社出版，丘总的这篇处女作也将收录其中。一桩非常有趣的事情。

在丘总和梁主任的参与推动下，《口述大寨史》很快进入了出版程序，我们不得不折服南方报业人的敬业和速度。2008年春节过后，丘总找到了当年的

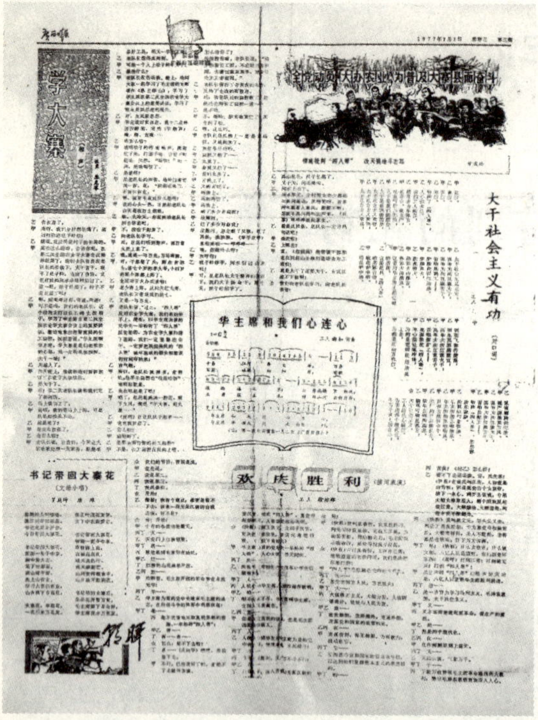
学大赛
华主席和我们心连心
书记带回大寨花
欢庆胜利
大干社会主义有功

原载《学大赛》的《广西日报》1977年2月2日版面。

那份《广西日报》，梁主任用特快专递给我寄来了复印件。又是一个惊喜！捧读这篇署名“社员　丘克军”的相声《学大赛》，仿佛看到了已经过去三十余年的那一个真真切切的时代！

相声塑造了一位学大赛时期老队长的人物形象。说的是在第二次全国农业学大赛会议精神鼓舞下，老队长开始愚公移山，白天打炮眼，晚上炸山头，削平稔子岭，村子长高了，活生生一个“人定胜天”特定时代让“高山低头，河水让路”的学大赛农民典型。从甲乙双方的捧逗中，抓住了学大寨赶大寨运动中的一些人物特性。那个时代的宣传的确有些程式化，但也不乏生活劳动中的天真和风趣。老队长〖甲〗“挑着满满一担泥，脚下生风，嘴里‘学大赛，赶大寨……’”〖乙〗（接唱）“社社队队干起来——”……。提到老队长争分夺秒拼命干，扁担断了又换，畚箕烂了再换，“断了多少扁担?”“没算过。”“烂了多少对畚箕?”“没数过。总之断了又换，烂了再换，换换换。”稚嫩的笔头，真挚的感受，青春的激情，跃然纸上。一个苦干实干或许还有些笨干蛮干的农村劳动模范典型人物，在丘克军的笔下惟妙惟肖。

非常感谢丘总贡献出自己早年的作品。相声里提到的老队长的这种干法，当年全国的农村普遍如此。相声《学大赛》折射出一个时代的缩影。在我们进行课题研究的同时，深切地感受到上个世纪六七十年代全国农业学大寨中的确存在着一些盲目学习和不切实际等等方面的问题，但大寨人“自力更生、艰苦奋斗”的精神又深深地鼓舞影响了几亿中国农民。《口述大寨史》的访谈对象均为北方人，而丘总是本书的出版人，又是地地道道的南方人，可以说，他的作品在一定程度上恰恰弥补了我们采编中的不足，那就是通过丘总的作品，从出版人对大寨的一种鲜红色记忆与朴素的情怀，体现了那个时代中国人民对大寨人战天斗地的情感，体现了全国人民对大寨人不屈奋斗的精神支持，也是对南方学大赛运动的一次真实的记录。这份弥足珍贵的纪念，也是丘总给《口述大寨史》课题组的一份特别礼物。

文章本天成，妙手偶得之。当我们在南方报业传媒集团商谈书稿出版的时候，恰巧是嫦娥一号升空的辉煌时刻。几个月之后，在南方报业传媒集团钟总、丘总和梁主任等人的积极推动和参与中，《口述大寨史》付诸出版。当我看到南方日报出版社副总编辑赵焜森设计的意境幽深、富有时空穿透力及丰富想象力的封面样稿时，的确有一种世事若流云、此情可追忆的真切感受。这一段并不算短的文字，可以算作笔者忝为丘总的相声《学大赛》的编者按语，也是我对钟总、梁主任的一份感激之情！

孙丽萍

2008 年 3 月 16 日于太原家中

学大寨（相声）

丘克军

乙　你长高了。

甲　是呀，我们全村都长高了，高过村后的稔子岭啦！

乙　瞎说。我没听说村子能长高的。

甲　真有这么回事。告诉你，在第二次全国农业学大寨会议精神鼓舞下，我们全队社员在老队长带领下，大干苦干，削平了稔子岭，造出了良田，又把村前的河水牵往村后过了。这一削，稔子岭矮了，村子不是长高了吗？

乙　啊，原来是这样，奇迹，奇迹！

甲　可不是吗，我们的老队长，这个给地主打过长工的土改根子，学习了华主席在第二次全国农业学大寨会议上的重要讲话，激动地拿出他解放前的长工扁担，抚摸着说："华主席啊华主席，学大寨是我们老贫农的心愿，我一定听从您指挥，大干一场！"

乙　太感人了。

甲　当天晚上，他就和我们重新制订了农业学大寨规划。

乙　要大干了。

甲　对！第二天老队长就和我们定了新河线。

乙　马上就动工了。

甲　是呀，我们要马上上阵，可老队长却按兵不动。

乙　闹退坡了？

甲　他宣布放假了。

乙　他怎么啦？

甲　老队长说："社员们，今天让大家在家处理一天家务，顺便准备好工具，明天一早上工地。"

乙　老队长想得真周到。

甲　可他一个人上稔子岭干开了。

乙　做些什么？

甲　老队长没告诉我。晚上，他同大家一起学习了毛主席的光辉著作《愚公移山》，学习了华主席在第二次全国农业学大寨会议上的重要讲话，学习了陈永贵副总理的报告。

乙　对，先武装思想。

甲　学完就回家休息。我十二点钟还没睡着，突然（学炮声）隆，隆，轰隆……

乙　你怎么啦？

甲　我听稔子岭传来响声。我赶忙下床，打着手电，往稔子岭赶去，突然，“站住！”的一声，把我喝住了。

乙　是谁呀？

甲　是老队长的声音。他冲过来把我一按，说“前面正放炮，不能往前走”。

乙　啊，深更半夜放什么炮呀？

甲　我的心头一热，才想起老队长白天是在打土炮眼。

乙　咳，大冷天，你就快劝老队长回去休息吧。

甲　不，我也干起来了。

乙　向老队长学习。

甲　对，社员们听到炮声，都打着火把上来了。

乙　嘿，真是一马当先，万马奔腾。

甲　对，干部带了头，群众有劲头，连七十岁的李大爷，十四岁的陈小妹都上阵了。

乙　全民动手大办农业啦！

甲　老少齐上阵。这时天已大亮，老队长又带领我们挑土。

乙　又是一马当先。

甲　老队长说：“过去，‘四人帮’反对农业学大寨，我们有劲使不上。现在，以华主席为首的党中央一举粉碎了‘四人帮’反党集团，为农业学大寨扫清了道路，我们一定要豁出命干，一定要把祸国殃民的‘四人帮’破坏造成的损失和耽误的时间夺回来！”

乙　有气概。

甲　老队长挑得多，走得快。他那条扁担也“吱扭吱扭”地唱起歌来。

乙　他也唱起来了吧？

甲　唱了，他挑着满满一担泥，脚下生风，嘴里“学大寨，赶大寨……”

乙　（接唱）社社队队干起来——

甲　突然歌声停了。

乙　怎么啦？

甲　扁担断了。

乙　是那条南竹做的长工扁担？

甲　不是，长工扁担在我肩上哩。

乙　怎么给你了？

甲　传统教育嘛。老队长说：“肩上担着长工担，不忘阶级苦和甜，大寨红旗高高举，建设社会主义幸福园。”

乙　老队长保持了老贫农的本色，发扬了土改的那股劲。

甲　对，我见队长的扁担断了，赶快过去用长工扁担一挑——

乙　挑不动。

甲　不，很轻。原来畚箕烂了，泥全倒了啦。

乙　嘿，这么巧。

甲　老队长急忙换上一套畚箕扁担，又挑起来了。

乙　真是争分夺秒。

甲　扁担又断了——

乙　太重了。

甲　畚箕又烂了——

乙　装得太多了。

甲　又换上了。

乙　又断又烂了。

甲　再换上。

乙　再断再烂了。

甲　再换上。

乙　断了多少条扁担？

甲　没算过。

乙　烂了多少对畚箕？

甲　没数过。总之断了又换，烂了再换，换换换。（举手欢呼）来啦来啦——哗哗哗……

乙　喂，你做什么呀？

甲　欢呼呀！

乙　稔子岭炸平，河水引过山来啦！

甲　对，在老队长大干精神的带动下，我们大干拼命干，刚十天，稔子岭削平了。

乙　高山低头，村子长高了。

甲　又十天，河基建成。

乙　河水上山了。

甲　通水那天，全村男女老少都站在新河道边，笑呀笑呀，看着河水顺着人意流，源源不断，怎能不高兴得叫出声来，（鼓掌）哗哗哗鼓起掌来？

乙　看着这情景，老队长一定讲两句话吧？

甲　他走啦！

乙　上哪去？

甲　看，（指前面）他带领干部和老农到前山去规划造田造地工程啦！

乙　真是大干了还要大干，永远征战不下鞍啊！

甲　我们向老队长学习，向老队长致敬！

（原载《广西日报》1977年2月2日第三版）

后 记

这是一部以农民讲述为主体的乡村历史，不仅属于比较前沿的学术研究成果，也具有较强的感染力和可读性。《口述大寨史》课题从开始到完成，得到了社会各界人士的广泛关注和大力支持。课题组从 2006 年年初起进行采访、调研、整理和编撰等项工作，历时两年，2007 年年底完成了这部原创口述史著作。参与此项工作的，不仅仅是课题组的成员，还有众多的口述者，因为他们的参与，我们才能完成这项兼具历史意义和现实意义的乡村发展变迁史研究。个别大寨村民以及了解农业学大寨运动的专家、学者、记者和领导干部，起初心存芥蒂，担心大寨话题有敏感性问题。经过一段时间的工作，他们打消了顾虑，因为大寨的历史不仅仅属于大寨人，大寨也是中国农村、农业和农民现当代状况的一个缩影。接受采访的人认识到课题研究的重要价值，积极配合采访工作。我们对所有接受过采访的农民朋友以及其他各界人士，表示崇高的敬意。

课题组采访调研中，得到了大寨村党支部书记郭凤莲、村长贾春生以及全体村民的大力支持。大寨村纪念馆以及大寨村民无偿提供了许多珍贵的历史图片，保证了我们顺利进行基础性的工作。南方报业传媒集团钟广明总经理、丘克军副总编辑以及南方日报出版社梁建华主任，在出版过程中给予我们热情支持和帮助。值此之际，我们对所有参加过口述史的大寨村、大寨邻村的村民，对专家学者、记者和领导干部，以及接受过我们采访的西沟村、东四义村的村民，对在出版过程中付出辛勤劳动的南方日报出版社的编辑、编审，对山西省社科院办公室、科研处等部门的同志，对积极支持此项工作的晋中市文化局党富华局长、昔阳县文化局梁永胜局长，对始终关心支持课题进展的社科院前副院长张晓瑜女士，表示最诚挚的感谢！

书中不妥与谬误之处，恳请广大读者朋友及专家学者、领导同志们批评指正。另外，由于年代较久，记录不全，我们未能与图片作者一一联系，在此一并致歉。为保护知识产权起见，请图片有关作者与本书编者联系，以便支付相应稿酬。

编者

2007 年 12 月